AF568825

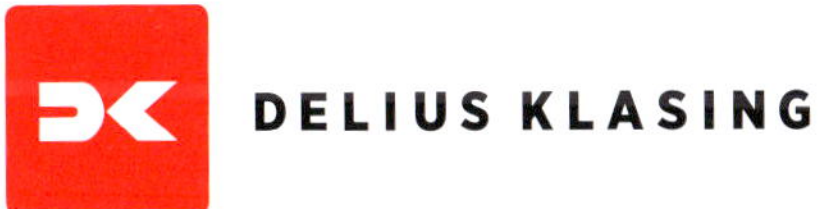
DELIUS KLASING

CHRISTIAN TIEDT

SEHNSUCHTSZIELE FÜR MOTORBOOTFAHRER

DIE SCHÖNSTEN
REVIERE EUROPAS

DELIUS KLASING VERLAG

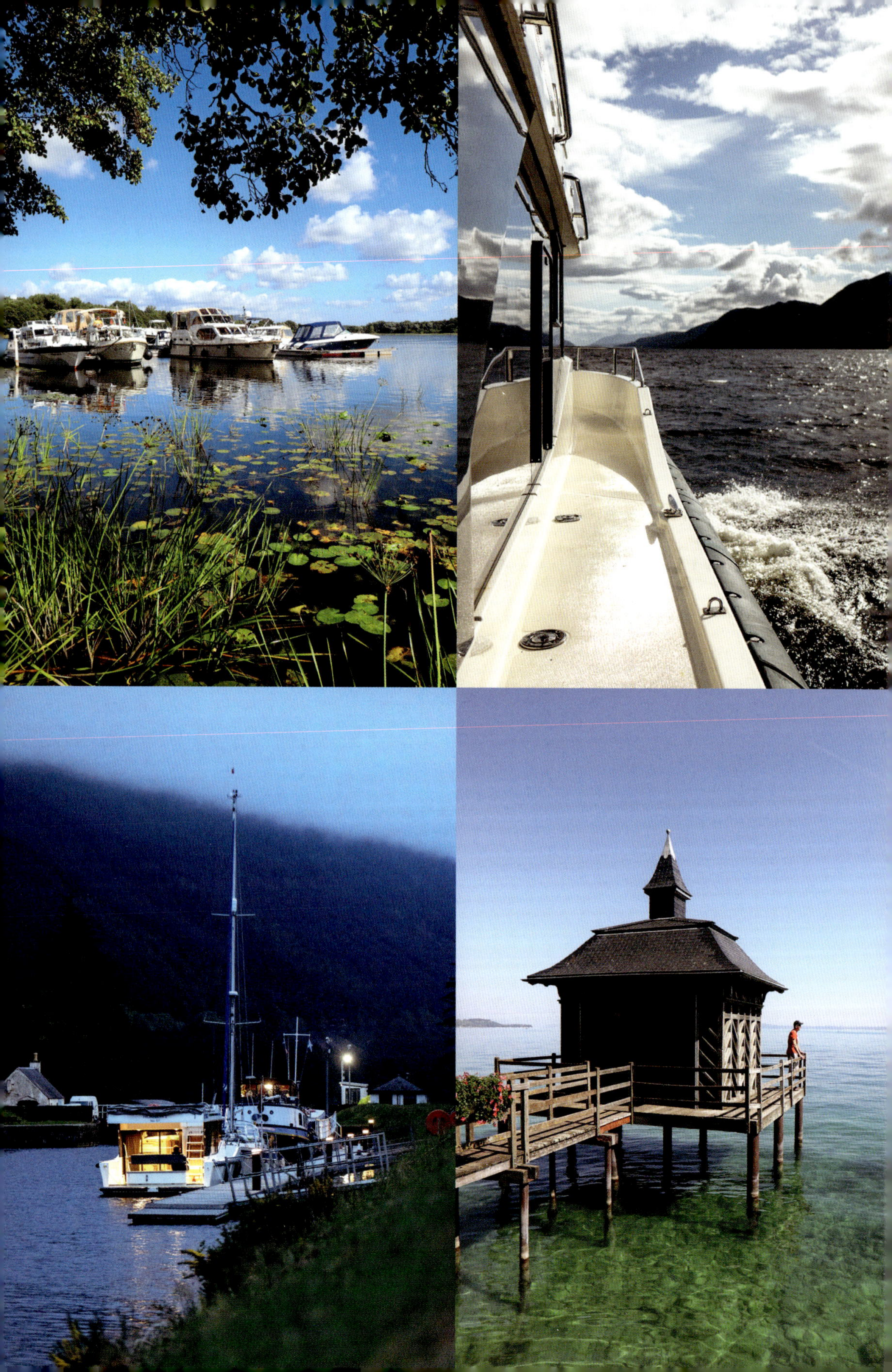

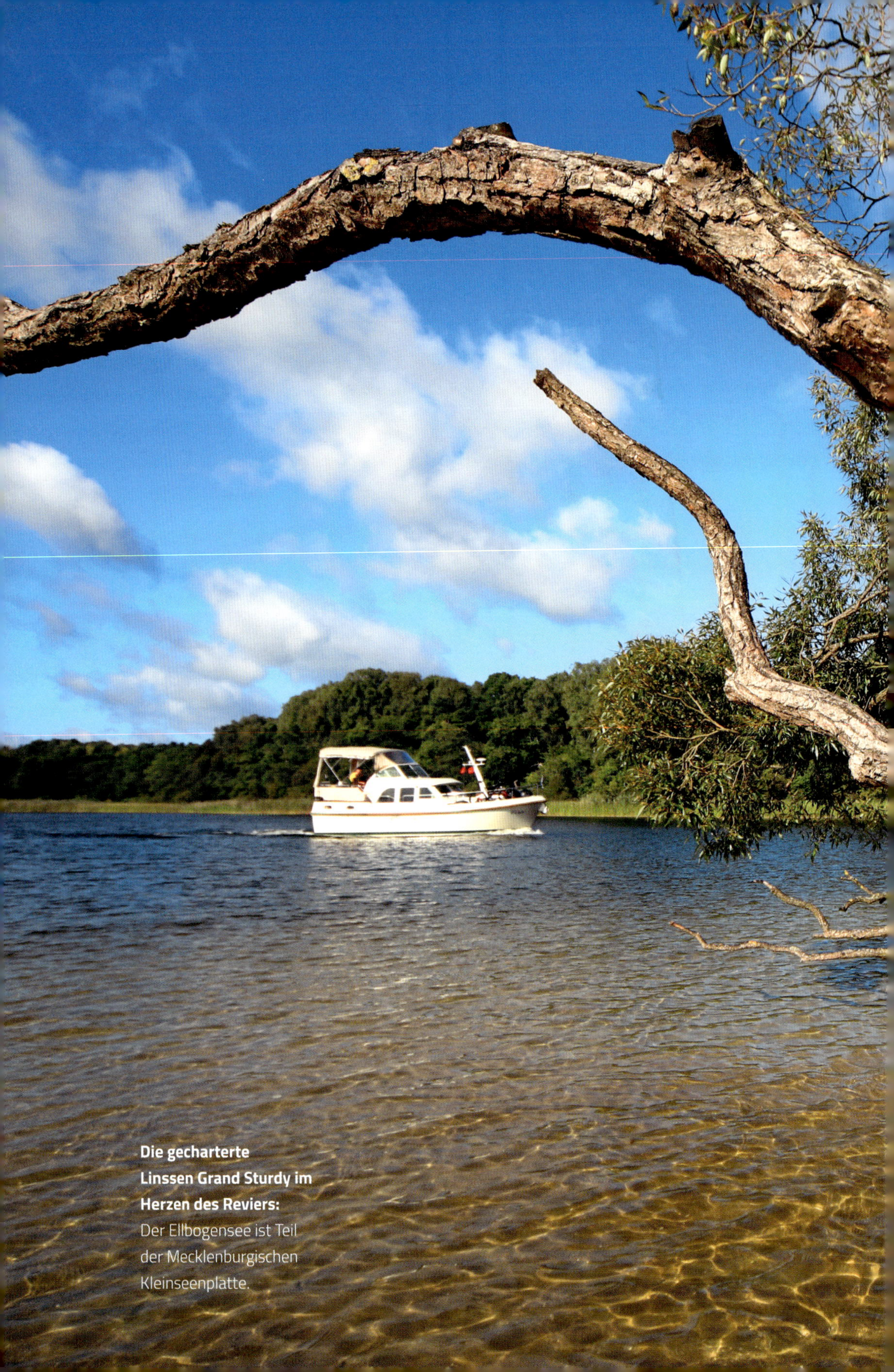

Die gecharterte Linssen Grand Sturdy im Herzen des Reviers: Der Ellbogensee ist Teil der Mecklenburgischen Kleinseenplatte.

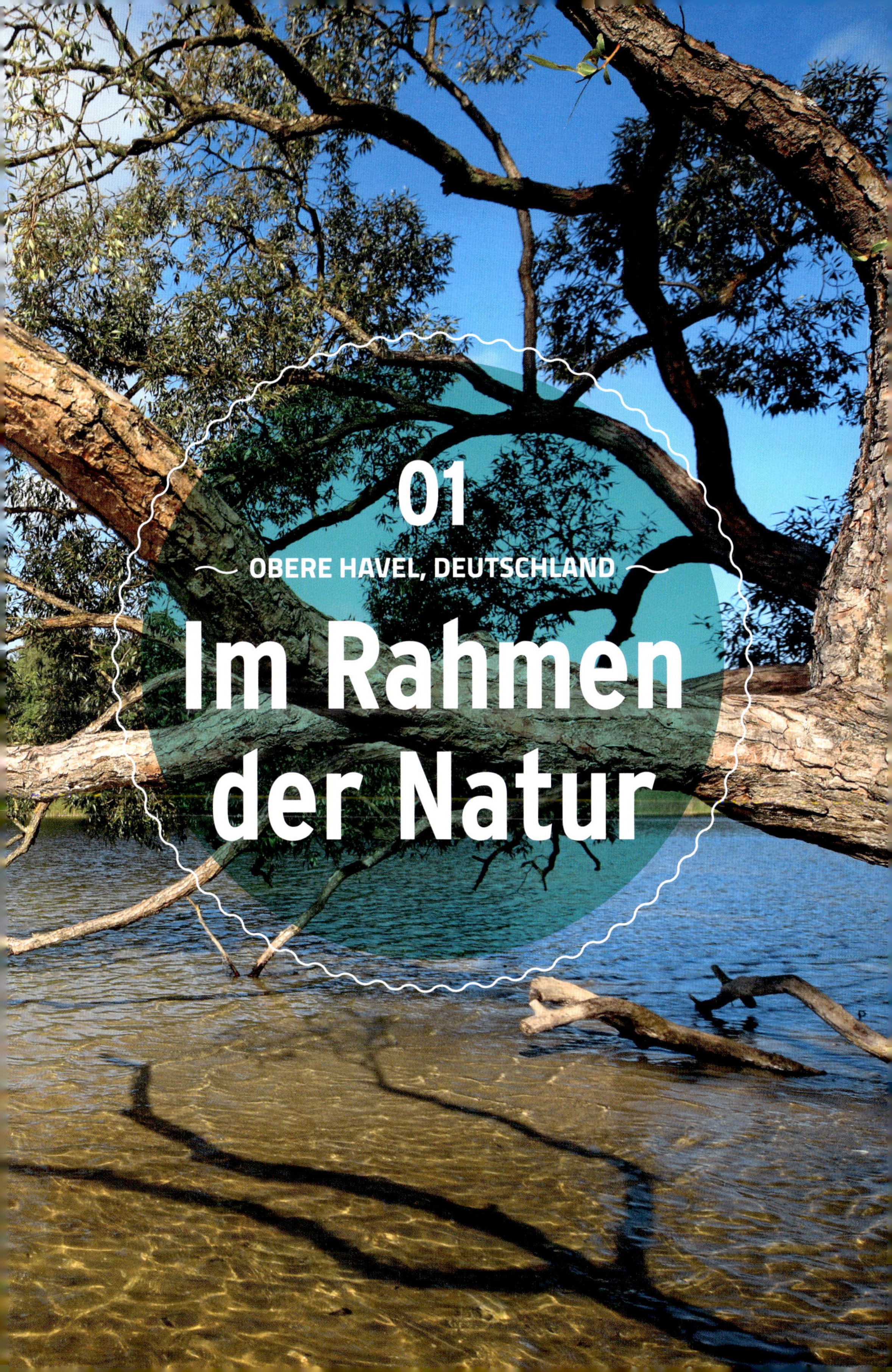

01

OBERE HAVEL, DEUTSCHLAND

Im Rahmen der Natur

Auf Sommertörn im Nordosten: Obere Havel und Mecklenburgische Kleinseenplatte gehören zum Schönsten, was Deutschlands Binnenreviere zu bieten haben. Entschleunigung garantiert!

Wälder, Wiesen, Felder und immer wieder Wasser. Von alldem gibt es viel in dieser weiten Landschaft unter ihrem großen Himmel. Hier, wo das Brandenburgische ins Mecklenburgische übergeht, stellt die Natur den Rahmen für ihr eigenes Panorama – und mitten durchs Bild führt eines der bemerkenswertesten Bootsreviere Deutschlands: die Obere Havel. Menschen gibt es hier nicht so viele, kaum vierzig kommen im Schnitt auf einen Quadratkilometer. Im nicht allzu weit entfernten Berlin sind es viertausend.

Ihre größten Spuren hat die geschäftige Bevölkerung dabei am südlichen Rand der Region hinterlassen – und das hat direkt mit der nahen Millionenmetropole zu tun. Nördlich von Zehdenick befand sich lange ein Zentrum der Ziegelproduktion. Berlin wurde aus dem Kahn gebaut, heißt es noch heute. Das Material dafür stammte seit Kaisers Zeiten von hier: In den Tonstichen links und rechts des Flusses wurde es aus der Erde geholt, an Land geformt und gebrannt und dann flussab verschifft. Doch spätestens mit dem Siegeszug des Plattenbaus wurde die Produktion immer unprofitabler, Beton gab jetzt den Ton an. Nach der Wiedervereinigung wurden die letzten Feuer gelöscht. Der Ofen war aus, für immer. Auch die Lastkähne verschwanden. Die Stiche wurden geflutet und verwandelten sich in Teiche und Seen. Einen Einblick in die vergangene Epoche vermittelt heute nur noch der Ziegeleipark Mildenberg. Einer seiner Hoffmannschen Ringöfen ist als imposantes technisches Denkmal erhalten geblieben und kann ebenso wie die Maschinenhalle als Teil des Industriemuseums besichtigt werden.

Idyllische Uckermark zwischen den Schleusen Schorfheide und Zaaren bietet Natur pur.

Vom Wasser aus erblickt man das Schloss Rheinsberg am Grienericksee. Der Rokokobau stand Modell für das berühmte Schloss Sanssouci.

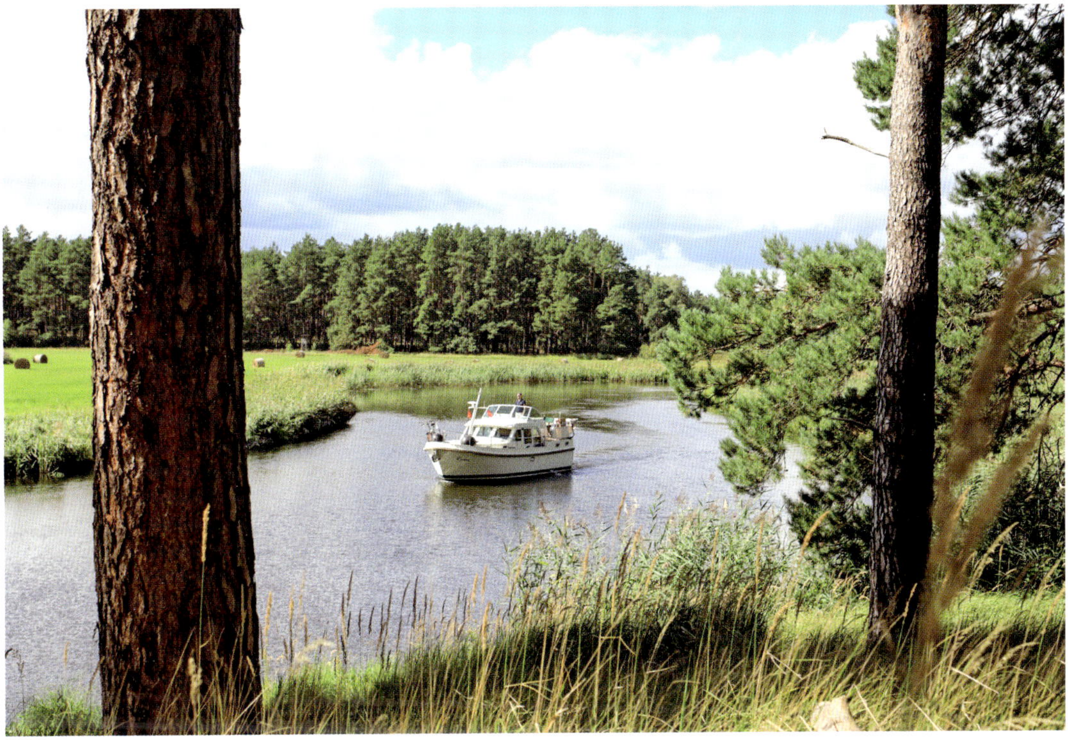

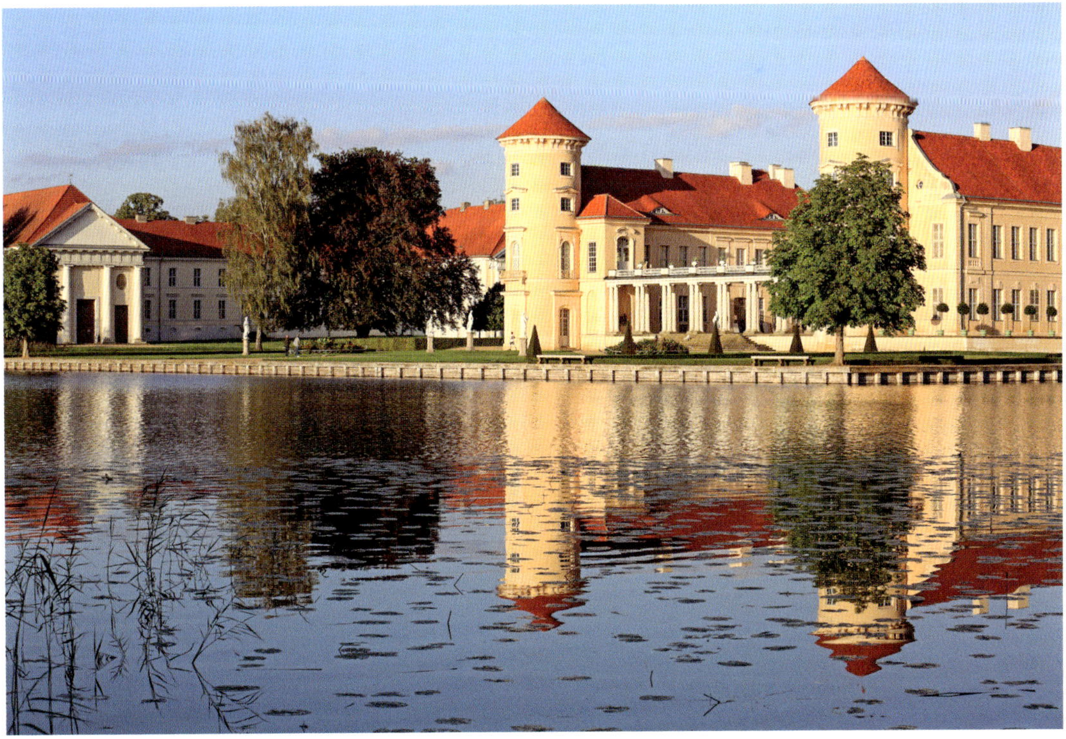

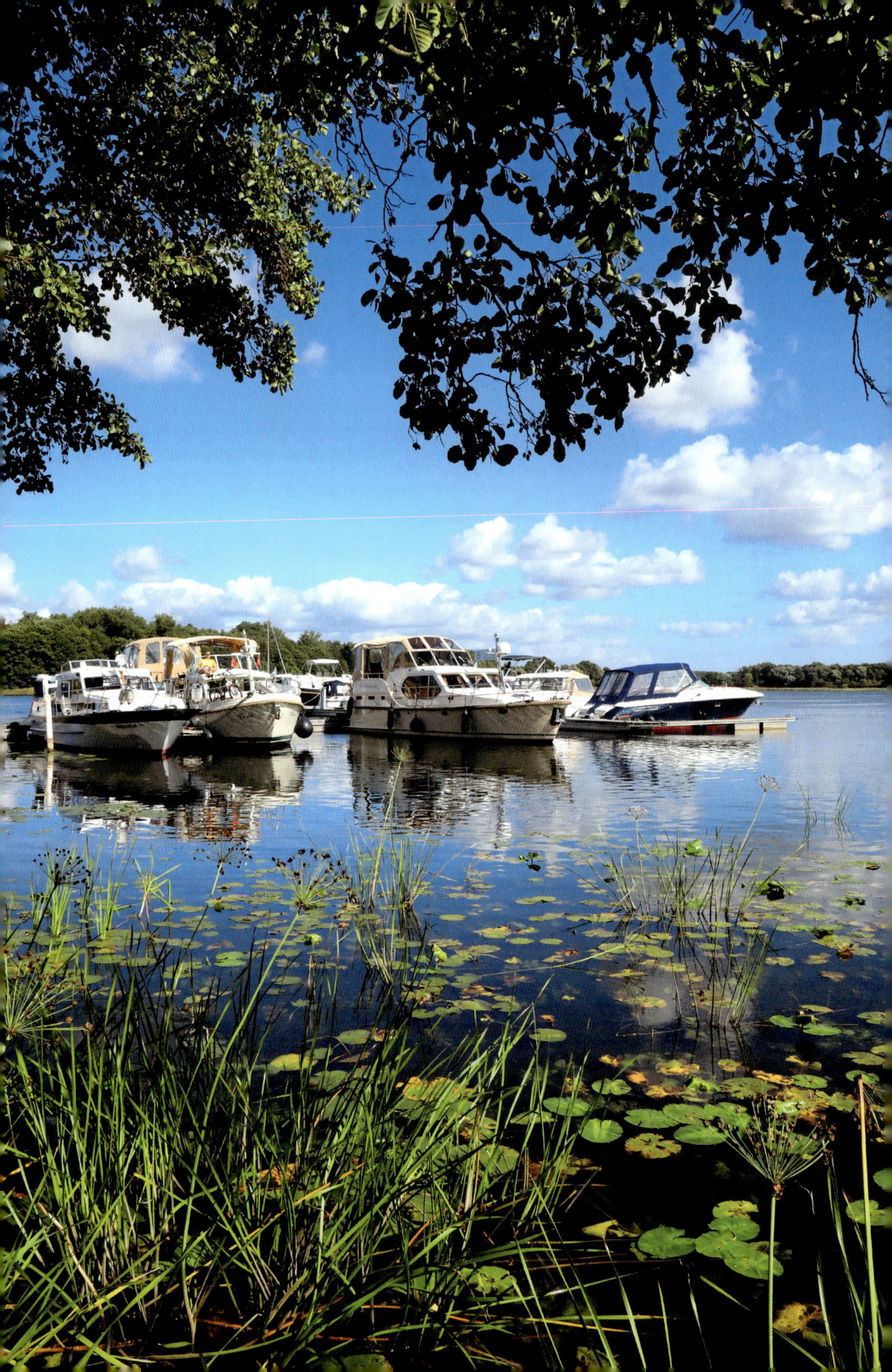

DIE → TOP 3

★ **Die Obere Havel**
selbst ist der Star in diesem Revier: Auf dreißig Kilometern zwischen Mildenberg und Bredereiche bietet sich ein einmaliges Fahrerlebnis.

★ **Rheinsberg**
ist nicht nur wegen des Schlosses eine Reise wert. Die historischen Straßen bieten auch eine Vielzahl von Restaurants und Cafés für den Landgang.

★ **Die Abwechslung**
zwischen See-, Fluss- und Kanalabschnitten und die zahlreichen Nebengewässer machen das beschriebene Revier besonders reizvoll.

Umgeben von Seerosen und bewaldeten Ufern liegt die Steganlage des Fürstenberger Yachtclubs am Schwedtsee sowie am Stadtpark, der sich in unmittelbarer Nähe zum Zentrum befindet.

Gleich nebenan, fast im Schatten der Schlote, im Neuen Hafen des Ziegeleiparks, beginnt unser Törn auf der Oberen Havel. Eine Woche lang werden wir mit CERES unterwegs sein, einer Charteryacht vom Typ Linssen Grand Sturdy 29.9 AC. Es wird flussaufwärts gehen, hinein in die Natur! Gleich zu Beginn liegt die Uckermark vor uns. Über eine Entfernung von knapp dreißig Kilometern windet sich die Havel hier in ihrem eiszeitlichen Bett durch die Einsamkeit. In tiefem Frieden schlägt sie Schleife um Schleife. Buchen und Eichen neigen sich über das Wasser und streuen uns Laub an Deck. Erlen säumen die Niederungen, und auf sandigen Höhen haben Kiefern ihre Wurzeln geschlagen. Hoch oben kreist der Rotmilan.

HINEIN IN DIE NATUR

Bei diesem natürlichen Verlauf fällt kaum auf, dass wir mit unserem Stahlverdränger auf einer ausgebauten Wasserstraße unterwegs sind, so unsichtbar sind die Uferbefestigungen hinter Schilf und Blattwerk. Aber hin und wieder taucht dann doch eine Schleuse auf, genau genommen sind es sogar vier auf der betreffenden Strecke. Nach den Einmündungen der Wentow und der Templiner Gewässer macht die Schleuse Schorfheide den Anfang. Wie die beiden folgenden Staustufen in Zaaren und Regow liegt sie mitten im Grünen. Kein Schleusenwärter weit und breit, wir dürfen uns selbst bedienen und die grüne Stange mit dem Anforderungsschalter drehen. »Schleusung angenommen«, bestätigt die Textanzeige. Im Oberwasser der Schleuse Regow machen wir für eine Pause an der langen Wartestelle fest, denn am Ufer haben uns nicht nur zottelige Ziegen neugierig gemacht, sondern auch ein Schild, das uns zum Capriolenhof einlädt.

Der liegt gleich neben der Schleusenanlage und bietet diverse Käsekreationen aus Ziegenmilch – vom *Hippie Frisch* bis zum *Berliner Brikett.*

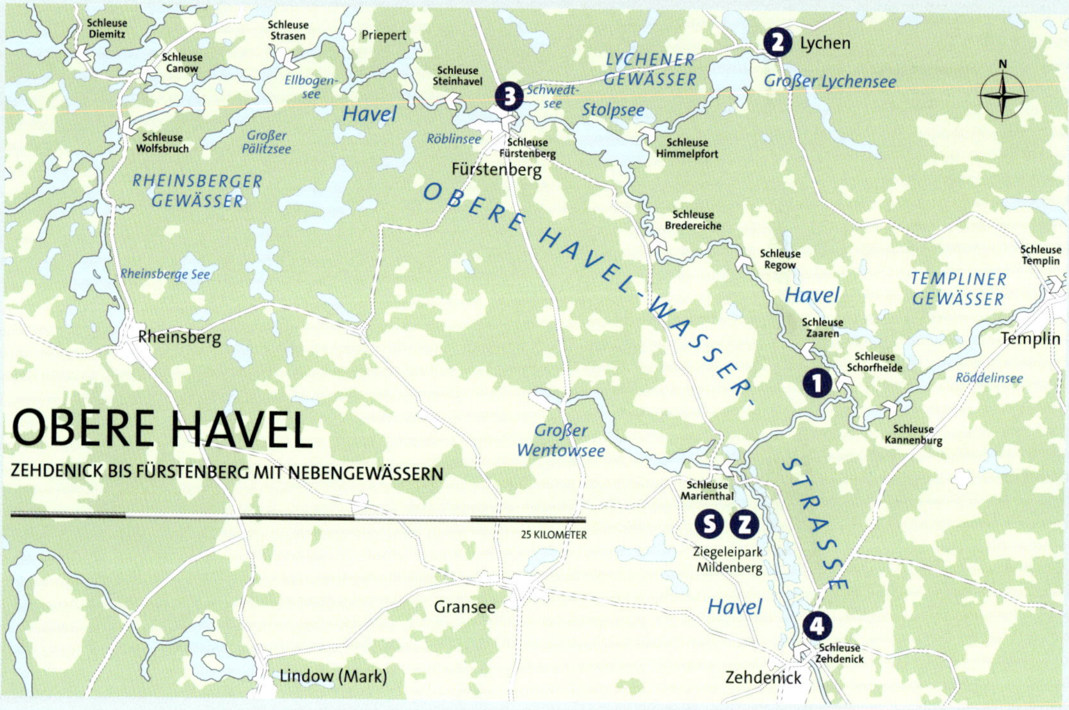

OBERE HAVEL

ZEHDENICK BIS FÜRSTENBERG MIT NEBENGEWÄSSERN

25 KILOMETER

DIE → TÖRNETAPPEN

- S Mildenberg–Himmelpfort .... 33 km
- 1 Himmelpfort–Priepert .... 18 km
- 2 Priepert–Rheinsberg .... 20 km
- 3 Rheinsberg–Strasen .... 18 km
- 4 Strasen–Fürstenberg .... 15 km
- 5 Fürstenberg–Mildenberg .... 38 km
- Z Gesamtstrecke .... 142 km

DAS → KLIMA

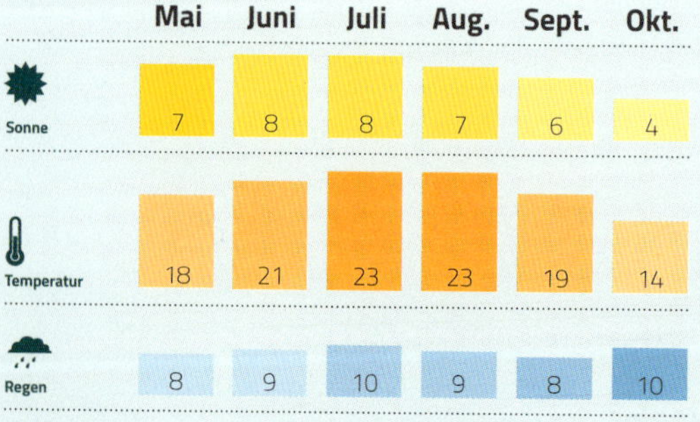

Werte: Sonnenstunden/Tag, Tagestemperaturen, Regentage

DAS → REVIER

Die Obere Havel-Wasserstraße ist Teil des Netzes der Mecklenburgischen, Märkischen und Berliner Gewässer, des größten zusammenhängenden Wassersportgebiets Europas. Fast im gesamten Revier gilt die Charterscheinregelung, die das Führen eines Charterbootes nach Einweisung für die Mietdauer ohne Sportbootführerschein ermöglicht. Ausnahme: auch von der Berufsschifffahrt genutzte Wasserstraßen im Großraum Berlin. Im beschriebenen Charterscheingebiet sind Urlauber weitgehend unter sich. Die Infrastruktur ist sehr gut, die Navigation unproblematisch. Alle Schleusen sind auf Selbstbedienungsbetrieb umgerüstet. Wartestellen sind vorhanden, in der Hauptsaison muss jedoch besonders im Bereich der Seenplatte mit Wartezeiten bis zu mehreren Stunden gerechnet werden. OBERE HAVEL-WASSERSTRASSE: Länge (Neustrelitz bis Einmündung in die Havel-Oder-Wasserstraße): 97 km, Schleusen: 11, Durchfahrtshöhe: 3,41 m, Wassertiefe: 1,4 m, Geschwindigkeit: 9 km/h, (25 km/h auf Seen und seenartigen Erweiterungen ab 250 m Breite bei 100 m Abstand zum Ufer).

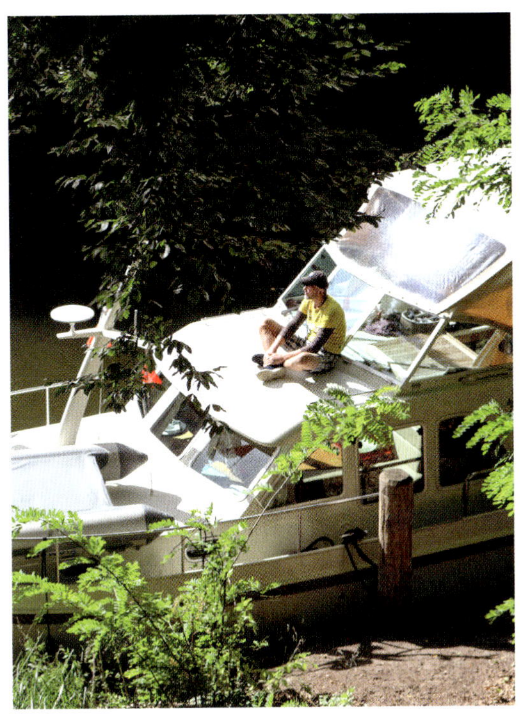

Auch Warten kann Urlaub sein, wie hier vor der Schleuse Steinhavelmühle.

Alles aus ökologischer Herstellung, versteht sich. Wir haben Glück, dass heute Sonntag ist, denn geöffnet ist nur am Wochenende.

FLUSSAUFWÄRTS

Bredereiche mit seiner Schleuse markiert nach drei herrlichen Stunden in der Natur dann die Rückkehr in die Zivilisation. Der Hub fällt hier mit knapp drei Metern deutlich höher aus als im ersten Streckenabschnitt, wo pro Staustufe maximal 1,20 Meter zu überwinden waren. Nach sieben weiteren Kilometern, einem kräftigen Schauer und umso strahlenderem Regenbogen treten die Ufer schließlich zurück: Wir haben den Stolpsee erreicht, unser Tagesziel: die Steganlage des Bootshauses in Himmelpfort an seiner nordöstlichen Ecke.

Wer auf Nummer sicher gehen will, kann hier schon im Sommer seinen Wunschzettel an den Weihnachtsmann loswerden, und zwar im Weihnachtspostamt in der Klosterstraße neben der mittelalterlichen Klosterruine. Den Wunsch nach einem kulinarischen Erlebnis kann man sich dagegen auch gleich erfüllen: Im Frosch und Fisch, nur fünf Minuten vom Boot entfernt, wird echt französisch gekocht.

Am nächsten Tag stehen die ersten Seen der Mecklenburgischen Kleinseenplatte auf dem Törnplan, auch wenn wir genau genommen noch in Brandenburg sind. Vom Stolpsee zweigen bei Himmelpfort die Lychener Gewässer nach Nordosten führend ab, wir bleiben aber auf der Oberen Havel, durchfahren die Siggelhavel und passieren Fürstenberg am Schwedtsee.

Die beiden folgenden Schleusen in Fürstenberg und Steinhavel kosten uns insgesamt fast drei Stunden Wartezeit – in der Hauptsaison leider kein Wunder. See und Fluss wechseln sich ab, gesäumt von Schilf und Wald. In seinem Schatten sieht man stolze Datschen. Es wird gezeltet, gegrillt und geangelt. Badende Kinder winken den vorbeiziehenden Hausbooten, Flößen und Kanus zu.

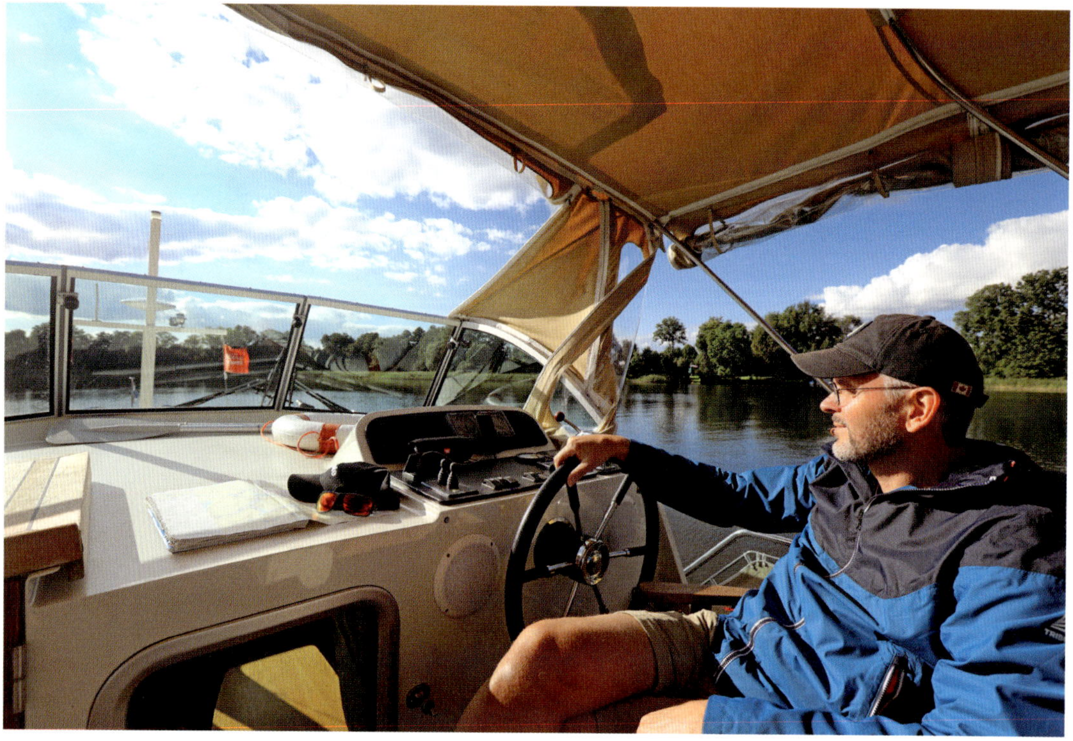

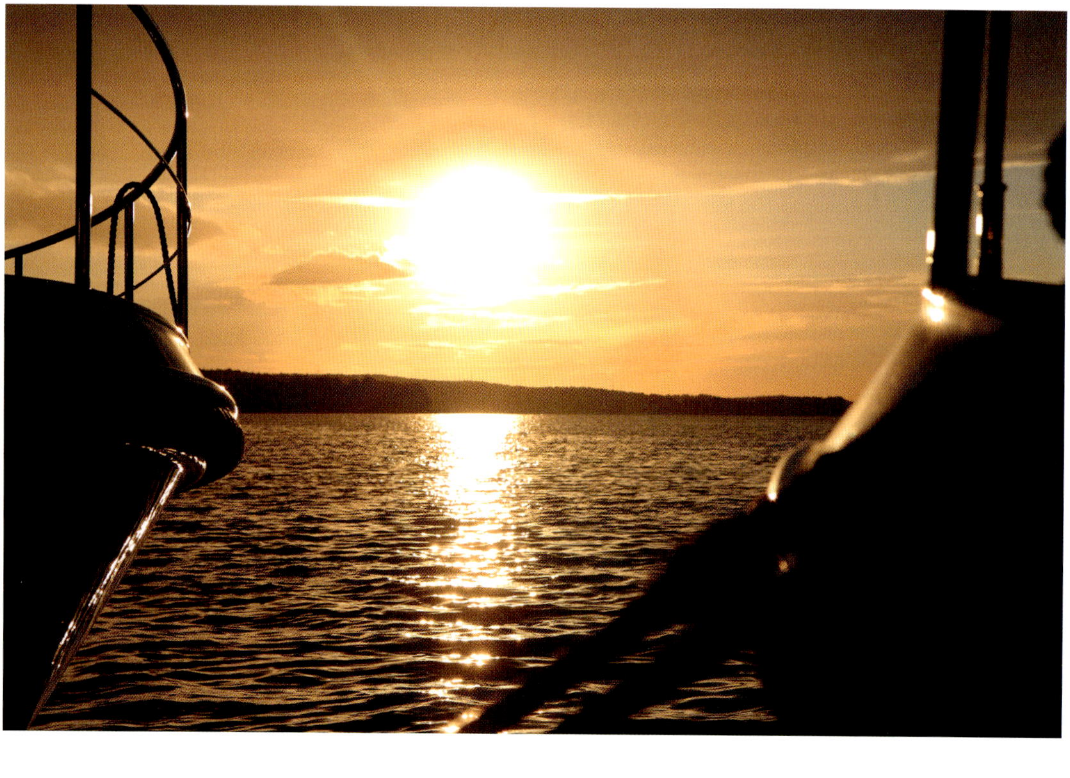

» Der touristische Höhepunkt der Stadt ist das Schloss. Hier, direkt am Seeufer, lebte Preußens Kronprinz Friedrich vor seiner Thronbesteigung im Jahr 1740. «

Entspannte Stimmung im Cockpit auf dem Ziernsee an der Landesgrenze von Brandenburg und Mecklenburg-Vorpommern.

Der Blick vom Gästesteg des Bootshauses Himmelpfort erlaubt einen einmaligen Blick. Kurz vor Sonnenuntergang färbt sich der Himmel über dem Stolpsee in den schönsten Farben.

Am Ziernsee schließlich verlassen wir Brandenburg, der nun folgende Ellbogensee ist einer der schönsten des Reviers. Wir steuern den Yachthafen Priepert im Norden des Sees an. Hier führt die Obere Havel-Wasserstraße weiter nach Norden, in Richtung Wesenberg und, über den Kammerkanal, bis nach Neustrelitz. Doch wir ergattern den letzten freien Gästeplatz und bleiben. Westlich schließt dagegen die Müritz-Havel-Wasserstraße an, auf der es für uns am nächsten Tag weitergeht.

ZWANGSPAUSE

Den Auftakt macht die Schleuse Strasen. Auch hier müssen wir eine Stunde warten. Diesmal sind wir jedoch vorbereitet und nutzen die Zwangspause für ein entspanntes Frühstück. Auf dem Pälitzsee verlassen wir die Müritz-Havel-Wasserstraße bereits wieder und richten den Bug auf die Rheinsberger Gewässer im Süden. Die an deren Ende gelegene Stadt Rheinsberg ist gleichzeitig unser Tagesziel. Der schmale Hüttenkanal führt uns zunächst zur Schleuse Wolfsbruch.

Wir sind zurück in Brandenburg und durchqueren den Tietzowsee und den Schlabornsee, bevor wir den Rheinsberger See erreichen. Hier befindet sich die Einfahrt zur weitläufigen Anlage des Hafendorfs Rheinsberg, unübersehbar dank seines großen rot-weißen Leuchtturms – eine echte Landmarke, auch wenn das hölzerne Bauwerk nur der schönen Aussicht dient und nicht befeuert ist. Wir wollen jedoch noch ein Stück weiter, und zwar direkt in die Stadt; die liegt am östlichen Ufer des Grienericksees, keine zwei Kilometer südlich, und schon bald darauf haben wir an einem der Stege der Marina Rheinsberg festgemacht. Der touristische Höhepunkt der Stadt ist das Schloss, keine fünfhundert Meter vom Hafen entfernt.

Hier, direkt am Seeufer, lebte Preußens Kronprinz Friedrich vor seiner Thronbesteigung im Jahr 1740. Später sollte der »Alte Fritz« dann sagen, es seien seine glücklichsten Jahre gewesen. Da überrascht es nicht, dass er seinen Baumeister Knobelsdorff anwies, beim Entwurf für Schloss Sanssouci in Potsdam das Rheinsberger Schloss als Vorbild zu nehmen. Der Schlosspark erstreckt sich bis zum Westufer des Sees. Vom Obelisken dort hat man, besonders am Abend, einen großartigen Blick auf das Stadtpanorama.

Rheinsberg ist der Wendepunkt auf unserem Törn, und die Rückreise geht zunächst genauso gemächlich vonstatten wie die Hinreise. Die langen Wartezeiten an den Schleusen machen es möglich. Zum Glück sind wir inzwischen richtig routiniert und machen das Nichtstun zur Tugend. Entschleunigung garantiert!

EINSAMER NORDEN

Nach einer improvisierten Nacht in Strasen wartet noch Fürstenberg auf uns. Gastlieger sind an den Schwimmstegen des Fürstenberger Yachtclubs am Schwedtsee willkommen, der nur fünf Minuten vom Marktplatz auf der Stadtinsel entfernt liegt. Auch hier verfügt man übrigens über einen eigenen Leuchtturm. Der fällt zwar deutlich kleiner aus als der in Rheinsberg, dafür beherbergt er einen Getränkeausschank – perfekt, um sich nach dem Anlegen abzukühlen.

Am Abend sitzen wir dann gleich nebenan auf der Terrasse des Ristorante al Porto und freuen uns darauf, dass unser Törn am morgigen Tag so abschließen wird, wie er begonnen hat – mit dem schönsten Abschnitt der Oberen Havel, doch diesmal in der anderen Richtung. Der Blickwinkel wird also ein anderer sein, auch wenn das Bild das Gleiche bleibt: die einmalige Natur im einsamen Norden der Mark Brandenburg.

» Zum Glück sind wir inzwischen richtig routiniert und machen das Nichtstun zur Tugend. Entschleunigung garantiert! «

Schön gelegen ist der Charterstützpunkt eines Fünf-Sterne Yachtcharters im Neuen Hafen des Ziegeleiparks Mildenberg.

Mit Gegenverkehr muss an der Schleuse Zaaren gerechnet werden. An der Schleuse Regow liegt die Ziegenkäserei Capriolenhof – hier lässt sich gut eine Pause einlegen.

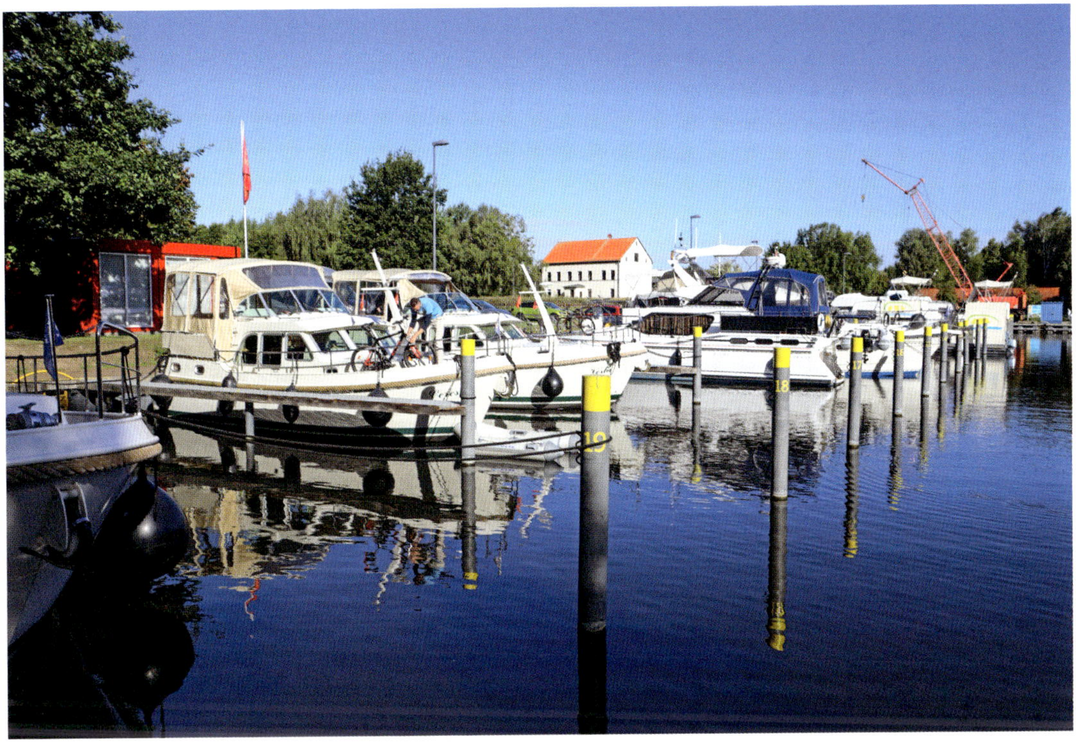

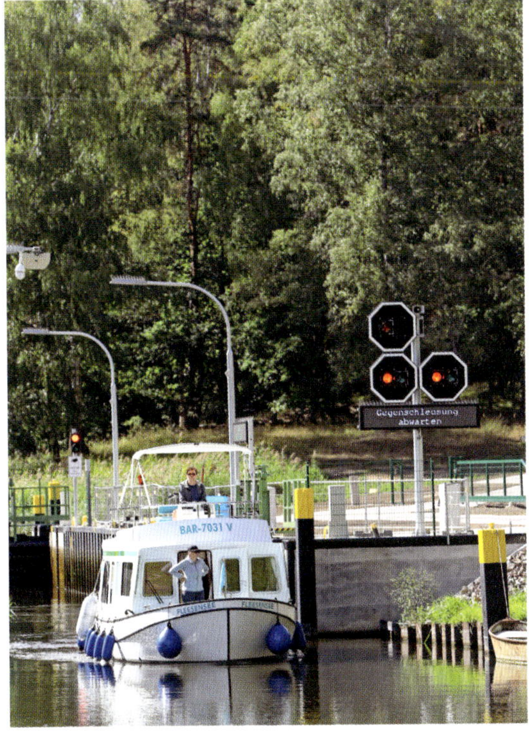
Gegenschleusung
abwarten
BAR-7031 V

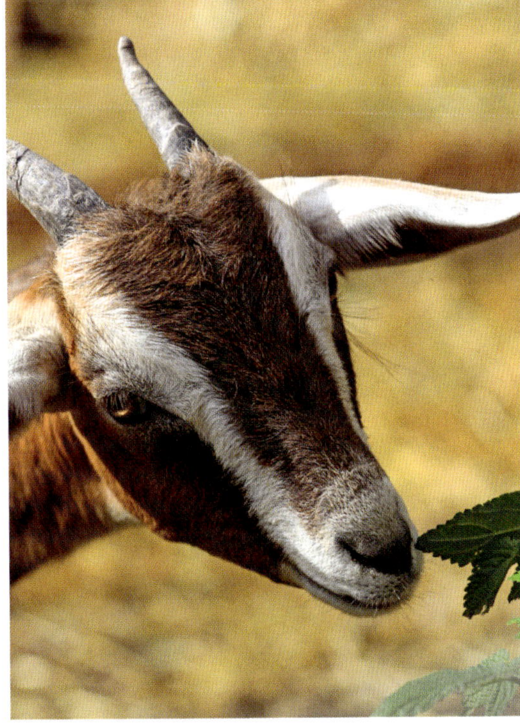

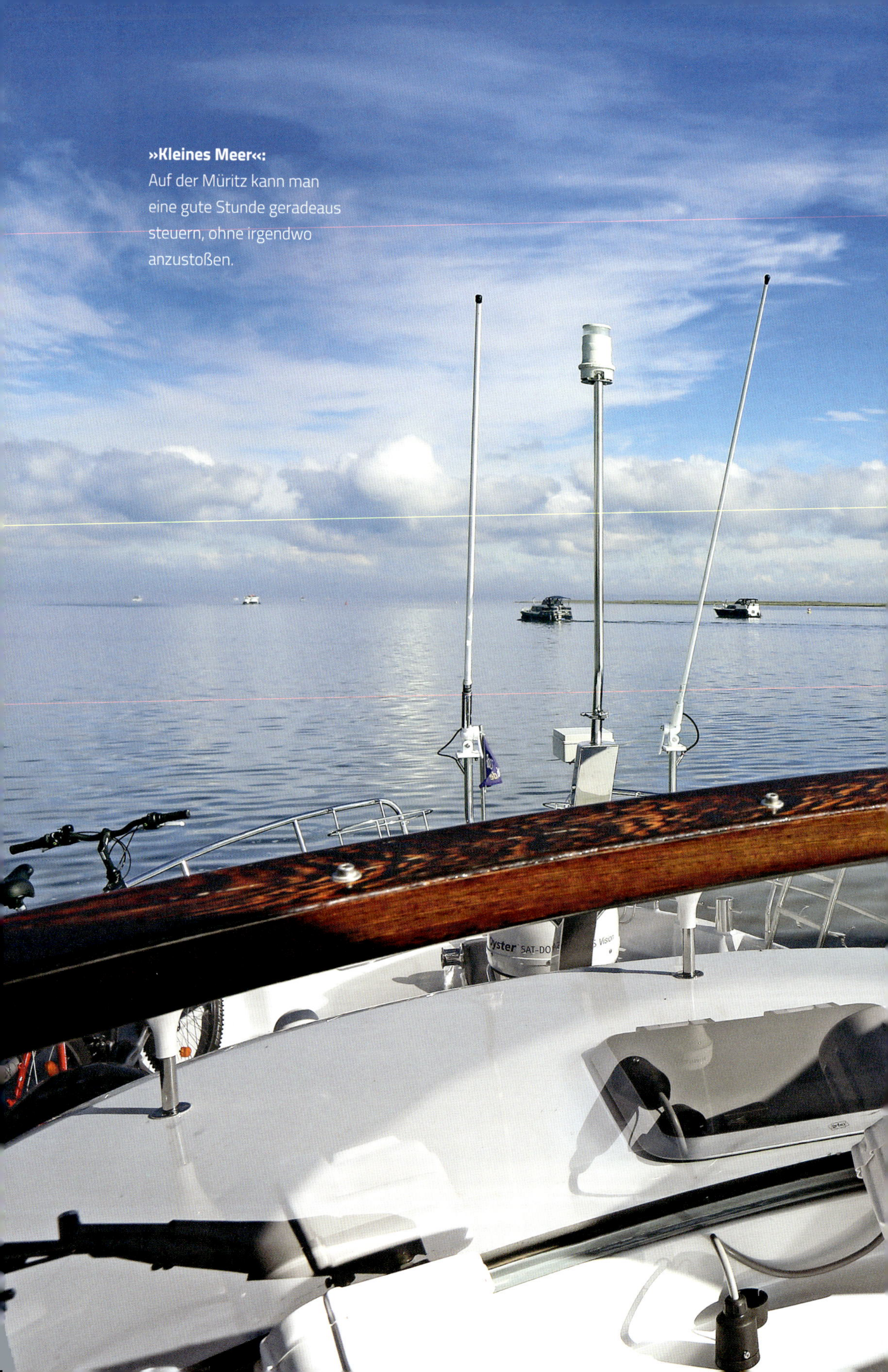

»Kleines Meer«: Auf der Müritz kann man eine gute Stunde geradeaus steuern, ohne irgendwo anzustoßen.

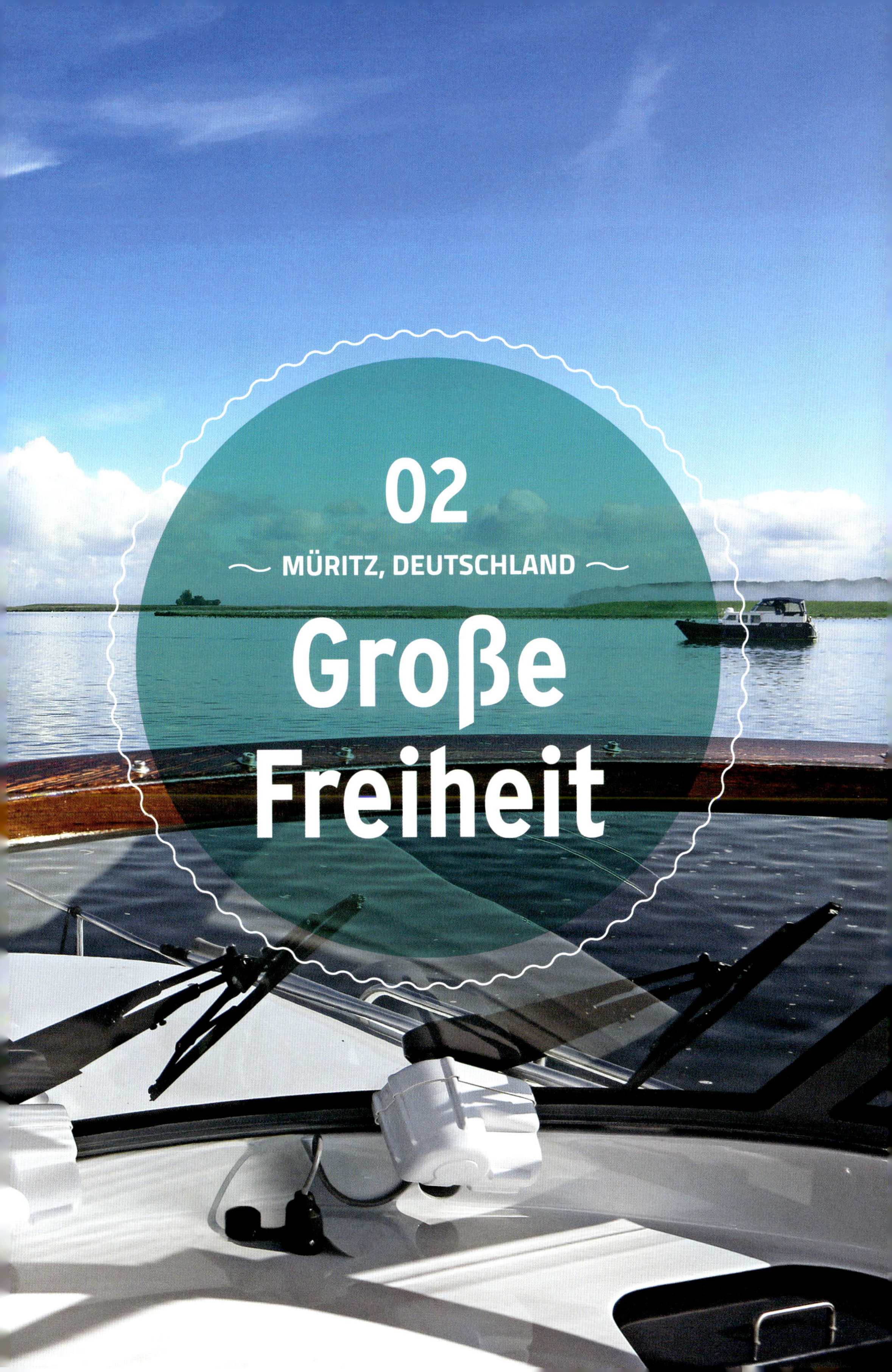
02
MÜRITZ, DEUTSCHLAND
Große
Freiheit

Weite Wasserflächen und keine Schleusen: Müritz und Mecklenburgische Großseenplatte sind für ein nahezu grenzenloses Törnerlebnis wie gemacht.

Dichter Urwald und lichte Moore bedeckten dieses Land, als die Obotriten vor mehr als eintausend Jahren von Osten kamen, um sich zwischen Elbe und Oder anzusiedeln. Lange davor hatten die Gletscher der Eiszeit hier nicht nur sandige Höhenzüge und sumpfige Niederungen hinterlassen, sondern auch unzählige Seen mit ihrem Schmelzwasser geformt. Eines dieser Gewässer war jedoch ungleich größer als alle anderen in der Umgebung: Selbst an klaren Tagen war das jenseitige Ufer nur ein dunkler Strich und Stürme konnten solche Wellen aufpeitschen, dass die Boote auf dem Trockenen blieben. Das war kein See mehr, sondern ein kleines Meer! Morize auf Slawisch – Müritz. Aber selbst wenn die Fischer noch heute ein Lied über ihre Launen singen können, entschädigen die schönen Tage für alle Wetterkapriolen. Denn wo sonst kann man in Deutschland eine gute Stunde geradeaus steuern, ohne irgendwo anzustoßen? Höchstens noch auf dem Bodensee. Und natürlich macht nicht nur die Müritz allein die Mecklenburgische Großseenplatte aus: Im Westen schließen sich Kölpinsee, Fleesensee und Plauer See an. Keine Schleuse stoppt die Fahrt von Plau am See, das bei Kilometer 120 der Müritz-Elde-Wasserstraße liegt, und Buchholz bei MEW-Kilometer 180. Das macht sechzig entspannte Kilometer; an einem Stück, wenn man möchte. Viel mehr kann auch das »Schwäbische Meer« nicht bieten. In diesem Jahr sparen wir uns deshalb die Schlange an der nächsten Sportbootwartestelle und wählen die »Große Freiheit« für unseren Charter-Sommertörn im Nordosten.

GANZ IN WEISS

Los geht's in der Marina Eldenburg bei Waren, der Hauptbasis von Yachtcharter Schulz. Am Steg wartet schon SERENA auf uns, ganz in Weiß und nagelneu. Mit dieser Stahlyacht vom Typ Schulz 37 wollen wir das Revier in der kommenden Woche erkunden. Da noch Gewitter angesagt sind, werden wir erst morgen starten und lassen uns nach Einweisung und Übergabe mit dem Einkaufen und Einräumen entsprechend Zeit.

Einer der wenigen »Engpässe« im Revier ist der Lenzer Kanal mit seiner Straßenbrücke. Der Pegel befindet sich hinter den Bäumen am linken Rand.

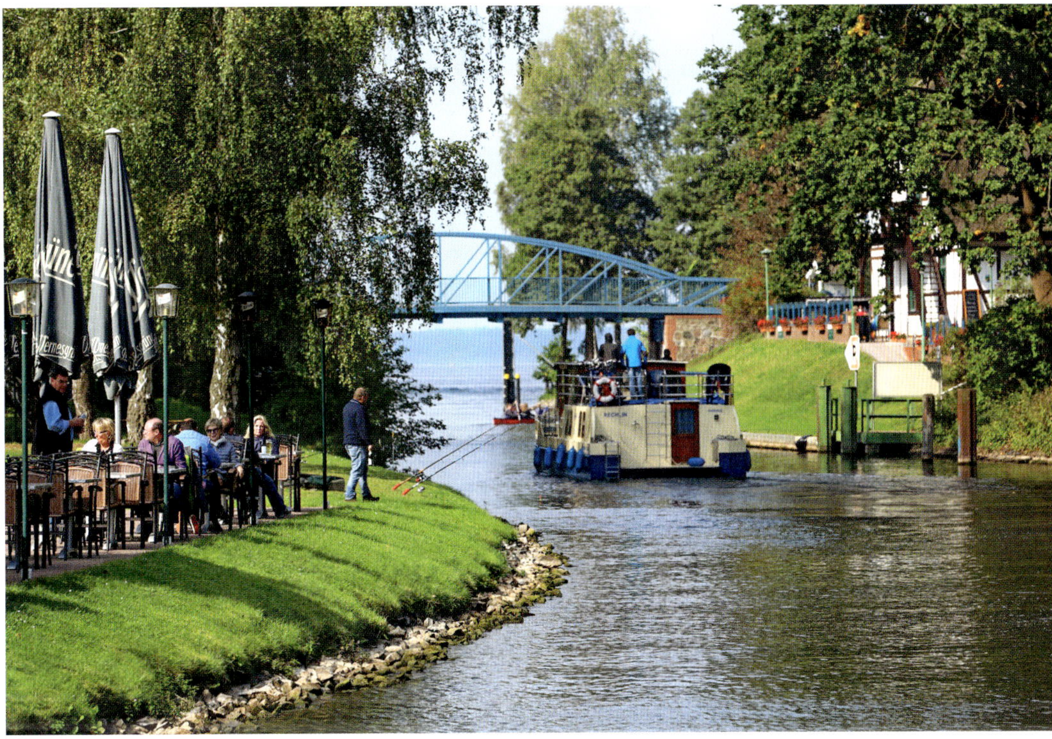

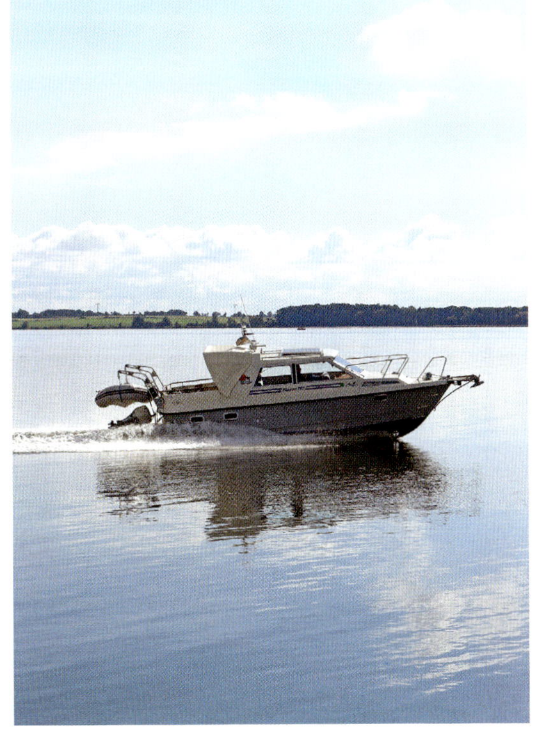

Unterwegs am frühen Morgen spiegelt sich das Morgenlicht auf dem glatten Kölpinsee.

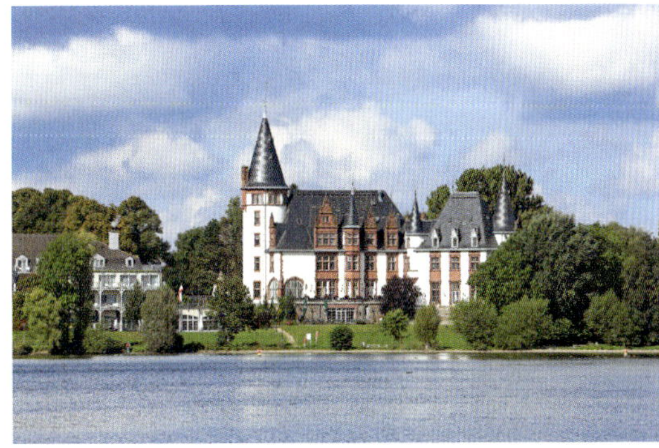

Vom Wasser aus erblickt man das Seehotel Schloss Klink am Westufer der Müritz.

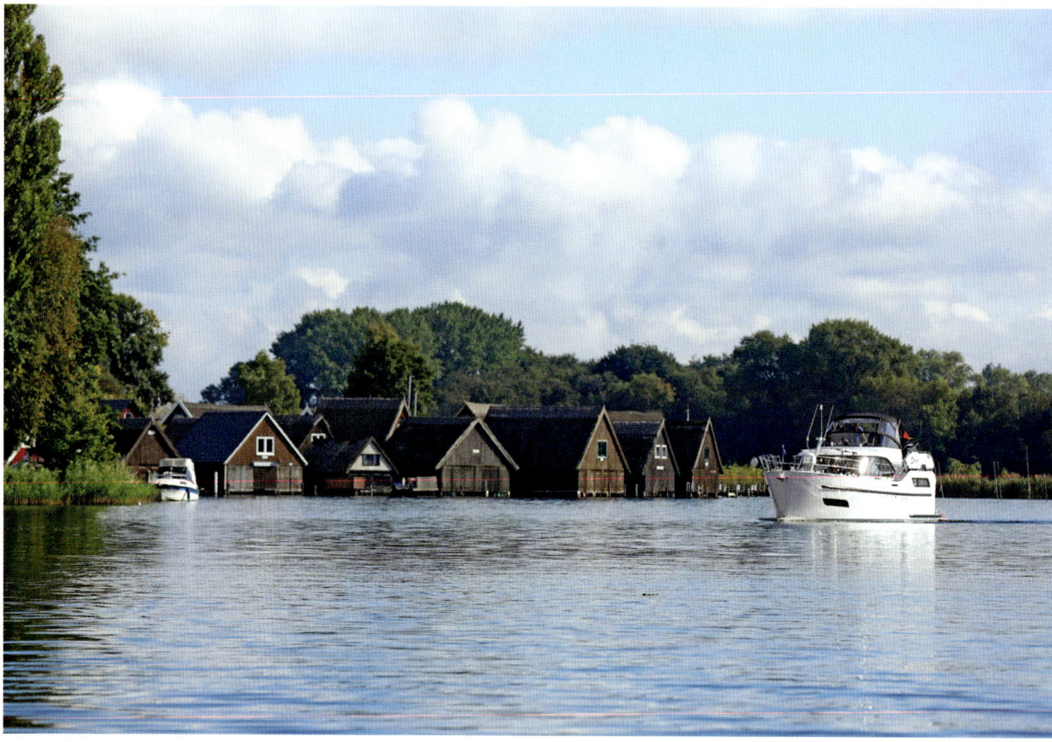

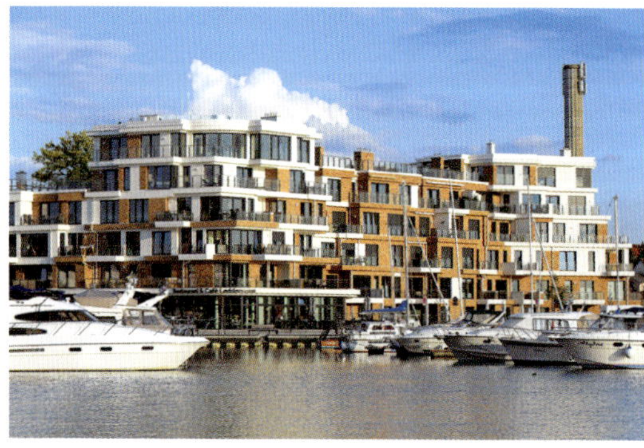

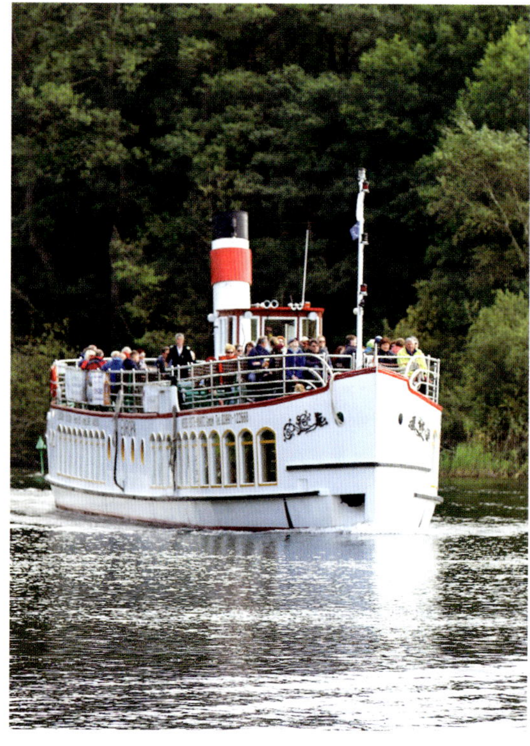

Unsere SERENA von Yachtcharter Schulz vor den hölzernen Bootshäusern am Röbeler Binnensee.

Auf dem Reeckkanal kommt uns das Warener Ausflugsschiff EUROPA entgegen, während am Stadthafen von Waren eine neue Appartementanlage ins Auge sticht.

DIE ➔ TIPPS

★ Ankern

Die meisten Charterboote sind so ausgestattet, dass man locker eine Nacht auf die Annehmlichkeiten eines Hafens verzichten kann. Die Seen bieten viele Stellen, die sich zum Ankern eignen. Wenn im Sommer der Wind zum Abend hin einschläft, ist man von spiegelglattem Wasser und völliger Ruhe umgeben.

★ Vor- und Nachsaison

Noch einsamer (und günstiger) wird es, wenn man die Hauptferienzeit vermeiden kann. Da es keine Schleusen gibt, ist man auch nicht von kürzeren Betriebszeiten abhängig.

Während im Süden Wolkentürme in eisige Höhe wachsen, machen wir es uns achtern in der warmen, aufgeladenen Luft bequem. Der erste Sherry geht natürlich über Bord – sicher ist sicher. Und siehe da: Das Donnergrollen bleibt fernab, auf uns fällt kein Tropfen.

Der nächste Tag beginnt dafür diesig, aber so gut wie windstill. Als wir ablegen und den Bug nach Westen drehen, erscheint eine Drohne über uns. Wie eine übergroße Libelle folgt sie uns ein Stück den Reeckkanal entlang. Doch als es um die erste Biegung geht, verliert sie das Interesse an uns. Der Ausgang des Kanals, der die Binnenmüritz bei Waren mit dem Kölpinsee verbindet, liegt schon nach einem guten Kilometer vor uns. Zwischen den beiden steinernen Molen geht es hinaus auf offenes Wasser. Die bewaldeten Ufer liegen im blassen Dunst des Morgens. Es sind Naturschutzgebiete; die Halbinsel Damerower Werder im Norden, im Süden das Blüchersche Bruch. Angler haben sich schon die besten Plätze reserviert, unbewegliche Silhouetten in ihren Kähnen. Wir halten uns an das betonnte Fahrwasser, das Abstand zu den gesperrten Uferstreifen der Naturschutzgebiete wahrt. So fahren wir auf den Göhrener Kanal am westlichen Ende des Kölpinsees zu, der uns nach 600 Metern in den Fleesensee entlässt, an dem auch Malchow liegt, unser erstes Etappenziel.

KURS AUF MALCHOW

Um den Stadthafen dort zu erreichen, müssen wir jedoch vorher das einzige nennenswerte Hindernis des Reviers passieren – die neue Drehbrücke im Ortszentrum. Die öffnet in der Saison jeweils von 9 bis 20 Uhr zur vollen Stunde. Da wir Zeit haben, scheren wir jedoch kurz nach dem Kanal nach Norden aus dem Fahrwasser aus und lassen an einem schönen Plätzchen auf drei Metern Wassertiefe unseren Anker fallen, um das Frühstück nachzuholen. Auf der Wasserskistrecke im Süden sind Wakeboarder am Start und aus dem

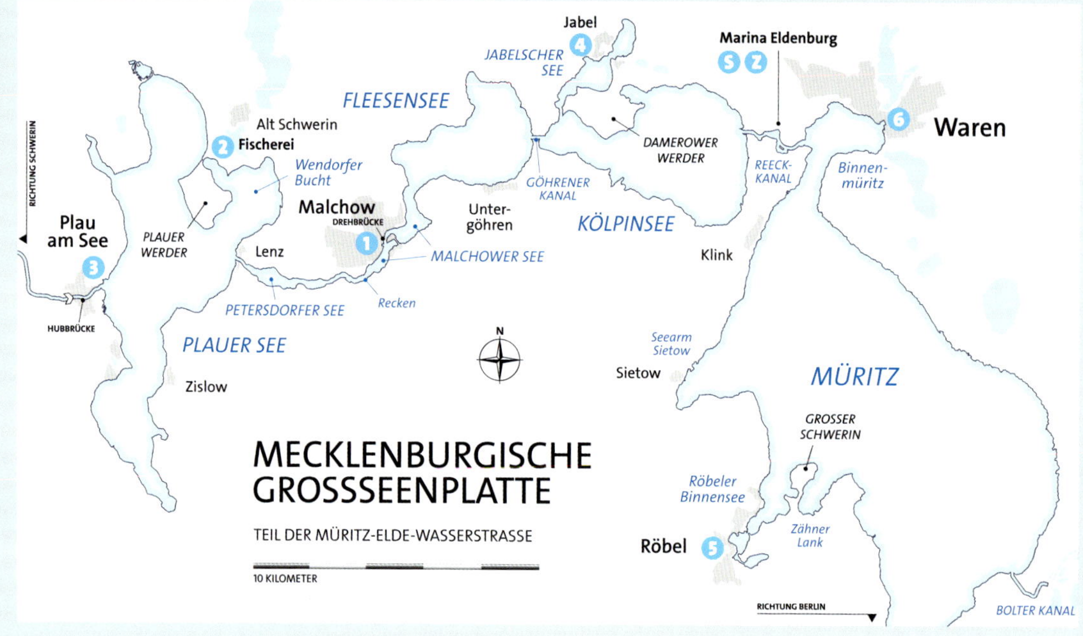

DIE ➔ TÖRNETAPPEN

- S Marina Eldenburg–Malchow .... 17 km
- 1 Malchow– 2 Alt Schwerin–Plau am See .... 18 km
- 3 Plau am See–Jabel .... 23 km
- 4 Jabel–Röbel .... 28 km
- 5 Röbel–Waren .... 17 km
- 6 Waren–Marina Eldenburg .... 4 km
- Z Gesamtstrecke .... 107 km

DAS ➔ KLIMA

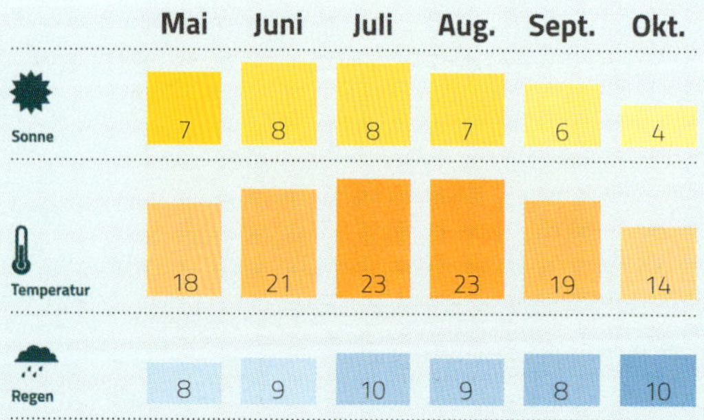

Werte: Sonnenstunden/Tag, Tagestemperaturen, Regentage

DAS ➔ REVIER

Die schleusenfreien Oberseen im östlichen Teil der Müritz-Elde-Wasserstraße (MEW), die in Dömitz an der Elde beginnt und nach 180 km in Buchholz im Süden der Müritz endet. Plau am See liegt bei km 120. Häfen und Liegeplätze sind im gesamten Revier ausreichend vorhanden, die Ausstattung ist in der Regel gut bis sehr gut. Gleiches gilt für Infrastruktur und Versorgungsmöglichkeiten.

Die Höchstgeschwindigkeit liegt für Kleinfahrzeuge mit Maschinenantrieb auf der Müritz-Elde-Wasserstraße gegenüber dem Ufer generell bei 9 km/h, auf Seen und seenartigen Verbreiterungen mit einem Uferabstand von mindestens 250 m bei 12 km/h und bei breiteren Gewässern außerhalb des 100 m breiten, ufernahen Schutzstreifens bei 25 km/h. Tafelzeichen weisen auf Abweichungen hin.

Die Fahrrinnentiefe beträgt in diesem Bereich mindestens 1,40 m, auf den Seen zum Teil wesentlich mehr. Dennoch sollte man auch auf offenen Wasserflächen der Betonnung folgen.

Die niedrigste feste Brücke (3,90 m) dieses Abschnitts befindet sich am Reeckkanals zwischen Binnenmüritz und Kölpinsee.

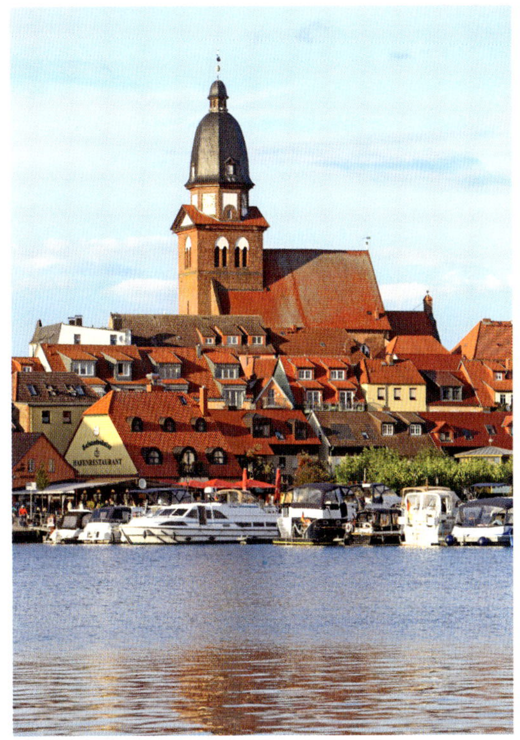

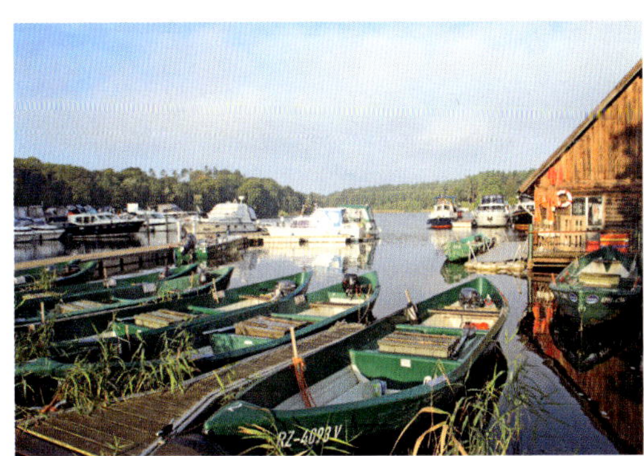

Die Marienkirche von Waren mit dem Gästesteg des Stadthafens davor – die beliebtesten Liegeplätze im Revier.

Die Angelkähne der Müritzfischer in Eldenburg können auch gemietet werden.

Hafen des SBS Yachthafenresorts Fleesen in Untergöhren laufen Hausboote aus. Zusammen nehmen wir Kurs auf die »Inselstadt« Malchow.

Die neue Drehbrücke ist erst fünf Jahre alt und ersetzt eine baufällige Vorgängerin an gleicher Stelle. Sie überwindet das Nadelöhr zwischen der sogenannten Altstadtinsel, der Malchow seinen besonderen Namenszusatz verdankt. Es lohnt sich, nicht zu früh vor einer Öffnung einzutreffen, da es im schmalen Trichter vor der Ostseite der Brücke schnell eng wird. Eine Signalanlage zeigt den Status an. Die Einfahrt zum Stadt- und Gasthafen liegt danach gleich um die Ecke auf dem Nordufer; die Außenseite der Hafenmauer gehört allerdings den Ausflugsschiffen. Wir suchen uns innen einen Platz am Fingersteg und gehen mit dem Heck an die Pier. Strom und Wasser sind in Reichweite, Sanitäranlagen und Hafenbüro im Servicegebäude untergebracht.

Auf dem Ufer gegenüber ragt der neugotische Turm der Klosterkirche aus den Bäumen. Sie beherbergt das »Mecklenburgische Orgelmuseum«, das auch Konzerte veranstaltet. Zu erreichen über Brücke und Damm. Uns interessiert diesmal aber ein anderes Stück Geschichte:

Das DDR-Museum – passend untergebracht im alten Film Palast an der Kirchenstraße, dreht die Uhr dreißig Jahre und weiter zurück. Ein Sammelsurium an Alltagsgegenständen, vom Röhren-TV aus dem VEB Fernsehgerätewerk Staßfurt über den Palast der Republik aus Formo-Bausteinen (der DDR-Variante von Lego) bis zur kratzigen FDJ-Bluse. Darüber schwebt Honnis gerahmtes Honiglächeln. Sehenswert!

PLAUER SEE

Weit haben wir es nicht am nächsten Tag: Es geht nach Südwesten über den schmalen Malchower See und dann den noch schmaleren, schilfgesäumten Recken. Hinter der Autobahnbrücke der A19 beginnt der Petersberger See. Das Fahrwasser verläuft hier dicht am Südufer; besonders auf

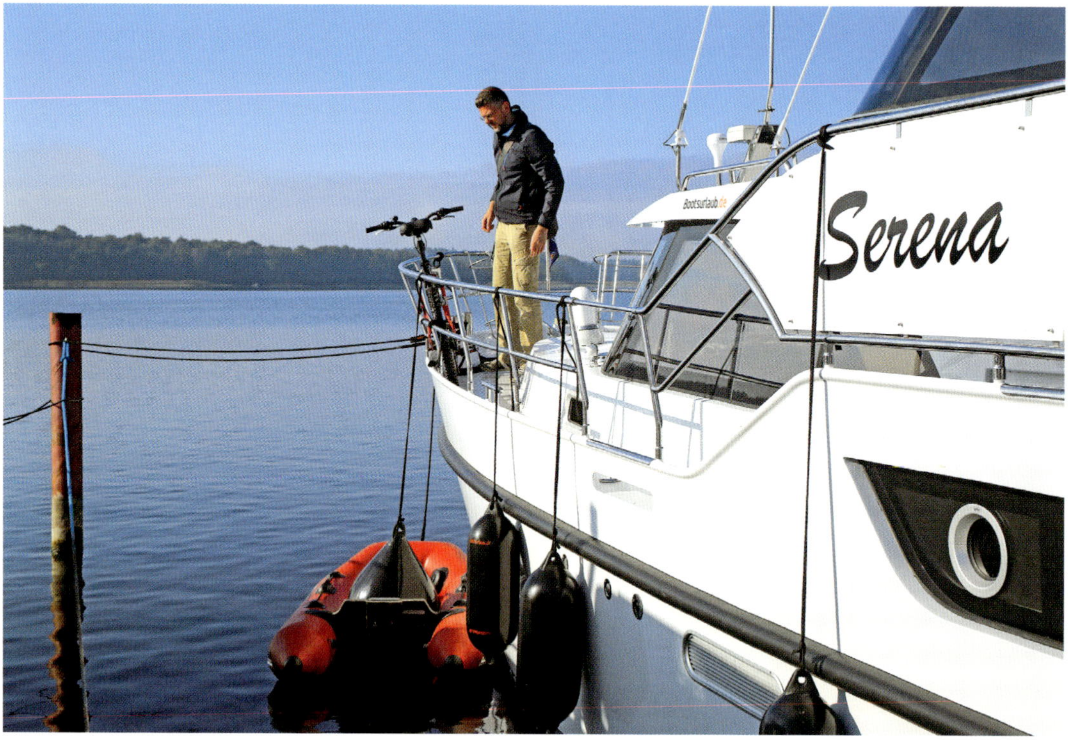

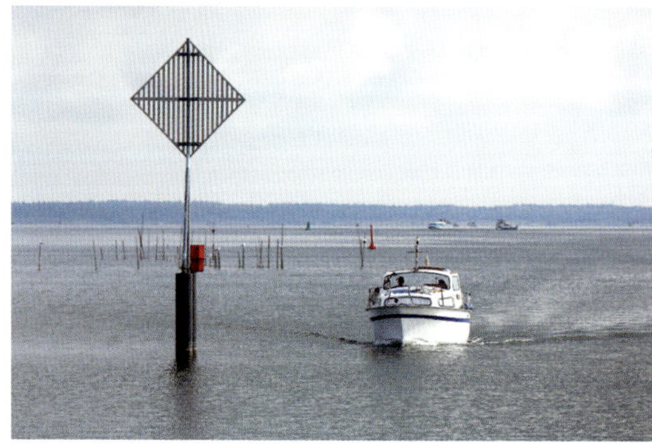

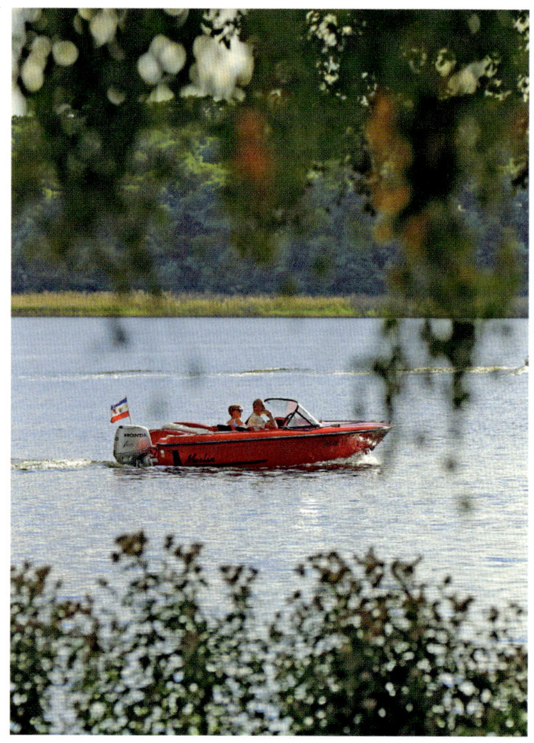

Im Hafen
verholen wir unser Dingi von achtern nach vorn, um Platz zu sparen.

Am östlichen Ende des Göhrener Kanals
mit dem Fleesensee im Hintergrund ist das Einfahrtzeichen zu sehen. Ein kleiner roter Flitzer fährt über den Jabelschen See.

» Bei der Fischerei Alt Schwerin genießen wir Flusskrebse aus eigener Zucht und Räucheraal mit Schwarzbrot. «

die roten Tonnen muss geachtet werden. Vom Plauer See trennt uns jetzt nur noch ein 500 Meter langer Durchstich, an dessen südlicher Einfahrt der Lenzer Hafen liegt, wo natürlich auch Gäste unterkommen (und es neben vollem Service auch eine Bootstankstelle und eine Gaststätte mit Terrasse gleich am Kanalufer gibt). Auch beim Lenzer Krug gegenüber dürfen Gäste festmachen. Zur Abkühlung: Der Badestrand am Ufer des Plauer Sees ist zu Fuß nur ein paar Minuten entfernt. Wir haben für die Mittagspause aber andere Pläne, passieren die recht niedrige Straßenbrücke (Durchfahrtshöhe: vier Meter; auf den Brückenpegel achten) und steuern danach auf dem Plauer See nach Norden. Mit einer Länge von 14 Kilometern kommt der im Ranking der größten Seen Deutschlands immerhin auf Platz sieben.

Mit dem bewaldeten Ufer der Halbinsel Plauer Werder an Backbord und der ausgetonnten Wasserskistrecke an Steuerbord führt unser Kurs in die Wendorfer Bucht hinein, wo am nordwestlichen Ende der Schwimmsteg des Sportboothafens der »Fischerei Alt Schwerin« auf uns wartet. Das Geschäft ist schon in vollem Gange, wir finden trotzdem noch einen Tisch auf der Terrasse des Restaurants. Es gibt Flusskrebse aus eigener Zucht und Räucheraal mit Schwarzbrot. Wer selbst Rute und Rolle dabei hat, bekommt hier übrigens die nötige Angelkarte.

Der westlichste Punkt unseres Törns ist jetzt greifbar nahe: Wir kehren zum Fahrwasser zurück und überqueren den an dieser Stelle gut vier Kilometer breiten (und heute sehr sommerlichen) Plauer See. Jollen mit schlaffen Segeln dümpeln vor sich hin und hoffen auf den kleinsten Windhauch. Bei der SEELUST, die uns jetzt entgegenkommt, ist das Oberdeck bis auf den letzten Platz mit Ausflüglern in Sonnenbrille besetzt.

Unser Ziel ist schon erkennbar: Der Leuchtturm auf der Mole von Plau am See liegt recht voraus. Hier endet das Großseenland! Der Verlauf der Müritz-Elde-Wasserstraße folgt ab hier regulierten Fluss- und Kanalabschnitten bis zur Elbe bei

Dömitz, immerhin noch 120 Kilometer entfernt. Die erste Schleuse wartet dagegen schon in Plau, also gleich um die Ecke. Statt in die Mündung der Metow einzufahren (die in ihre Richtung führt), halten wir uns aber rechts vom Leuchtturm und suchen uns einen Platz im neuen, gut geschützten Fischerhafen (dessen Fingerstege aber durchaus in erster Linie für Sportboote gedacht sind). Ringsherum ist in den vergangenen Jahren das bunte Ensemble eines Hafendorfes mit Ferienwohnungen, Servicegebäude und Hafenkiosk mit Imbiss entstanden – und eben der Leuchtturm, der zwar von der unteren Galerie eine schöne Panoramaaussicht über den See bietet, die Bezeichnung als »echtes« Seezeichen aber dennoch verdient: Im oberen Stockwerk befindet sich nämlich das Leitfeuer für die Ansteuerung von Plau am See.

DURCH DEN GRÜNEN TUNNEL

Für uns geht es am anschließenden Tag zunächst auf gleichem Weg wieder zurück: Über Plauer See und Lenzer Kanal, an der Drehbrücke von Malchow vorbei und weiter durch den Fleesensee. Nachdem wir den Göhrener Kanal zum Kölpinsee passiert haben, schwenken aus dem Fahrwasser nach Backbord, wo die kurze Durchfahrt zum Jabelschen See im Uferdickicht verborgen liegt. Ein Tonnenpaar hilft jedoch bei der Ansteuerung, ebenso eine grün-weiß-grüne Tafel an einer Birke westlich der Einfahrt. Vorsichtig hinein in den grünen Tunnel – für ein paar Minuten Amazonas! Und dann hinaus auf den Jabelschen See, der zwar nur Kleinster der »Großen«, dafür aber umso malerischer ist. Strohhelles Schilf säumt die Wasserkante, der Wald dahinter ist dicht und grün. In den stillen Buchten spiegeln sich Wolken und Ankerlieger. Im Yachthafen der Ferienanlage Maribell im Nordwesten des Sees machen wir an Fingersteg und Pfählen fest – idyllischer geht es kaum. Bei einem Spaziergang kann man sich im kleinen Dorfladen versorgen

» Vorsichtig hinein in den grünen Tunnel – für ein paar Minuten Amazonas! Und dann hinaus auf den Jabelschen See, der zwar nur Kleinster der ›Großen‹, dafür aber umso malerischer ist. «

Der Stadthafen von Waren ist auch an Wochentagen gut gefüllt. Rechtzeitiges Kommen sichert die besten Plätze – auch, um die fantastischen Sonnenuntergänge zu genießen.

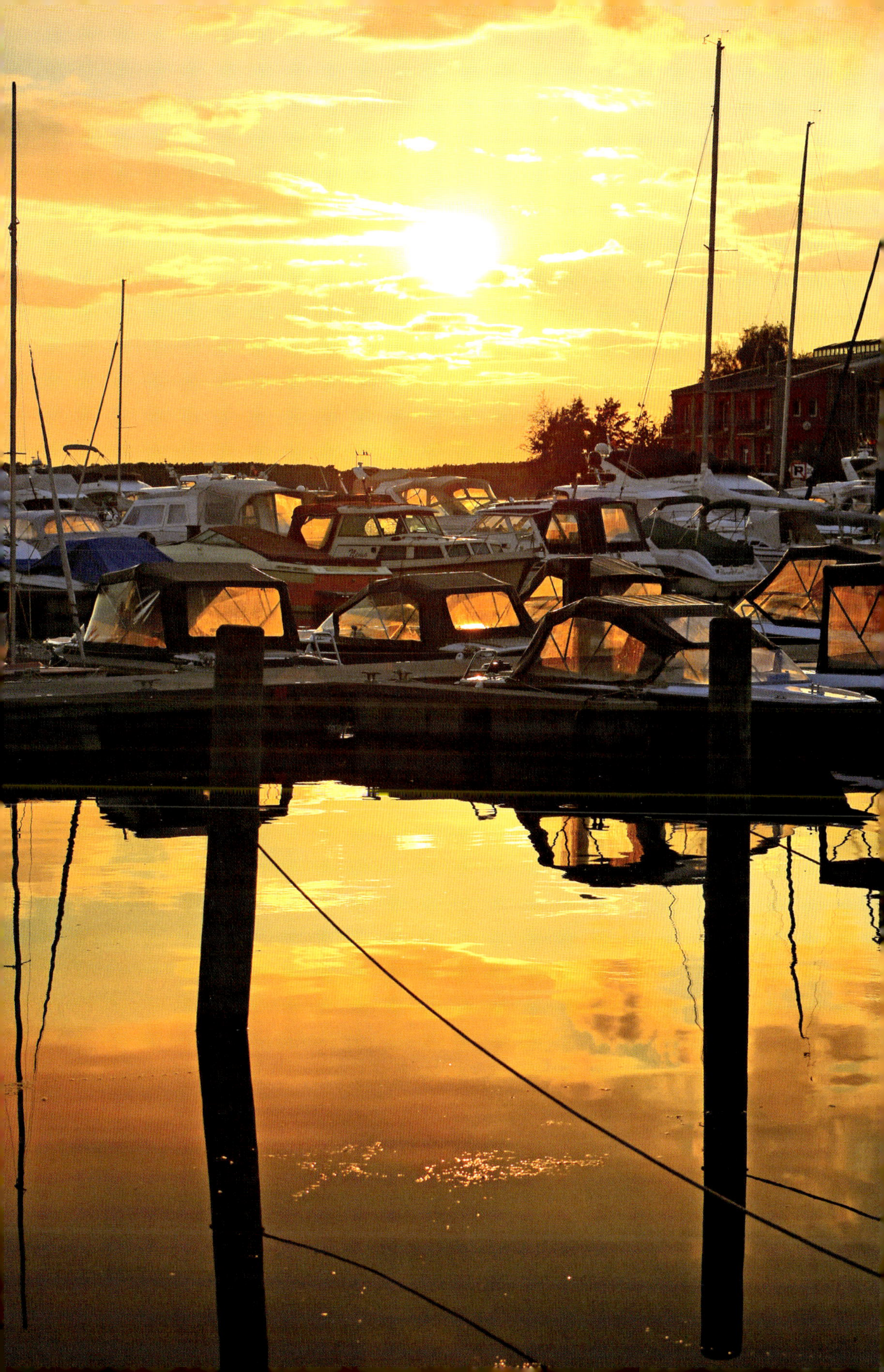

und der Backsteinkirche einen Besuch abstatten. Den Abend lassen wir bei dem Ausblick natürlich »zuhause« ausklingen – auf unserem Achterdeck.

Nun fehlt nur noch die Müritz selbst, um unseren Törn komplett zu machen. Nach dem Kölpinsee lassen wir unsere Charterbasis also zunächst noch einmal links liegen und folgen dem Reeckkanal bis zur Binnenmüritz. Waren ist gut zu erkennen, der Turm der Marienkirche eine unübersehbare Landmarke. Wir aber folgen dem Fahrwasser an der Tonne »Eldenburg« nach Süden und zwischen den beiden Landspitzen von Behrenswerder und Ecktannen hinaus auf die offene Müritz, die nicht friedlicher sein könnte. Eine lange Prozession von Charteryachten und Hausbooten ist unterwegs, eine echte Wasserstraße; wie eine Perlenschnur verbindet der Urlaubsverkehr die beiden Ausgänge des Sees in Nord und Süd. Schloss Klink zieht vorbei, ebenso die weite Ausbuchtung des Sietower Seearmes.

DURCH DICHTEN NEBEL

Wir peilen das nächste Nebengewässer an, den Röbeler Binnensee und dem Stadthafen an seinem Ende. Bunte Bootshäuser, Vereinsschuppen und Stege ragen ins Wasser. Wir machen am Anleger gegenüber der gotischen Marienkirche fest. Röbel ist wie die kleinere (und ruhigere) Schwester Warens: Während eines Stadtbummels trifft man auf die Spuren des Wachsergeanten Bartholomäus Bradhering oder des Stadtgründers Ritter Nicolaus zu Werle und kommt schließlich zur historischen Mühle auf dem ehemaligen Burghügel am Rande der Altstadt.

Ziel unseres letzten Tages ist dann Waren selbst. Aber so schnell geht es nicht: Über der Müritz liegt unerwartet dichtester Nebel. Bis in den Röbeler Binnensee reicht er hinein. Es dauert seine Zeit, bis die Sonne stark genug ist und sich die Schleier heben – das »Kleine Meer« ist eben immer für eine Überraschung gut.

» Wie eine Perlenschnur verbindet der Urlaubsverkehr die beiden Ausgänge des Sees in Nord und Süd. «

Abendstimmung herrscht am Stadthafen von Malchow. Auf dem jenseitigen Ufer wird der Turm der Klosterkirche angestrahlt.

Unser Charterboot vom Typ Schulz 37 strahlt auf der Müritz. Der neue Stahlverdränger zeichnet sich durch modernes Interieur, viel Licht unter Deck und eine umfassende, überdurchschnittliche Ausstattung aus.

Der Wasserturm reckt sich hinter dem Stadthafen von Röbel in die Höhe.

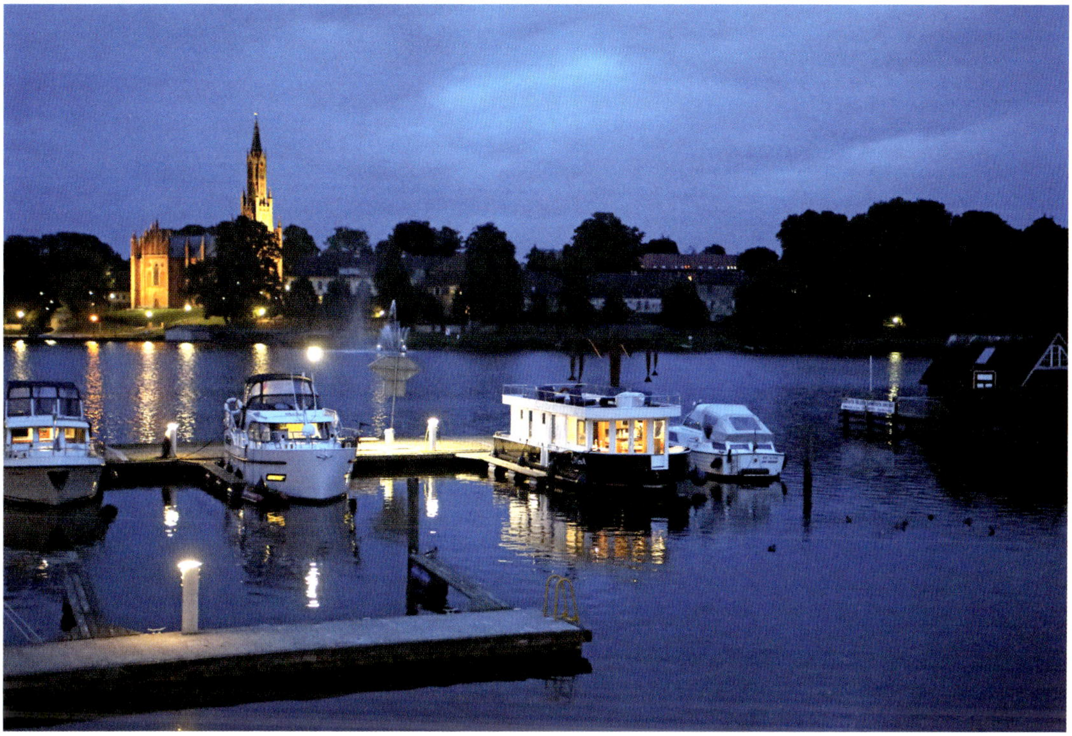

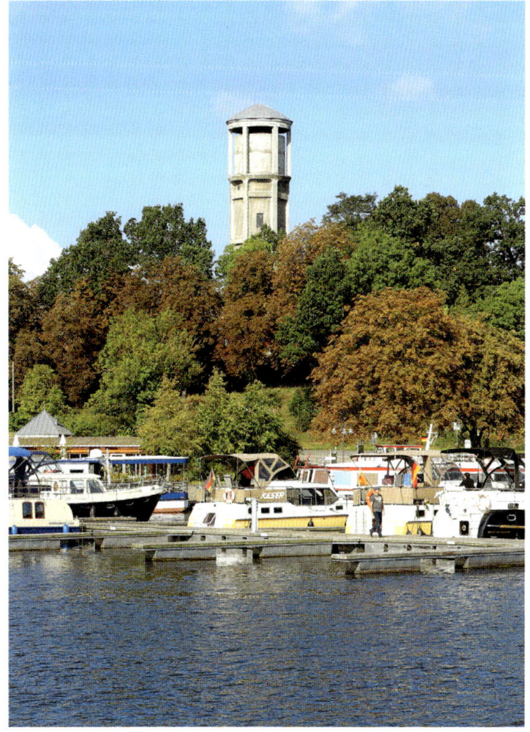

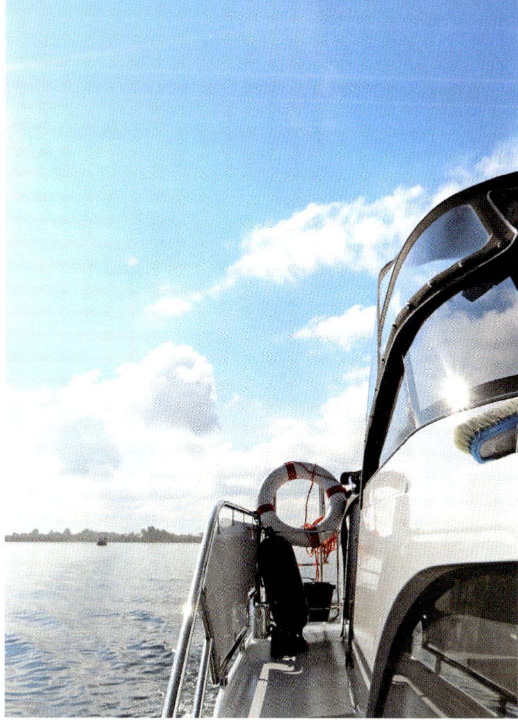

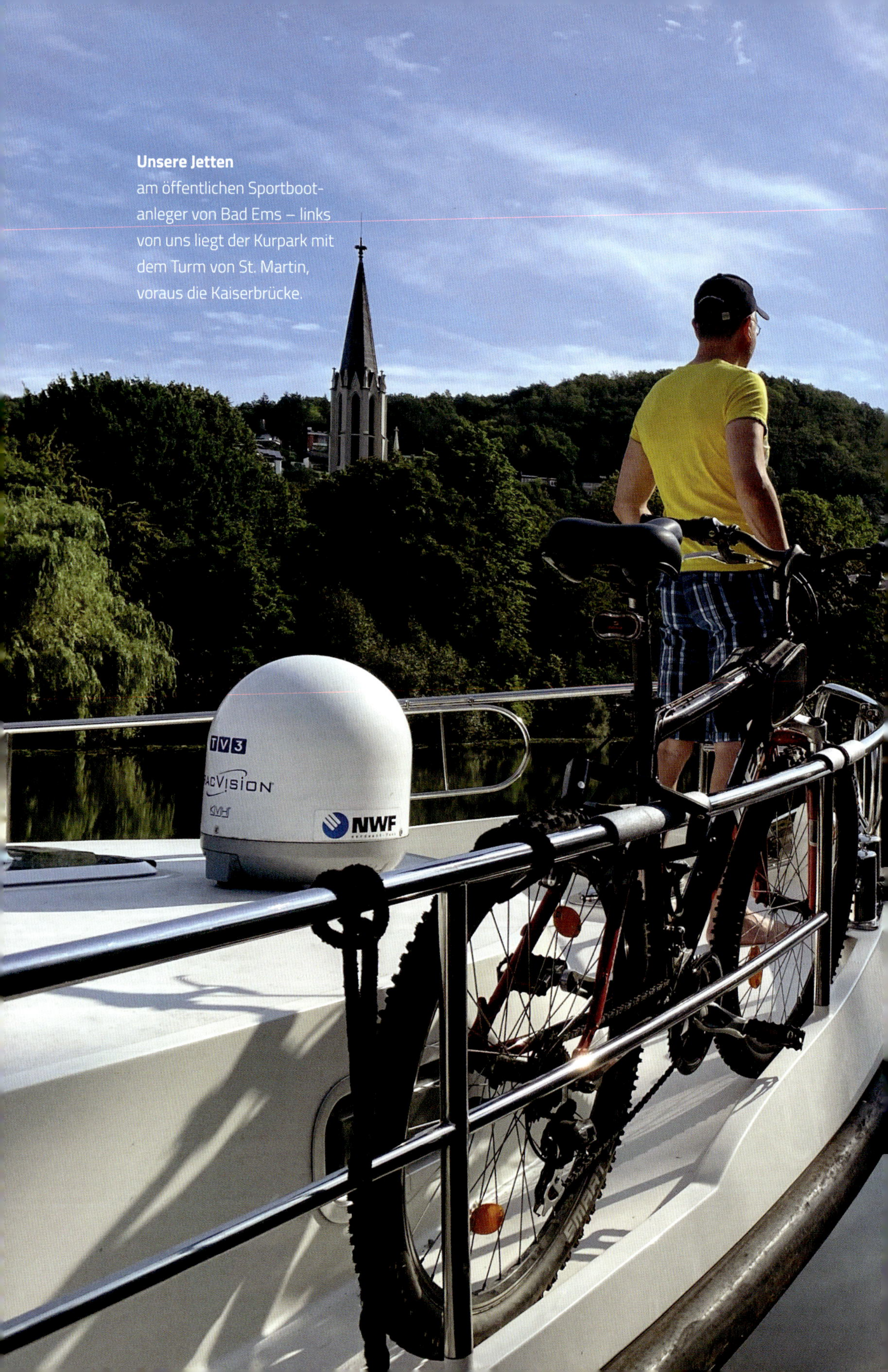

Unsere Jetten
am öffentlichen Sportboot-anleger von Bad Ems – links von uns liegt der Kurpark mit dem Turm von St. Martin, voraus die Kaiserbrücke.

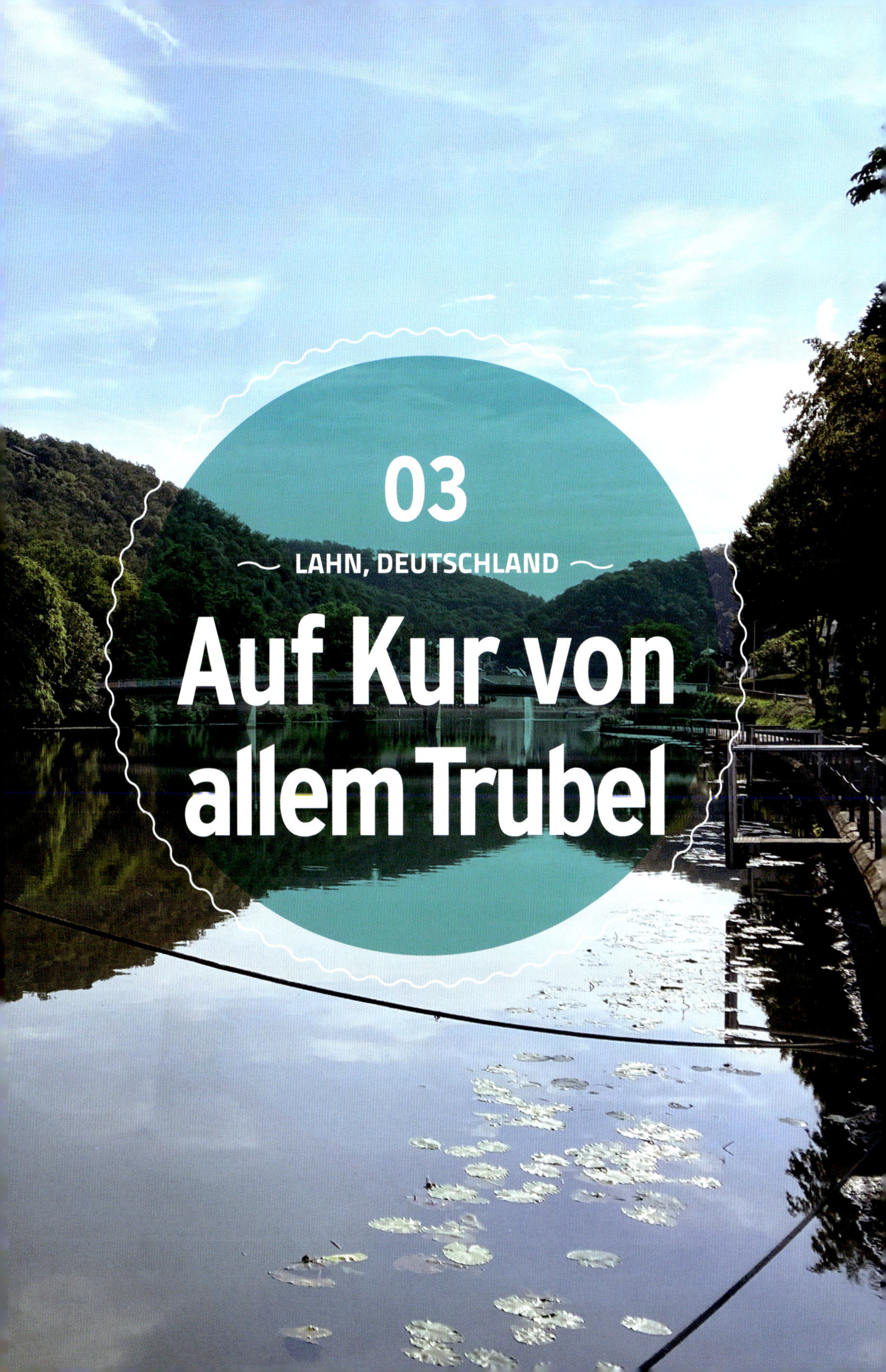
03
LAHN, DEUTSCHLAND
Auf Kur von allem Trubel

Die Lahn ist der kleinste der schiffbaren Nebenflüsse des Rheins. Zum Glück! Einmal um die Ecke – und aller Stress, der auf dem großen Strom herrscht, bleibt zurück. Mit der Charteryacht haben wir uns in die Ruhe gestürzt.

Der Rhein liegt hinter uns – zum Glück. Nicht, dass wir die verkehrsreichste Wasserstraße Europas gerade befahren hätten mit ihren Koppel- und Schubverbänden, kreuzenden Fähren, blauen Tafeln und Buhnen. Richtig, spannender kann Binnenschifffahrt kaum sein, im wahrsten Sinne des Wortes. Auf diesem Törn suchen wir aber das genaue Gegenteil: Entspannung. Nicht die Ankunft ist unser Ziel, sondern der Weg selbst. Und deshalb weist unser Bug auch weg von all dem Trubel. Vor uns liegt die Ruhe: eine Woche auf der Lahn. Wir wollen sie nutzen. Wasserwandern als Kur könnte man sagen. Wellness statt Business.

Schon unser erster Etappenort zeigt, wie ernst es uns damit ist: das weltbekannte Bad Ems. Schon die Römer sollen seine Heilquellen geschätzt haben. Ganze Dynastien gekrönter Häupter gaben sich hier die Ehre und flanierten am Ufer entlang. Da reiht man sich gerne ein. Von Bad Ems wird unsere einwöchige Reise flussaufwärts weiterführen bis in die Bischofsstadt Limburg, bevor es wieder zurückgeht zu unserer Charterbasis in Lahnstein, gleich oberhalb ihrer Mündung. Die Zeit müsste ausreichen, um Abstand zu gewinnen. Denn die Lahn ist auf gerade einmal siebzig Kilometern durchgängig schiffbar. Und auch deshalb – anders als Main und Mosel, die beiden großen Zubringer des Rheins – kaum noch von Bedeutung für das rastlose Räderwerk der modernen Marktwirtschaft. Zum Glück.

GOETHE KANN WARTEN

Die Entschleunigung hat schon begonnen – dabei sind wir erst vor wenigen Stunden gestartet. Um die Mittagszeit erreichten wir Lahnstein. Die Charterbasis liegt etwas oberhalb des Ortes im Hafen Zum Schleusenhäuschen. Die Schleuse selbst gibt es nicht mehr. Unsere Yacht, eine komfortable Jetten 41 AC mit himmelblauem Rumpf, wartet schon am Ufersteg im ehemaligen Unterwasser der Kammer auf uns. Die Einkäufe haben

Der Dichterfürst hat vielerorts entlang des Flusses Spuren hinterlassen, die heute gern touristisch genutzt werden – so wie hier der Obernhof mit Wein am Goetheberg.

Tierische Zuschauer erwarten die Besucher der Schleuse Hollerich.

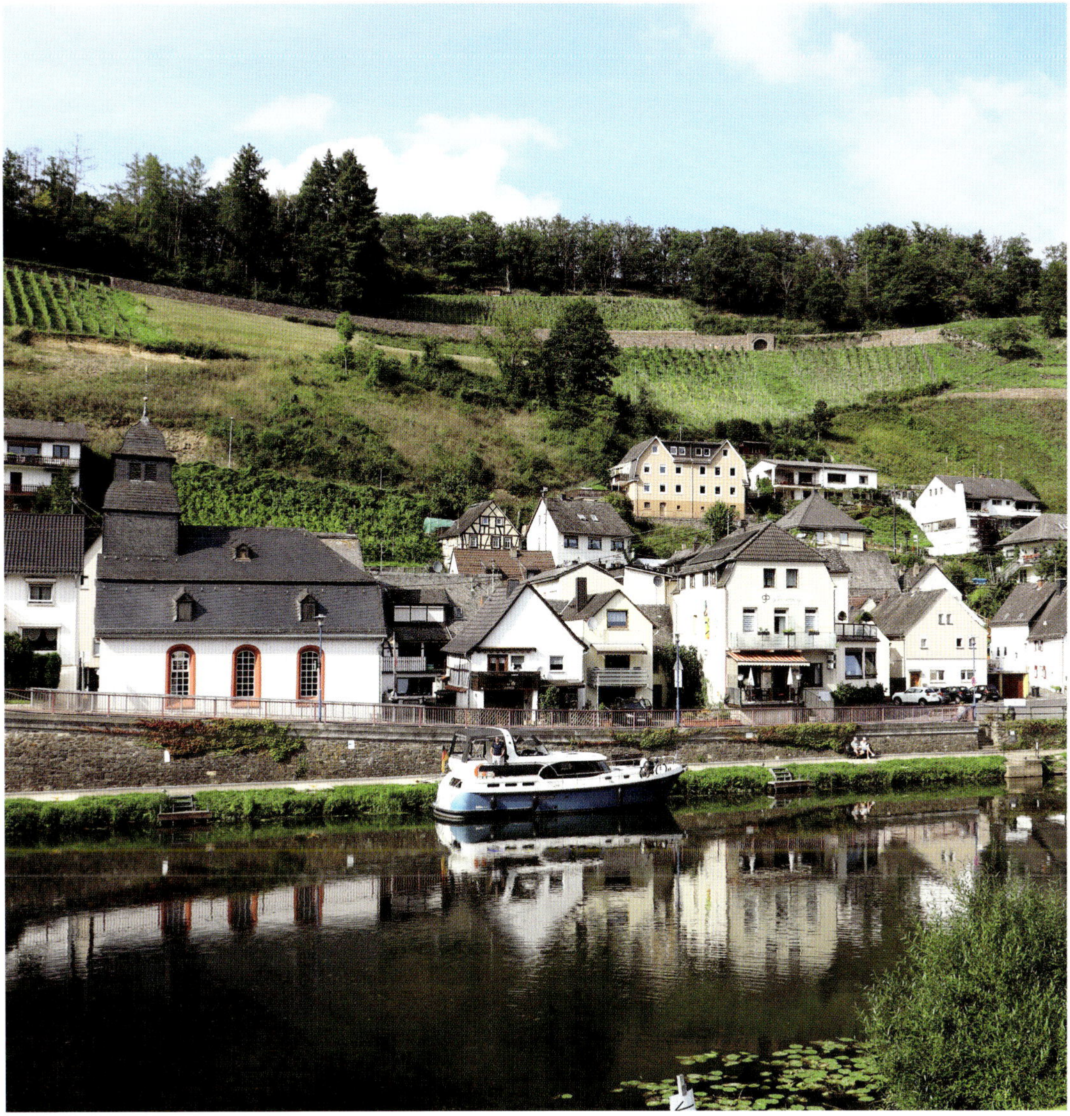

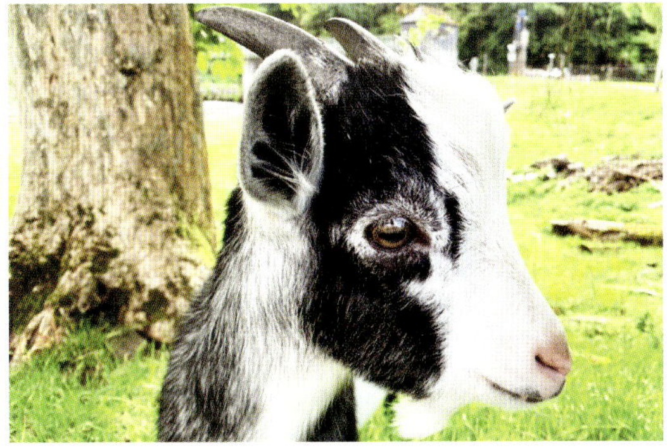

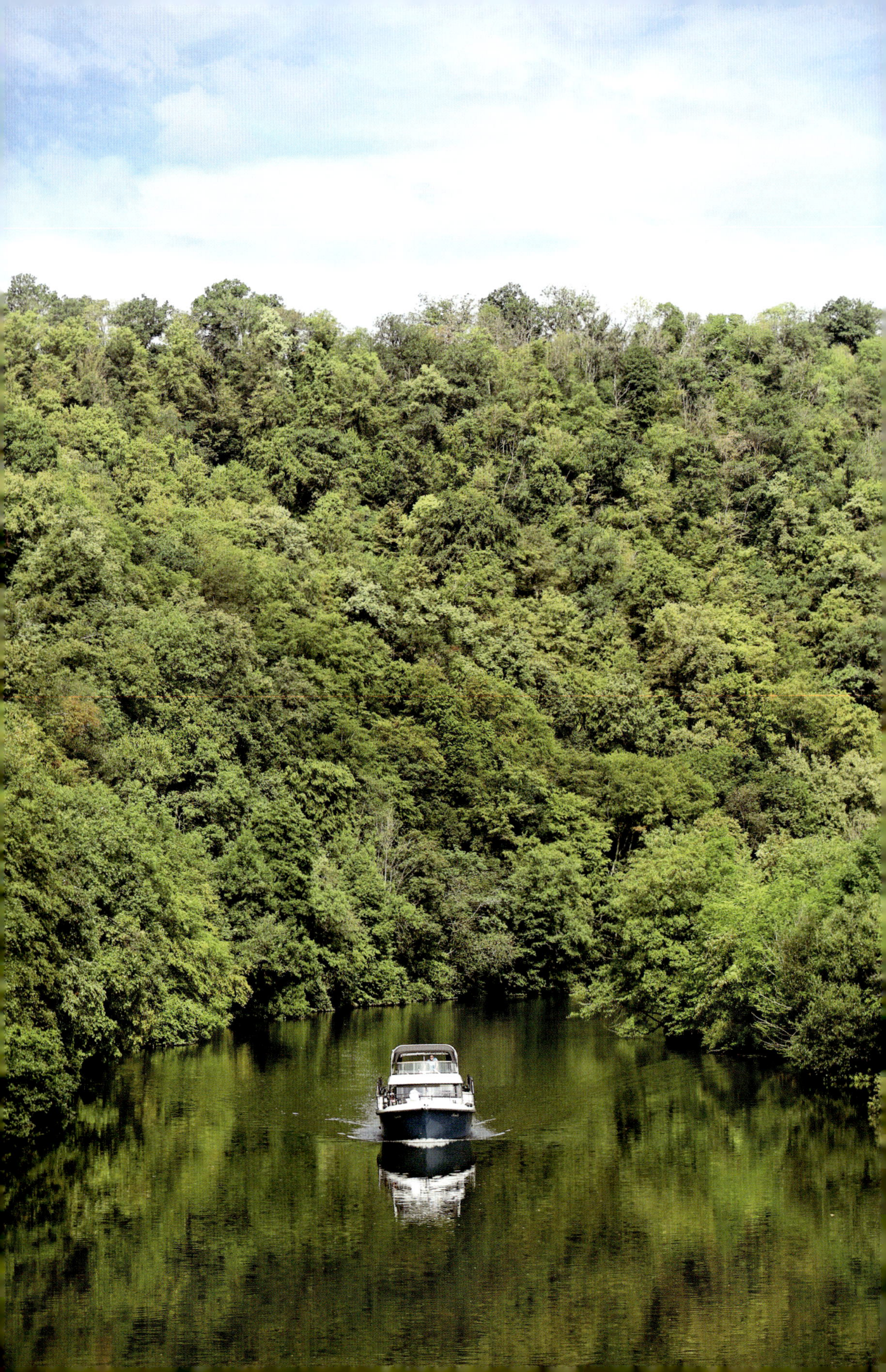

DIE ➔ TOP 3

★ **Bad Ems**
Wohlfühlen im Solebad und Wanderungen durch die waldigen Höhen ringsum. Die Entschleunigung ist garantiert.

★ **Die Lahn**
Ganz nah ran an die Natur auf dem mit Abstand entspanntesten der schiffbaren Nebenflüsse des Rheins.

★ **Limburg**
Die Altstadt am Domberg mit ihren Restaurants und Weinstuben sollte man nicht verpassen. Perfekt für den Abend.

Unterwegs
bei Balduinstein mit üppigen Wäldern an den Flussufern.

wir schon kurz vor der Ankunft mit dem Auto erledigt, Einweisung und Übergabe an Bord waren gefolgt: »Bis nach Bad Ems sind es drei Stunden. Wenn ihr jetzt ablegt, könnt ihr das noch gut schaffen«, hatte Firmenchef Günter Deißner gesagt. Das würde zwar bedeuten, dass wir auf das Abendessen im historischen Wirtshaus an der Lahn (von 1697) verzichten müssten. Und da war immerhin schon Goethe eingekehrt. Andererseits würden wir den Wanderspuren des Dichterfürsten auch sicher noch an anderer Stelle unterwegs begegnen. Also warfen wir die Leinen los, verließen den Schleusenkanal und richteten den Bug unseres Stahlverdrängers flussaufwärts.

URLAUBSSTIMMUNG ÜBERALL

Da die zwölf Schleusen zwischen Lahnstein und Limburg (elf ab der Charterbasis) nur in seltenen Fällen über Wartestellen verfügen und die Schleusenkanäle zum Teil schmal und schlecht einzusehen sind, sollte man sich etwa zwanzig Minuten vor Ankunft telefonisch anmelden – zumindest an der ersten Staustufe des Tages. Danach wird man vom Personal weitergemeldet. Geplante Pausen sollte man deswegen angeben. Ebenso wichtig für den Tagesverlauf sind die Betriebszeiten. Die Saison dauert vom 1. April bis 31. Oktober. Geschleust wird dann von 10 Uhr bis 18.30 Uhr, wobei die Mittagspause von 12 Uhr bis 12.30 Uhr je nach Verkehrsaufkommen mitunter auch flexibel gehandhabt wird. Die meisten Kammern haben eine nutzbare Länge von 34 Metern, vier von ihnen sind mehr als 40 Meter lang. Die Fallhöhe ist unterschiedlich und reicht bei mittlerem Wasserstand von rund zweieinhalb Metern in der Schleuse Ahl – der ersten für uns – bis zu fünfeinhalb Metern in der Schleuse Hollerich.

Die Schleusenanlage von Ahl ist umgeben von einem Campingplatz – dem ersten von vielen entlang der Lahn. Urlaubsstimmung überall, Sonnenschirme in Sommerfarben und hinter den Hecken kringelte bereits Grillrauch blau in den

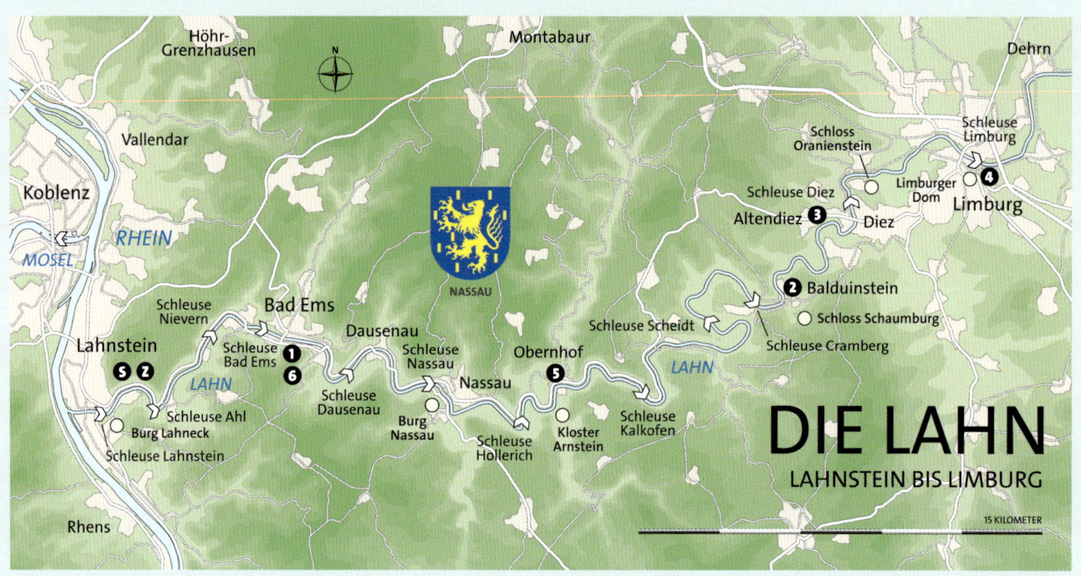

DIE ➔ TÖRNETAPPEN

- ❺ Lahnstein–Bad Ems .... 10 km
- ❶ Bad Ems–Balduinstein .... 35 km
- ❷ Balduinstein–Altendiez .... 5 km
- ❸ Altendiez–Limburg .... 10 km
- ❹ Limburg–Obernhof .... 35 km
- ❺ Obernhof–Bad Ems .... 15 km
- ❻ Bad Ems–Lahnstein .... 10 km
- ❷ Gesamtstrecke .... 120 km

DAS ➔ KLIMA

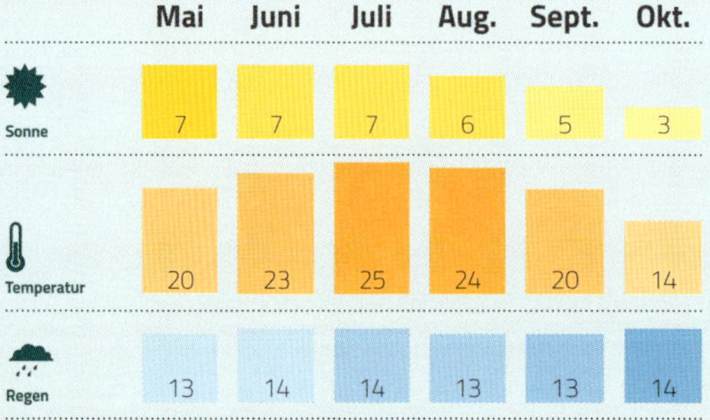

Werte: Sonnenstunden/Tag, Tagestemperaturen, Regentage

DAS ➔ REVIER

DIE BUNDESWASSERSTRASSE Lahn hat von ihrem Beginn bei Gießen bis zur Einmündung in den Rhein bei Lahnstein eine Länge von insgesamt 137,3 km. Voll staugeregelt und durchgängig schiffbar ist allerdings nur die Ausbaustrecke ab km 70,0 bei Dehrn. Die Fahrwasserbreite beträgt 12 m, bei einem Normalwasserstand 180 cm am Pegel Kalkofen wird eine Fahrrinnentiefe von mindestens 160 cm vorgehalten. Zwölf Staustufen mit Einkammerschleusen als Abstiegsbauwerk regulieren die Lahn, die nutzbare Kammerlänge beträgt dabei mindestens 34 m, die Fallhöhe liegt je nach Staustufe zwischen 2,58 m und 6,29 m. Der Schleusenverkehr wird mit Klapptafeln (waagerecht rot-weiß-rot, senkrecht grün-weiß-grün) und/oder Lichtsignalen in Rot und Grün geregelt. Die Betriebszeiten sind vom 1.4. bis zum 31.10. von 10 bis 18.30 Uhr (letzte Einfahrt: 18.15 Uhr, Mittagspause: 12 bis 12.30 Uhr). Die erlaubte Höchstgeschwindigkeit gegenüber dem Ufer beträgt 12 km/h. Zuständig für Betrieb und Unterhalt ist das Wasserstraßen- und Schifffahrtsamt Mosel-Saar-Lahn. *www.mosel-saar-lahn.wsv.de*

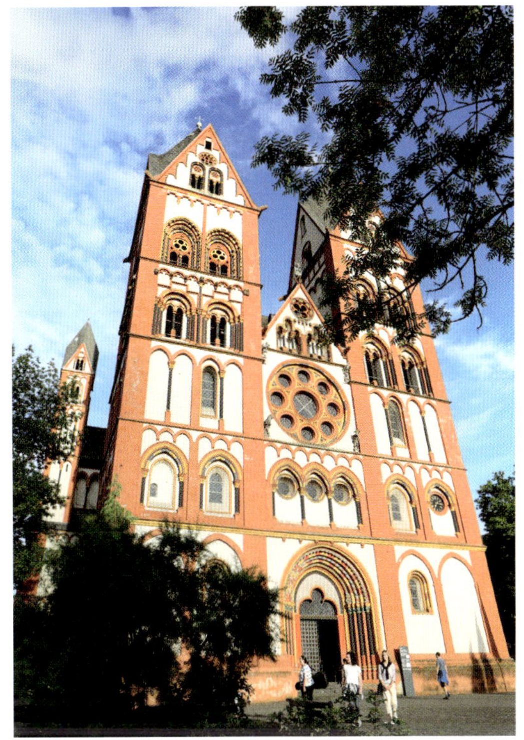

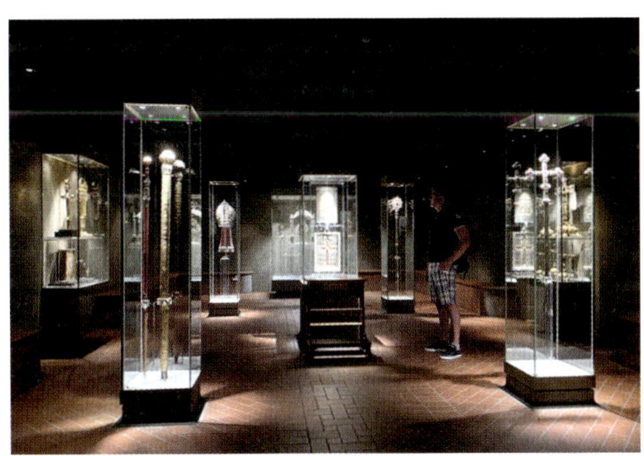

Die Westfassade des Limburger Doms erhielt ihren farbigen Anstrich nach mittelalterlichem Vorbild bei Renovierungsarbeiten um 1970.

Zeichen geistlicher und weltlicher Macht in der Schatzkammer des Diözesanmuseums.

Himmel. Radfahrer gönnten sich eine Erfrischung im kleinen Café an der Schleuse. Ob Radler in den Gläsern funkelte oder richtiges Bier, ließ sich nicht sagen. Nach der Ausfahrt und dem langen Schleusenkanal wurde es sofort grün, mit bewaldeten Höhenzügen zu beiden Seiten des Flusstals. Kaum vierzig Meter misst der Wasserspiegel hier in der Breite. Eine beschauliche Landstraße für die Schifffahrt, keine Autobahn wie der Rhein.

Nach der Schleuse in Nievern erreichten wir bald auch die Staustufe Bad Ems. Einmal hindurch, passierten wir an Steuerbord den Yachthafen Kutscher's Marina, der uns aber recht voll erschien und daher darauf verzichten ließ, einzulaufen. Stattdessen peilten wir den öffentlichen Anleger an, der ohnehin dichter am Zentrum liegt. Er besteht aus einer Reihe von kleinen Stegen entlang der Carl-Heyer-Promenade am südlichen Flussufer gegenüber der Emser Therme – eine verlockende Aussicht also. Festgemacht wird, indem das Boot so aufgestoppt wird, dass sich der seitliche Ausstieg auf Höhe des Stegs befindet. Dort wird abgefendert. Anschließend werden Vor- und Achterleine an Land gebracht und belegt, bis das Boot fest liegt. Gesagt, getan! Und damit wären wir am Beginn dieser Geschichte angekommen.

GOLDENE ZEITEN

Kurz vor sechs am Abend ist es, als wir uns zum Landgang aufmachen. Der führt uns zunächst an der Wilhelmsallee am Ufer entlang, bis wir den Fluss auf der Kaiserbrücke überqueren und dann im Kurpark kurz darauf – und wenig überraschend – erneut auf den Monarchen treffen: am Kaiser-Wilhelm-Denkmal. Schnell wird klar: Die glanzvolle Gründerzeit war auch die goldene Epoche von Bad Ems. Europas verflochtene Fürstenhäuser erholten sich hier vom Gewicht ihrer Kronen. Da sind der Englische Hof und der Russische Hof. Zar Alexander II. ließ sich gleich gegenüber noch eine eigene Kirche bauen, seiner Namens-

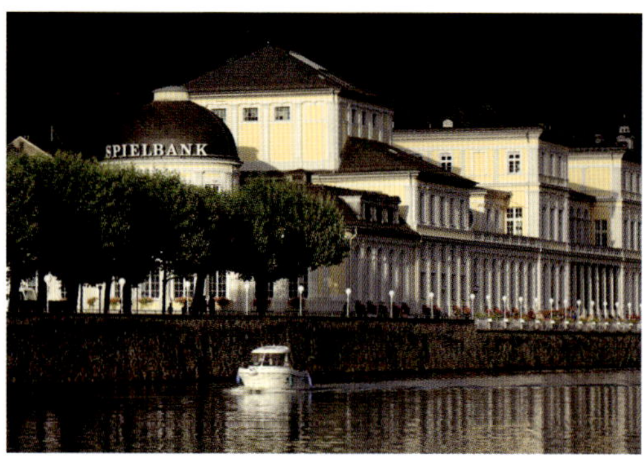

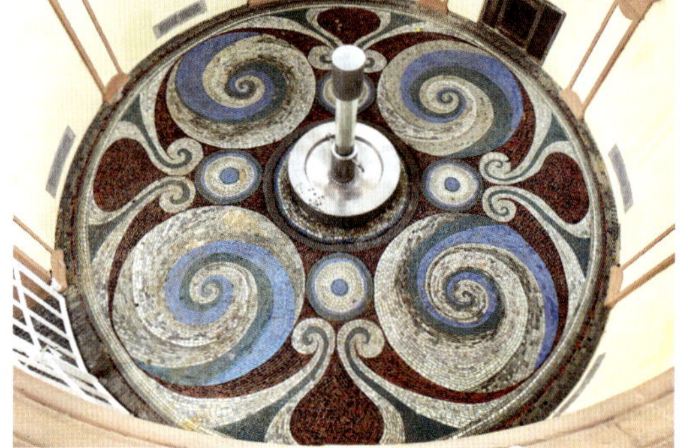

schwester geweiht, der heiligen Alexandra, komplett mit orthodoxem Kreuz auf goldener Zwiebelkuppel. Die Liste der illustren Gäste, die in den Kolonnaden des Kurhauses wandelten, liest sich wie das Who's who des neunzehnten Jahrhunderts, darunter Victor Hugo und Nikolai Gogol, Clara Schumann und Bettina von Arnim, die Könige von Sachsen, Schweden und Belgien.

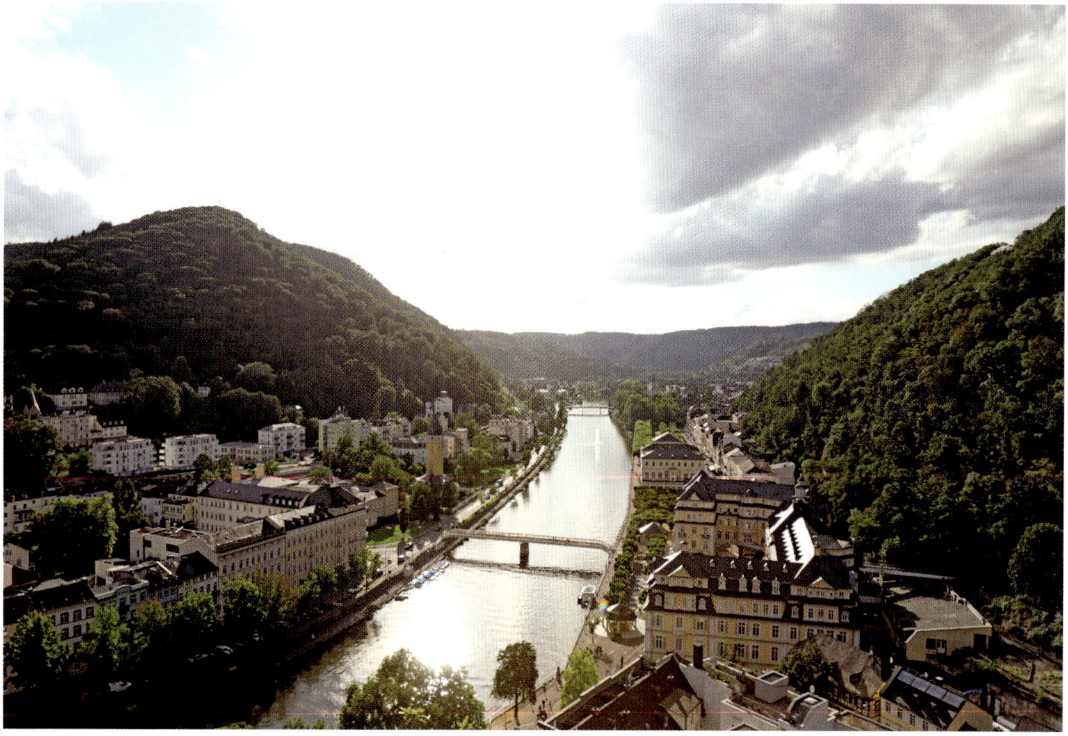

Apropos Gründerzeit: Die Reichsgründung ist mit Bad Ems untrennbar verknüpft. Denn während der Kursaison im Juni 1870 konfrontierte der französische Botschafter hier Wilhelm I., zu diesem Zeitpunkt »nur« König von Preußen. Zankapfel war die spanische Erbfolge. Die Umstände waren kompliziert, wichtig ist allerdings, dass ein preußischer Beamter seinen Dienstherren in Berlin über das Gespräch informierte: Kanzler Bismarck. Der nutzte gezielt einzelne Passagen der Emser Depesche für eine Pressemitteilung, die eine französische Provokation erkennbar machen

» Die Liste der illustren Gäste, die in den Kolonnaden wandelten, liest sich wie das Who's who des 19. Jahrhunderts. «

Das prächtige Bad Ems kann man auf einem der zahlreichen Wanderwege in der Umgebung von diesem Aussichtspunkt, der Kanzel Bäderlei, bestaunen.

Direkt am Ufer liegt das beeindruckende Häcker's Grand Hotel und die Spielbank. Sehenswert ist auch die historische Römerquelle in Bad Ems. Seit dem Mittelalter ist der Badebetrieb zu Heilzwecken nachgewiesen.

sollte. Die kalkulierte Reaktion der Öffentlichkeit: Empörung. Die wiederum empörte die Franzosen. Und zwar so sehr, dass sie den Preußen den Krieg erklärten. Der wiederum endete zehn Monate später mit ihrer Niederlage – und der Gründung des Deutschen Reichs. Wilhelm war Kaiser, Bismarck blieb Kanzler.

Auch uns bleibt er treu: Mit der Kurwaldbahn geht es am steilen Standseil jetzt über 132 Höhenmeter den Kurberg hinauf zur Bismarckhöhe. Und wir haben Glück: Im Brauhaus Bismarck's (hier zieht die Marke) ergattern wir sogar noch einen Tisch auf der Terrasse mit grandiosem Blick über Bad Ems und das Lahntal.

Das hauseigene Natürtrübe in unseren Gläsern hätte den Eisernen Kanzler nach einem langen Tag in der Kanzlei vielleicht auch entspannen lassen. Bismarck mit Schaum am Schnurrbart ...

GEMÜTLICH FLUSSAUFWÄRTS

Am Morgen haben wir das Gefühl, dass der Müßiggang vor lauter markigen Männern mit Bärten gestern viel zu kurz gekommen ist. Kein Problem, wir werden am Ende unseres Törns hier einfach noch einmal festmachen – und dann den Kaiser einen guten Mann sein lassen. Jetzt aber geht es erst einmal weiter nach Nassau. Auch dieser Name hat klang. Kein Wunder! Wenn man ihn googelt, steht ein ganz anderer Ort ganz oben: die Hauptstadt der Bahamas. Dabei liegt der Ursprung natürlich im stillen Lahntal. Wieder einmal ist altes adeliges Flechtwerk für weit entfernte Verwandtschaft verantwortlich. Doch dazu spater mehr.

Gemütlich schiebt sich unsere Jetten flussaufwärts, unter den drei Brücken von Bad Ems hindurch (wobei die mittlere die niedrigste ist und wir mit stehendem Verdeck gerade noch hindurchpassen), passiert eine lange Schleife mit Campingplatz und (nach erneuter Anmeldung) die Schleuse Dausenau, bald gefolgt vom Ort gleichen Namens am nördlichen Ufer. Immer enger und tiefer wird das Flusstal, die Lahn reflektiert das Grün zu beiden Seiten. Linker Hand ist gerade noch Platz für die Bundesstraße die uns seit Lahnstein begleitet, dahinter beginnt der Hang. Kurz nach zwölf treffen wir vor der Schleuse Nassau ein – und sehen das grüne Schild, trotz Mittagspause. »Kein Problem, die mach ich gleich, wenn ihr durch seid«, sagt der Schleusenwärter. »Ich hab Zeit.« Das klingt entspannt. Ausfahrt, Eisenbahnbrücke, dann liegt der Ort links voraus.

Rechts thront Burg Nassau hoch über dem Fluss. Doch mit dem Anleger wird es nichts: Das Wiesenufer ist für unser Boot ungeeignet, einen öffentlichen Anleger wie in Bad Ems (oder zwischendurch in Dausenau) gibt es nicht, die Einzelstege am Campingplatz sind entweder belegt, zu klein oder mit dem Schild »privat« versehen. So verschwindet Nassau hinter uns.

Zunächst steht nun die Schleuse Hollerich an, die nicht nur über einen Wartesteg verfügt, sondern auch mit einer Fallhöhe von 5,20 Metern alle bisherigen in den Schatten stellt. Dahinter wird es ursprünglich: Wir durchfahren jetzt ein Naturschutzgebiet, in dessen Feuchtflächen sonst äußerst seltene Würfelnattern beheimatet sind. Und hinter Obernhof, das wir auf dem Rückweg auch noch besuchen wollen, wird es sogar noch schöner. Die Schleuse Kalkofen ist abgehakt, da verlässt auch die Bundesstraße bei Laurenburg die Lahn. Dafür haben wir an Steuerbord jetzt zwar die Bahnlinie, doch deren Geräuschkulisse beschränkt sich auf die vorbeifahrenden Züge der Lahntalbahn. Fast wie Urwald wirkt unsere Umgebung im Landschaftsschutzgebiet Gabelstein-Hölloch. Nur ein paar Paddler begegnen uns auf Gegenkurs, am Ufer keine Menschenseele. Dafür flitzt ein Eisvogel vor unserem Bug über den Fluss.

SPONTANER ABSTECHER

Nun noch die Schleusen Scheidt und Bramberg, dann haben wir unser Tagesziel erreicht: Balduinstein – wenn auch einen Tag früher als gedacht. Es ist 17 Uhr, als wir längsseits am Gästesteg des Motor-Yacht-Clubs Schaumburg festmachen, direkt vor dem Vereinsschild. Einen Euro pro Meter bezahlen wir hier, das Geld wird im Umschlag deponiert. Die Sonne strahlt vom Himmel, als wir über die Brücke schlendern, den Wehrturm anschauen und die Ruine von Burg Balduinstein mitten im Ort (nicht zugänglich). So kommen wir zum Bahnhof, wo das Kaffeehaus

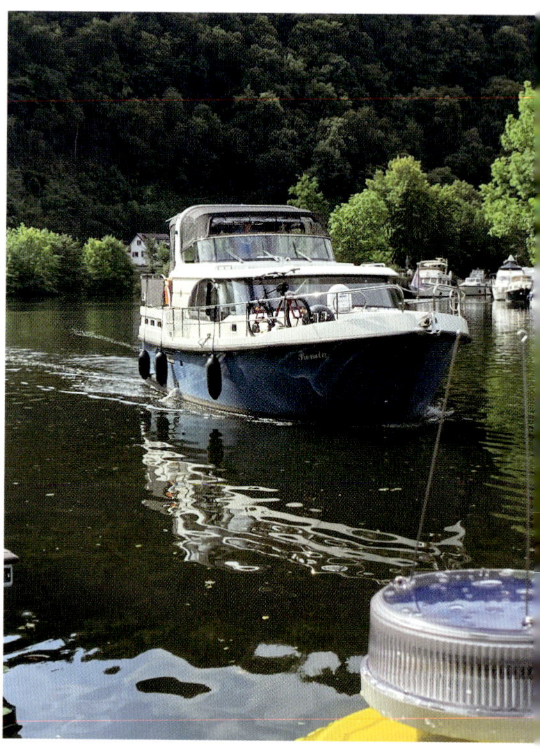

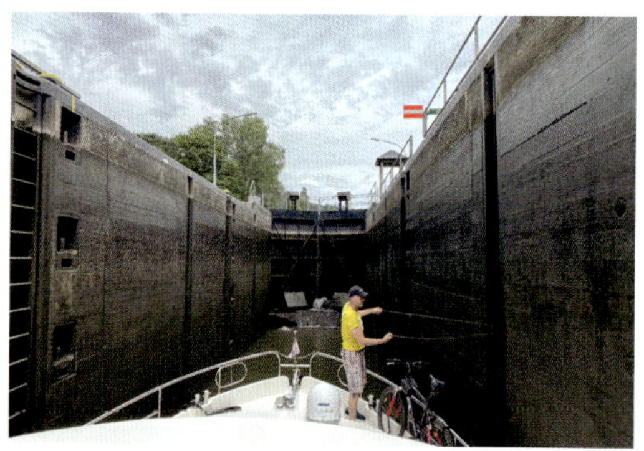

Abwechslungsreiche Flussufer begleiten uns den gesamten Törn über. Von den zwölf Staustufen der schiffbaren Lahn gehört die Schleuse Hollerich zu jenen mit dem größten Hub.

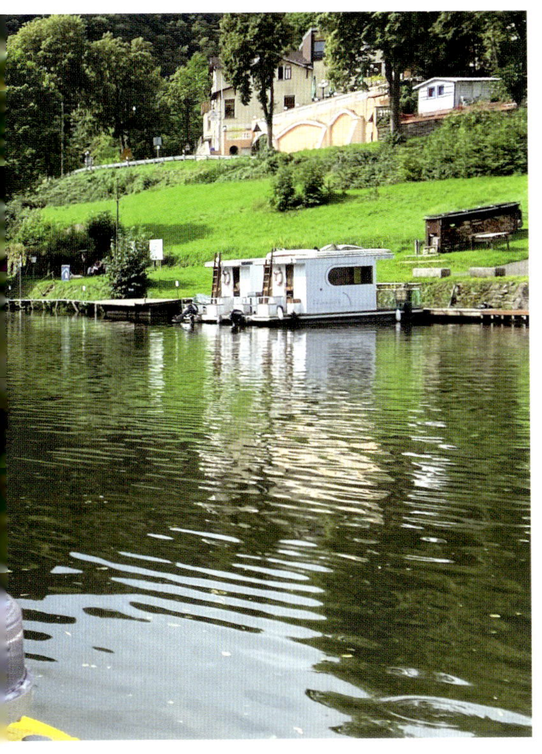

» Fast wie Urwald wirkt unsere Umgebung. Ein Eisvogel flitzt vor unserem Bug über den Fluss. «

Stellwerk zwar schon geschlossen hat, wir beim Lahn-Imbiss aber Glück haben. Und eine Idee bekommen: Warum fahren wir morgen Vormittag nicht mit der Bahn von hier nach Nassau? Die Fahrt dauert keine zwanzig Minuten. Gesagt, getan.

Es sind genau 18 Minuten, die der kurze Triebwagenzug am nächsten Vormittag benötigt, um uns den bislang schönsten Abschnitt unserer Reise noch einmal aus anderer Perspektive zu zeigen. Vom Bahnhof in Nassau sind es zu Fuß keine fünf Minuten, die uns zur Kettenbrücke über die Lahn bringen, und noch einmal so lange, bis wir am Fuß des Burgberges stehen, an deren Spitze Mauern und Bergfried von Burg Nassau aus den Bäumen ragen. Die nächsten 120 Höhenmeter hinauf durch den Wald haben es dagegen in sich. Kein Weg, den man in Topfhelm und Kettenhemd, mit Schwert und Schild zurücklegen will. Doch wir schaffen es. Die Bezeichnung einer Gipfelburg hat der Bau jedenfalls verdient. Noch vor dem Jahr 1100 entstanden, wurden die verbliebenen Ruinen jedoch erst im vergangenen Jahrhundert restauriert. Die kostenfreie Ausstellung im trutzigen Turm bringt dann auch Licht ins Liniengewirr des Hochadels: Burg Nassau ist Ursprung des gleichnamigen Hauses. Von Stammvater Dudo von Laurenburg führt der Stammbaum über viele Verästelungen bis zum neuesten Spross: Catharina Amalia, Prinzessin der Niederlande. Doch das aktuelle Königshaus unseres Nachbarlandes stellte zwischenzeitlich auch noch einen Monarchen auf anderem Thron: Wilhelm III., geboren 1650 in Den Haag, herrschte als William in Personalunion auch über England, Schottland und Irland. Zu seinen Ehren erhielt 1689 der zuvor zerstörte Hafen der Piratenkolonie New Providence, heute Hauptinsel der Bahamas, einen neuen Namen – und so fand Nassau aus den Wäldern des Lahntals hinaus in die weite Welt. Wer hätte das gedacht?

Als uns der Zug von Koblenz nach Gießen am Nachmittag wieder in Balduinstein absetzt, haben wir den Umkehrpunkt der Reise fast erreicht. Fast. Denn nach Limburg werden wir es an diesem Tag nicht mehr schaffen, so viel ist klar. Unser Ausflug über den Atlantik hat Zeit gekostet. Stattdessen steuern wir Diez an, wo wir am Gästesteg aber leider keinen Platz finden. Also geht es zwei Kilometer zurück zum Naturanleger von Altendiez, wo wir zwar keinen Strom, dafür aber jede Menge Ruhe haben. Diez selbst mit seinem Grafenschloss aus dem Hochmittelalter, das heute eine Jugendherberge und das Nassauische Heimatmuseum beherbergt, schauen wir uns dafür mit dem Fahrrad an.

Nach der Schleuse Diez endet das enge Lahntal, unsere letzten entspannten Kilometer flussaufwärts legen wir durch eine ebene Auen- und Feldlandschaft zurück. Die Höhenzüge sind an den Horizont gewandert. Wir erwischen die Schleuse Limburg noch vor der Mittagspause, passieren den Schleusenkanal im Schatten des imposanten Dombergs und liegen fünf Minuten später am Steg des Nautic-Club-Mittellahn Limburg. Auch hier bezahlen wir per Umschlag einen Euro pro Meter Bootslänge. Wir lassen es gemächlich angehen und stehen erst eine gute Stunde später auf dem Domplatz vor dem doppeltürmigen Westportal der Kathedralkirche. Sieben Türme sind es insgesamt, Rekord hierzulande. Mit Elementen der Spätromanik und Frühgotik ist der Georgsdom gleichzeitig eines der schönsten Beispiele für den Rheinischen Übergangsstil. Neben dem prächtigen Sakralbau erzählt zudem das Diözesanmuseum nebenan davon, zu welchem Reichtum das Bistum – nicht nur an Einfluss – kam: Die Schatzkammer zeigt golddurchwirkte Mitren und mit Preziosen verzierte Bischofsstäbe. Glanzvoller Ausdruck eines Himmelreiches auf Erden. Und des stolzen Standes seiner Statthalter.

Auf dem Rückweg nach Lahnstein lassen wir uns dann treiben – natürlich nur bildlich gesprochen. Nach vielen Mauern umgeben wir uns jetzt mit Natur, wandern in Obernhof hinauf zum Goethepunkt, wo der Dichter 1772 »schwelgte in Betrachtungen der Nähen und Fernen« und erklimmen an unserem letzten Tag, einmal mehr in Bad Ems, den Concordiaturm hoch über der Stadt: erbaut im Jahr 1861 vom Verschönerungsverein. Eigentlich ein schönes Schlusswort – wenn da nicht noch der Abend wäre, den wir im wohlig warmen Heilwasser der Therme verbringen. Wellness direkt an der Quelle. Die Kur ist komplett!

Hoch über dem Ort auf dem Südufer thront die Burg Lahneck – nur eine von vielen im weiteren Reiseverlauf flussaufwärts.

Lahnstein liegt an der Mündung der Lahn in den Rhein. Hier befindet sich auch unsere Charterbasis.

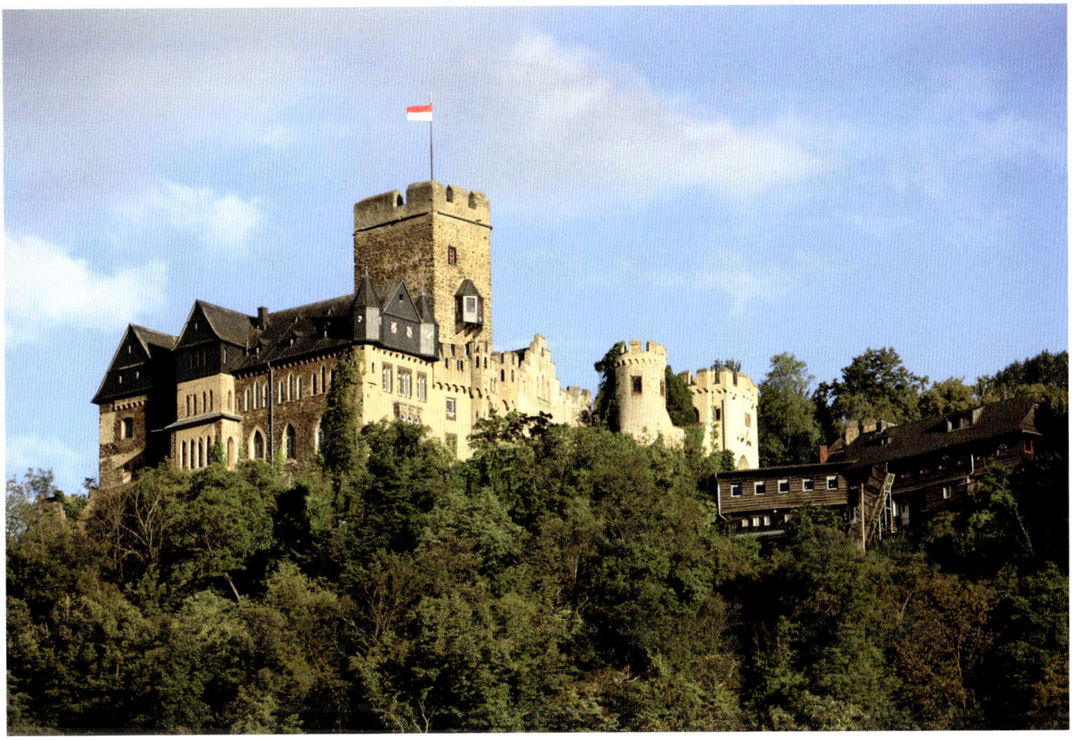

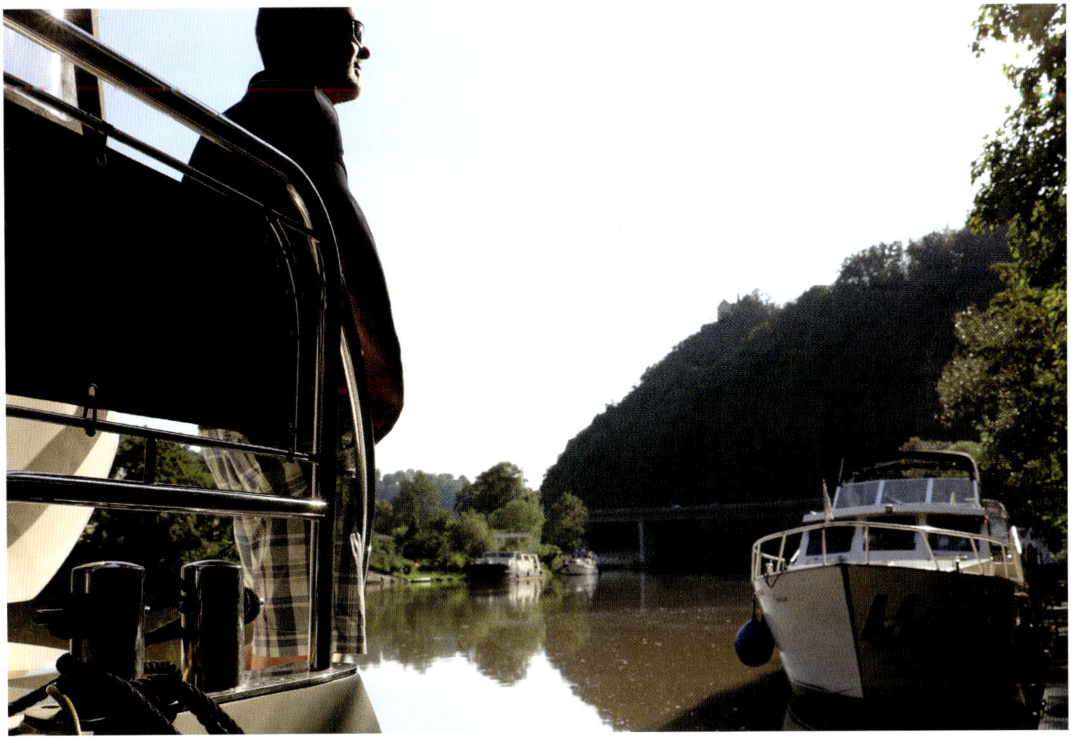

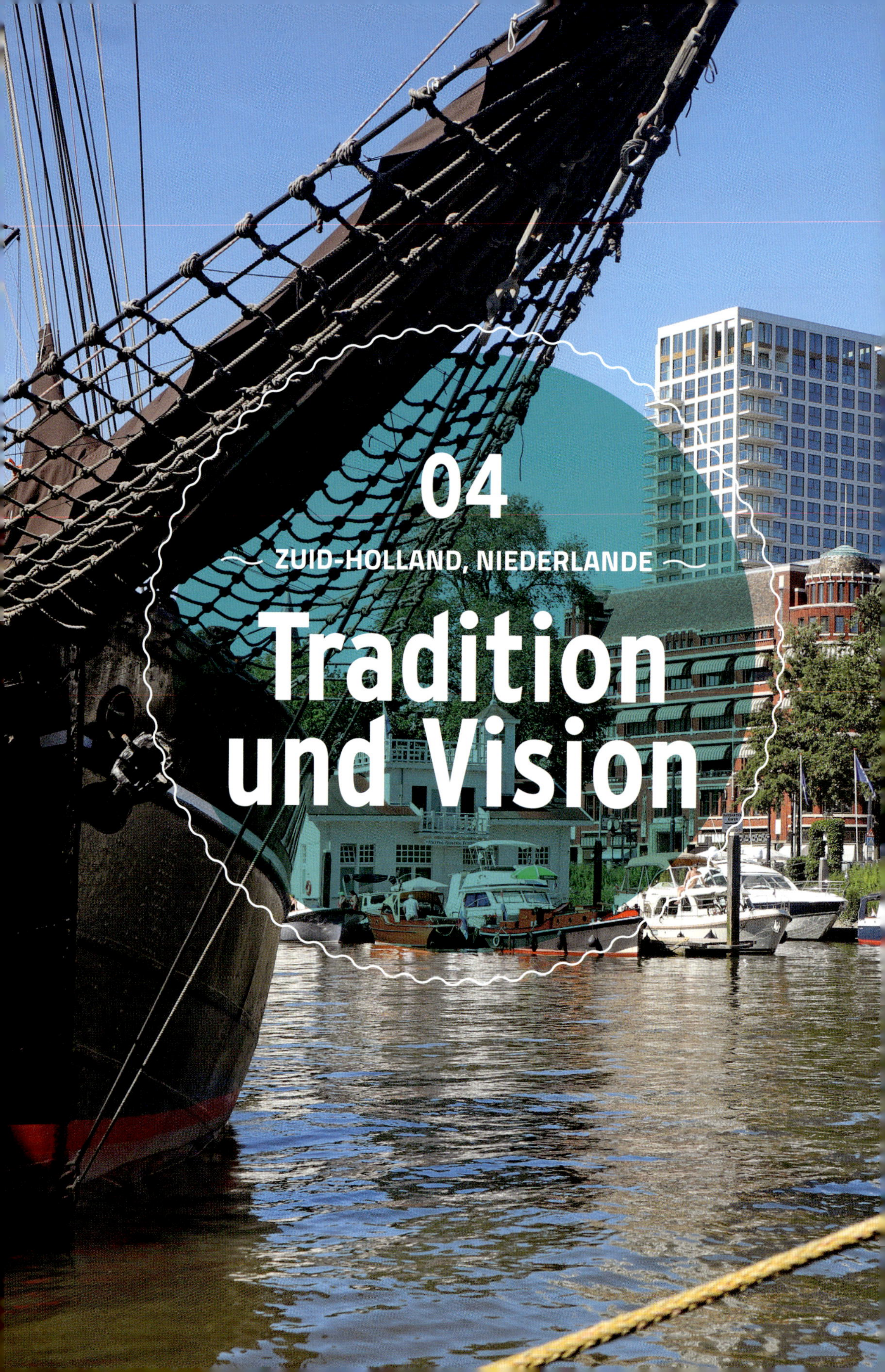

04

ZUID-HOLLAND, NIEDERLANDE

Tradition und Vision

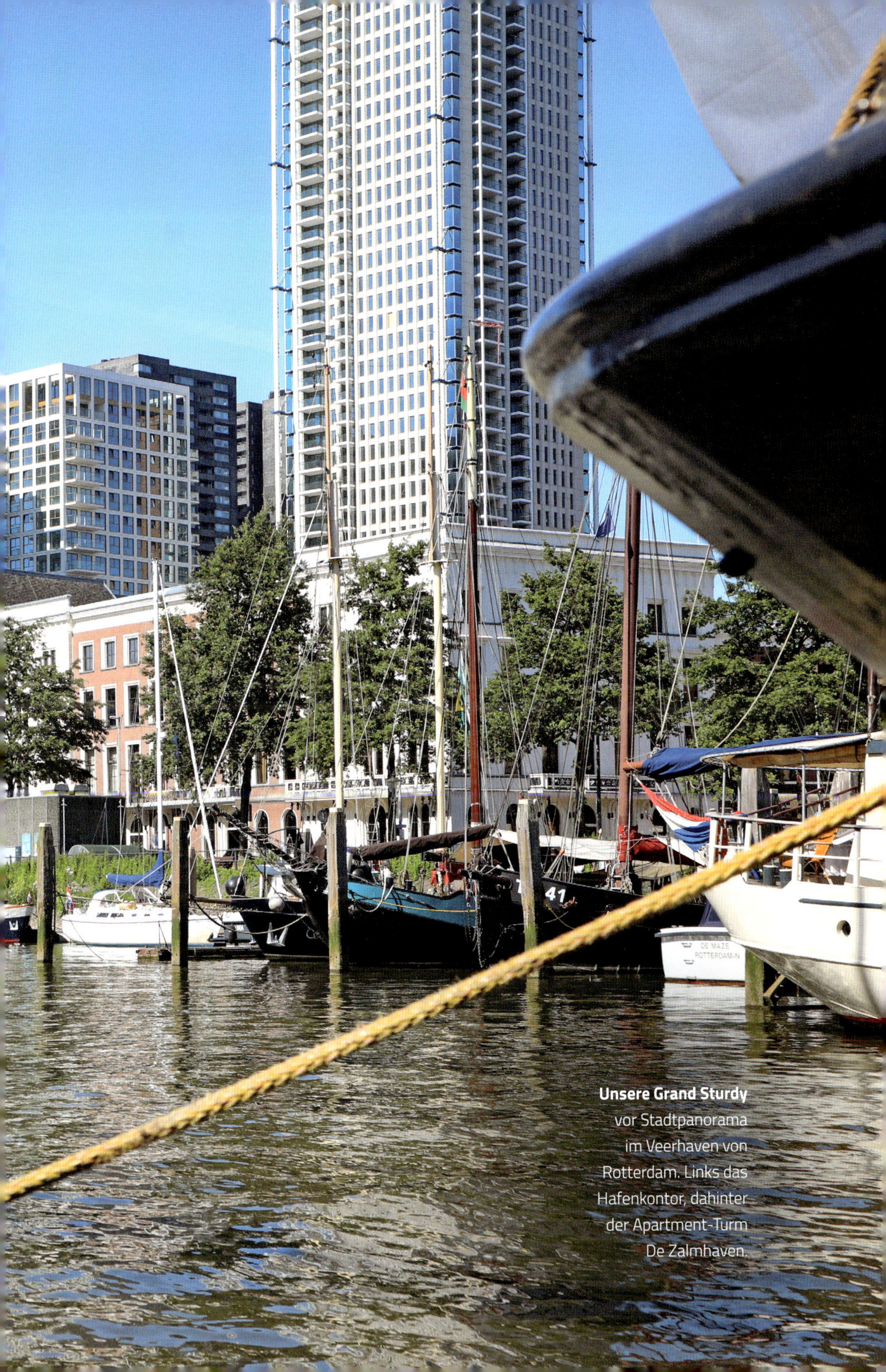

Unsere Grand Sturdy vor Stadtpanorama im Veerhaven von Rotterdam. Links das Hafenkontor, dahinter der Apartment-Turm De Zalmhaven.

Manche Dinge reifen mit Geduld zur Vollendung, andere erfinden sich immer wieder neu. Gegensätze, die sich anziehen in Zuid-Holland. Wir entdecken den Westen der Niederlande.

Die Straßendekoration im touristischeren Teil von Gouda, zwischen Nieuwe Markt und Kattensingelgracht, ist bildlich zu verstehen: Das »Gold« der Stadt türmt sich nicht nur in den Schaufenstern, es schwebt über allem. Von Stahlseilen, die über die Straßen gespannt sind, hängen ganze Käselaibe. Wie kleine Sonnen baumeln sie am blauen Himmel. Sie sehen sehr echt aus. Ein paar Amerikaner machen sich darunter zum Selfie bereit. Die Botschaft auf den runden Etiketten: »Gouda. Cheese Capital of the World«. Das versteht man zu Hause. Käsewelthauptstädte kennt man auch im Land der unbegrenzten Superlative – und hat sogar selbst mehrere davon. Tillamook in Oregon zum Beispiel. Oder Plymouth in Wisconsin. Nicht zufällig werden die Footballfans der nah beheimateten Green Bay Packers als Cheeseheads bezeichnet. Teil ihres Stadion-Outfits ist eine entsprechende Kopfbedeckung voller Löcher. Natürlich wissen die Europareisenden aus Übersee, dass die schönen Titel daheim mehr oder weniger selbst verliehene sind. But Goohda, it's real!

So einfach macht die kleine Stadt mit dem weltbekannten Namen jeden ihrer Besucher glücklich. Wir sind da keine Ausnahme. Es gibt nämlich auch das ganz normale Gouda, das sehr leger mit seinem Status umgeht, mit einer sympathischen Mischung aus Stolz und Selbstironie. Und das echte Produkt dazu findet man natürlich auch, nicht nur in den zahllosen Spezialgeschäften, sondern auch auf dem seit Jahrhunderten abgehaltenen kaasmarkt. Dort lässt sich alles finden, vom industriellen Hersteller bis zum kleinen Bio-Bauern, jung und alt, in allen Farben, Formen und Sorten: Mit Kreuzkümmel, Lakritz oder lieber Weißbier? Es gibt nichts, das es nicht gibt. Da fällt die Entscheidung schwer. Am Ende bringt jedes Crewmitglied jeweils mehr als eine Variante zum Probieren mit zurück zum Boot, das in der Turfsingelgracht auf uns wartet. Aber wir haben ja auch noch nicht mal Halbzeit auf unserem Chartertörn durch die Provinz Zuid-Holland – und ein Stück Käse geht immer.

SPANNENDE KONTRASTE

»Am besten macht ihr Rotterdam am Schluss«, rät man uns zu Beginn der Reise. »Denn da geht es noch mal so richtig zur Sache.« Drei Tage zuvor stehen wir zu dritt rund um den Tisch auf dem Achterdeck von STELLA, einer Linssen Grand Sturdy 35.0 AC, mit der wir in der kommenden Woche den Westen der Niederlande erkunden wollen.

Ein Glanzstück der Gotik ist Goudas altes Rathaus, das Stadhuis, zu jeder Tages- und Nachtzeit.

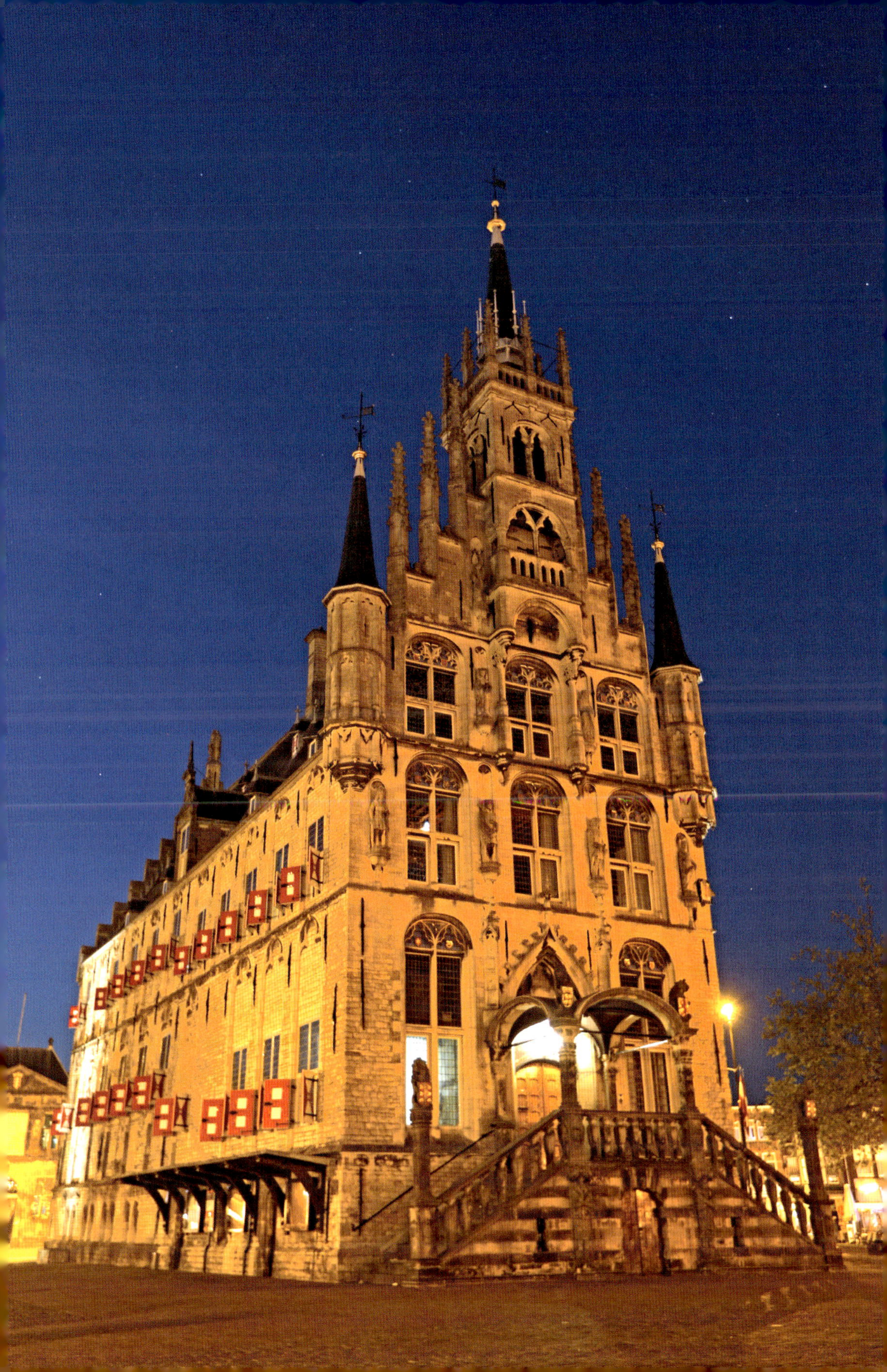

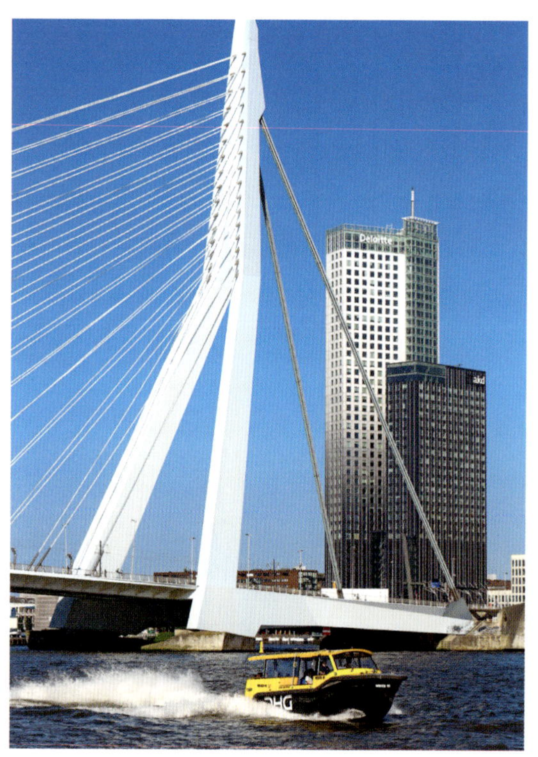

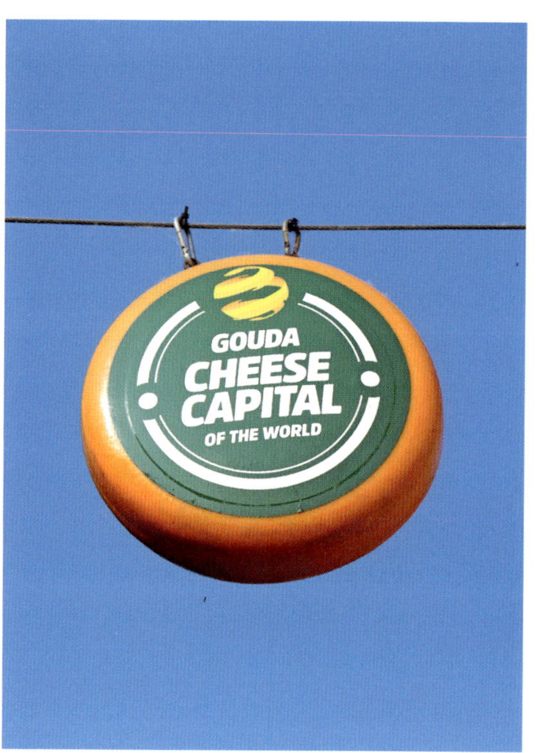
GOUDA
CHEESE
CAPITAL
OF THE WORLD

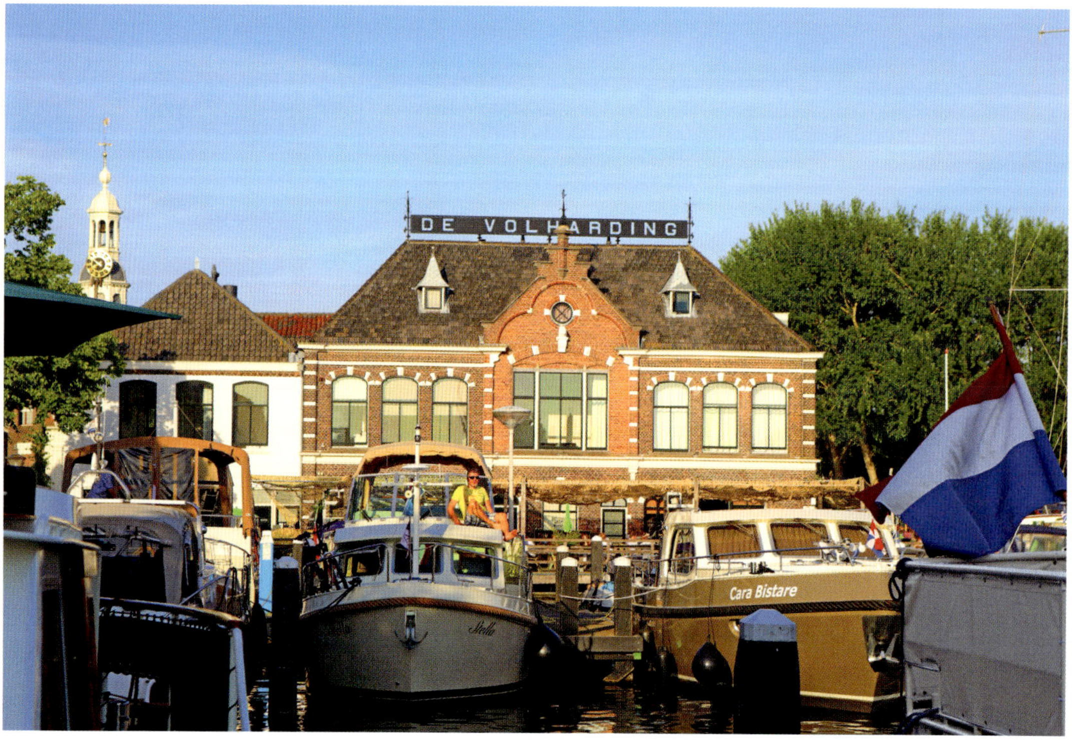

DIE ➔ TOP 3

★ **Rotterdam**
hält so viele Erlebnisse parat, dass man dort mindestens zwei Nächte einplanen sollte – und der Veerhaven ist der perfekte Ausgangspunkt.

★ **Gouda**
schafft es, trotz seines Bekanntheits- und Beliebtheitsgrades bei Touristen nicht kitschig zu werden, sondern auf ganz natürliche Art zu punkten.

★ **Leiden**
im Sommer ist pures Leben, der Name weckt im Deutschen die völlig falschen Assoziationen. Eine junge Studentenstadt mit viel Wasser zum Austoben.

Ein Wassertaxi flitzt auf der Nieuwe Maas vor der ikonischen Erasmusbrug in Rotterdam über das Wasser. Vor blauem Himmel amüsiert ein selbstironischer Superlativ in Gouda.

In Leiden pulsiert im Sommer das Leben. Im alten Stadttor ist jetzt eine Brasserie, die Tische direkt am Wasser bietet.

Vor uns ausgebreitet liegen drei Faltkarten, die das Revier abdecken. Schon im vergangenen Jahr waren wir hier in Willemstad. Damals war die Charterbasis im Jachthaven De Batterij Ausgangspunkt für eine Reise nach Zeeland im Süden. Diesmal wird es in die andere Richtung gehen, Zuid-Holland ist an der Reihe, einmal gegen den Uhrzeigersinn. Wir hoffen auf spannende Kontraste zwischen Altem und Neuem.

ES WIRD ENG

Es ist Mitte Juni – doch der Sommer ist schon da. Im Wasserstraßennetz der Niederlande gehört das Hollands Diep zu den Autobahnen. In ihm vereinen sich der südliche Mündungsarm des Rheins und die Maas. Ein Abzweiger, die Dordtsche Kil, verkürzt zusätzlich die Distanz von Rotterdam nach Antwerpen. Klar, dass zwischen den größten Seehäfen Europas viel Verkehr herrscht. Wo es geht, halten wir uns außerhalb des Tonnenstrichs. Mit stattlicher Bugwelle überholen uns Tank- und Gütermotorschiffe. Es sind Niederländer, Belgier und Deutsche, Einzelfahrer und Koppelverbände, beladen mit Flüssiggas, Schotter oder Containern. Eilig haben sie es alle. Nachdem wir die qualmenden Schlote von Moerdijk an Steuerbord passiert haben, lauern wir auf eine Lücke im Betrieb und queren das Hollands Diep hinüber zur Einmündung der Dordtschen Kil.

Auf den nun folgenden acht Kilometern nach Norden wird es eng. Zwischen Fahrwasserrand und Uferböschung bleibt kaum noch Platz, besonders kurz nach Niedrigwasser. Etwa auf halber Strecke werden wir von einem Bilgenentöler überholt, der seinerseits von einem leeren 135-Meter-Tanker übersprintet wird. Gleichzeitig kommt von vorn ein Schuber mit einem Berg Container vor dem Bug – und einem ordentlichen toten Winkel. Auf UKW-Kanal 10 regt sich nichts. Scheint alles ganz normal zu sein.

Hinter der Deichlinie erhebt sich bald dichte Bebauung, links die Dächer von 's-Gravendeel,

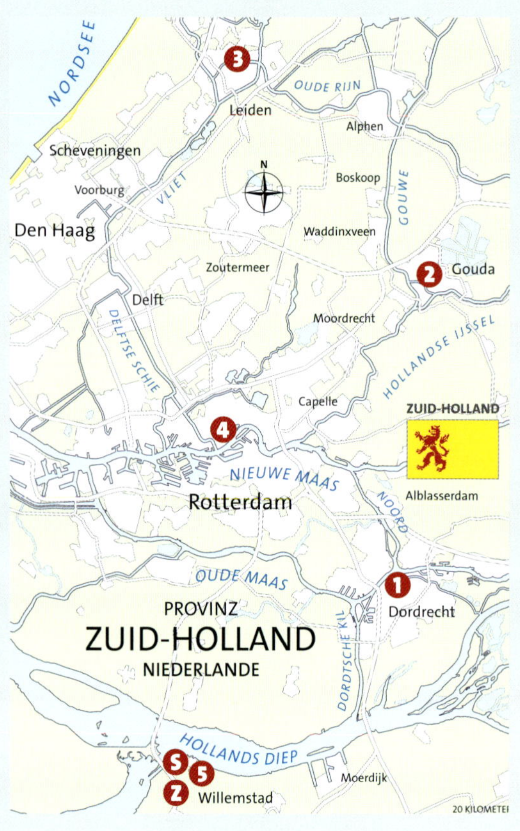

DIE ➔ TÖRNETAPPEN

- S Willemstad (De Batterij)–Dordrecht .... 27 km
- 1 Dordrecht–Gouda .... 33 km
- 2 Gouda–Leiden .... 34 km
- 3 Leiden–Rotterdam .... 41 km
- 4 Rotterdam–Willemstad (Oude Haven) .... 47 km
- 5 Willemstad–Willemstad (De Batterij) .... 1 km
- Z Gesamtstrecke .... 183 km

DAS ➔ REVIER

Die Provinz Zuid-Holland (deutsch auch Südholland) liegt im Westen der Niederlande und grenzt an die Nordsee. Zu den wichtigsten Städten zählen die Hafenstadt Rotterdam als industrielles und wirtschaftliches Zentrum, Den Haag mit dem Regierungssitz sowie Leiden und Dordrecht. Die ganze Provinz ist von Wasserstraßen durchzogen, die zum großen Teil auch für die Berufsschifffahrt von großer Bedeutung sind. Dazu gehören die Nieuwe Maas, die Rotterdams Zugang zur Nordsee darstellt, sowie zahlreiche Anschlussverbindungen wie Oude Maas, Dordtsche Kil und Hollands Diep, Lek und Hollandsche IJssel. Das Verkehrsaufkommen ist zum Teil sehr hoch, und den schnell fahrenden Tank- und Gütermotorschiffen muss mit großer Umsicht begegnet werden. Die nautische Infrastruktur ist entsprechend umfangreich, Betonnung und Befeuerung durchweg vorhanden. UKW-Funk (Marifoon) ist für die Anmeldung und Absprache bei Brücken und Schleusen sehr hilfreich. Der nördliche Teil des Reviers zwischen Gouda, Leiden und Delft ist zwar ruhiger, aber auch hier ist zumindest jede Menge Sportschifffahrt unterwegs. Ein Puffer für unvorhergesehene Wartezeiten sollte im Tagesplan berücksichtigt werden. Zur Pflichtausstattung an Bord gehören zudem der *Wateralmanak 1* und das *Binnenvaartpolitiereglement (BPR)* in der jeweils aktuell gültigen Fassung. Weitere Vorschriften finden sich in der nautischen Literatur.

DAS ➔ KLIMA

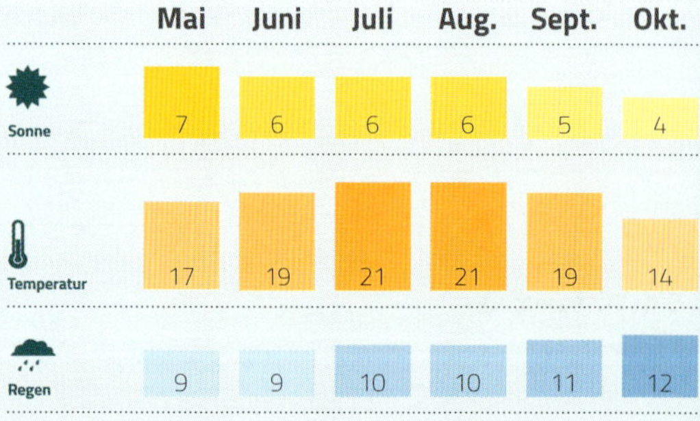

Werte: Sonnenstunden/Tag, Tagestemperaturen, Regentage

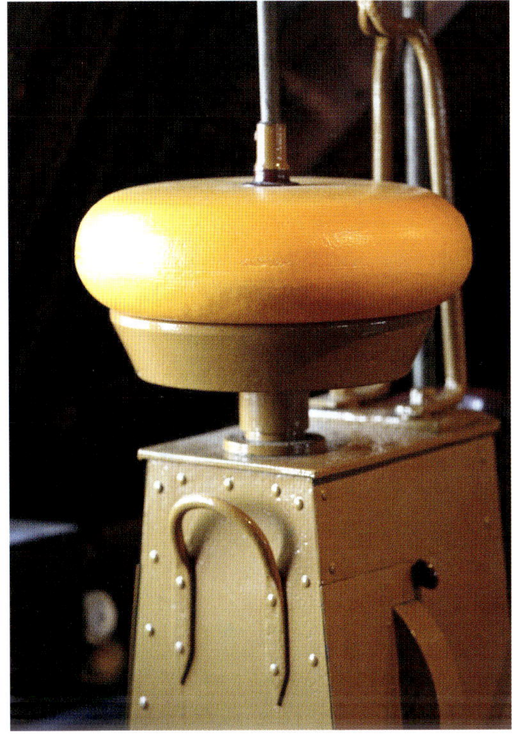

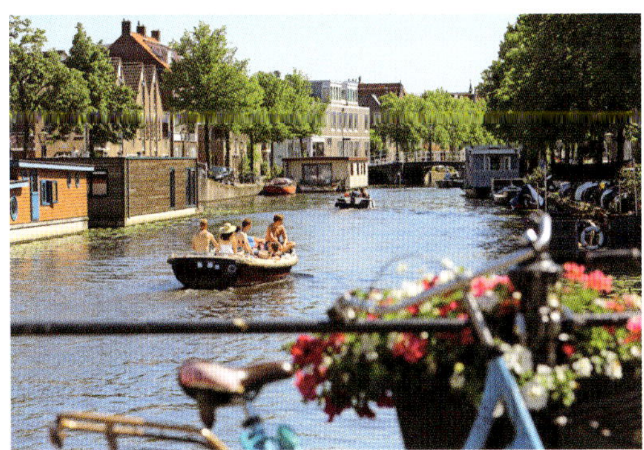

rechts große Lagerhallen und Schuppen. Kurz darauf trifft die Dordtsche Kil auf die Oude Maas. Wir biegen nach Steuerbord, vorbei an der Hafeneinfahrt von Dordrecht, das unser Ziel für heute ist. Da Sportboote hier weiter nördlich im Zentrum wesentlich gemütlicher unterkommen, fahren wir noch ein paar Kilometer, inzwischen in komplett urbanem Umfeld, bis wir auch die markante Eisenbahnhubbrücke passiert haben, die selbst geschlossen für uns noch hoch genug ist. Bei der Boombrug, einer alten Klappbrücke, ist das schon anders. Sie versperrt uns den Zugang zum Wijnhaven, einem der drei historischen Becken, die für kommerzielle Nutzung längst zu klein sind. Zwar hat die Brücke feste Öffnungszeiten, trotzdem melden wir uns lieber per Funk. Während wir warten, scheuchen uns die Waterbussen hin und her, die mit Hochgeschwindigkeit nach Rotterdam pendeln und ihrem Wegerecht mit lautem Heulen Nachdruck verleihen. Pünktlich springt das Signal an der Brücke von Rot auf Rot-Grün und schließlich auf Grün. Wir laufen ein, machen am Meldesteiger fest und bekommen einen Platz am Schwimmsteg.

275 STUFEN

Nachdem der Hafenmeister vorbeigeschaut hat, machen wir uns zu Fuß auf in die Stadt. Wir überqueren die Boombrug, schauen einmal durch den Torbogen des Groothoofdspoort mit seiner reichen Wappenzier und gelangen zum Wolvewershaven, wo ehemals frachttragende Plattboden mit schweren Seitenschwertern und Dampfschlepper an eine vergangene Epoche Dotdrechts erinnern. Weiter zur spätmittelalterlichen Grote Kerk, deren Turm schon leicht geneigt steht. Eigentlich wollten wir dieses Prachtbeispiel der für die Niederlande typischen Brabanter Gotik erklimmen. 275 Stufen hätten uns einen schönen Überblick über die älteste Stadt Hollands verschafft, aber leider ist der Turm außerplanmäßig geschlossen.

Eine historische Käsepresse ist Teil der Ausstellung in der Goudse Waag am Markt von Gouda.

Kein eigenes Boot? Kein Problem in Leiden – es gibt sie hier überall zu mieten.

Also auf nach Gouda! Von der Oude Maas geht es zunächst auf der viel befahrenen Noord nach Norden. Ein Einsatzboot des Rijkswaterstaat, der für die Wasserstraßen zuständigen Aufsichts- und Verwaltungsbehörde, schießt mit Blaulicht in hoher Fahrtstufe vorbei und sorgt unter der Brücke von Alblasserdam für ordentlich Welle. Schließlich kommen wir hinaus auf die Nieuwe Maas, den mittleren Mündungsarm des Rheins. Aber auch seinem breiten Verlauf folgen wir nur ein kurzes Stück stromab. Schon in Krimpen verlassen wir ihn nach Nordosten, und die bereits sichtbare Skyline Rotterdams verschwindet langsam wieder achteraus. Wie ruhig es plötzlich ist!

» Die bereits sichtbare Skyline Rotterdams verschwindet langsam wieder achteraus. Wie ruhig es plötzlich ist. «

UNGEPLANTER UMWEG

Vor uns liegen nun noch etwa zwanzig Kilometer auf der Hollandse IJssel. Wir durchqueren die offene Algerasluis, die dem Schutz vor Sturmfluten dient. Hinter Capelle erstrecken sich nun flache Polder beiderseits des Flusses, der seinerseits von hohen Deichen eingefasst ist. Am frühen Nachmittag haben wir unser Ziel fast erreicht. Während die Hollandse IJssel nach Osten schwenkt, müssen wir auf der einmündenden Gouwe weiter nach Norden. Am Wartesteg vor den Julianasluizen melden wir uns an und dürfen gleich hinter einem Binnenschiff einfahren. Nun noch in die Nieuwe Gouwe, doch dann zeigt die Steve Bikobrug doppelt Rot: Sie ist defekt und somit unpassierbar. Wie lange die Sperrung wohl dauern wird? Ein paar Tage, lautet die Antwort. Wenigstens weiß der Törnführer, dass es noch einen zweiten Weg in die Stadt gibt, von Süden über Hollandse IJssel und die alte Mallegatsluis. Deren Einfahrt hat für uns zwar nur bei niedriger Tide genug Luft nach oben, doch die Uhrzeit passt. Auch wenn wir dafür noch einmal durch die Julianasluizen müssen. Keine Stunde später machen wir an der Turfsingelgracht mitten in Gouda fest.

Schmale Gassen und immer wieder Wasser, schattige Ecken und sonnige Plätze, Treppen-

Auf zwei Wegen gelangt man über die Oude Maas in Dordrecht: Vorn die Klappbrücke für den Straßenverkehr, hinten die Hubbrücke für die Schienen.

Welkom in Rotterdam! Unser Charterboot auf der Nieuwe Maas vor der Erasmusbrug im Zentrum der Stadt.

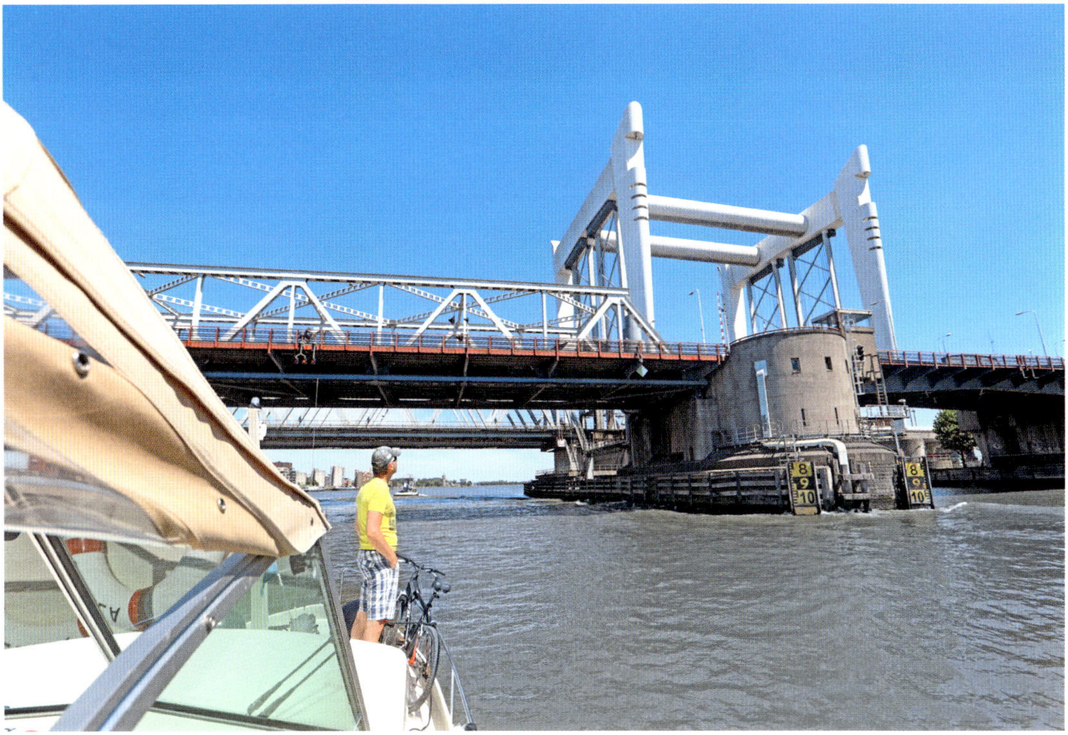

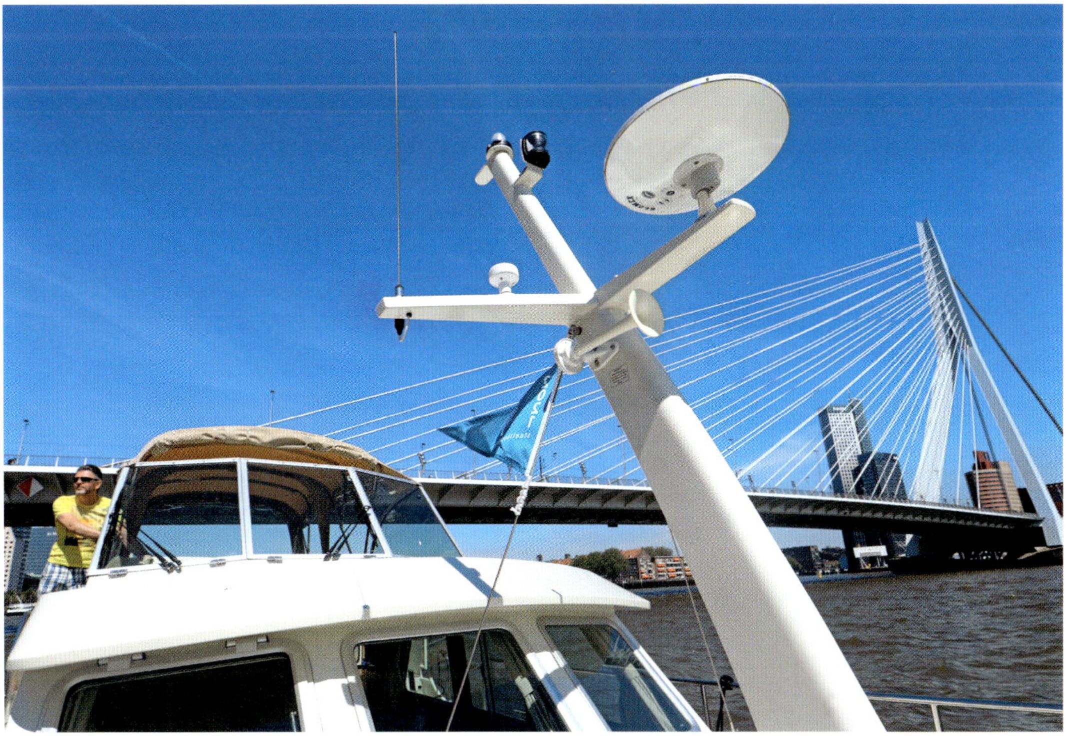

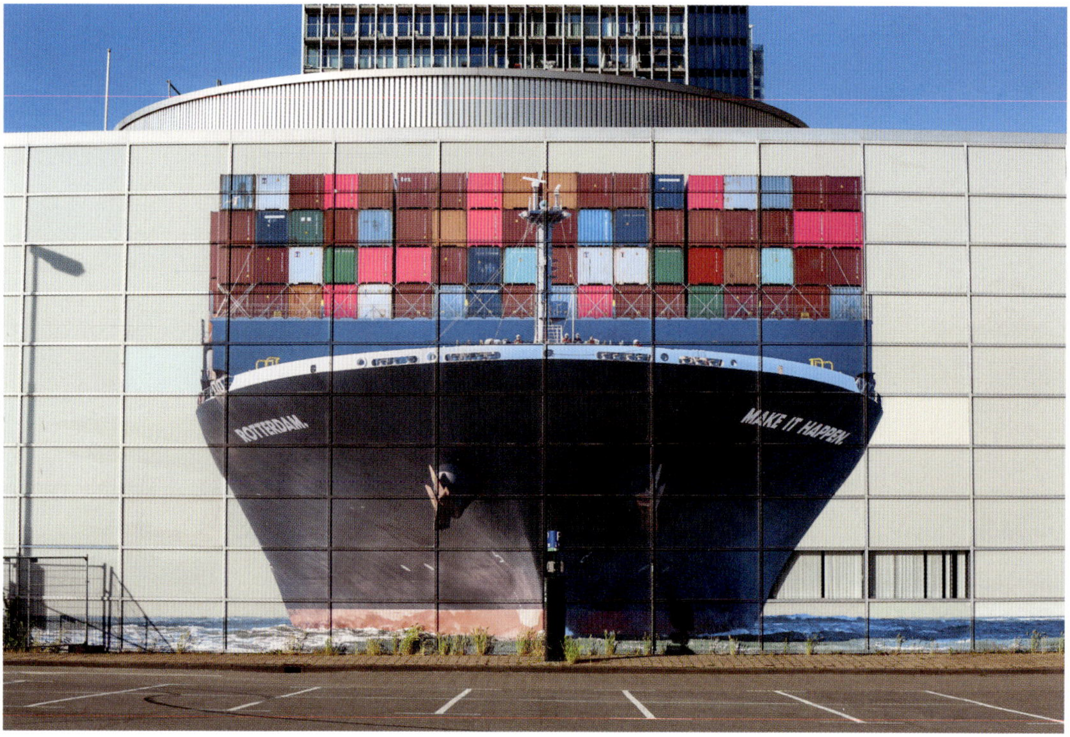

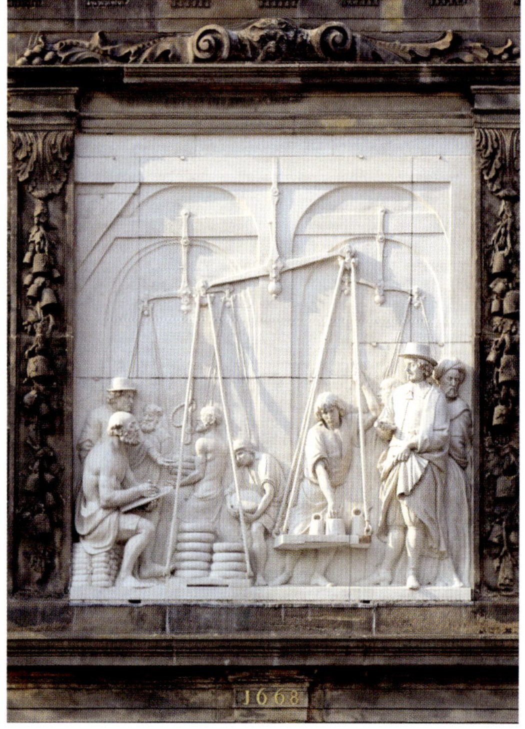
1668

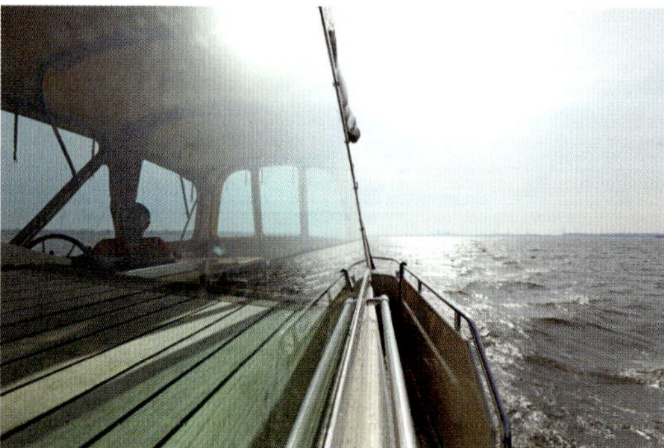

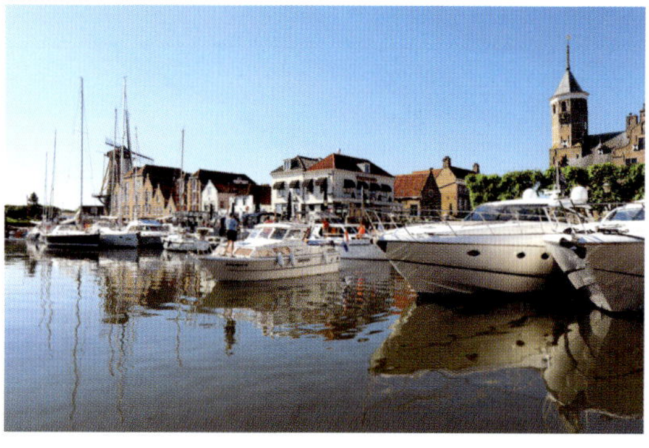

» Sieben Altersstufen kennt der Käse, von jong (vier Wochen) bis overjarig (ein Jahr und älter). Es ist ein wenig wie im wahren Leben. «

giebel und große Fenster zur Straße. Den Fischmarkt mit seinen dorischen Säulengängen direkt an der Gouwe merken wir uns für später. Jetzt wollen wir erst zur Goudse Waag hinter dem alten Rathaus am Markt. Im Erdgeschoss des 1670 eröffneten Bauwerks wurden jahrhundertelang Handelswaren gewogen, um vor dem Verkauf besteuert zu werden. Auch Käse – den die Hersteller aus dem Umland erst danach als »Gouda« anbieten durften. Seine Geschichte, auch die seines Siegeszuges rund um den Globus (die viel mit der Nähe zu den großen Seehäfen zu tun hatte), wird im Dachgeschoss erzählt, das zum Museum ausgebaut wurde. Etwa, was es mit der »Reifeprüfung« auf sich hat: Sieben Altersstufen gibt es, von jong (vier Wochen) bis overjarig (ein Jahr und älter). Es ist wenig wie im wahren Leben: Frische ist vergänglich, doch der Charakter wird stärker.

PARTYSTIMMUNG

Jung und Alt spielen auch an unserem nächsten Tagesziel eine Rolle, der Universitätsstadt Leiden. Durch flaches, weites Land führt uns die Gouwe in nördlicher Richtung an Waddinxveen und Boskoop vorbei. In Alphen treffen wir dann nach fünfzehn Kilometern auf den Oude Rijn, dem wir nun nach Westen noch einmal über die gleiche Entfernung folgen. Der Fluss bringt uns mitten ins Zentrum zum Passantenhaven. Für große Yachten wie unsere Linssen ist hier zwar Sackgasse, und für die Weiterfahrt morgen werden wir ein Stück zurück und dann nach Süden abbiegen müssen. Für die unzähligen Sloepen und Sportboote, die unter den Brücken der Altstadt hindurchpassen, gilt das jedoch nicht. Wahnsinn, was auf dem Wasser los ist! Was schwimmt, ist vollbesetzt unterwegs, mit Sonnenhüten und Picknickkörben oder nackten Oberkörpern und Bierkästen an Bord. Die einsetzende Dämmerung ändert nichts daran: Während sich auch die Bars und Restaurants am

Eindrucksvoll präsentiert sich Europas größter Containerhafen Rotterdam. Der reproduzierte Fries an der Fassade der Goudse Waag zeigt, wie früher hier gearbeitet wurde. Das verwitterte Original befindet sich im Museum.

Mit der Sonne im Rücken auf dem Hollands Diep unterwegs Richtung Willemstad. Begehrt sind die Plätze im Oude Haven von Willemstad.

Zusammenfluss von Oude und Nieuwe Rijn immer mehr füllen, gleiten die Positionslichter wie eine endlose Lichterkette vorbei.

Die letzte Etappe nach Rotterdam verläuft am nächsten Tag fast kaum noch über freies Feld. Meist ist mindestens die eine Seite bebaut, oft sind es beide. Auf dem ersten Teilstück des Rijn-Schiekanaal, der auch Vliet genannt wird, liegt das vor allem an Den Haag. Durch dessen Vororte Leidschendam (mit Schleuse), Voorburg und Rijswijk führt der Kanal. Zu sehen gibt es dabei so manches, was nach gehobenem

Lebensstil aussieht. Kein Wunder, schließlich ist die Stadt mit einer halben Million Einwohnern nicht nur politisches Zentrum des Landes, sondern auch Sitz der königlichen Familie. Auch Brücken gibt es wieder viele, zu viele, um sie alle aufzuzählen. Besonders in Delft, das südlich an Den Haag anschließt, ist die Taktung so dicht, dass man sich einzelne Einträge ins Logbuch besser spart. Davon abgesehen ist die Passage kein Problem: Einige Brücken sind auch geschlossen hoch genug, manche muss man anfunken. Falls es zu Wartezeiten kommt, halten sie sich in der Regel in Grenzen.

ZWISCHEN GESTERN UND MORGEN

Kurz nachdem die Delftse Schie, wie der letzte Kanalabschnitt südlich von Delft heißt, Rotterdam erreicht hat, werden an Steuerbord die fünf parallelen Becken des Delfshaven passiert. Ab hier sind jetzt auch wieder mehr Binnenschiffe unterwegs. Spätestens nach der Beukelsbrug befindet man sich mitten in der Stadt, mit Passanten auf der Uferpromenade, dem Straßenverkehr und den langen, rot geklinkerten Fassaden der Wohnhäuser an Spangese- und Aelbrechtskade, bevor der Kanal am Coolhaven ein letztes S beschreibt. Nun noch durch die kleine Kammer der Parksluizen, und im Schatten des Euromasts mit seiner einhundert Meter hohen Aussichtsplattform entlässt uns die Binnenfahrt wieder auf die gezeitenabhängige, frei fließende Nieuwe Maas.

Kein Liegeplatz könnte besser für das Erlebnis Rotterdam geeignet sein als der Veerhaven: Hier trifft gestern auf morgen, Tradition auf Vision. Historische Segelschiffe, moderne Yachten, der Jugendstil rund um das rechteckige Becken und die hoch aufstrebenden Glasfassaden der Hochhäuser dahinter schaffen eine einmalige Atmosphäre. Im Krieg hatte die durch deutsche Bomben stark zerstörte Stadt viel von ihrer Gestalt verloren. Es dauerte, bis sie zu alter wirtschaftlicher Stärke zurückfand – und sich sogar in mancher Hinsicht neu erfinden konnte. Das Rotterdams der Gegenwart blickt nun gleichzeitig zurück und nach vorn. Nirgendwo wird das so deutlich wie auf dem Ufer gegenüber: Dort verwandelt sich seit Jahren ausgedientes Industriegelände an Rijn- und Maashaven in eine neue Lebenswelt für das 21. Jahrhundert – aber nicht, ohne die Spuren der eigenen Vergangenheit als Teil des Ganzen deutlich sichtbar zu lassen. So führt der Weg dorthin über die ikonische Erasmusbrug. Benannt ist sie nach dem Humanisten Erasmus von Rotterdam. Der berühmteste Sohn der Stadt lebte vor einem halben Jahrtausend. Alt und Jung, auch hier finden sie zusammen.

Viel los
ist auf dem Hollands Diep vor dem Industriegebiet von Moerdijk. Darunter sieht man den Wijnhaven von Dordrecht, wo früher wirklich Wein umgeschlagen wurde. Heute trinkt man ihn dort nach dem Anlegen.

In die Unterwelt
führt der Maastunnel unter der Nieuwe Maas in Rotterdam. Er hat getrennte Ebenen für Autos, Fußgänger und Radfahrer. Zu Hausbooten umgebaute und mit viel Liebe gepflegte Binnenschiffe wie die DORDRECHT trifft man überall im Revier.

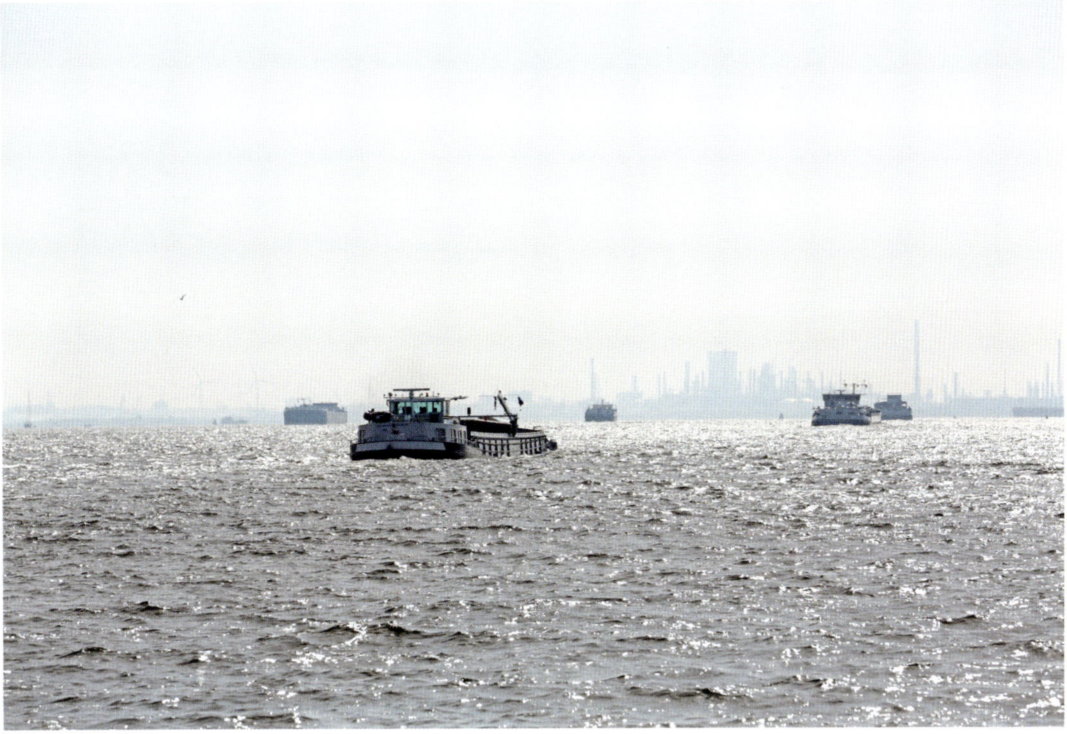

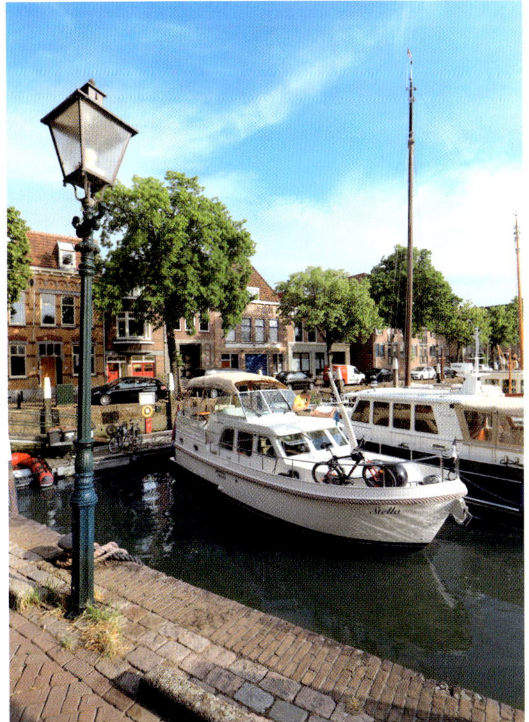
Stella

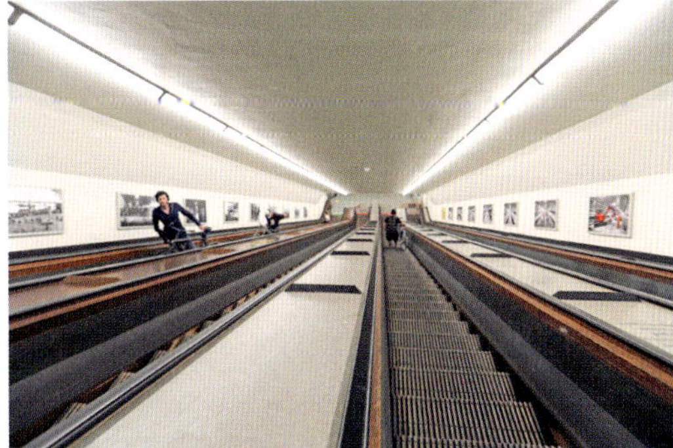

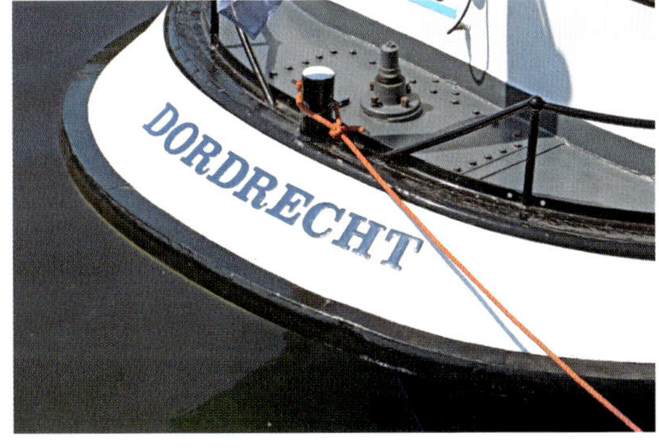
DORDRECHT

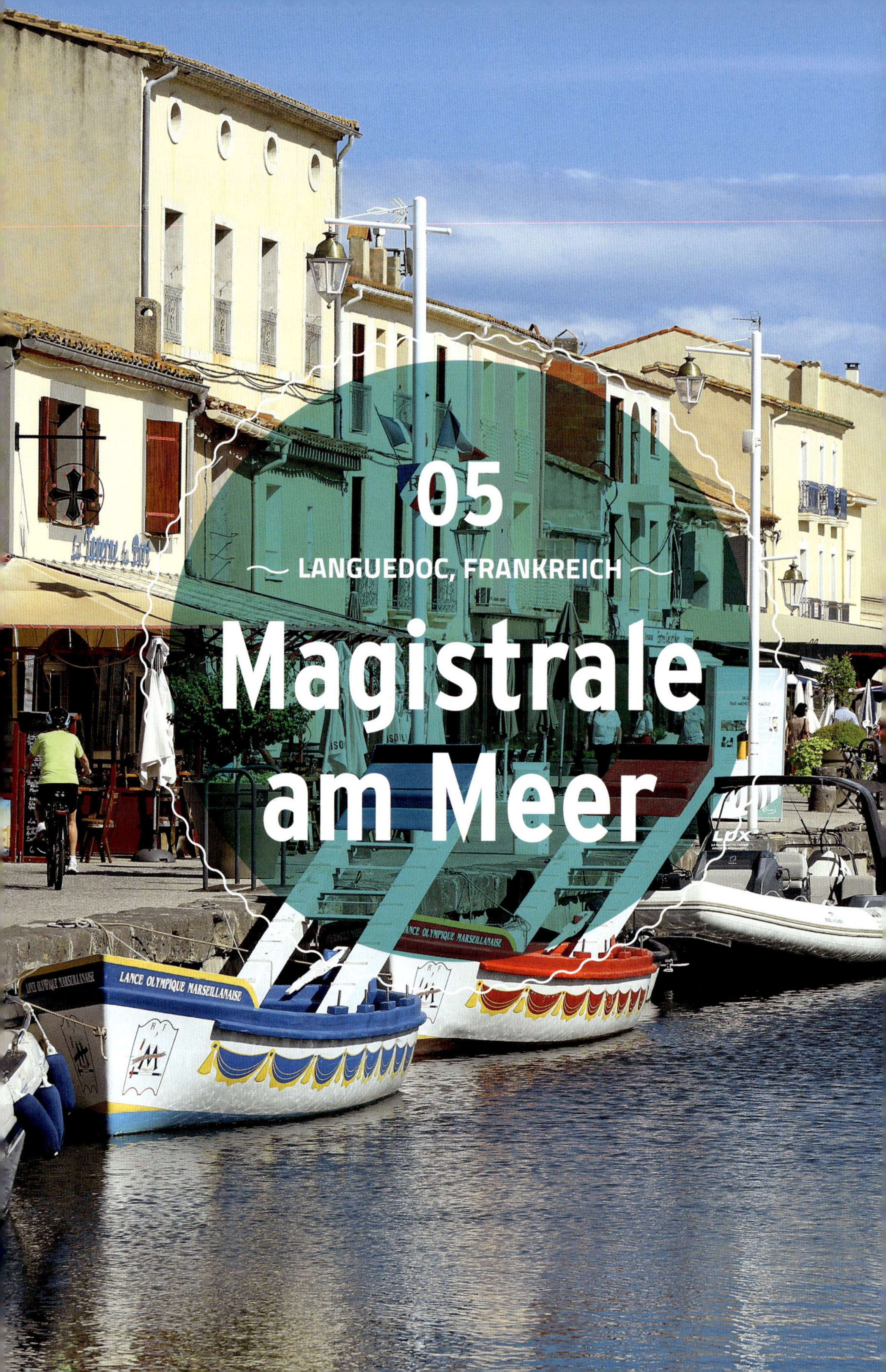

05

LANGUEDOC, FRANKREICH

Magistrale am Meer

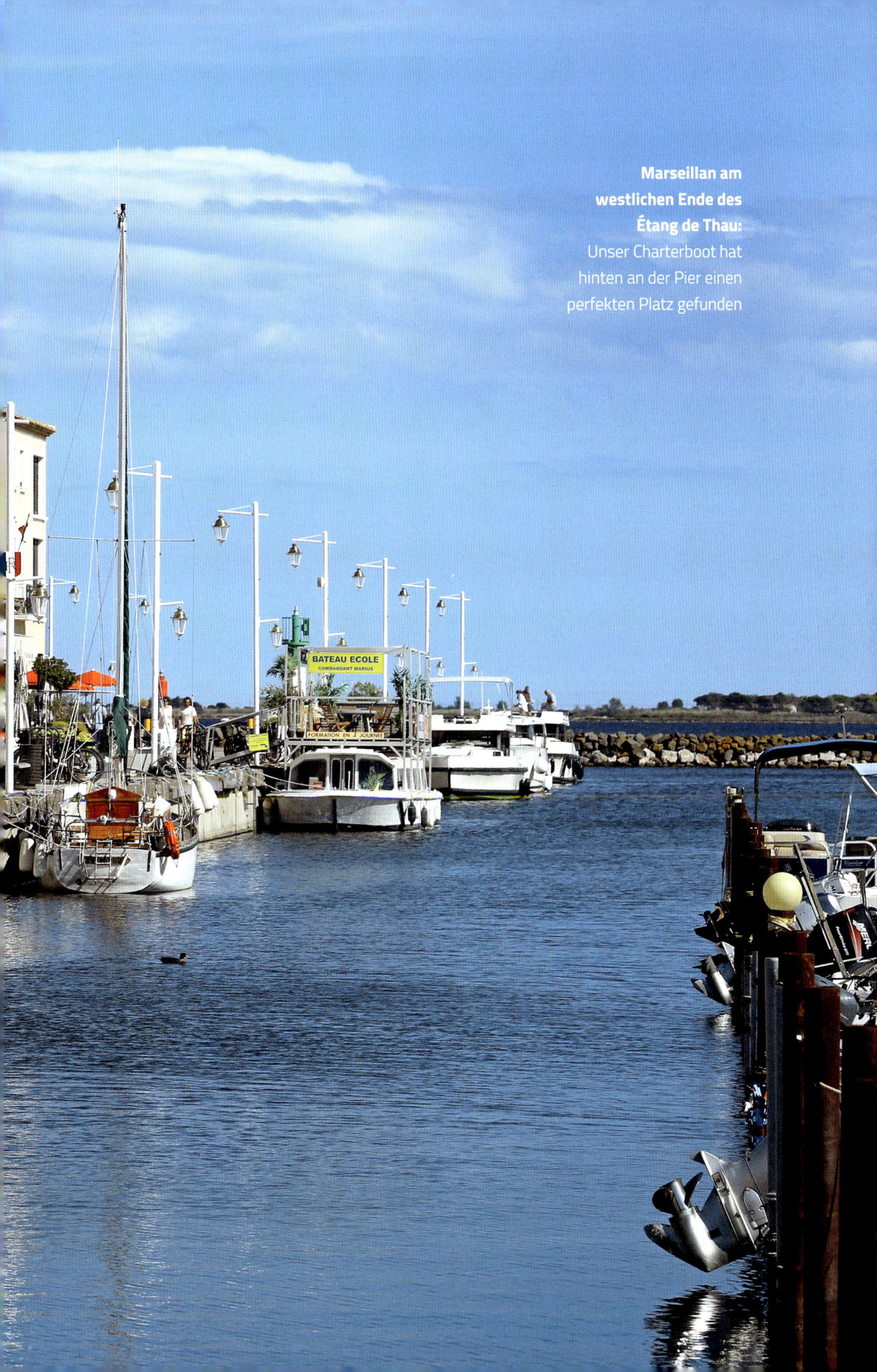

Marseillan am westlichen Ende des Étang de Thau: Unser Charterboot hat hinten an der Pier einen perfekten Platz gefunden

Zwei historische Wasserstraßen verbinden Frankreichs Süden: Canal du Midi und Canal du Rhône à Sète. Wo sie sich treffen, liegt das Mittelmeer gleich nebenan. Ein Törn durch die Landschaften des Languedoc bis in die Camargue.

Noch einmal Anlauf nehmen und dann mit Schwung hinauf! Wir treten in die Pedale, doch obwohl weder der Weg besonders steil noch die Düne sehr hoch ist, bleiben die kleinen Räder unserer Bordfahrräder bald im feinen Sand stecken. Egal, wir schieben die letzten Meter, und dann liegt er vor uns: der Strand von Maguelone. Keine fünf Minuten waren wir unterwegs von unserem Liegeplatz am Kanalufer. Nirgendwo in Europa kommt man näher mit dem führerscheinfreien Charterboot ans Mittelmeer als im Süden Frankreichs. Auch die Lagunen Venetiens können da nicht mithalten. Denn der Canal du Rhône à Sète begleitet die Küste des Languedoc über rund dreißig Kilometer, manchmal sogar in Sichtweite, vorbei an geschäftigen Seebädern und einsameren Abschnitten, an die es eher die Einheimischen zieht. So wie in Maguelone, der Lieblingsbadestelle der landeinwärts gelegenen Stadt Montpellier. An einem Holzpfahl im Dünengras schließen wir die Räder zusammen. René schultert den Sonnenschirm, ich nehme die Kühlbox. Die Sonne brennt ganz schön, und das ruhige Wasser könnte kaum verlockender glitzern. Also ab ins Wasser!

Zwei Tage zuvor, als wir zu unserem Törn starten, das Hafenbecken von Port Cassafières verlassen und mit unserer Horizon nach rechts abbiegen, nach Osten, sehen die ersten Kilometer noch gar nicht recht nach sonnengebleichtem Süden aus. Mit üppigem Grün zu beiden Seiten und dem Laub überhängender Bäume erinnert uns zumindest dieser Abschnitt des Canal du Midi an die Wasserwege im Burgund oder im Elsass, mit niedrigen Brücken, dazu das eine oder andere scheinbar herrenlose Boot am Ufer, in unterschiedlichen Stadien gemächlichen Verfalls. Die meisten Chartercrews zieht es hier übrigens in die andere Richtung, nach Westen, den Canal du Midi aufwärts Richtung Béziers und über die erste Schleusentreppe von Fonseranes weiter nach Carcassonne.

Die moderne Hebebrücke von Frontignan öffnet zu festen Zeiten und stellt das einzige Hindernis für die durchgängige Schifffahrt auf dem Canal du Rhône à Sète dar.

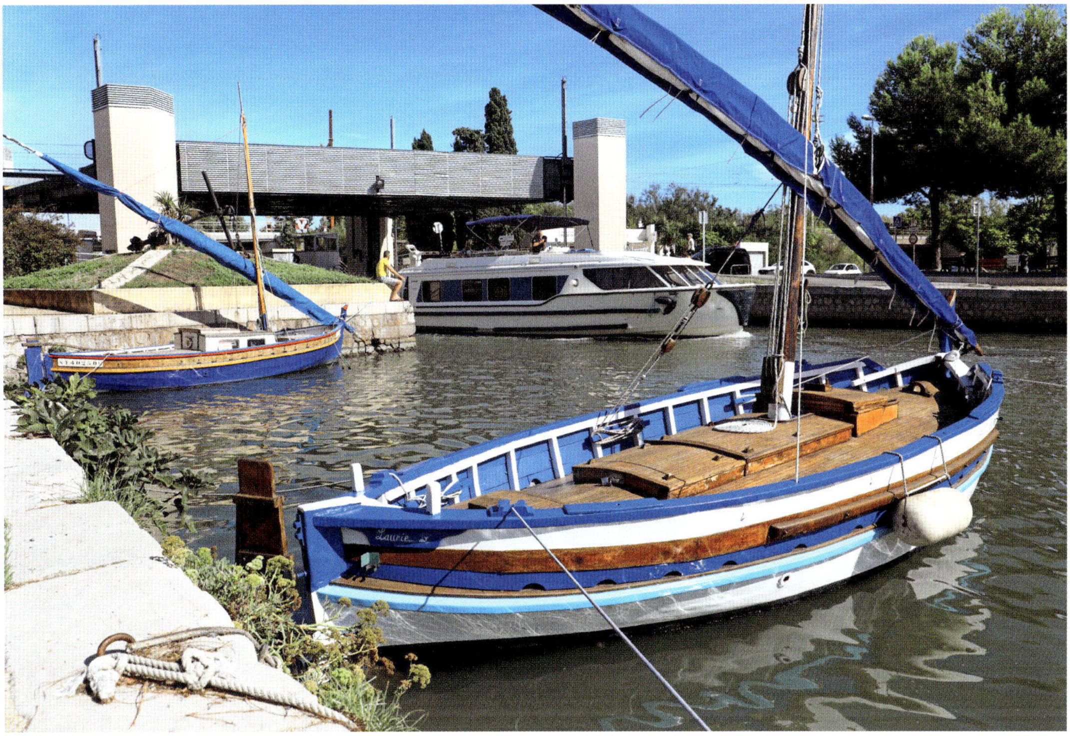

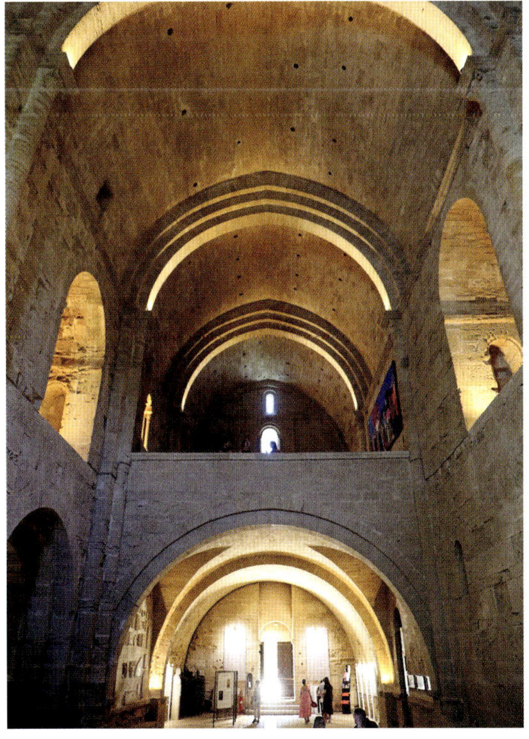

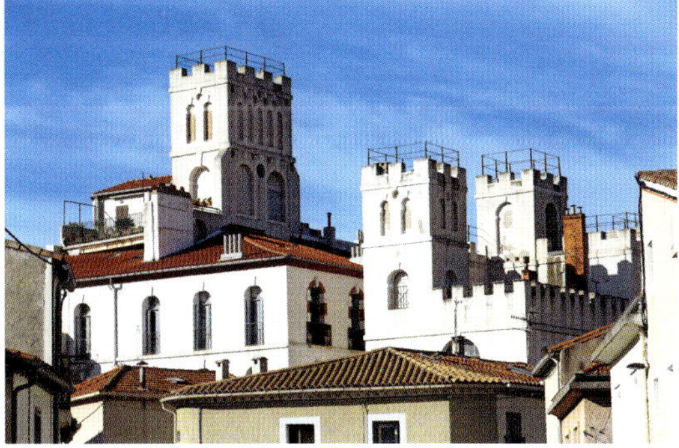

Das Kirchenschiff der restaurierten Kathedrale von Maguelone leuchtet geheimnisvoll.

Historisch und malerisch präsentieren sich auch die Dächer der Altstadt von Frontignan.

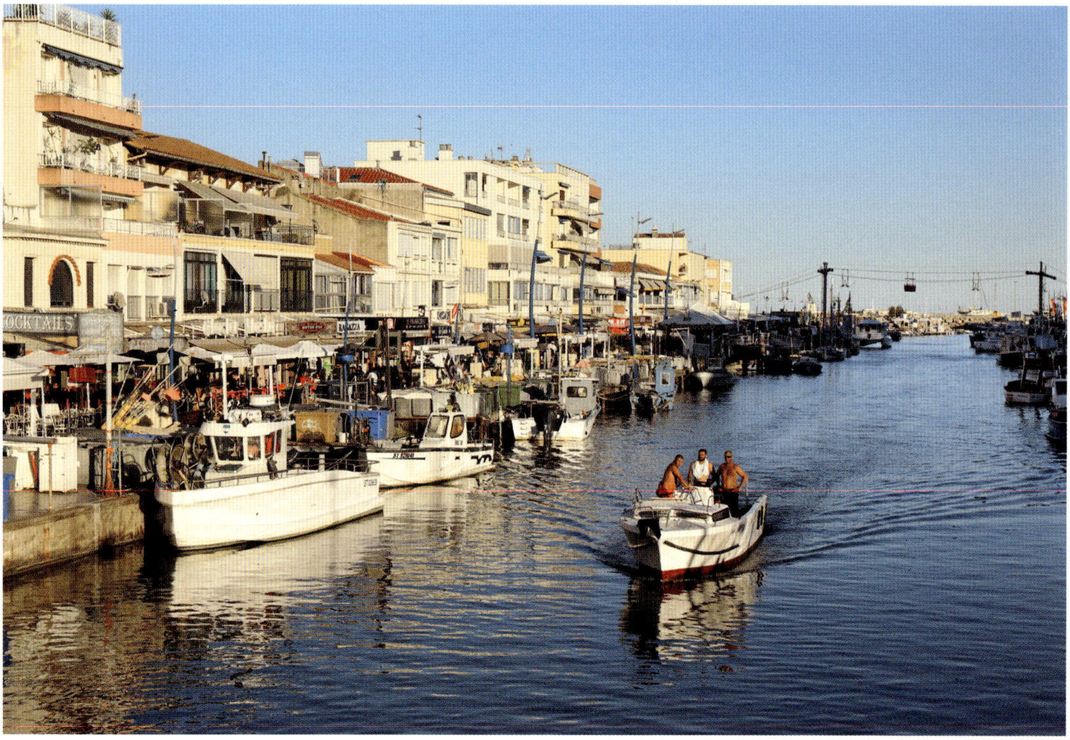

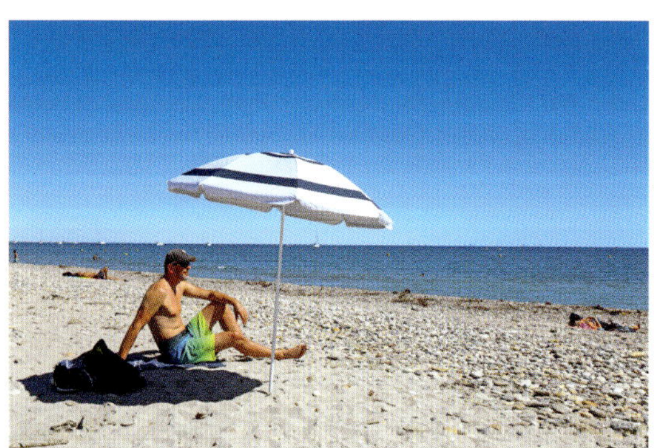

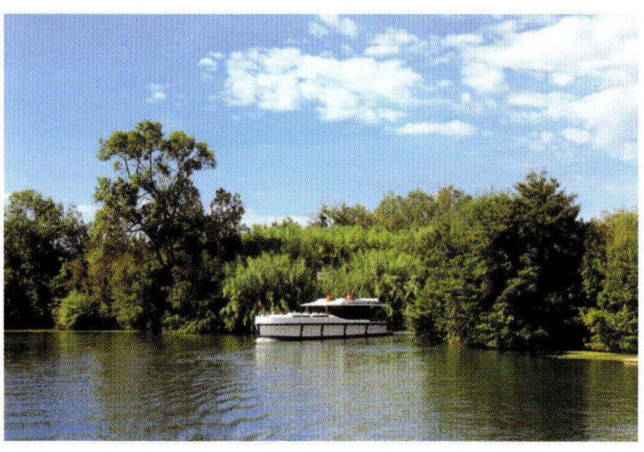

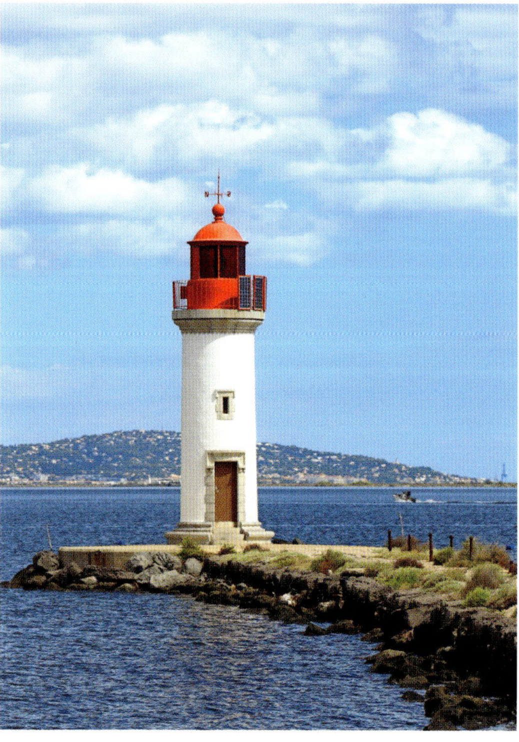

DIE ➔ TOP 3

★ **Marseillan**
Von allen Kleinstädten am Étang de Thau (und im gesamtem Revier) hat es den größten mediterranen Charme – und mit Noilly Prat zudem eine geistreiche Geschichte.

★ **Maguelone**
Die Kühle im Inneren der Kathedrale und die Sonne am Strand ergeben einen Mix, den man auch auf der Durchreise ohne Übernachtung nicht verpassen sollte.

★ **Aigues-Mortes**
Das mittelalterliche, von seiner Mauer umgebene Zentrum, ist für sich schon sehenswert. Das Museum der Türme und Mauern liefert dazu spannende Einblicke.

Palavas-les-Flots ist Seebad, Fischerei- und Sportboothafen zugleich. Der Fluss Lez durchfließt das Zentrum und dient als Verbindung zum Canal du Rhône à Sète.

Einsam steht der Sonnenschirm am Strand von Maguelone, hier verirren sich nur wenig Touristen hin. Grün ist die Ausfahrt auf den Fluss Hérault, der bei Agde für einen halben Kilometer den Verlauf des Canal du Midi bildet. Das Molenfeuer am Pointe des Onglous markiert das Ende des Canal du Midi und den Beginn des Étang de Thau.

Dort wartet eine so malerische wie berühmte Strecke, allerdings mit Dutzenden von Schleusen, und wir sind gar nicht unglücklich, dass die uns diesmal erspart bleiben. Wir haben gerade einmal zwei vor uns, beide heute. Den kurzen Abstecher ins mittelalterliche Béziers, einmal hin und zurück, hätten wir zum Auftakt allerdings dennoch gern gemacht. Nicht die Zeit war das Problem: Insgesamt 28 Kilometer und zehn Schleusen hin und zurück wären machbar gewesen. Schuld war ein Gewittersturm, wie wir ihn noch nicht erlebt hatten, vom späten Vormittag bis in die Nacht, mit Wetterleuchten im Sekundentakt.

Doch das war gestern. Zwar ist der Himmel noch bewölkt, doch es soll aufklaren. Und wir sind unterwegs!

WEITER, FLACHER, TROCKENER

Nach anderthalb Stunden erreichen wir Agde, auch wenn der Kanal die Stadt nördlich passiert. Das Signal am Bassin Rond, der Kesselschleuse mit der laufenden Nummer 63, zeigt Grün, und wir können sofort einlaufen. Wir legen an der runden Kammerwand an, hinter uns eine zweite Horizon, und schon setzt der éclusier per Tablet die Schleusung in Gang. Knapp einen Meter geht es problemlos nach unten. Nach der Ausfahrt folgt ein kurzes Stück auf dem Fluss Hérault, der den Kanal quert, bevor hinter der offenen Schutzschleuse von Prades (No 64) das letzte Stück des Canal du Midi beginnt. Hier sieht man jetzt, was der Schädlingspilz angerichtet hat, der die ikonischen Platanenalleen entlang des Kanals in den vergangenen Jahren fast komplett vernichtet hat: Eine lange Reihe von Baumstümpfen säumt das Ufer, das aber bereits neu befestigt und mit noch sehr zierlichen neuen Bäumchen begrünt ist.

Es ist fünf vor zwölf, als wir die zweite (und letzte) Schleuse unseres Törns erreichen, Bagnas (No 65). Der Wärter geht gerade zur Mittagspause in sein Haus. Kein Problem, wir legen an, stellen das Verdeck auf und kommen endlich zum

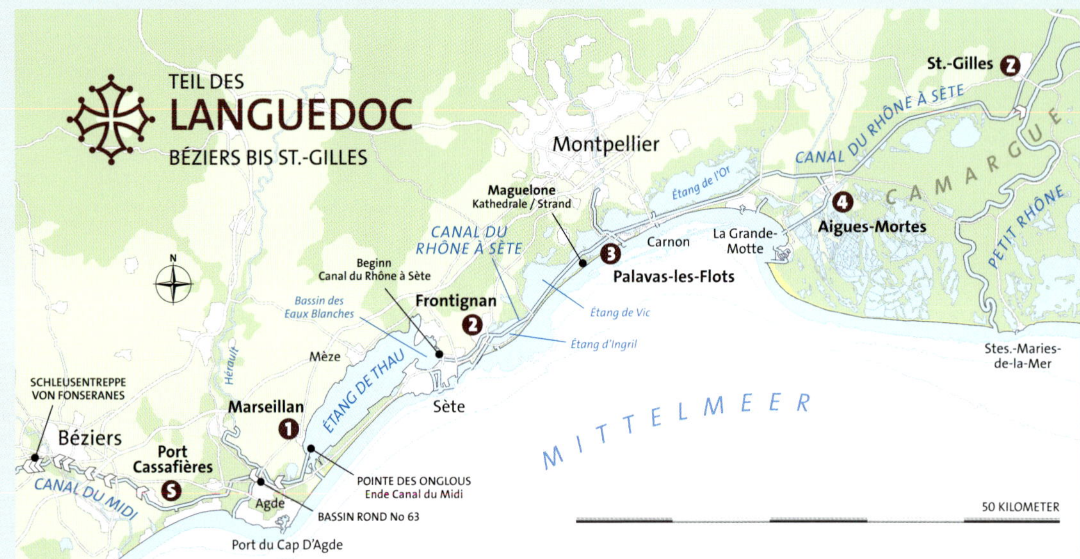

DIE ➔ TÖRNETAPPEN

- S Port Cassafières–Marseillan .... 20 km
- 1 Marseillan–Frontignan .... 25 km
- 2 Frontignan–Maguelone–Palavas-les-Flots .... 17 km
- 3 Palavas-les-Flots–Aigues-Mortes .... 25 km
- 4 Aigues-Mortes–St.-Gilles .... 29 km
- Z Gesamtstrecke .... 116 km

DAS ➔ KLIMA

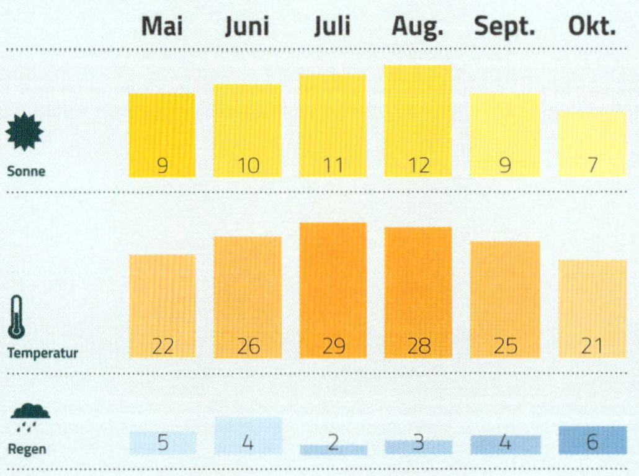

Werte: Sonnenstunden/Tag, Tagestemperaturen, Regentage

DAS ➔ REVIER

Die Urlaubscharter auf den geschilderten Wasserstraßen ist führerscheinfrei, die Navigation zum Großteil unproblematisch und von Einsteigern zu meistern. Einzige nautische Ausnahme ist der Étang de Thau, eigentlich als Seegewässer klassifiziert. Innerhalb der bezeichneten Fahrwasser darf er aber auch von Binnenfahrzeugen, zu denen auch alle Charterboote im Revier gehören, befahren werden. Bei zunehmendem Wind kann sich aufgrund der geringen Tiefe schnell eine kurze, steile Welle aufbauen, sodass für diese Boote bei mehr als drei Beaufort Befahrensverbot besteht. Eine weitere Besonderheit ist die Kesselschleuse von Agde.
Das Schleusenpersonal hat einen guten Überblick und leitet die Schleusung erst ein, wenn alle Boote sicher an den Kammerwänden liegen. Liegestellen:
Neben den Häfen und öffentlichen Anlegern gibt es ausgewiesene Naturanleger entlang der Ufer.
Zum Übernachten eignen sie sich aufgrund ihrer Lage oder Beschaffenheit des Ufers nicht immer, auf Service muss ohnehin verzichtet werden. Ebenfalls ungeeignet ist der Sportbootanleger von Palavas-les-Flots, einlaufend am rechten Ufer des Flusses Lez. Besser ist der Anleger am Südufer des Kanals vor der Abzweigung in den Lez.

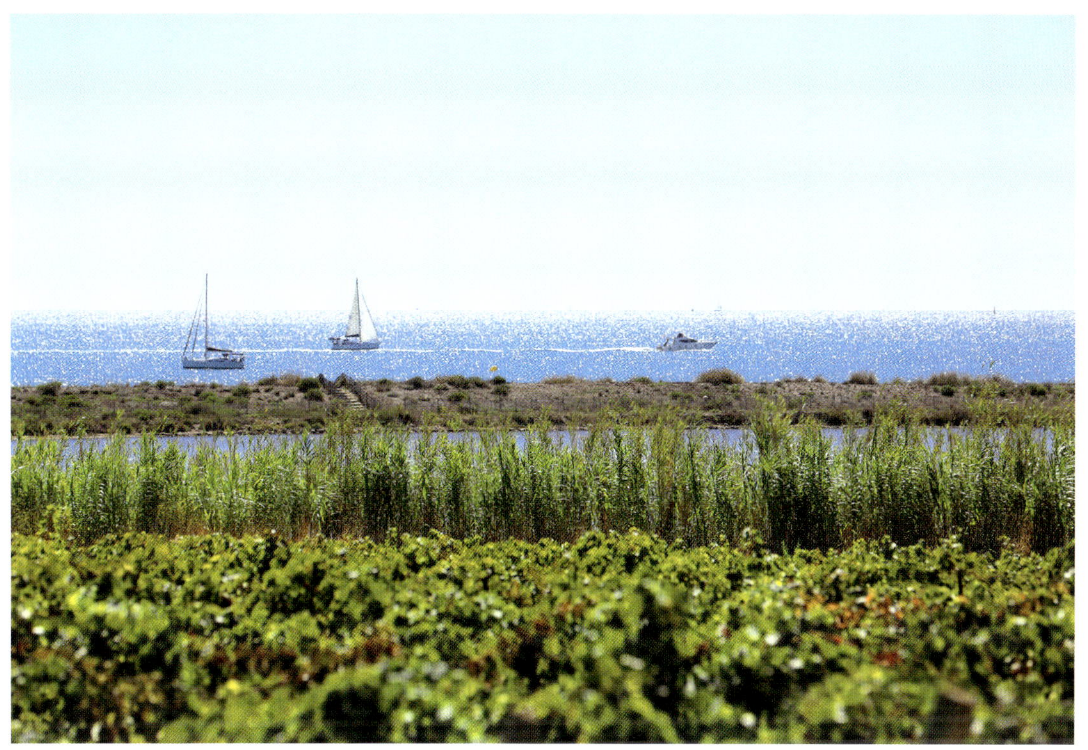

Vielschichtige Ausblicke auf Wein, Bambus und dahinter das Mittelmeer bei Maguelone.

Brunchen. Für Unterhaltung sorgen unsere Nachbarn im Päckchen, ein älteres Pärchen aus dem Elsass. Er ist Binnenschiffer im Ruhestand, fuhr früher in ganz Europa und kennt natürlich auch diese Gegend wie seine Westentasche. Ein einziger Kollege sei jetzt noch mit seiner Péniche auf dem Kanal unterwegs, erzählt er im deutschen Dialekt seiner Heimatregion, »keine Chance gegen den Lkw«.

Das Binnenland verwandelt sich jetzt, wird weiter, flacher und trockener. Aus dem lehmigen Ufer sind große Brocken herausgebrochen. Wir sind auf Meereshöhe angelangt, die Küste verläuft gleich nebenan. Das letzte Kanalstück wird sogar von Fischerbooten gesäumt. Unser »Guide Fluvial No 07« verrät uns, dass die Lagune jenseits des Damms an Steuerbord bereits zum Étang de Thau gehört, dem großen Binnensee, den wir morgen überqueren wollen. An der Pointe des Onglous sehen wir dann das unmissverständliche Zeichen, dass das Meer nicht fern

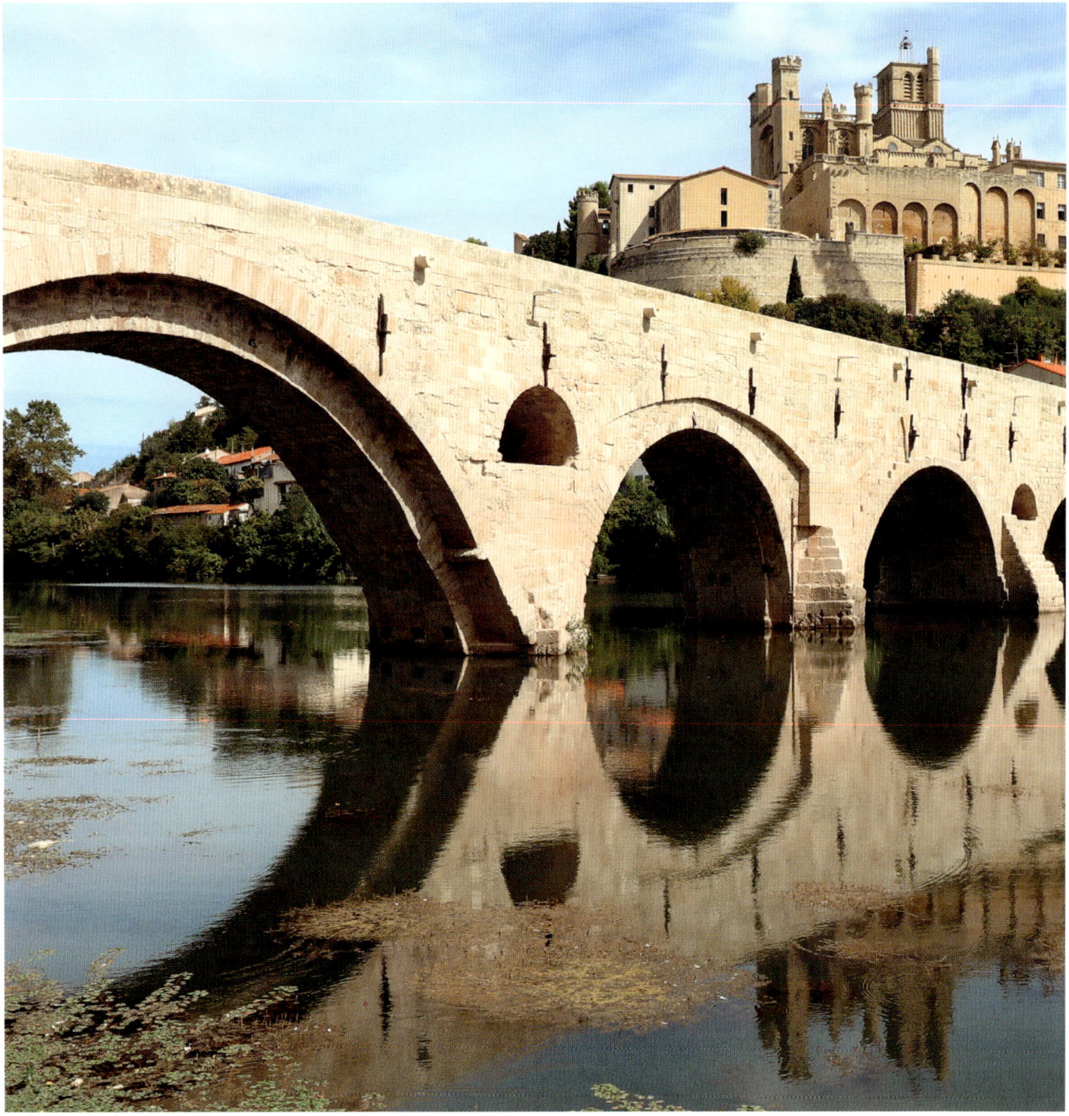

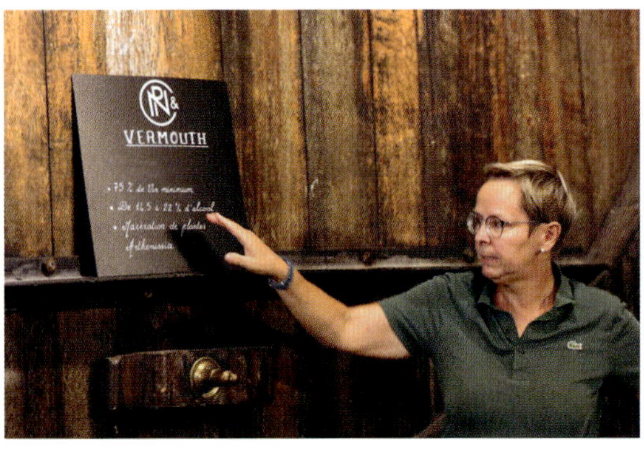
VERMOUTH
• 75 % de Vin minimum
• De 14,5 à 22 % d'alcool

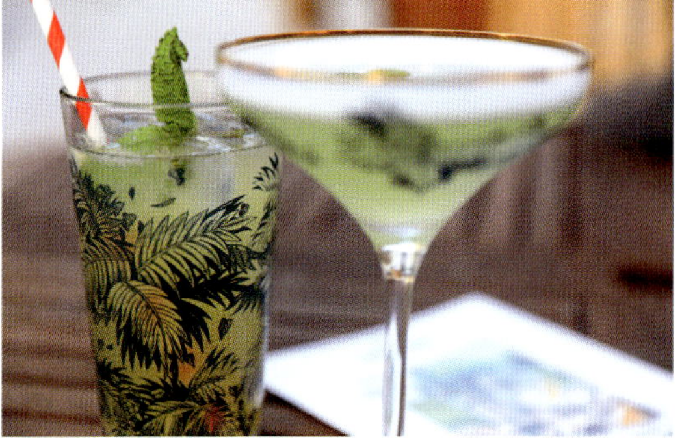

ist: einen weißen Leuchtturm mit roter Laterne. An diesem Molenkopf endet der Canal du Midi.

Nur einen Kilometer im Nordosten quer über die offene Wasserfläche können wir bereits Marseillan erkennen, unser Tagesziel. Die Distanz ist schnell geschafft, und an der Nordseite des Hafens sind noch ein paar schöne Plätze frei. Bald liegen wir längsseits an der Mauer. So etwas hatten wir wirklich noch nicht: mediterranes Flair mit dem Hausboot! Sonnenschein, heller Stein, Touristen! Die Capitainerie ist noch unbesetzt, also machen wir erst mal Fotos vom Boot als Beweis für diesen einmaligen Moment. 46 Euro werden später fällig. Wir haben aber auch schon deutlich mehr für weniger bezahlt.

Einmal in die Stadt zum Supermarkt an der Place Géneral Guillaut, dann besuchen wir einer Empfehlung folgend Noilly Prat – einen der traditionsreichsten und bekanntesten Hersteller von Wermut. Der Besuch wird lange in Erinnerung bleiben, denn die spannende Besichtigung hat es im wahrsten Sinne in sich: Nicht nur, weil sie über 75 Minuten durch die heiligen Hallen führt (und zwischendurch über den sogenannten Vorhof des Himmels), sondern auch, weil insgesamt acht Stationen im Schöpfungsprozess der Produkte verköstigt werden. Die geistreiche Wallfahrt führt an gewaltigen kanadischen barils vorbei (die ein schmächtiger Angestellter von innen reinigen muss), an schnöden Betontanks und alten casks, die noch nach und Sherry und Whiskey duften. Alle haben mit dem Veredlungsprozess zu tun: Einfüllen, warten, umfüllen, abfüllen – bis zur »Entfüllung« der Flasche über Glas und Gaumen des geneigten Genießers. Am Ende wissen wir, dass Marilyn Monroe, Ernest Hemingway und James Bond nicht die gleichen Menschen geworden wären ohne die besonderen Kräuterrezepturen der Messieurs Noilly & Prat. Und wir erfahren auch, dass in Monte Carlo (wo sonst?) eine resolute Dame residiert, die tatsächlich den Namen Bacardi trägt und aus dem Fond ihres Rolls-Royce ein weltweites Imperium des Hochprozentigen regiert... Mit leicht erhöhtem Pegelstand, der Grundberührungen in den nächsten Tag hoffentlich etwas unwahrscheinlicher macht, schlendern wir zurück zum Boot, den blauen Himmel über uns.

Eindrucksvoll thront in Béziers die Kathedrale Saint-Nazaire hoch über dem Fluss Orb. Der Canal du Midi quert den Orb nur wenige Hundert Meter flussabwärts.

Zu Besuch bei Noilly Prat in Marseillan – inklusive des Genusses leckerer Wermut-Variationen.

AUF NUMMER SICHER

Der Wind weht am nächsten Morgen leicht aus Nordost, ist aber von den 20 bis maximal 25 Stundenkilometern weit entfernt, die die erlaubte Obergrenze für eine Überquerung des Étang de Thau sind. Eine ähnliche Regelung wie auf der Müritz, wo Charterboote ja auch nur bis Windstärke 4 fahren dürfen. Da wir kein Echolot haben, die Seekarte keine Angaben macht und die »Abkürzung« in östlicher Richtung zum Hauptfahrwasser über den Étang nicht betonnt ist, gehen wir auf Nummer sicher: Zurück zum Phare des Onglous, dann aber nach Nordosten. Knapp 16 Kilometer sind es über den lagunenartigen Binnensee, also rund zwei Stunden Fahrt für uns. Mehr Seefahrt dürfte man mit einem Hausboot nirgendwo sonst haben. Das Ufer im Norden ist flach und trocken, dahinter setzen sanfte Hügel an. Weit im Norden sind am Horizont auch richtige Höhenzüge mit einzelnen Gipfeln zu erkennen. Google sagt mir, dass es sich um die Cevennen handeln muss, den südlichsten Ausläufer des Zentralmassivs. Die schmale Nehrung, die uns an Steuerbord vom Mittelmeer trennt, hat fast kein Höhenprofil. Flamingos sind nicht zu sehen, nur

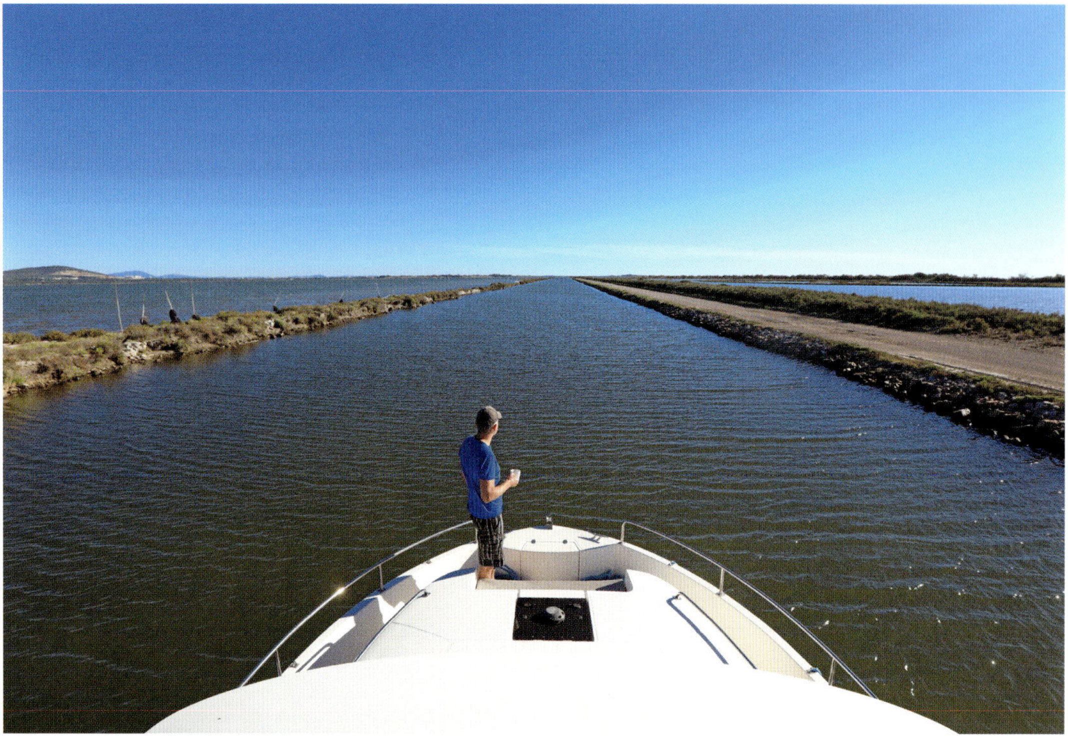

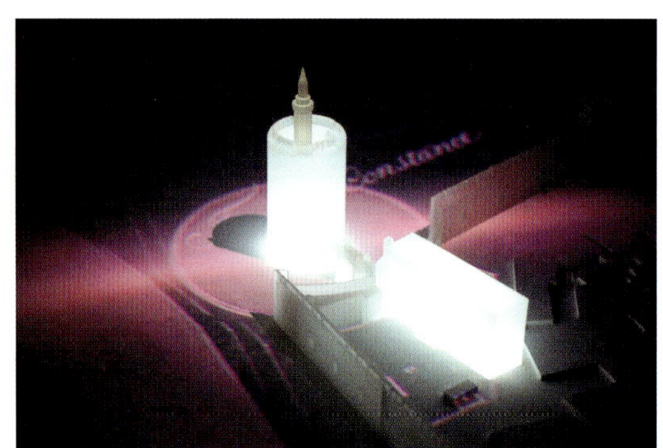

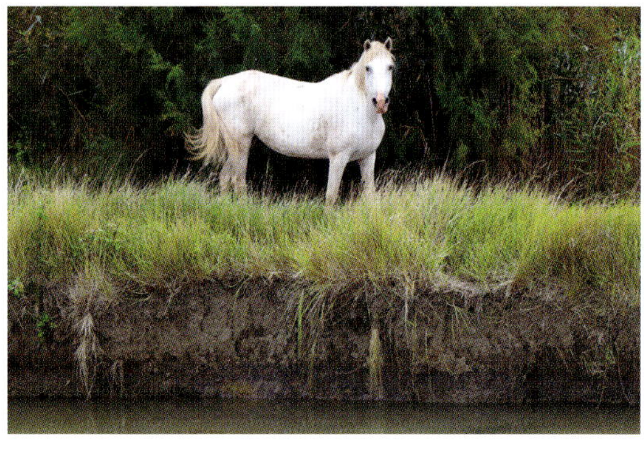

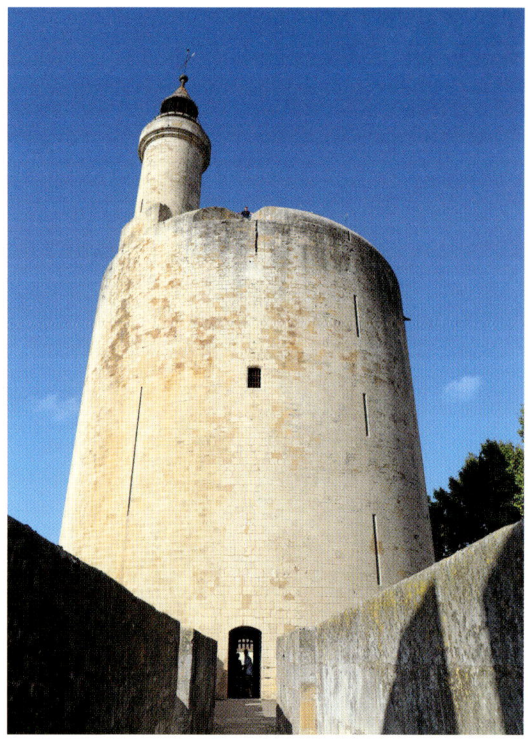

» Auf den kurzen Bahnen vor dem Wind blähen sich die Spinnaker. Die schwarz-gelben Kardinalbalken sind so massiv wie an den Küsten der Bretagne. «

Der Tour de Constance ist der Anker der Stadtbefestigung von Aigues-Mortes sowie Leuchtfeuer zugleich. Das Turmmodell des Tour de Constance leuchtet im Stadtmuseum. Eines der einzigartigen Camargue Pferde taucht am Ufer auf.

Auf dem Canal du Rhône à Sète wird der Étang d'Ingril durchquert.

Möwen. Auf die spiegelnde Wasserfläche brennt die Sonne herab. Obwohl es Wochenende ist, sind wir fast allein.

Bald haben wir die Austernfarmen an Backbord, endlose Holzgerüste mit herabhängenden Leinen. 20.000 Tonnen der Delikatesse werden hier gezüchtet. Die wenigen Tonnenpaare, die das Fahrwasser bezeichnen, stehen dafür so weit auseinander, dass man sie selbst mit Fernglas nicht ausmachen könnte. An Steuerbord voraus kommen die Hotel- und Apartmentanlagen rund um den Mont Saint Clair in Sicht, den runden Hausberg der Stadt Sète. Wald und Villen sind zu sehen. Dass Sète ein Seehafen ist, merkt man auch auf der Binnenseite: Auf der Bucht Des Eaux Blanches ist rund um die Roquerols-Felsen eine Regatta mit größeren Yachten im Gange. Auf den kurzen Bahnen vor dem Wind blähen sich die Spinnaker. Die schwarz-gelben Kardinalbaken, die das Fahrwasser flankieren, sind so massiv wie an den Küsten der Bretagne. Die Durchfahrt in den Hafen mit seinen Megayachten und Seeschleppern, den wir wegen der Drehbrücke davor nicht befahren dürfen, lassen wir rechts liegen und steuern stattdessen auf ein kleines rot-weißes Leuchtfeuer am Ende einer mitgenommenen Betonmole an: der Beginn des Canal du Rhône à Sète.

Einladend wirken dessen ersten Kilometer durchs Industriegebiet nicht, mit den üblichen Dauerliegern, rostigen Lagerhallen und müllbehängten Drahtzäunen. Selbst bei Sonnenschein. Also weiter. Der Étang de Thau und Sète liegen hinter uns, der Kanal verläuft jetzt in geraden Abschnitten mit ordentlich befestigten Ufern. Links dahinter ein Feuchtgebiet, rechts, wo Angler und Radfahrer die staubige Begleitstraße nutzen, kommt bald ein großes Tanklager in Sicht. In industrielleren Zeiten gab es hier eine Erdölraffinerie, lesen wir später. 1986 wurde sie geschlossen. Die Arbeitsplätze sind weg, nur die Tanks geblieben. So erreichen wir Frontignan, mit seinen Häusern aus hellem Stein und einem neuen, wirklich netten Anleger vor der hochmodernen Hubbrücke, mit Bäumen und Bänken entlang der Promenade. Das hat auch schon andere Crews überzeugt, fünf Boote liegen hier bereits. Auch unseren Schleusennachbarn aus dem Elsass können wir ausmachen.

Die Anmeldung in der Touristen-Info ist sehr freundlich. Liegen dürfen wir sogar umsonst, der Strom wird am Automaten nebenan bezahlt.

Am Abend finden wir uns am Place Hôtel de Ville wieder. Hier ist was los, der ganze Ort ist auf den Beinen. Vor der schicken Rathausfassade gibt's gleich Livemusik mit den französischen Cousins der Dire Straits. Von einem Tisch der Bar Central aus haben wir beste Sicht, großartig!

FLAMINGOS IN SCHAREN

An den nächsten beiden Tagen verläuft der Canal du Rhône à Sète nun nicht nur in langen, schnurgeraden Abschnitten in nächster Nachbarschaft zum Mittelmeer, er durchquert zudem einen Étang nach dem anderen. Nur eben nicht mehr frei, wie noch gestern, sondern von festen Uferböschungen flankiert, die zum Teil aber nicht breiter als Dämme sind. Die Abtrennung zum Meer erfolgt durch eine schmale sandige Nehrung. Den Auftakt macht der Étang d'Ingril, gefolgt vom deutlich breiteren Étang de Vic. Scharen von Flamingos sind wie eine flimmernde Fata Morgana in der Ferne zu erkennen. Einziges Hindernis auf diesem Abschnitt ist die Fußgänger-Pontonbrücke bei Maguelone. Sie öffnet bei Annäherung auf Bedarf. Wir machen aber vorher am rechten Ufer für einen längeren Zwischenstopp fest. Denn wir haben zwei Ziele: Zunächst besuchen wir die romanische Klosterkathedrale Saint-Pierre-et-Saint-Paul. Errichtet auf einem Hügel mit Weinreben und umgeben von einem Wald aus Pinien und Zypressen, diente der außergewöhnliche Sakralbau tausend Jahre lang als Bischofskirche. Nachdem der Titel im 16. Jahrhundert an das nahe Montpellier ging, geriet die Anlage in Vergessenheit und verfiel. Erst in der Neuzeit wurde sie »wiederentdeckt«, und nach langjähriger Restaurierung ist die Pracht der Vergangenheit auf stille Weise wieder sichtbar. Für unser zweites Ziel kehren wir an den Beginn der Geschichte zurück – zum Strand von Maguelone. Die Nacht verbringen wir dann unspektakulär und in völliger Ruhe keine vier Kanalkilometer weiter am öffentlichen Anleger des Seebades Palavas-les-Flots.

Am nächsten Tag erreichen wir die Ausläufer der Camargue, jenes weitläufige Schwemmland im alten Mündungsdelta der Rhône. Immer öfter bedeckt nun Schilf die feuchten Flächen, und an den Ufern tauchen die (mal mehr, mal weniger) wilden weißen Pferde auf, denen die Landschaft ihren Namen gegeben hat. Bei der alten Salzstadt Aigues-Mortes, dem letzten Etappenort vor dem Erreichen unseres Zielhafens Saint-Gilles, verabschiedet sich der Canal du Rhône à Sète schließlich vom Mittelmeer – und wir uns mit ihm. Letzter Hinweis auf seine Nähe ist der Aufsatz hoch oben auf den Zinnen des Tour de Constance, des massiven Eckpfeilers der Stadtbefestigung: ein Leuchtturm.

Abendstimmung
auf dem Rathausplatz
von Frontignan.

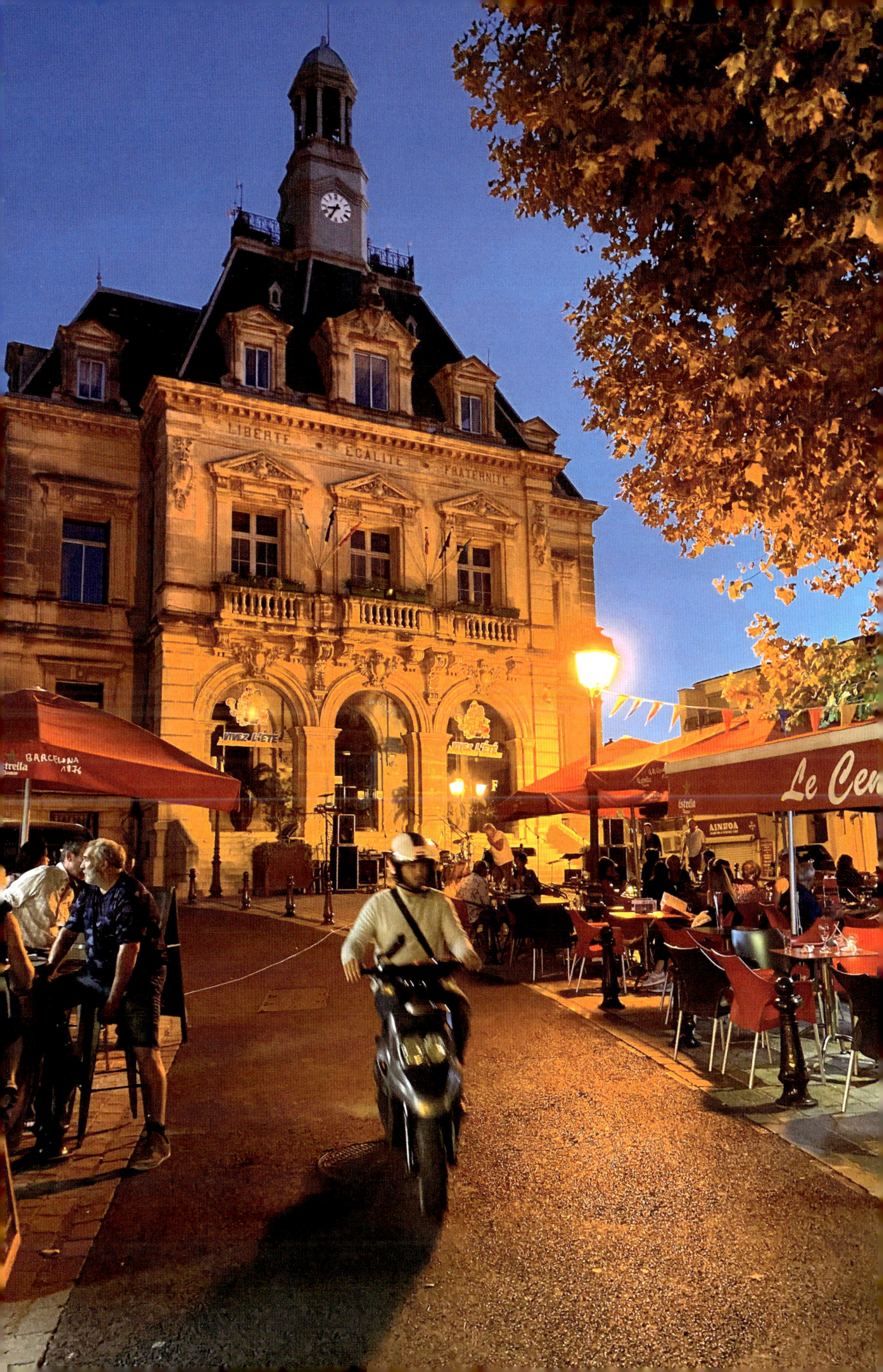
LIBERTE
EGALITE
FRATERNITE
VIVEZ L'ÉTÉ
VIVEZ L'ÉTÉ
BARCELONA 1876

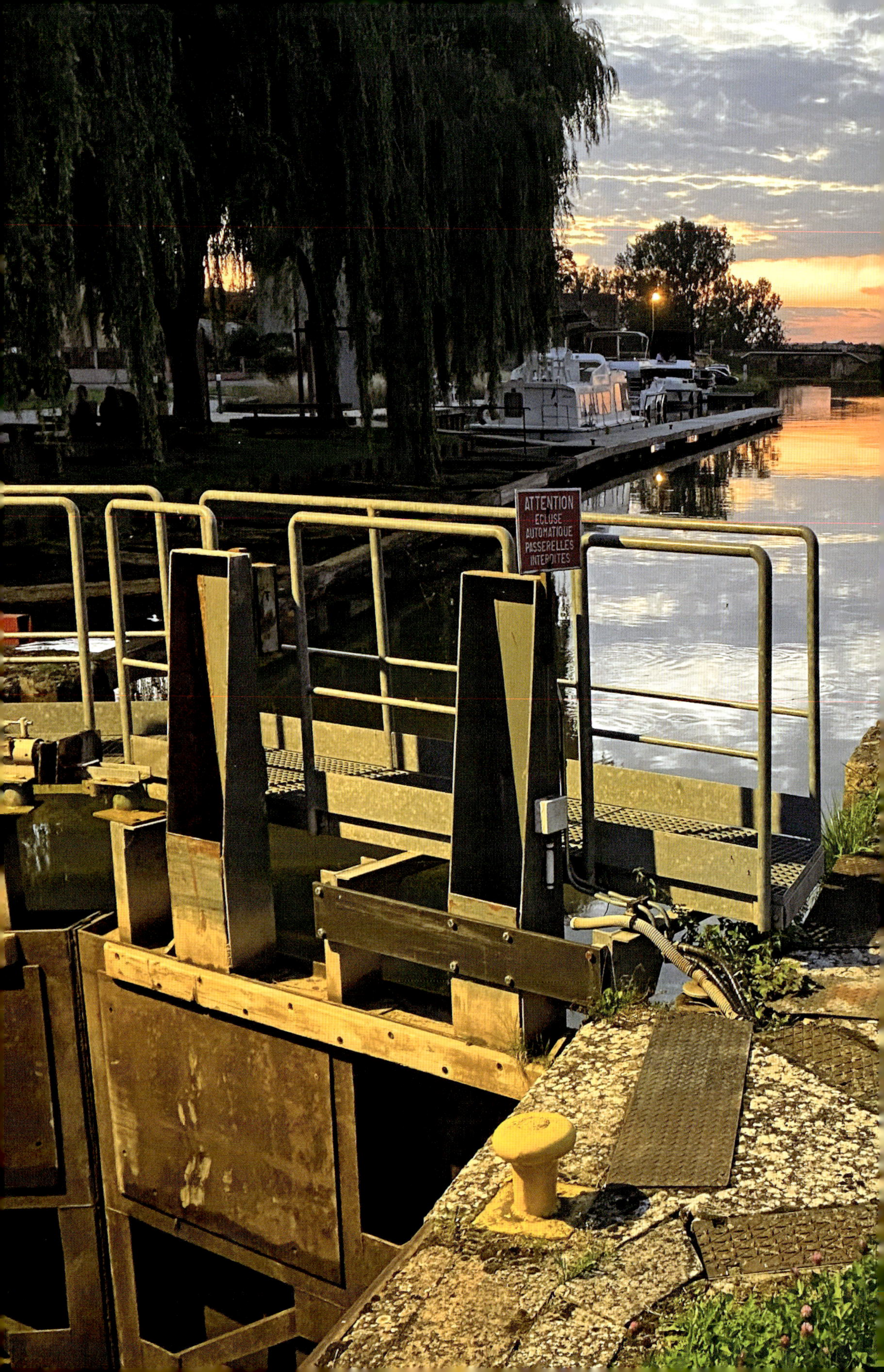
ATTENTION
ECLUSE
AUTOMATIQUE
PASSERELLES
INTERDITES

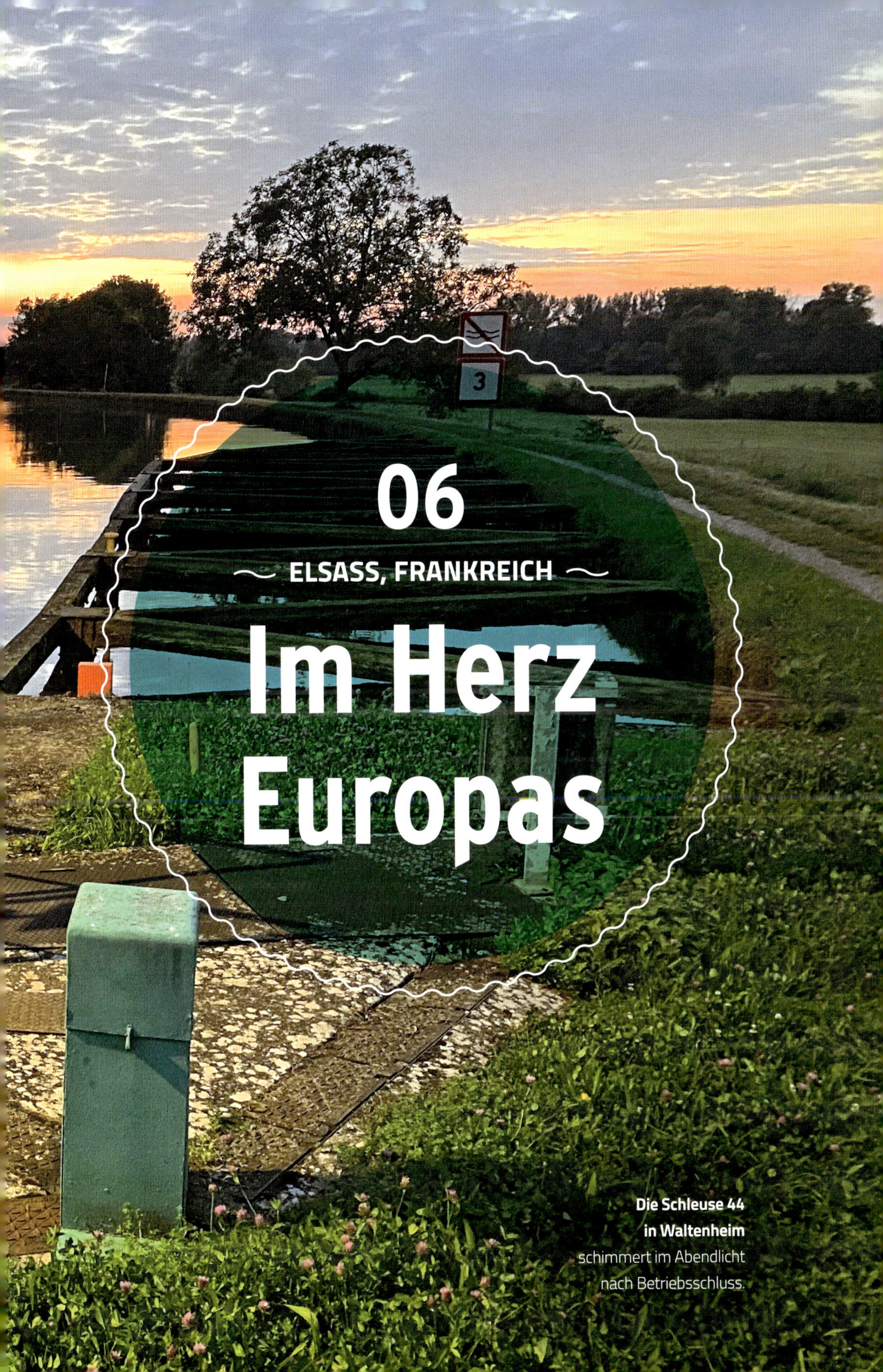

06

ELSASS, FRANKREICH

Im Herz Europas

Die Schleuse 44 in Waltenheim schimmert im Abendlicht nach Betriebsschluss.

Vergangenheit und Gegenwart: Mit dem Charterhausboot durch die Vogesen bis nach Straßburg: Wir entdecken das Elsass auf dem Rhein-Marne-Kanal.

Auf dem ersten Stück warten keine Schleusen auf uns. Aber davon werden wir noch reichlich haben auf unserer Reise durchs Elsass bis nach Straßburg, wo der Rhein-Marne-Kanal endet. Eine Woche werden wir unterwegs sein, durch die nördlichen Vogesen und die rheinische Tiefebene bis zu jener Metropole mitten im Herzen Europas. Doch am Rhein sind wir noch lange nicht: Seit unserem frühen Start in Hesse windet sich der Canal de la Marne au Rhin, wie er auf Französisch heißt, durch Felder und kleine Dörfer mit so schönen Namen wie Schneckenbusch. Bald wird das Tal enger und führt auf den ersten der beiden Kanaltunnel zu, die heute auf uns warten. Die Ampel in Niderviller zeigt grün, Höchstgeschwindigkeit: vier Stundenkilometer. 475 Meter geht es durch den Berg, Lampen an Wänden und Decke sorgen für Beleuchtung. Dafür ist es kalt und feucht, der Atem kondensiert. Mit dem Treidelpfad zur Rechten führt das gemauerte Halbrund zurück ins gleißende Sonnenlicht.

Der zweite, immerhin 2.305 Meter lange Tunnel von Arzviller ist nur zwei Kurven entfernt. Doch diesmal müssen wir den Gegenverkehr abwarten, gemeinsam mit drei anderen Booten. Auf der Mauer am Wasser haben sich passierende Schiffe verewigt; Zeugen einer Zeit, als hier noch Fracht transportiert wurde. Dann sind wir dran, fünfzig Meter Abstand sind Pflicht. Wir reden noch darüber, wie in diesem Schlund für Belüftung gesorgt wird, da springen vor uns Turbinen mit ohrenbetäubendem Lärm an – und Gegenwind! Draußen geht es eng am Fels weiter, der Kanal wurde in den Hang gesprengt. Links unter uns, hinter hohen Tannen und Fichten, liegt irgendwo die alte Schleusentreppe. Für deren siebzehn Kammern benötigte man damals einen ganzen Tag.

AM HAFEN WIRD GEROCKT

Heute geht es zum Glück schneller hinab: Wir haben den oberen Vorhafen des Hebewerks Saint-Louis/Arzviller erreicht, das den Höhenunterschied von knapp fünfzig Metern mit einer geneigten Ebene ausgleicht – eine clevere Konstruktion. Nachdem sich das Hubtor der Einfahrt hinter uns gesenkt hat, gleitet der gefüllte Trog wie schwerelos auf seinen Führungsschienen talwärts, die beiden massigen Gegengewichte gleiten dafür nach oben. Der Gewichtsunterschied wird durch die Wassermenge im Trog reguliert und ist jeweils so minimal, dass zwei 120-PS-Motoren als Antrieb ausreichen. Fünf

Prunkvolles Panorama bietet sich in Saverne. Das Château des Rohan wird auch das »Versailles des Elsass« genannt.

Nur ein Turm wurde vollendet: Die prachtvolle Westfassade des Straßburger Münsters. Wenn man die brennenden Scheite sieht, wird klar, woher der Flammkuchen seinen Namen hat. Weithin sichtbar ist der Silo von Waltenheimsur-Zorn.

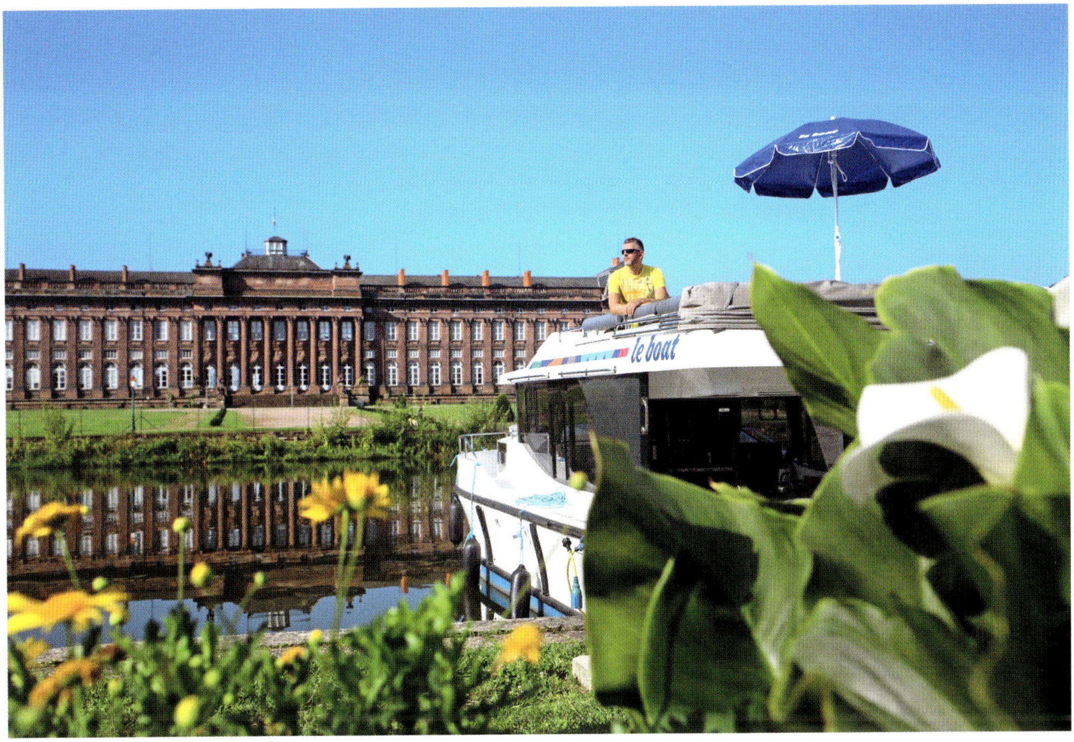

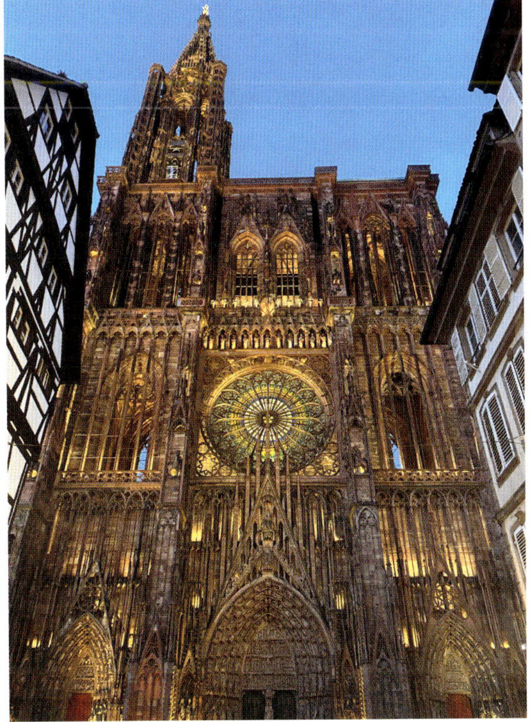

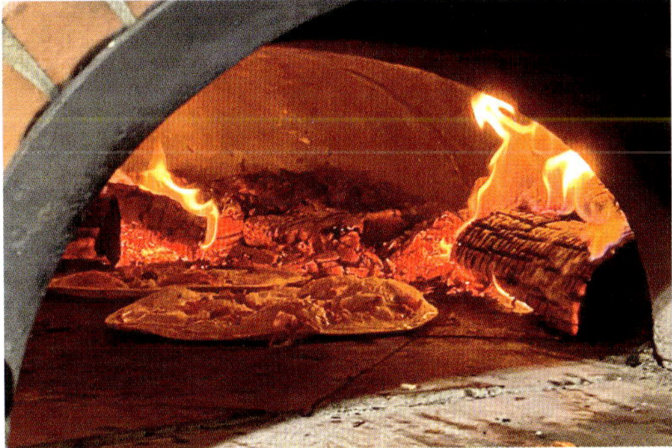

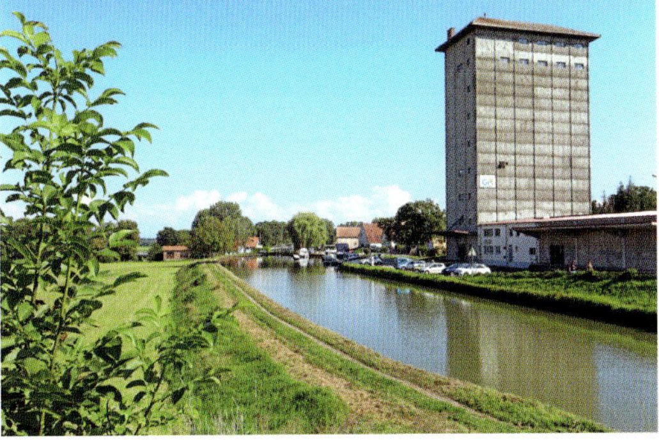

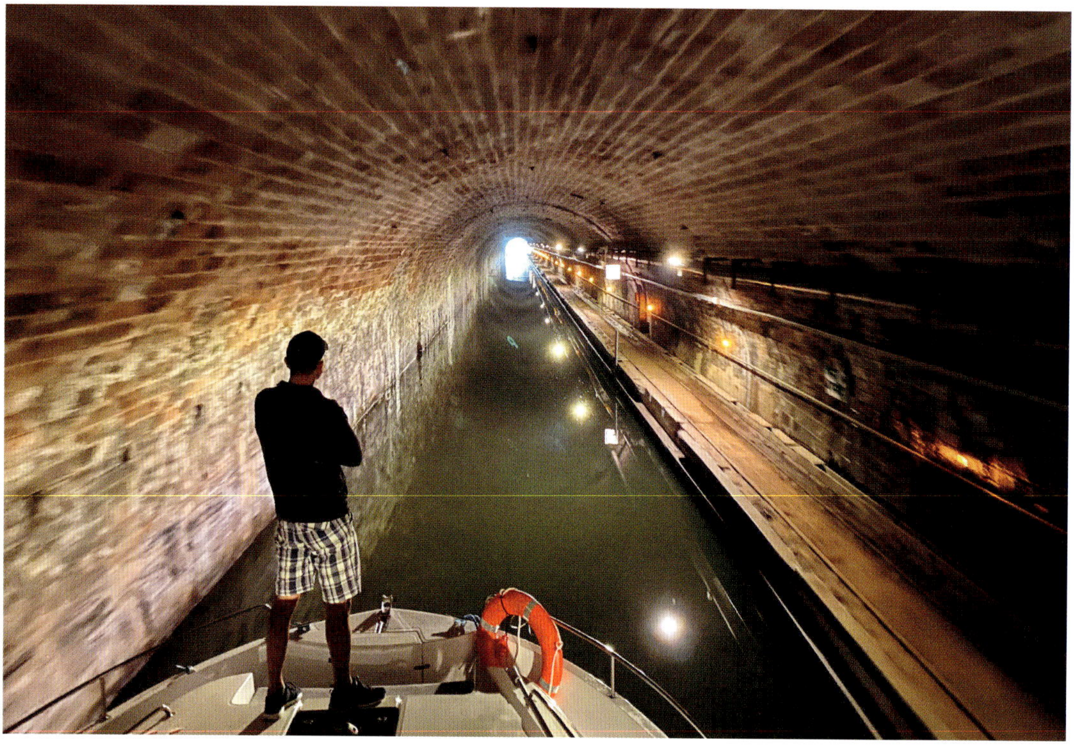

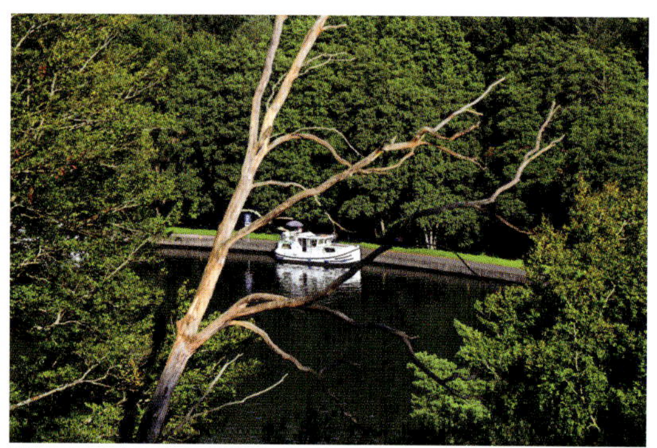

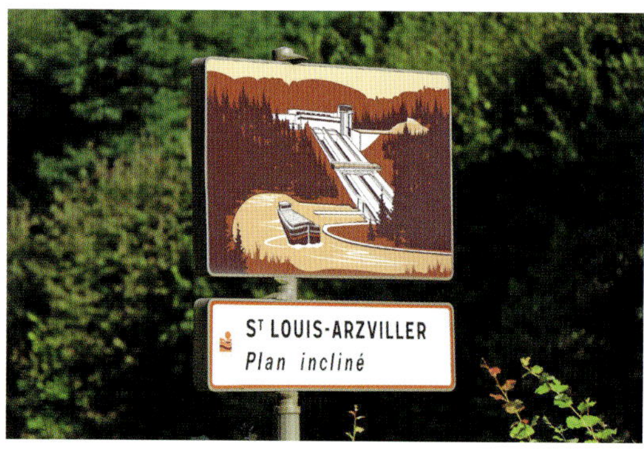
ST LOUIS-ARZVILLER
Plan incliné

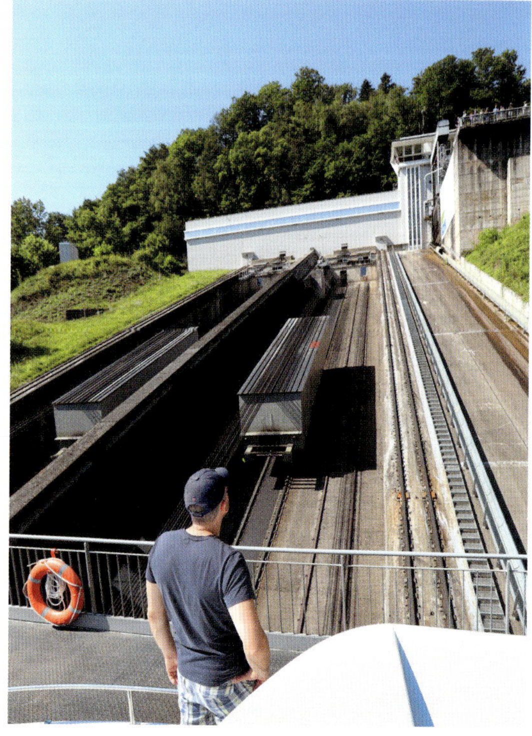

DIE ➔ TOP 3

★ **Straßburg**

Lebendig und jugendlich, bietet die Stadt für jeden Besucher etwas, egal ob kulturell oder kulinarisch. Die Aussichtsplattform des Münsters ist dabei ein Muss.

★ **Saint-Louis/Arzviller**

Das Schiffshebewerk ist technisch fast einmalig und einen Zwischenstopp wert. Die Uferliegeplätze im unteren Vorhafen sind dafür besonders geeignet.

★ **Saverne**

Nach Straßburg hat die auf Deutsch Zabern genannte Stadt das interessanteste Umfeld für die Übernachtung – besonders, um die deftige elsässische Küche zu entdecken

Blick hinauf im Hebewerk von St.-Louis/Arzviller: Gerade haben sich Trog und Gegengewichte auf der Schräge passiert. Durch die Bäume ist die Liegestelle im unteren Vorhafen des Schiffshebewerks von Saint-Louis/Arzviller zu sehen. Mehr als eine technische Sehenswürdigkeit ist das Schiffshebewerk St.-Louis/Arzviller, das 1969 in Betrieb ging.

Im Tunnel von Niderviller erzeugt die längere Belichtungszeit eine Illusion großer Geschwindigkeit.

Minuten dauert die Fahrt. Unten machen wir am Ufer fest, um zu frühstücken. Die Sonne brennt. Zum Glück liegen wir im Schatten, sodass die Butter es mit dem Schmelzen nicht ganz so eilig hat.

Es wird Zeit für unsere erste Schleuse, die Nummer 18: behutsame Einfahrt, Leinen über vorn und achtern. Levez! Die blaue Stange des Weiterschleusungsschalters wird nach oben gegen den Kontakt gestoßen, und das Obertor beginnt sich mit rotem Blinklicht und Signalton zu schließen, bevor es 2,50 Meter nach unten geht. So sieht sie aus, die (halb automatische) Routine der nächsten Tage bis nach Straßburg. Um 15 Uhr passieren wir Lutzelbourg mit seiner imposanten Burgruine aus rotem Sandstein hoch über dem Dorf. Auf dem Rückweg werden wir hier haltmachen und hinaufsteigen. Schleuse 21 markiert auch den Beginn unserer ersten »Kette«: Eine Reihe abfolgender Schleusen ist so geschaltet, dass bei der Passage möglichst geringe Wartezeiten entstehen sollen. Doch von grüner Welle ist zumindest noch keine Spur. Dafür geht es weiter durch die waldigen Täler Richtung Saverne. Zweifel kommen auf, ob wir es bis zum Betriebsschluss um 19 Uhr schaffen, doch am Ende reicht es. Nur noch durch die doppelt so hohe Schleuse 30/31, und wir sind am Ziel. Mit dem Heck legen wir zwischen anderen Booten im Port de Plaisance an.

Unser Bug zeigt genau auf Europas längste klassizistische Schlossfassade, das Château des Rohan. Am Hafen wird gerockt, wir sind in ein Musikfestival hineingeraten! Auf der Flybridge gibt's Flammkuchen und Meteor, das Bier aus der Region, bevor wir uns zur Place Charles de Gaulle aufmachen. Das Schloss liegt schon im Dunklen, doch davor brennt die Nacht: Holztische und Bänke auf dem Pflaster, Streetfood und eine große Bühne mit wilder Lichtanlage. Ganz Saverne feiert und wir – mittendrin.

Gegen 10 Uhr sind wir beinahe die Letzten, die ablegen. Gleich am Stadtausgang wartet die nächste Schleusenkette auf uns. Tirez! Einmal am

Seilschalter ziehen, der mitten über dem Wasser davor hängt. Schleuse 32 macht den Anfang. Aus den Bergen der Vogesen sind wir auf einen Schlag hinaus, doch noch nicht aus ihrem hügeligen Vorland. Der Kanal verläuft nun auch mit längeren geraden Abschnitten durch Wiesen, Weiden und Felder von Sonnenblumen und Mais. Störche lauern auf Beute. Kleine Wälder und Bäume zu beiden Seiten sorgen immer wieder für kostbaren Schatten, während Kirchtürme nah und fern vorbeiziehen. Wer ein Fahrrad hat, scheint unterwegs zu sein, Amateurteams beim Training, ganze Familien und Pärchen beim Picknick. Nach Écluse No. 36 endet die erste Schleusenkette, Zeit für eine Pause: Hinter uns ragen die Vogesen am Horizont nur noch als blaue Silhouette auf. In einer weiten Kurve legen wir mit Erdnägeln an, dann wird das Bimini-Top aufgestellt. Es gibt Pâté Lorrain: fest gebackenen Blätterteig mit einer Füllung aus Kalbs- und Schweinshack. Eine mächtige Mahlzeit!

REINE ROUTINE

Nach dem überschaubaren Industriegebiet von Dettwiller beginnt bereits Schleusenkette Nummer zwei an diesem Tag. Längst wissen wir genau, welche Leine auf welchen Poller kommt – wenn er denn vorhanden ist. So nimmt der Nachmittag seinen Lauf, immer im Takt der Schleusen. Die seltenen längeren Abschnitte ohne Staustufe sind gerade einige Kilometer lang, doch die Brücken sorgen auch hier dafür, dass wir unseren Sonnenschirm immer wieder einklappen müssen. Unser Ziel für heute ist Waltenheim-sur-Zorn. Die möglichen Häfen für die Rückfahrt in dieser Ecke passieren wir jetzt ebenfalls, zuerst unterhalb von Hochfelden, dann bei Schwindratzheim. Beide sind Enttäuschungen, einfache Aussparungen am Ufer mit minimaler Infrastruktur. Den meisten Platz nehmen in beiden Fällen zu Wohnschiffen umgebaute Pénichen ein. Noch eine Schleusenkette! Doch bald verlassen wir mit No. 43 die

» Kleine Wälder und Bäume zu beiden Seiten sorgen immer wieder für kostbaren Schatten, während Kirchtürme nah und fern vorbeiziehen. «

Schlag auf Schlag werden mit dem Hammer die Erdnägel ins Kanalufer getrieben, um das Boot festzumachen. Zum Meisterhandwerk Straßburgs zählte die Uhrmacherei.

Das Mittelportal des Straßburger Münsters erzählt die Leidensgeschichte Christi. Lange beherrschte die Lützelburg den wichtigsten Übergang über die Vogesen.

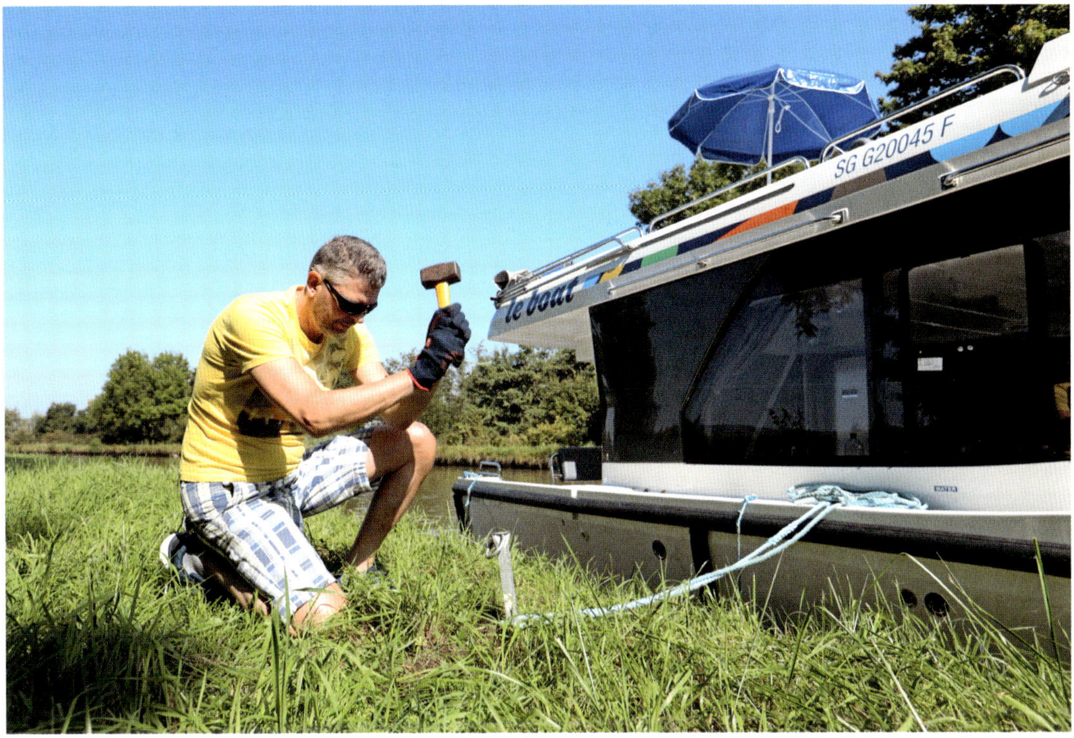

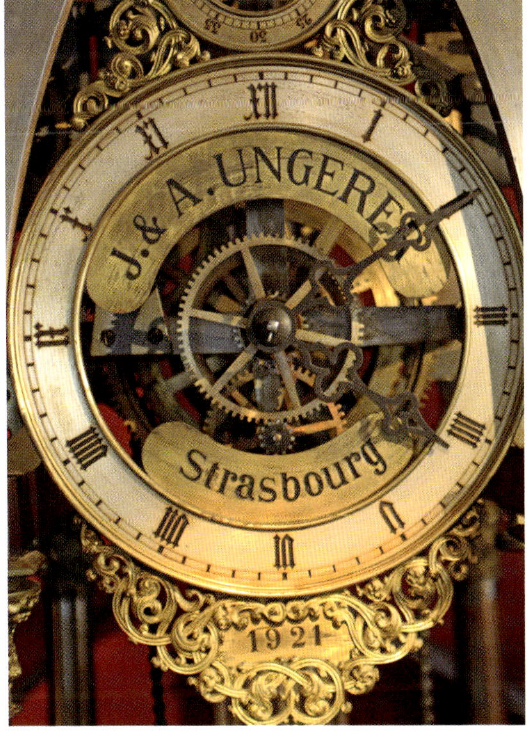
J.&A.UNGERE
Strasbourg
1921

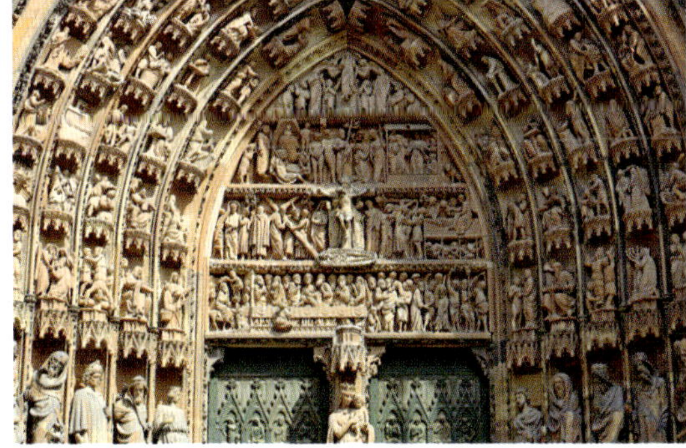

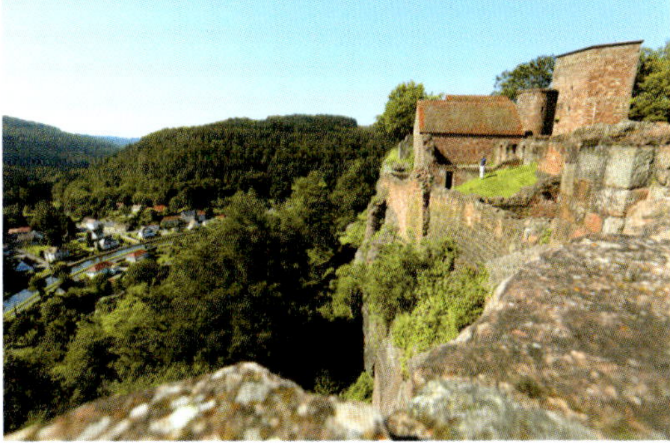

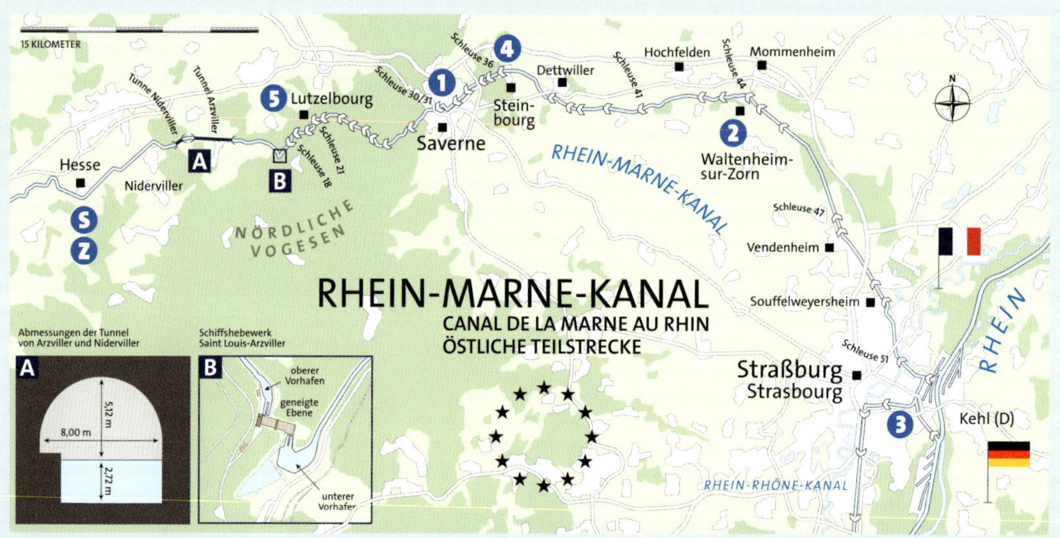

DIE → TÖRNETAPPEN

S Hesse–Saverne	29 km
1 Saverne–Waltenheim-sur-Zorn	22 km
2 Waltenheim-sur Zorn–Straßburg	24 km
3 Straßburg–Steinbourg	41 km
4 Steinbourg–Lutzelbourg	15 km
5 Lutzelbourg–Hesse	19 km
Z Gesamtstrecke	150 km

DAS → KLIMA

	Mai	Juni	Juli	Aug.	Sept.	Okt.
Sonne	7	7	7	7	5	4
Temperatur	19	22	23	24	20	15
Regen	13	13	12	12	13	13

Werte: Sonnenstunden/Tag, Tagestemperaturen, Regentage

DAS → REVIER

Der RHEIN-MARNE-KANAL in der französischen Region Grand Est verbindet den Marne-Seitenkanal mit dem Rhein in Straßburg. Auf 293 km Länge überquert er mit 154 Abstiegsbauwerken zwei Wasserscheiden. Ausgebaut ist er für die europäische Binnenschifffahrtsklasse I mit maximalen Abmessungen 38,5 m x 5,05 m, wobei kommerzieller Verkehr kaum vorhanden ist. Die von uns befahrenen 70 km zwischen Hesse und Straßburg entsprechen dem östlichen Teil des Ostabschnitts. Die Navigation ist problemlos, alle Wasserbauwerke sind mit Signalanlagen ausgestattet. Hinweisschilder an den Schleusen informieren über Entfernungen zur Infrastruktur. Bei den Brücken ist Vorsicht geboten, wegen der oft sehr geringen lichten Höhe und der teils geringen Breite auf Höhe des Wasserspiegels. Die Schleusen verfügen in der Regel über einen Hub von etwa 2,50 m. Die Bedienung läuft halb automatisch: Zunächst erfolgt die Anmeldung durch einen Zugschalter. Eine Abmeldung (und Neuanmeldung) innerhalb der Kette ist dann erforderlich, wenn die Fahrt unterbrochen wird. Nach der Einfahrt in die Kammer muss der blaue Weiterschleusungsschalter betätigt werden. Die Charter ist führerscheinfrei.

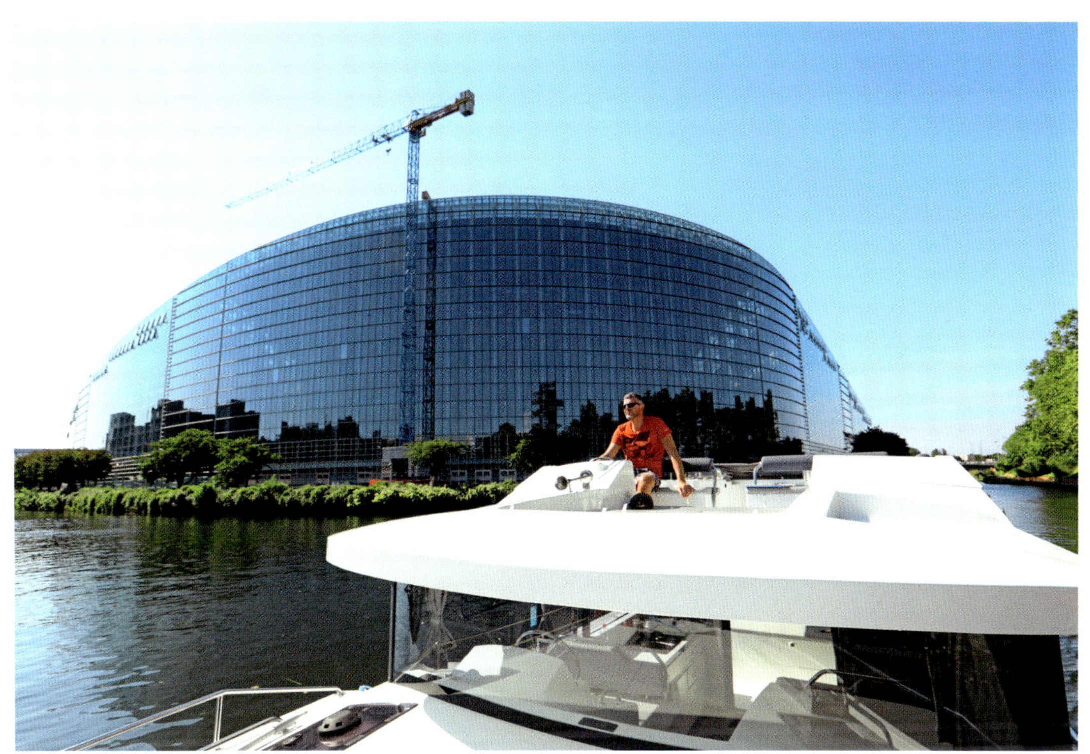

Auf dem Wasser durch Straßburg: Das neue Gebäude des Europaparlaments wurde 1999 fertiggestellt. Neben dem Plenarsaal mit 800 Plätzen befinden sich 18 Sitzungssäle und 1.133 Büros in seinem Inneren.

zwölfte und letzte Kammer des Tages. An Steuerbord rücken die Hügel wieder dichter heran, und nach einer letzten Schleife kommt voraus der große Silo von Waltenheim in Sicht. Längsseits gehen wir fast in seinem Schatten an die Pier.

Hier ist alles neu und hübsch, Liegegeld und Strom sind an der Säule zu zahlen, perfekt. Mit dem Rad erklimmt René das Hochplateau oberhalb und erkundet den Ort Mommenheim gegenüber. Er kommt mit der Info zurück, dass es heute nichts wird mit Cordon bleu, das einzige Restaurant, der Ancre, hat geschlossen. Aber im Nachbarort ist er fündig geworden: Vintage Burger ist ein Voll treffer, ein Mix aus Kellerbar und Route 66. Miniaturtrucks, Leoparden-High-Heels, der King als glänzende Büste auf dem Tresen. Dazu gibt's Budweiser, Brooklyn Lager und Johnny Cash.

Da wir gestern mitten in der Schleusenkette angelegt haben, müssen wir uns an der Gegensprechanlage jetzt neu anmelden: »Bonjour, nous sommes à Waltenheim et nous voulons passer

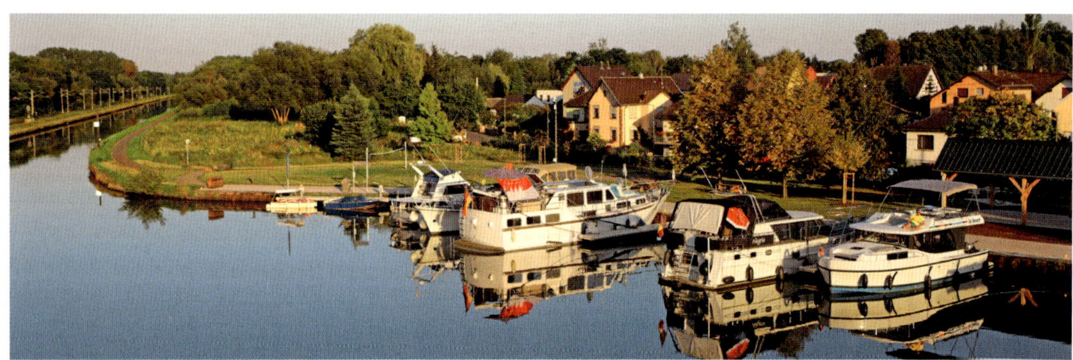

l'écluse no. 44 en direction de Strasbourg, s'il vous plait.« Sofort springt das Signal auf Rot-Grün. Vor uns liegt jetzt die Rheinebene. Das Land wird flach und weitläufig, trotz des geringen Gefälles kann man vom Oberwasser der Staustufen jetzt schon weit nach Norden und Osten schauen, wo sich der Schwarzwald über den Horizont zieht. Auch die Urbanität nimmt zu mit mehr Straßen, im Hintergrund die Autoroute, mehr Bahnstrecken, Brücken und Hochspannungsleitungen. Die Wasserstraße verläuft nun wie mit dem Lineal gezogen, wenn auch nach wie vor von Schleusen unterbrochen. Die Routine kehrt schnell zurück. Es ist der eintönigste Abschnitt. Nach zweieinhalb Stunden machen wir bei Vendenheim im Schatten der Uferbäume noch einmal Pause. Schließlich erreicht unsere Horizon die äußeren Vororte von Straßburg. Mehrgeschossige Wohnblocks, Ein- und Mehrfamilienhäuser. Tatsächlich erinnert das alles sehr an Deutschland, die räum-

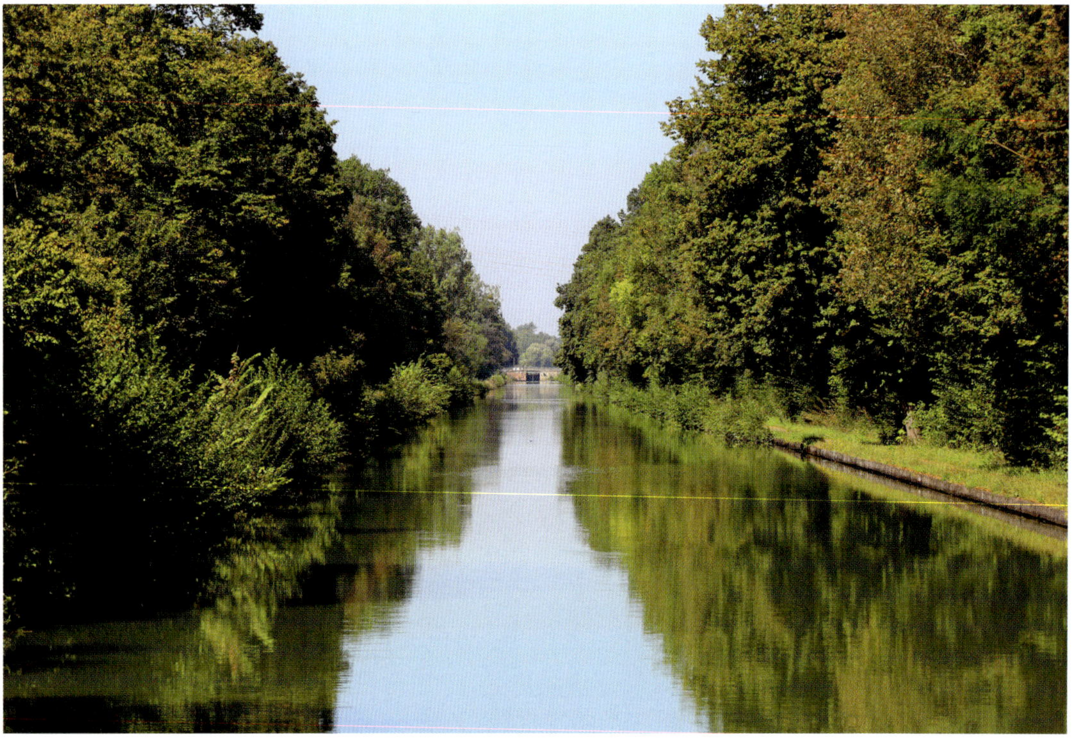

» Wir sind zwar erst drei Tage unterwegs, haben aber schon so viel erlebt, dass es uns beinahe wie eine Woche vorkommt. «

Einer der vielen geraden Kanalabschnitte in der Rheinebene. Unser Boot auf dem Rückweg im Hafen von Steinbourg.

liche und kulturelle Nähe ist offenbar nicht zu unterschätzen. Gerade hindurch führt der Kanal bis zur letzten Schleuse der Hinreise, Nummer 51. Im Uhrzeigersinn geht es nun einmal um das Zentrum herum (die Wasserwege im Inneren sind gesperrt oder nicht schiffbar). Dabei wird das politische Straßburg passiert, zuerst die imposant geschwungene Glasfassade des Europäischen Parlaments an Steuerbord, dann der Gerichtshof für Menschenrechte und der Europarat an Backbord. Ein bisschen wie der Spreebogen im Berliner Regierungsviertel. Das Herz der Macht, hier wie dort. Die letzte, wesentlich größere Schleuse des Kanals zum Rheinhafen lassen wir links liegen. Wir biegen stattdessen wie geplant nach Süden in das Bassin des Remparts ab, das einst zu den Festungsanlagen der oft umkämpften Stadt gehörte und heute neben einigen Verladestellen vor allem Wohnschiffe beherbergt – und den Port de Plaisance vor den Bäumen des Parc de la Citadelle. Rückwärts geht es an den Steg, durch so viel Grünzeug, dass mir im Hinblick auf Kühlwasser und Strahlruder nicht ganz wohl ist. Aber erst einmal liegen wir nun hier – und Straßburg vor uns!

OASE DER RUHE

Wir sind zwar erst drei Tage unterwegs, haben aber schon so viel erlebt, dass es uns schon beinahe wie eine Woche vorkommt. René will mit dem Fahrrad los, ich nutzte ich Gunst die Stunde zum Fotografieren. Später sind wir vor dem berühmten Münster verabredet. Der Weg dorthin führt durch den Park. Der ist zwar auf der Karte überschaubar, blendet die Stadt ringsum aber völlig aus. Eine Oase der Ruhe Schon hier sieht man viele Studenten. Kein Wunder, hinter den Plattenbauten an der Place de l'Esplanade beginnt das Uni-Viertel. Viel Beton aus den Siebzigern, aber ein offenes Areal, auch mit modernen Ecken. An einem Tag wie diesem scheint Straßburg aber so oder so ein fantastischer Platz zum Studieren. Kneipen, Bars und Restaurants haben geöffnet, allerorts stehen Tische auf dem Trottoir, fast alle sind besetzt. Die Stimmung scheint fantastisch.

Was auch auffällt: viel Deutsch im Stadtbild, nicht nur auf den zweisprachigen Straßenschildern. Erste Fachwerkhäuser säumen die Straße, die bald auf das Ufer der Ill trifft. Der Fluss ist zwar schiffbar, aber nicht für den generellen Verkehr zugelassen. Überall blüht es in Blumenkästen. Der Weg führt am Quai des Bateliers entlang, und über den Dächern der Altstadtinsel, hinter dem Palais Rohan, ragt schon der Turm des Münsters auf. Am Pont de Carbeau mische auch ich mich unter die Touristen, die in die Altstadt streben. Dann ist der Treffpunkt auf der Place de la Cathédrale erreicht, der Anblick ist monumental: Säulen, Pfeiler und Streben scheinen in den Himmel zu fliehen. Figuren und Zierelemente im Überfluss, zentral das Hauptportal mit seiner Litanei der Heiligen. Der Besuch des Münsters morgen ist ein Muss, wir müssen hinauf auf seinen Turm! Aber erst lassen wir den Abend gegenüber in La Petite France ausklingen, dem ältesten Teil der Stadt. Im Biergarten La Corde à Linge gönnen wir uns Schweinshaxe mit Sauerkraut und Cordon bleu mit Spätzle. Der Tag hat Appetit gemacht, und die Entscheidung, zwei Nächte zu bleiben, scheint genau richtig.

GRENZERFAHRUNG

Der folgende Dienstag wird unser Sonntag: Heute wird ausgeschlafen. Auch wenn es sehr früh schon warm wird und der schwimmende Rasenmäher durch den Hafen paddelt. In unsere Ecke kommt er allerdings gar nicht, und so bleibt der dicke, grüne Teppich rund um unser Boot unangetastet. Bei der capitainerie bekommen wir deshalb einen neuen Platz am Außensteg zugewiesen, in vielfacher Hinsicht besser als der alte. Zum Glück wühlt sich das Bugstrahlruder beim Verholen frei. Dann nehmen wir den Turm des Münsters in Angriff, besser gesagt, seine beiden Türme: Denn der Aufstieg zur Aussichtsplattform erfolgt zunächst über die 330 Stufen der Wendeltreppe im unvollendeten Südturm. Oben angelangt, gibt's einen Einblick ins Brandwächterhaus. Von hier hoch oben hielt man früher nach Feuern und anderen Feinden Ausschau. Das große Laufrad diente zuerst zum Heraufziehen von Baumaterialien und später von Vorräten. Draußen erinnern eingeritzte Graffiti von Touristen aus vergangenen Jahrhunderten. Sie kamen aus Danzig, Riga, Rotterdam und dem Rest des Kontinents. Auf dem Rucksack eines Mädchens, das die sehr kunstvolle, steinerne Kalligrafie mit ihren Freundinnen entziffert, strahlen die Europasterne in Herzform. Sie sind die Besucher von heute.

Der Weg hinunter führt durch den Nordturm, jenem mit Spitze. Sie hatte das Straßburger Münster bis zur Einweihung der Hamburger Nikolaikirche im Jahr 1874 zum höchsten Gebäude der Welt gemacht. So gelangen wir vom Himmel zurück zur Erde und schließlich in die Kathedrale selbst, eine gewaltige Halle, gestützt und durchzogen von gotischen Bögen, deren Höhen sich im schwachen Licht weit über uns verlieren. Die mangelnde Beleuchtung hat aber den Vorteil, dass die Könige, Kaiser und Heiligen auf den schlanken Bleiglasfenstern von der Sonne illuminiert in überirdischer Farbenpracht erstrahlen.

Ein letzter Ort fehlt uns noch in Straßburg, eine andere »Grenzerfahrung«: der Rhein selbst, über Jahrhunderte hinweg Symbol der Rivalität und Feindschaft zwischen Frankreich und Deutschland. Erst Europa schaffte es, diesen Graben der Vergangenheit durch Versöhnung zu überbrücken – im wahrsten Sinne: Durch den modernen Teil von Neudorf zieht es uns zum Jardin des Deux Rives, hinauf auf die Brücke der zwei Ufer. Zwischen Spaziergängern, Joggern und Radfahrern aus beiden Ländern weist hier, mitten über dem Strom, kein einziges Schild, keine Linie mehr auf Trennung hin. Das Herz kennt keine Grenzen.

Beton und immer wieder blanker Fels – die Passage des Tunnels von Arzviller dauert eine gute halbe Stunde.
Auf dem Rückweg wird zu Berg geschleust – nicht immer »fängt« man den Poller mit dem ersten Wurf.

Unten angekommen: Zwei Sportboote kurz vor der Ausfahrt aus dem Trog des Schiffshebewerks.
Die Ill im Zentrum Straßburgs: Links der Turm des Münsters, rechts die uferseitige Fassade des Palais Rohan.

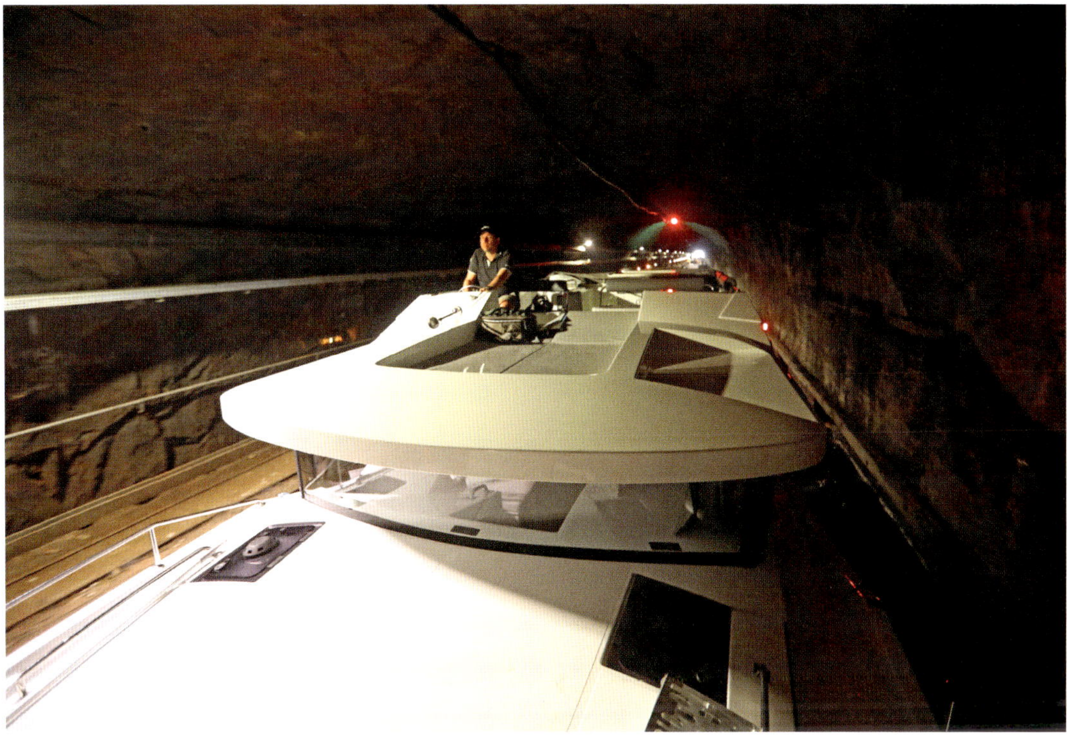

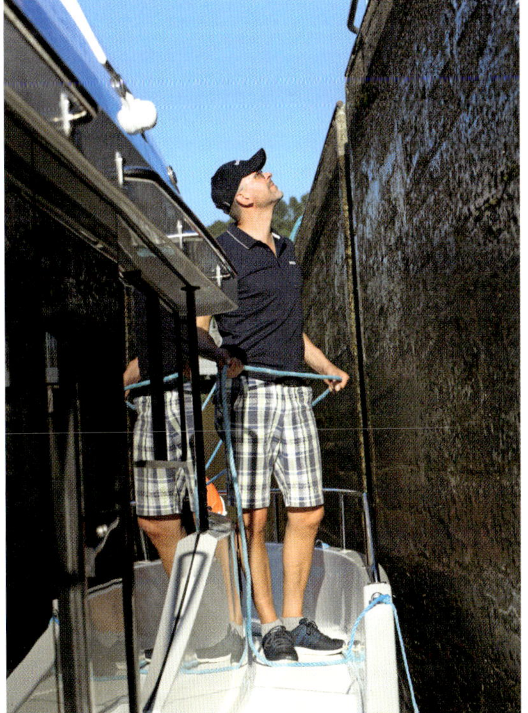

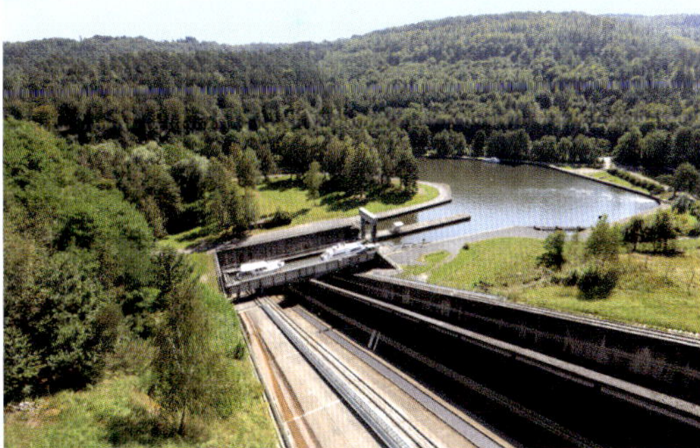

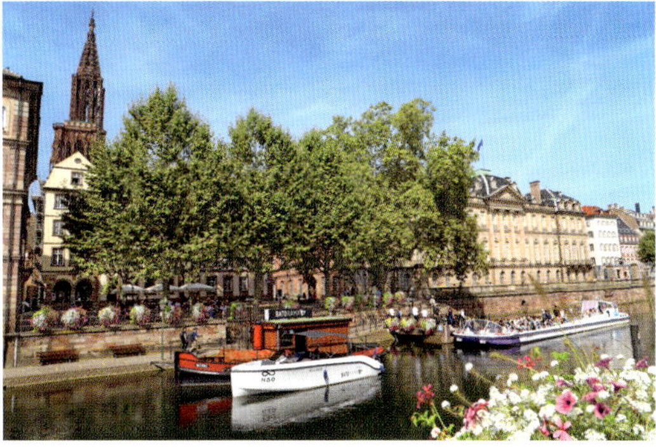

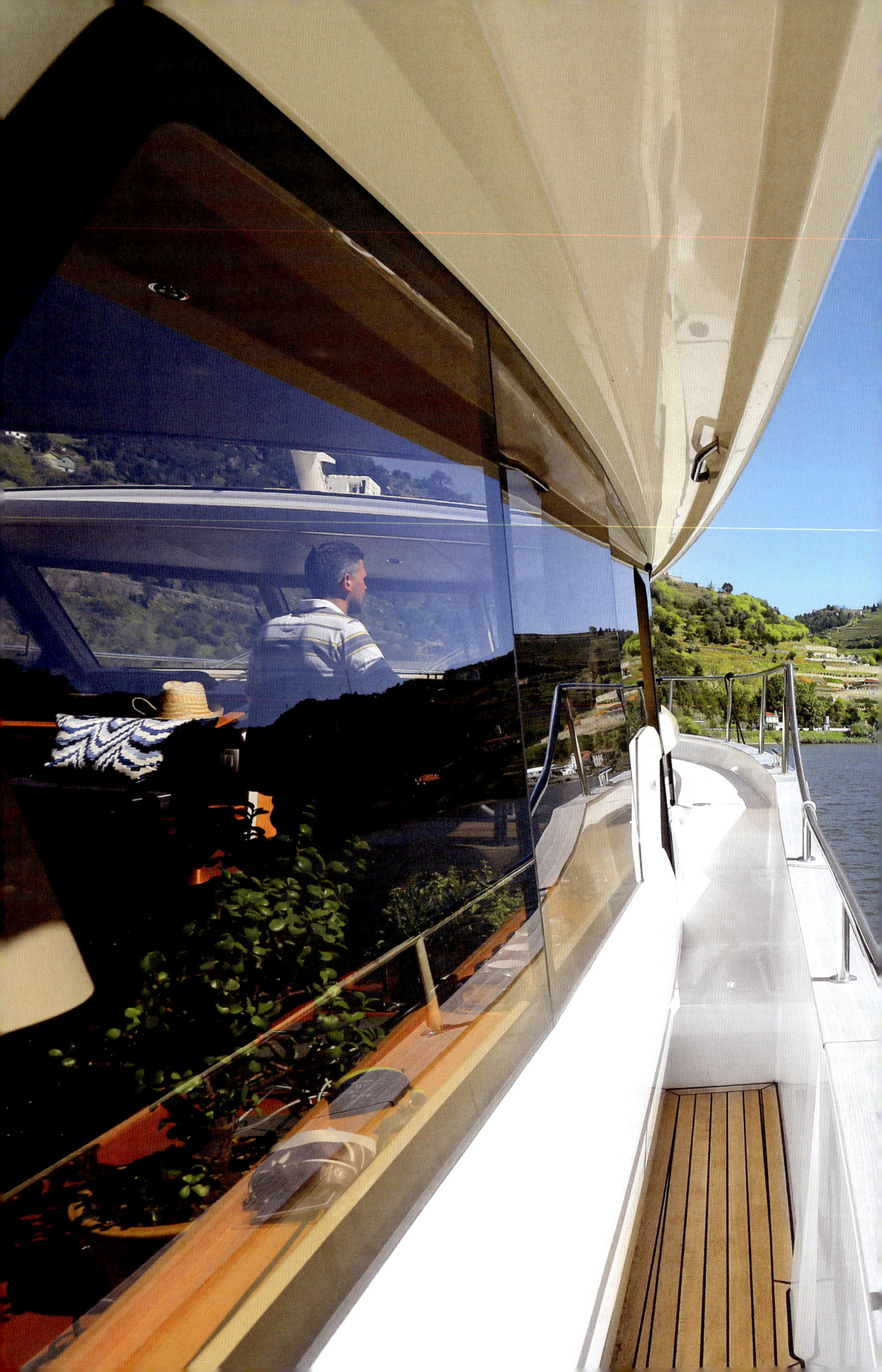

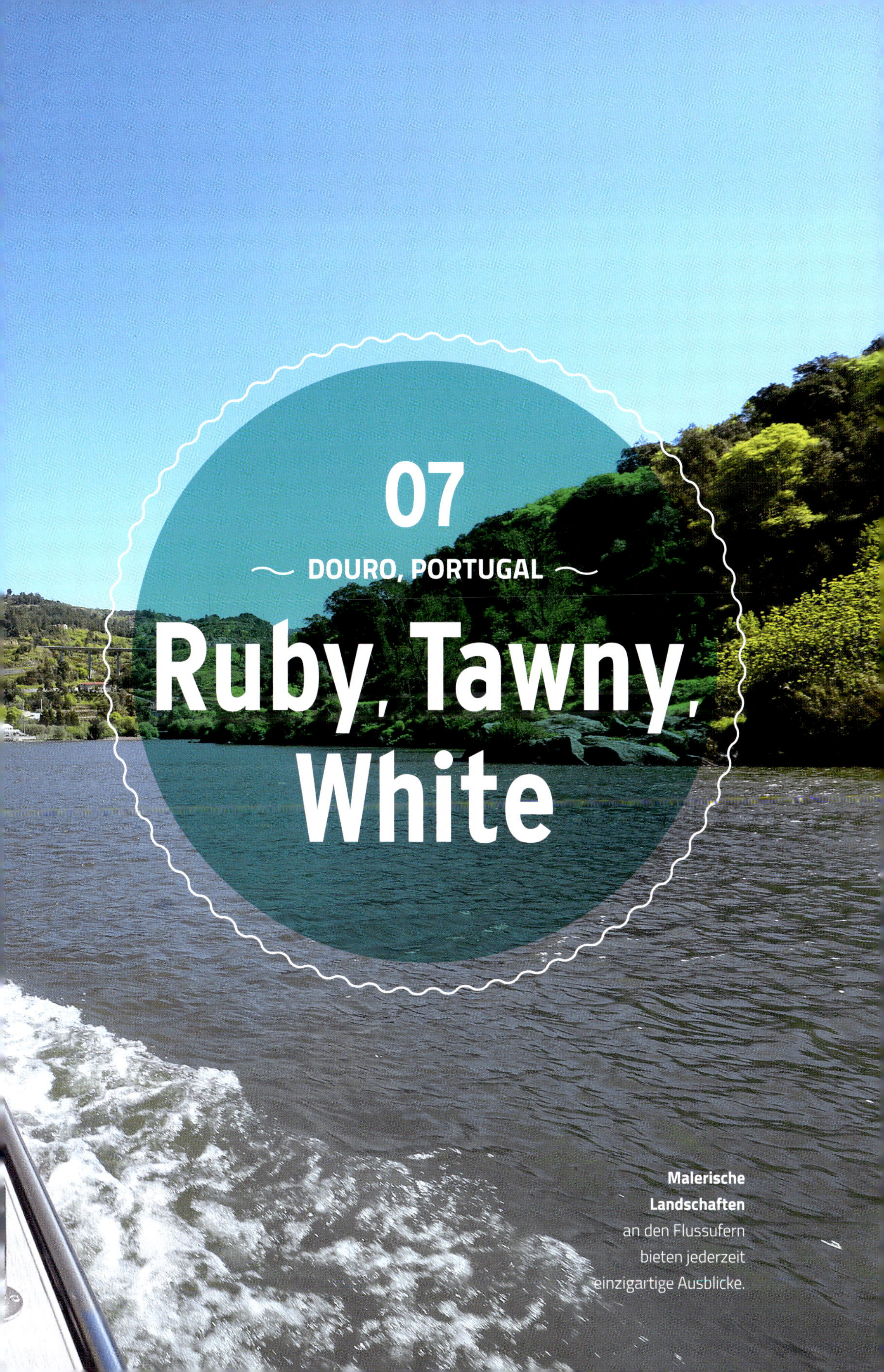

07

DOURO, PORTUGAL

Ruby, Tawny, White

Malerische Landschaften an den Flussufern bieten jederzeit einzigartige Ausblicke.

Quer durch den malerischen Norden Portugals folgten wir dem Weg des weltberühmten Portweins von der rauen Atlantikküste bis zu seiner Wiege auf den steilen, sonnengebleichten Terrassen des Cima Corgo.

Zu beiden Seiten des Korridors lagern die Fässer in langen Reihen. Sie ruhen Bauch an Bauch, nebeneinander und übereinander. Dutzende, Hunderte, Tausende. Das schwache Licht der wenigen Lampen macht die Beschriftungen der einzelnen Pipes und Balseiros lesbar, die mit Kreide geschrieben oder mit Schablone aufgemalt sind und verraten, was sich im dunklen Inneren jedes einzelnen Fasses verbirgt: LBV, Old Tawny oder Reserva – es ist Portwein, der im Halbdunkel hier unten langsam zur Reife dämmert.

Draußen, auf dem Nordufer des Rio Douro, liegt die Stadt, die der Wein weltberühmt gemacht hat: Porto. Von ihrem Hafen aus werden die Fässer verschifft. Gelagert werden sie allerdings hier, auf dem Südufer in Vila Nova de Gaia. Keller und Kavernen durchziehen den Fels oberhalb des Flusses; der dicke Granit schützt auch im Sommer vor der Hitze und garantiert die gleichbleibende, gemäßigte Temperatur, die der Wein zum Reifen benötigt.

Das Gewölbe, durch das wir uns wie in einem Labyrinth bewegen, gehört der Firma W. & J. Graham's, einem der bekanntesten und ältesten Hersteller von Portwein. Zwar sei das Unternehmen seit 1820 ununterbrochen in englischem Familienbesitz, doch ein großer Name allein garantiere noch keinen guten Wein, erklärt man uns. Gleich fünf Cousins kümmern sich deshalb derzeit um die verschiedenen geschäftlichen Aufgaben.

Seinen Anfang nimmt der Portwein aber nicht hier im Felsen von Vila Nova de Gaia, sondern weiter landeinwärts, auf den steilen, sonnengebleichten Terrassen des oberen Dourotals: Dort liegt das älteste definierte Weinanbaugebiet der Welt; seine Grenzen wurden bereits 1756 abgesteckt. Die zerklüftete Landschaft hat sich seither kaum verändert, und die staubigen Straßen winden sich in Haarnadelkurven an den Hängen entlang, über die sich das gewellte Muster der Rebstöcke zieht.

Bis die ersten Lkws über die Hügel im Norden Portugals rumpelten, war der Douro der wichtigste Verkehrsweg in der schwer zugänglichen Region – und das, obwohl der Fluss erst in den Siebzigerjahren durch Staustufen gebändigt wurde. Die durchschnittliche Fallhöhe der fünf Schachtschleusen beträgt mehr als 20 Meter, in Carrapatelo sind es sogar 35 Meter.

Stille Momente zur Abendstimmung am Steg von Caldas de Aregos.

Felsige Canyons und beachtliche Strömung: Wo der Douro in schmalem Bett eingezwängt wird, wie hier westlich von Régua, fließt er spürbar schneller talwärts – besonders bei Hochwasser.

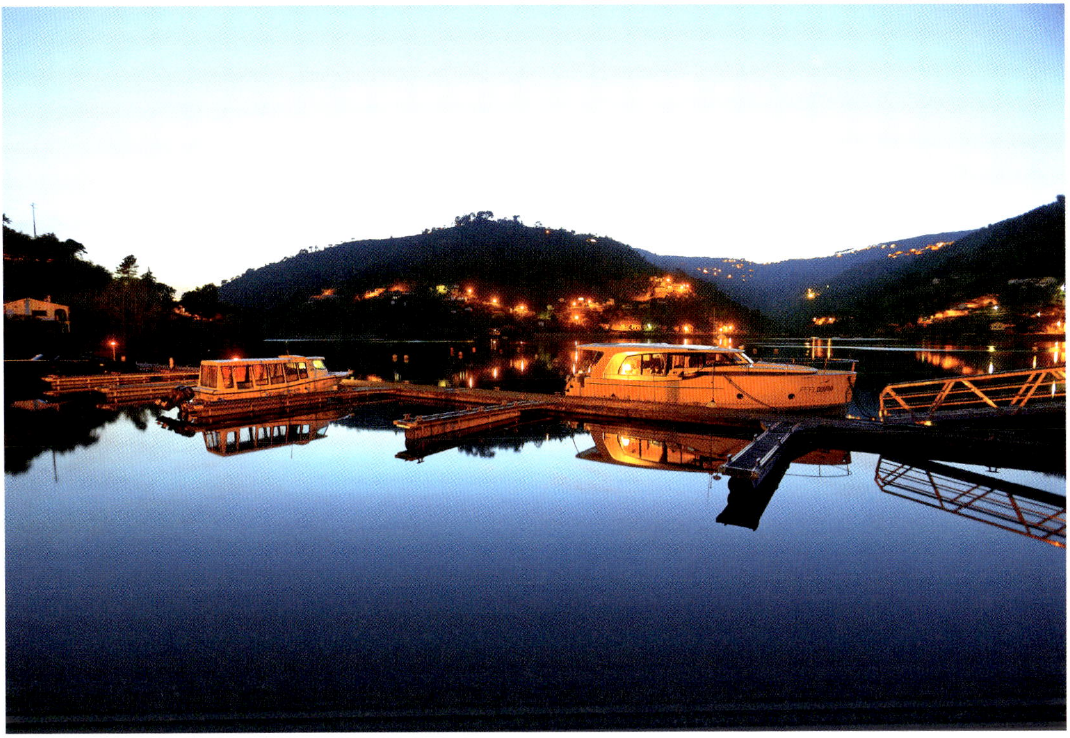

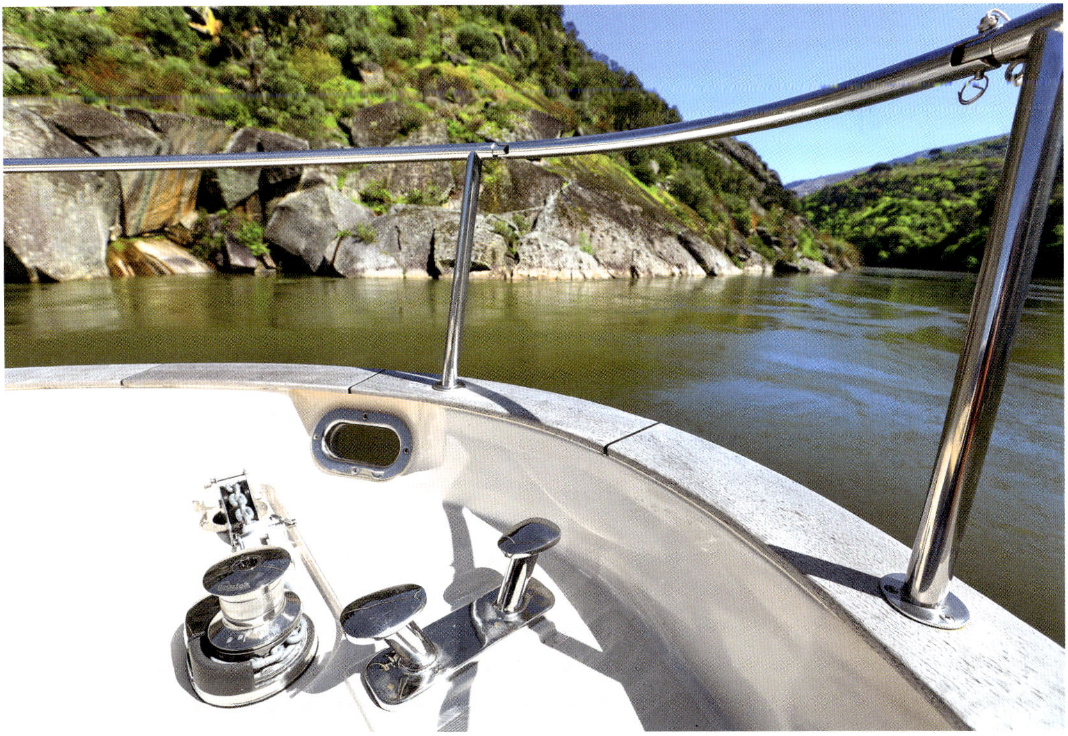

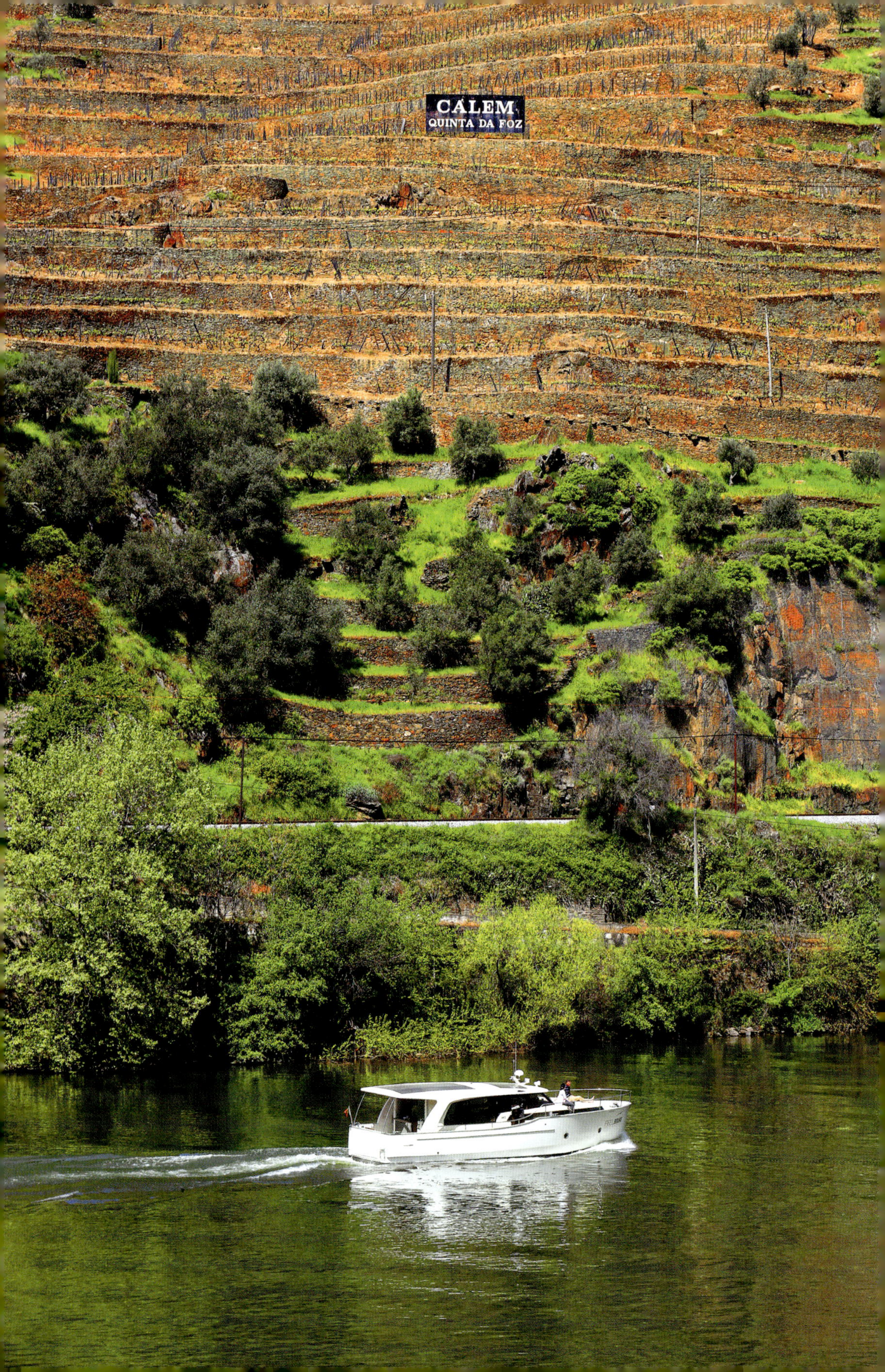
CALEM
QUINTA DA FOZ

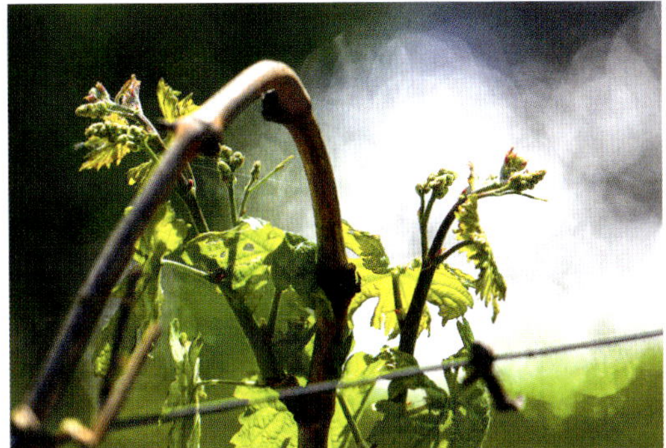

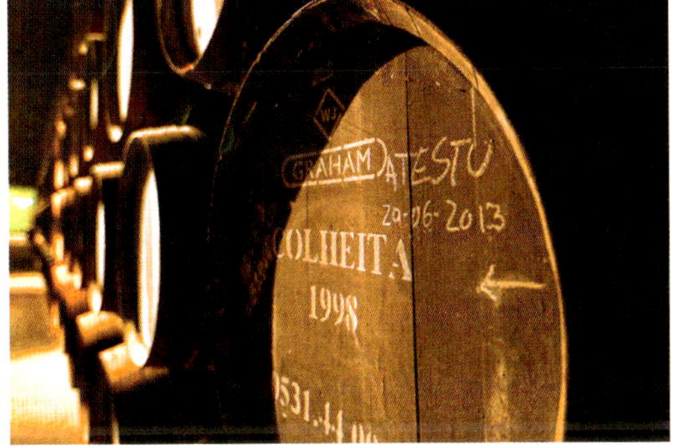

Unser Charterboot Greenline 40 vor den steilen Terrassenhängen des Cima Corgo.

Junge Triebe an den Weinstöcken bei Pinhão. Weinfässer im Keller von Graham's in Vila Nova de Gais.

Selbst heute hat sich der Douro seine wilden Abschnitte bewahrt, wie wir noch selbst herausfinden werden, doch früher muss er reißend gewesen sein. Von den Weingütern wurden die Fässer per Rabelo zu Tal geschafft, flache Holzkähne mit großer Breite, die mit langen Rudern gesteuert wurden und sich in den Stromschnellen frei drehen konnten. Die Fässer an Bord sollen dabei immer nur so weit gefüllt gewesen sein, dass sie noch schwimmfähig blieben – nicht nur, damit sie im Falle eines Schiffbruchs später stromabwärts wieder geborgen werden konnten, sondern um zusätzlich als letzte Rettung für die Besatzung zu dienen.

GEMÜTLICH FLUSSAUFWÄRTS

Inzwischen transportieren die Rabelos überwiegend Touristen zu den Quintas, wie die Weingüter genannt werden. Statt Ruder oder Segel sorgt ein gut versteckter, kleiner Motor für den Antrieb. Die Zähmung des Flusses hat dazu geführt, dass man die vorbeiziehende Landschaft in voller Ruhe genießen kann – und genau deshalb sind wir hier. Auch wir wollen den Douro für uns entdecken – allerdings mit dem Charterboot. Im Verlauf einer Woche wollen wir gemächlich stromaufwärts reisen, von Porto über 130 Kilometer bis nach Pinhão im Cima Corgo, dem Herzen des uralten Weingebietes.

Über eine steinerne Treppe und durch einen schmalen Gang gelangt man zur »Schatzkammer« von Graham's: Hinter einer schweren Gittertür lagern hier Flaschen, dick vom Staub der Zeit bedeckt: Die älteste stammt aus dem Jahr, als Königin Isabella II. de Borbón im Nachbarland Spanien vom Thron vertrieben wurde: 1868.

Unsere Greenline 40, die wir am Vortag übernommen haben, ist dagegen nagelneu. Gleiches gilt im Grunde für die Douro Marina selbst, unseren Startpunkt. Die moderne Hafenanlage, ausgestattet mit allem Drum und Dran, liegt auf dem Südufer des Flusses, nur etwa einen

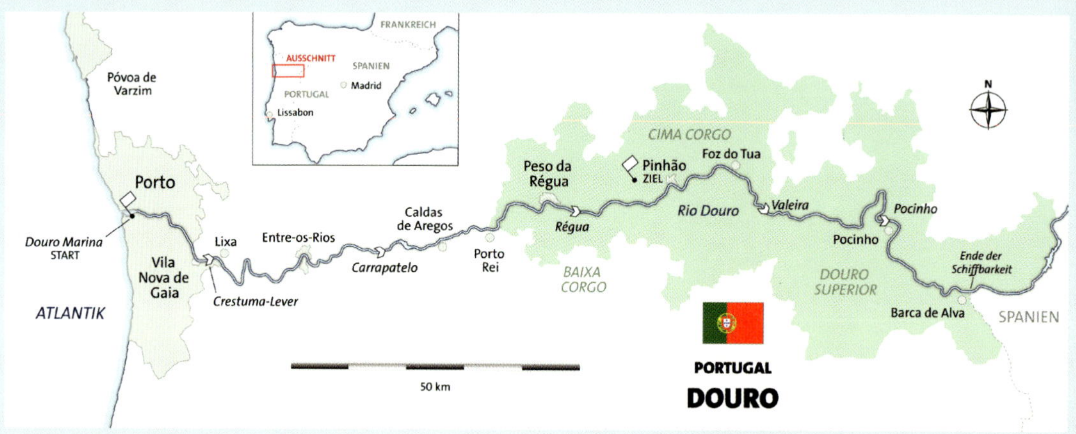

DIE ➔ TÖRNETAPPEN

- Ⓢ Vila Nova de Gaia–Entre-os-Rios .... 49 km
- ❶ Entre-os-Rios–Porto Rei .... 40 km
- ❷ Porto Rei–Peso da Régua–Pinhão .... 39 km
- ❸ Pinhão–Caldas de Aregos .... 49 km
- ❹ Caldas de Aregos–Vila Nova de Gaia .... 77 km
- Ⓩ Gesamtstrecke .... 254 km

DAS ➔ REVIER

Voraussetzung für Chartertörns auf dem Douro ist ein amtlicher Sportbootführerschein, sowohl binnen als auch See werden in diesem Revier akzeptiert. Ein Funkzeugnis wird nicht verlangt. Das Revier bereitet trotz der hohen Schleusen nur dann Probleme, wenn der Fluss Hochwasser führt, was allerdings – wenn überhaupt – nur im Frühjahr der Fall ist. Die Infrastruktur mit Häfen und öffentlichen Liegestellen ist ausgezeichnet, das Fahrwasser ist fast durchgehend betonnt. Direktflüge nach Porto gibt es unter anderem ab Frankfurt und München.

DAS ➔ KLIMA

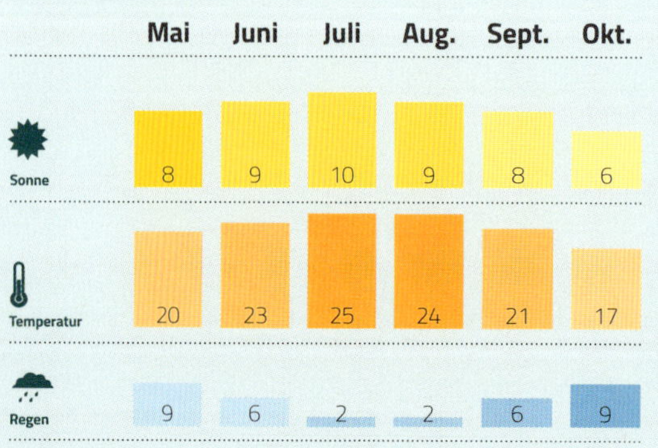

	Mai	Juni	Juli	Aug.	Sept.	Okt.
Sonne	8	9	10	9	8	6
Temperatur	20	23	25	24	21	17
Regen	9	6	2	2	6	9

Werte: Sonnenstunden/Tag, Tagestemperaturen, Regentage

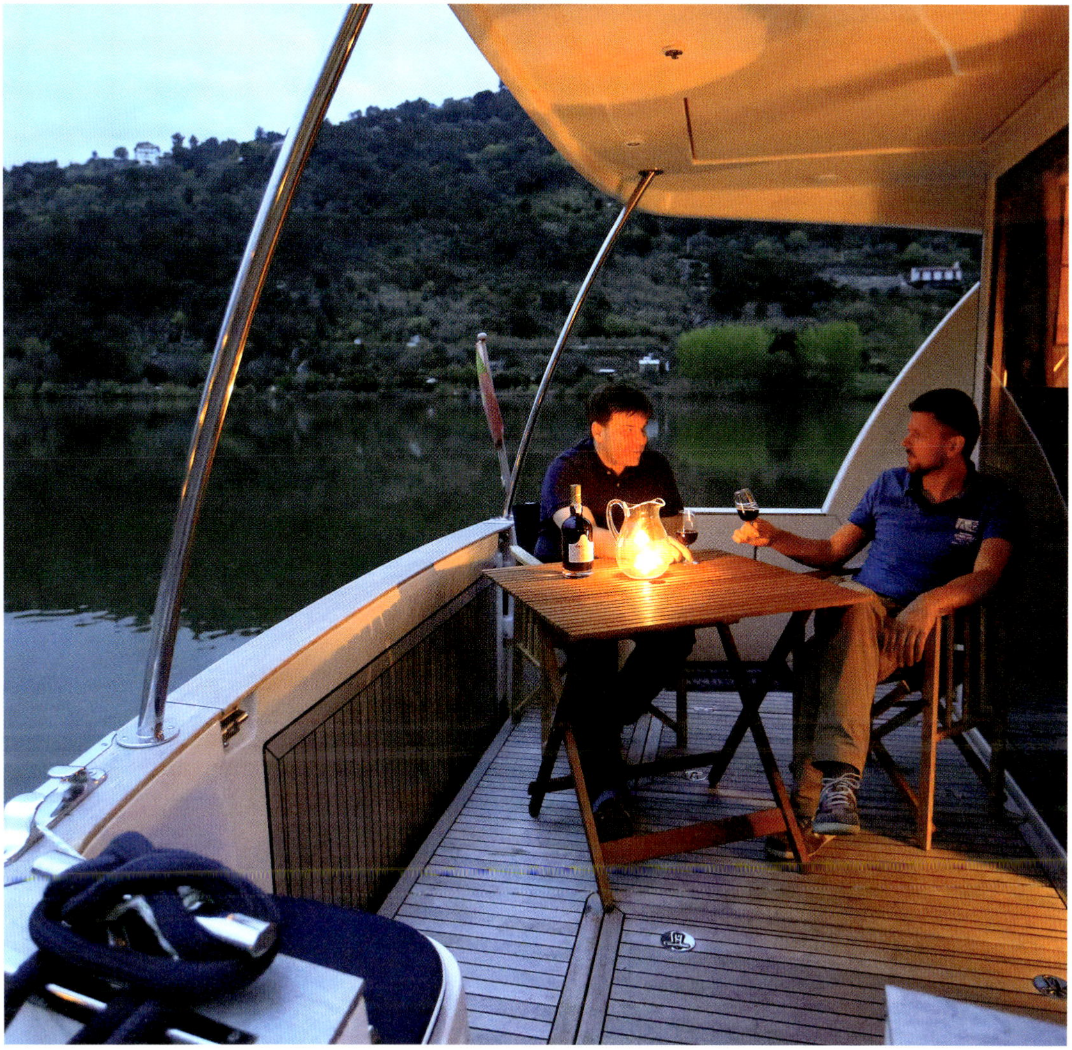

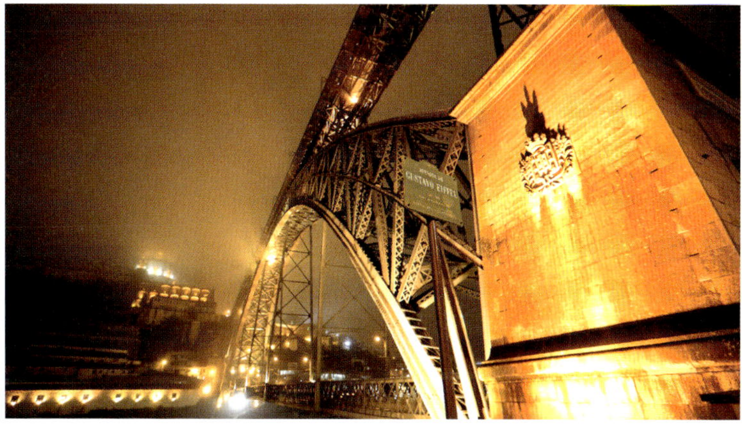

Entspannt verläuft der Ausklang des Tages in Porto Rei. Der Blick hinauf fällt auf die filigrane Stahlkonstruktion der Ponte Dom Luís in Porto.

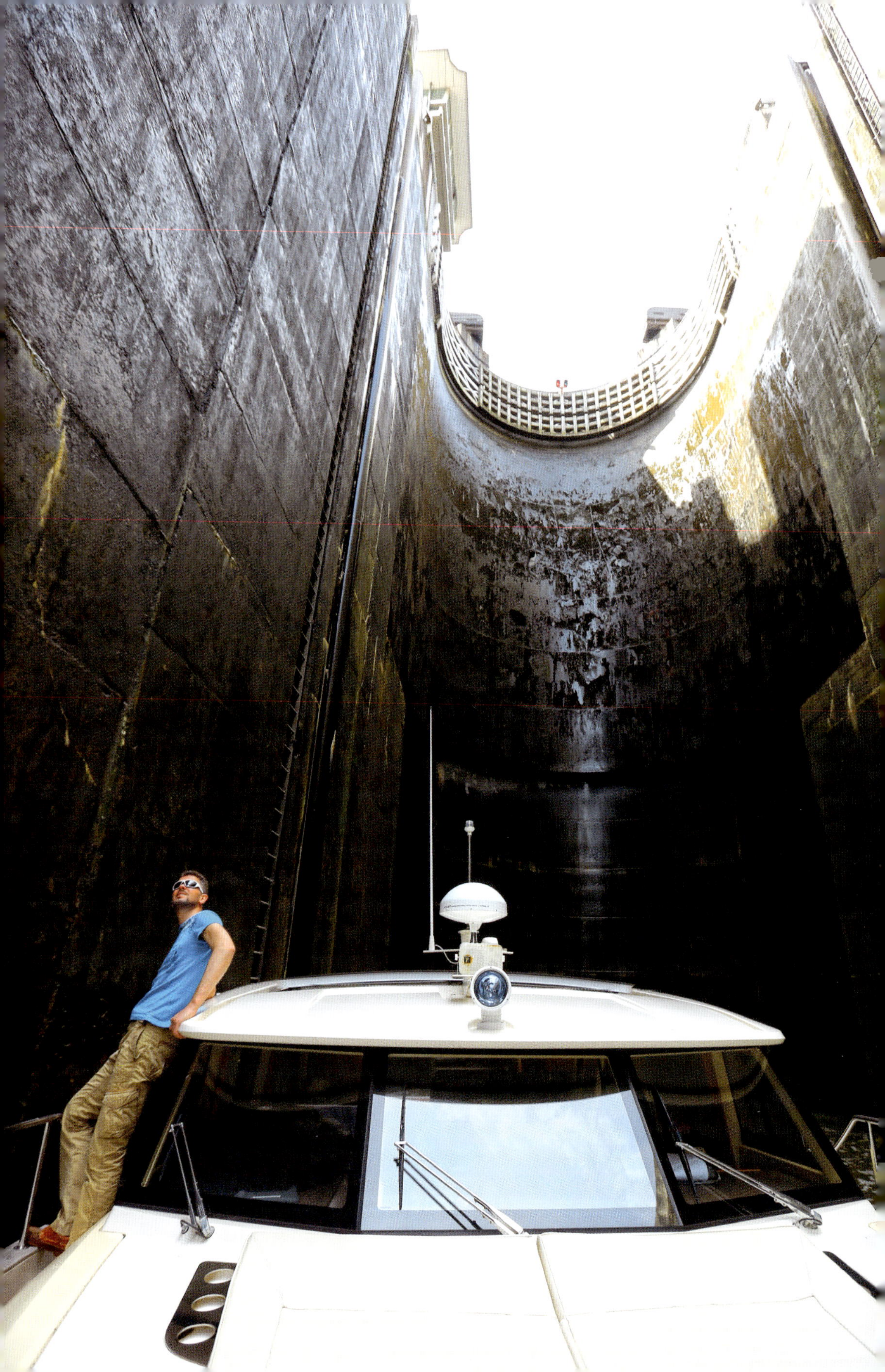

DIE ➔ TOP 3

★ **Porto**
Die Hafenstadt am Atlantik hat ihr ganz eigenes Flair, etwas rauher als der Rest des Landes, dafür umso gastfreundlicher

★ **Schleusen**
Ein Erlebnis für sich sind die himmelhohen Staustufen des Douro. Nirgendwo sonst schleust man höher mit dem Charterboot.

★ **Der Fluss**
Schleife um Schleife von der Atlantikküste hinauf ins trockene, heiße Hochland – eine Reise von Klimazone zu Klimazone.

Kilometer von seiner Mündung und dem weißen Sandstrand von Cabedelo entfernt. Die Wucht des Atlantiks brechen zwei mächtige Molen, aber der Tidenhub von etwa zweieinhalb Metern und der spürbare Schwell lassen uns seine Nähe an den Schwimmstegen dennoch spüren.

VINTAGE, RUBY oder TAWNY: Selbst die Boote der Charterfirma sind nach Portweinsorten benannt. Unser Boot heißt WHITE. Dass es auch Weißen gibt, werden wir allerdings erst am nächsten Tag bei Graham's erfahren. Die Ausstattung kann sich sehen lassen, und bei den Accessoires an Bord ist die Liebe zum Detail unübersehbar. Eher praktisch sind dagegen die stilvollen Strohhüte (im Sommer sicher unerlässlich) und das portugiesische Mobiltelefon für den Kontakt mit der Basis (immer hilfreich). Apropos Details: Im Kühlschrank finden wir zwar keinen Port, dafür aber eine kleine Flasche Moscatel. Ein Stilbruch an richtiger Stelle, da sind wir uns einig.

In der Schleuse
der Staustufe Carrapatelo mit ihrer Fallhöhe von 35 Metern.

Im Osten grenzt der Fischereihafen von Afurada, dem wir nach dem Einkauf am nächsten Morgen einen Besuch abstatten, an die Marina. Drei, vier größere Trawler liegen an der Pier. Vor dem grünen Rumpf der ARMANDA COUTINHO sitzen stoppelbärtige Männer und prüfen die Netze. Mit der Zigarette im Mundwinkel diskutieren sie miteinander, und die Kunststoffmaschen gleiten ihnen so schnell durch die Finger, als würden sie gezogen. Die Frauen stehen derweil im öffentlichen Waschhaus nebenan, kneten und wringen Hemden und Hosen in den steinernen Becken und plaudern dabei ebenso angeregt miteinander. Viele von ihnen hätten durchaus eine Waschmaschine zu Hause, erfahren wir, aber mit der könne man sich schließlich nicht unterhalten.

SCHWINDELERREGEND

Das Wetter könnte besser sein: Windig ist der Tag, tief liegende Wolken rollen vom Atlantik heran, und fast scheint es, als würden nur die Türme Portos auf der anderen Flussseite den niedrigen grauen Himmel vor dem Einsturz bewahren. Allerdings ist es erst Anfang April, und die offizielle Saison ist gerade eine Woche alt, wir dürfen uns also nicht beschweren.

Nach dem Besuch bei Graham's wandern wir weiter am Südufer entlang, an Anglern vorbei und dann über die spektakuläre Ponte Dom Luís hinüber nach Porto selbst. Die Brücke, eine schwindelerregende Bogenkonstruktion aus filigranem Stahlgerüst, stammt aus dem Jahr 1886. Ihr Erbauer Théophile Seyrig hatte zuvor schon mit Gustave Eiffel zusammengearbeitet, kein Wunder also, dass die schwerelose Bauweise stark an das Wahrzeichen von Paris erinnert. Heute gehört die Brücke – ebenso wie die Altstadt von Porto mit ihren engen Gassen und den barocken kachelgeschmückten Kirchenfassaden im opulenten manuelinischen Stil – zum UNESCO-Weltkulturerbe.

Am Cais de Ribiera, der alten Uferpromenade,

reiht sich Restaurant an Restaurant. Doch es ist schon so spät, dass wir uns stattdessen eine francesinha in der nächsten Kneipe gönnen. Bei der »kleinen Französin« handelt es sich um eine echte »Spezialität« aus Porto: ein dreifacher Toast, belegt mit Käse, Kochschinken, Chouriço-Wurst und Roastbeef, überbacken mit noch mehr Käse und übergossen mit scharfer Tomatensoße. Vom Fass gibt es ein »Super Bock« dazu, das süffige Bier aus der Region. Stilbruch, die Zweite!

Als wir am Nachmittag des nächsten Tages unter blauem Himmel auf dem Achterdeck sitzen und der Moscatel schwer und süß im Glas funkelt, sind wir im Sommer angekommen: An lockeren Leinen liegt unser Boot am Gästesteg von Entre-os-Rios, dessen weiße Mauern in der Sonne strahlen. Dabei haben wir keine fünfzig Kilometer zurückgelegt, und nur wenige Stunden sind vergangen, seit wir zwischen klammen Nebelschwaden ablegten.

Auf dem ersten Teilstück blieb Ricardo von der Charterbasis noch an Bord, um mit uns die erste Schleuse zu passieren. Da der Wasserdurchfluss wegen der Stromerzeugung an den Staustufen genau reguliert wird, kann auf dem Douro nur nach (spätestens am Vortag erfolgter) Anmeldung geschleust werden. Die verabredete Uhrzeit muss dann auf die Viertelstunde eingehalten werden, also besser nicht zu knapp kalkulieren. Man kann sich nach Absprache (mit dem Bord-Handy) auch von der Charterbasis anmelden lassen – eine gute Idee, wenn man weder Portugiesisch noch Spanisch spricht, denn die Englischkenntnisse bei den offiziellen Stellen sind in der Regel sehr begrenzt. Auch die Gebühren können über die Charterfirma abgewickelt und am Törnende bezahlt werden. Knapp zehn Euro fallen dabei pro Schleusung an.

Als wir uns dem ersten Damm in Crestuma-Lever bei Kilometer 21 pünktlich gegen 13 Uhr näherten, griff Ricardo zum Funkgerät, um der Schleuse unser Eintreffen zu melden. Ein schneller Austausch folgte, aus dem wir gerade einmal die beiden Wörter »Crestuma« und »White« heraushören konnten. »Beim nächsten Mal macht ihr das selbst«, sagte Ricardo, der die Fragezeichen auf unseren Gesichtern wohl deutlich erkennen konnte. »Ihr werdet sehen – kein Problem!« Er sollte Recht behalten.

REINE ZWECKMÄSSIGKEIT

Einen Architekturpreis würden die Douroschleusen für ihr Äußeres sicher nicht erhalten: graue, hoch aufragende Betonmauern, acht Segmentwehre, reine Zweckmäßigkeit. Doch viel wichtiger ist ohnehin, was sich in der Kammer abspielt, und das verhält sich nicht anders als auf anderen Großschifffahrtsstraßen. Mit nutzbaren Maßen von 83 Metern Länge und elf Metern Breite sogar recht übersichtlich dimensioniert.

Nachdem wir unter dem tropfenden Portal des Untertors hindurchgefahren waren, machten wir die Greenline mit der Steuerbordseite an zwei

Verlassen liegt das Anwesen oberhalb von Porto Rei.

Malerische Atmosphäre: Die klassischen Rabelos transportierten früher die Weinfässer hinab zur Küste. Heute unternehmen sie Rundfahrten für die Weingüter.

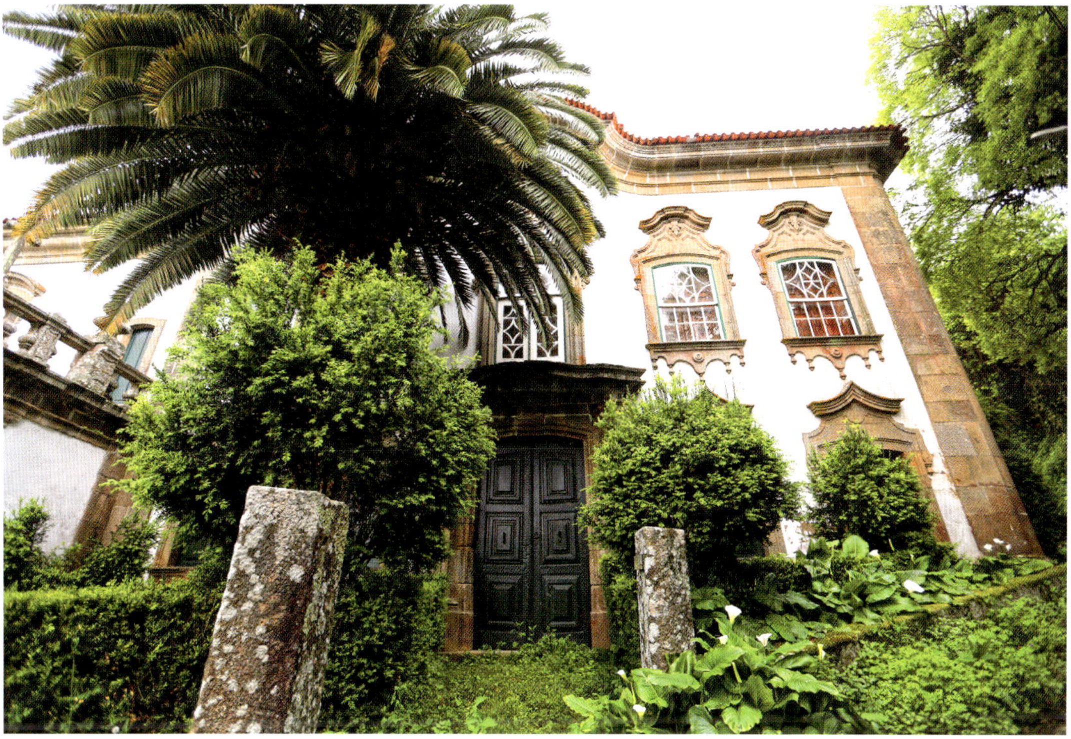

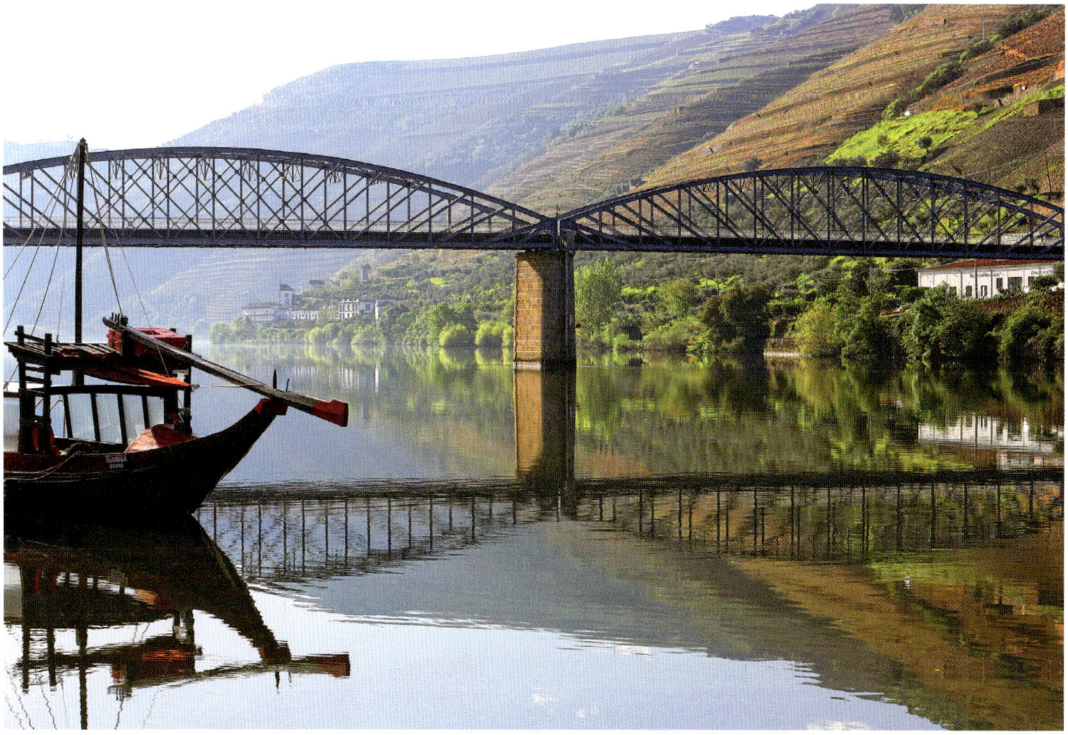

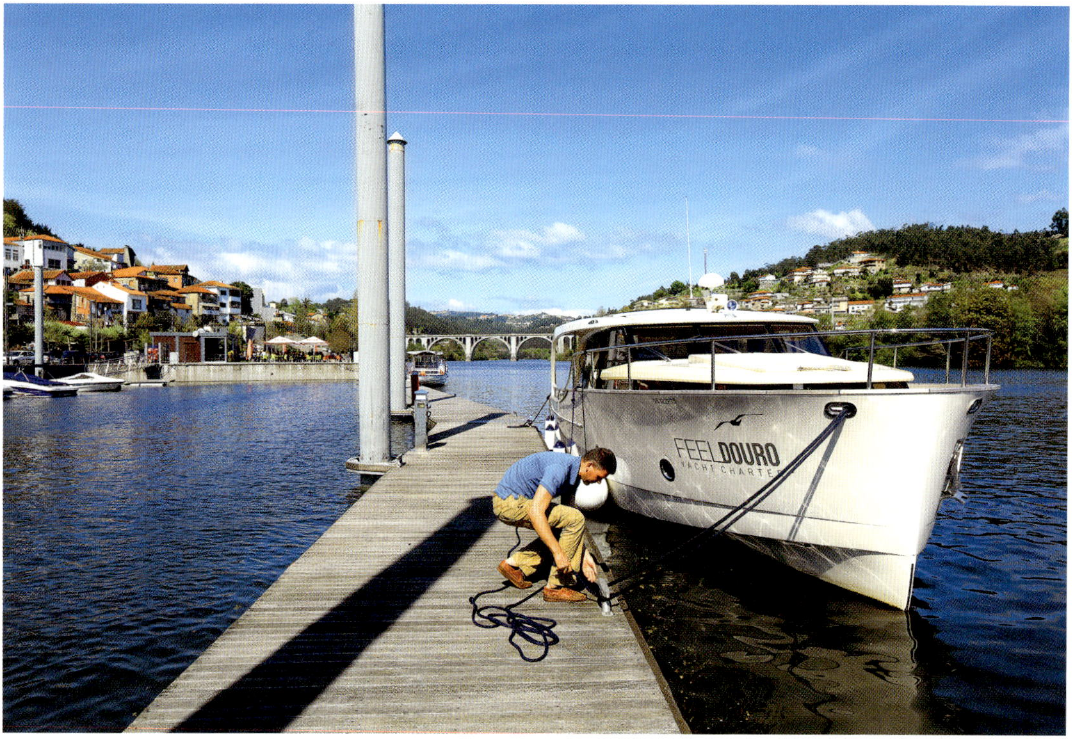
FEEL DOURO
YACHT CHARTER

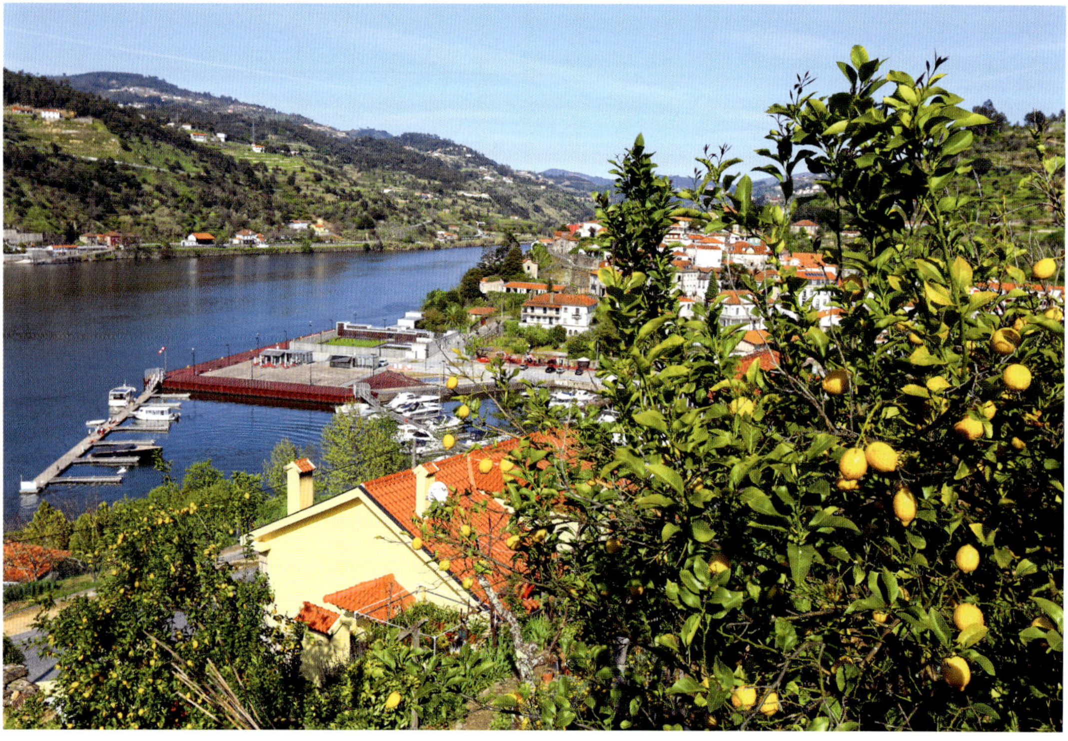

» Heute gibt es Fisch. Bacalhau soll es sein, das portugiesische Nationalgericht, das es in eintausend Zubereitungen gibt. «

Schwimmpollern fest, zuerst achtern, dann vorn. Da das Wasser von unten in die Kammer geleitet wird, ging es ohne große Strömungswirkung und in zügigem Tempo aufwärts, allerdings nur vierzehn Meter – zum »Aufwärmen«, wie Ricardo sagte.

In Lixa verabschiedeten wir uns. Er stieg in das wartende Auto der Charterfirma, und wir nahmen im Gegenzug ein aufblasbares SUP-Board samt Paddel an Bord. Danach folgten wir dem Douro auf seinen ersten, großen Schleifen zwischen dicht bewaldeten Höhenzügen hindurch, deren Grün häufig bis zum Wasser hinabreichte. Mal drängten sich die Dörfer und Höfe auf den Kuppen, mal direkt am Ufer. Kinder, die von einer Hafenmauer aus badeten, winkten uns fröhlich zu – ebenso wie die Passagiere des Hotelschiffs INFANTE HENRIQUE, das uns auf Gegenkurs passierte.

Nun herrscht also Wochenendstimmung in Entre-os-Rios, wo der Rio Tâmega einmündet und dem Ort »zwischen den Flüssen« den Namen gab. Das kleine Café am Hafen ist voll besetzt, der Eisverkäufer schwer umlagert. Wenn wir jetzt nicht in kurze Hosen wechseln, machen wir etwas falsch. An einem kleinen Platz plätschert friedlich Wasser aus einem Brunnen. Das Azulejo aus handbemalten und glasierten Kacheln darüber zeigt den heiligen Antonius von Lissabon, lächelnd mit kleinem Jesuskind auf dem Arm. Eine Ecke weiter sitzen zwei Alte im Schatten eines Zitronenbaums und lauschen konzentriert dem Kofferradio, das der eine auf den Knien hält. Ein Name fällt immer wieder: Cristiano Ronaldo. Es geht also um das andere portugiesische »Heiligtum« – Fußball.

Es ist schon dunkel, als wir uns zum Restaurante Ponte de Pedra aufmachen, das uns Ricardo empfohlen hatte. Bevor wir uns zu weit von der Küste entfernen, gibt es heute Fisch – auch wenn er schon getrocknet war. Bacalhau soll es sein, das portugiesische Nationalgericht, das es in »eintausend Zubereitungen gibt«, wie uns versi-

In Entre-os-Rios haben wir nach zwei trüben Tagen in Porto den Sommer eingeholt. Unsere Greenline 40 liegt am Gaststeg des Ortes, wo wir ausreichend Platz haben.

Eine der lohnenden Stationen ist der wunderbar gelegene Hafen von Caldas de Aregos.

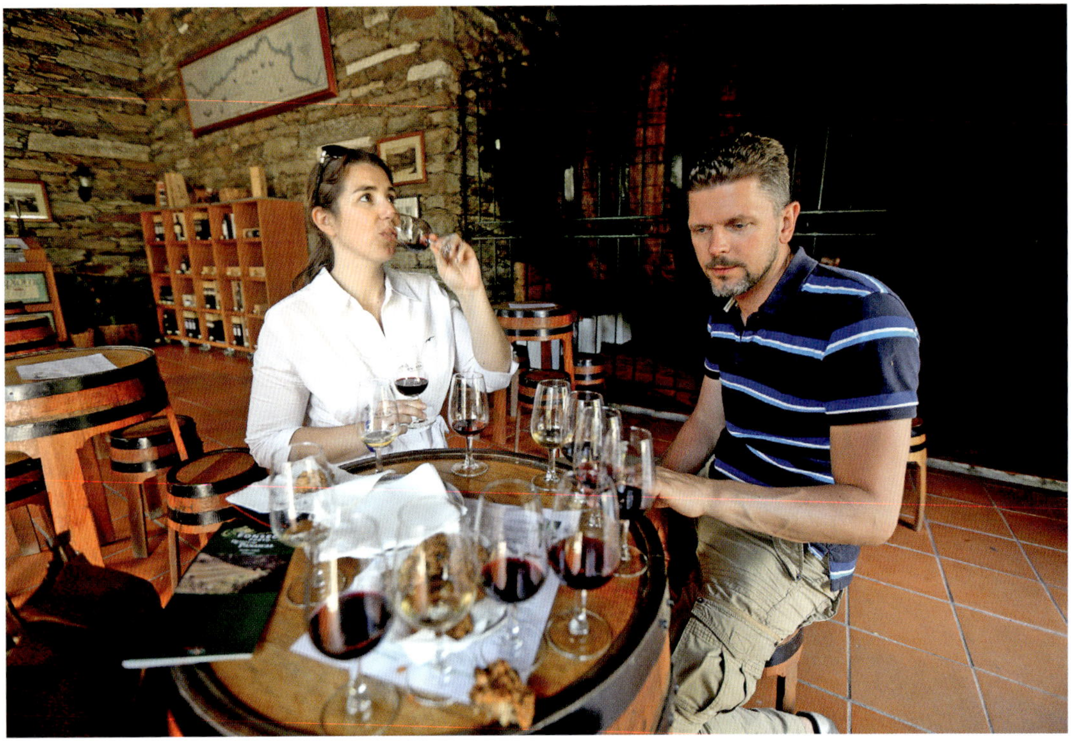

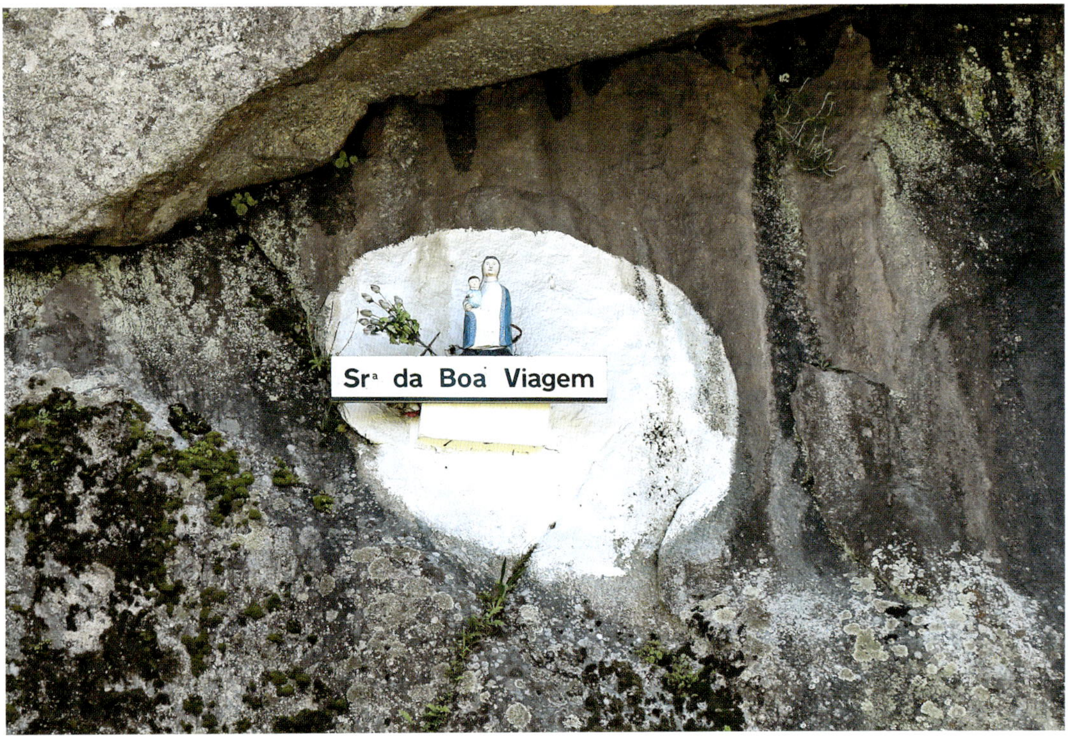

» Der Himmel ist jetzt nur noch ein kleines blaues Rechteck. An seinem Rand, 35 Meter über uns, erscheint die winzige Figur des Schleusenwärters. «

Bei der Weinprobe auf der Quinta do Panascal bei Pinhão.

Die Figur der schützenden Mutter Gottes an einer felsigen, früher gefährlichen Stelle.

chert wurde: Kabeljau also, nur eben als Stockfisch. Auf den Teller kommt er dann »ungewässert« oder »gewässert«, also fast im Originalzustand. Zum Beispiel, wie bei uns an diesem Abend, fein zerteilt und überbacken, com natas wird das genannt. Dazu gibt es Reis und »geschlagene Kartoffeln«.

Zusammen mit der Vorspeise aus Serranoschinken, azeitonas (Oliven) und alheira, einer Wurst ohne Schweinefleisch, mit der die portugiesischen Juden einst die katholischen Inquisitoren täuschten, eine üppige, deftige Mahlzeit. Da helfen der vinho da casa – und der rasiermesserscharfe Kräuterschnaps am Ende ...

WIE IM CANYON

Pünktlich um 11.55 Uhr am nächsten Tag nehme ich das Handmikro des Bordfunkgerätes vom Haken und drücke die Sprechtaste: »Barragem do Carrapatelo, Barragem do Carrapatelo. Motorboat WHITE, over«, versuche ich es gemischtinternational und warte auf die Antwort der Staustufe. Eigentlich wollten wir schon eher hier sein, doch die Strömung war stärker als erwartet, besonders in dem engen, canyonartigen Abschnitt, den wir gerade trotz rauschender Bugwelle nur langsam passieren. Der Douro führt noch Frühjahrshochwasser.

Gerade als wir den letzten Felsen runden und die gewaltige Staumauer mit dem schäumenden schmalen Schleusenkanal auf der linken Seite in Sicht kommt, knackt es im Lautsprecher: »WHITE« verstehe ich noch, dann nichts mehr. Egal, denke ich und antworte: »Bom dia, Senhor! Cinco minutos, five minutes. Obrigado!« Doch kurz darauf kommt die freundliche Entgegnung: »Ah, okay, WHITE, okay!«

Und wie von Zauberhand schließen sich die Segmente in der Staumauer, die Strömung lässt nach, und nur wenige Minuten später schaukeln wir durch den Kanal in die ruhige Kammer. Der Himmel ist jetzt nur noch ein kleines blaues

Rechteck. An seinem Rand, 35 Meter über uns, erscheint die winzige Figur des Schleusenwärters. Ich gebe Zeichen: Daumen hoch, alles in Ordnung! Dann rucken die Schwimmpoller an. Langsam steigen sie in ihren Führungen nach oben – und wir mit ihnen.

Im Oberwasser bildet der Douro einen mehrere Kilometer langen Stausee. Neben den kleinen Ortschaften sieht man jetzt immer mehr prachtvolle Residenzen, entweder im klassischen Stil mit weißen Mauern und flachen roten Ziegeldächern, oder deutlich moderner, in Quaderform mit großen Glasfronten. Hinter der Brücke von Mosteirô passieren wir Caldas de Aregos auf dem Südufer, wo wir auf dem Rückweg nach Porto festmachen wollen, vielleicht auch, um das Thermalbad zu besuchen, das uns empfohlen wurde. Vor der Steganlage der großen Marina üben Kinder Schlauchbootslalom. Immer wieder jagen sie im Zickzack hin und her und lassen dabei die Gischt fliegen.

VON FELSEN FLANKIERT

Unseren Liegeplatz für die kommende Nacht finden wir mehr durch Zufall: Eigentlich wollten wir noch bis nach Peso da Régua, dem regionalen Zentrum und Tor zum Weinanbaugebiet. Doch dann führt der Douro in einen steilen Talkessel hinein, dessen Ein- und Ausfahrt auf beiden Seiten von Felsen flankiert wird. Auf der Südseite läuft ein kleiner Park wie eine Aue sanft zum Wasser hin aus – und direkt davor liegt ein langer öffentlicher Gästeschwimmsteg! Porto Rei heißt der verschlafene, malerische Flecken auf der Karte – also in etwa Königshafen. Da können wir wenig falsch machen!

Schnell ist das Boot festgemacht. Die Stromsäulen haben zwar kein Innenleben mehr, doch unsere Bordbatterien kommen auch so gut klar. Wir steigen den Hang hinauf zu einem prachtvollen verlassenen Anwesen, in dem langsam wieder die Natur Einzug hält. Kniehoch steht das Gras vor der doppelflügligen Tür, und im verwilderten Garten blühen Mandelbäume zwischen Korkeichen und Olivenbäumen. Die Aussicht auf das Tal ist einmalig.

Der Beginn der Weinregion ist schon von Weitem unübersehbar. Doch es sind nicht nur die hellen, terrassierten Bergflanken, die man bei der Anfahrt auf Régua hinter der Stadt-Silhouette erkennt, es ist vor allem die mehrere Meter hohe schwarze Gestalt auf dem rechten Ufer: ein überlebensgroßer »Sandeman«, Markenzeichen des gleichnamigen Weinhauses, ebenfalls mit Sitz in Vila Nova de Gaia. Zwei weiße Hotelschiffe liegen bereits an der Hafenmauer, doch für Sportboote gibt es reichlich Platz an den festen Stegen davor und dahinter. Eine gute Stunde haben wir für die fünfzehn Kilometer von Porto Rei bis hier gebraucht. Unsere nächste Schleusung an der Staustufe von Régua, die nur drei Kilometer oberhalb bei Stromkilometer 105 auf uns wartet, ist erst für 13 Uhr geplant. Wir haben also genug Zeit für einen entspannten Zwischenstopp und einen

Morgenstimmung im Flusstal von Porto Rei.

Weiße Flotte auf dem Douro: Hotelschiffen begegnet man regelmäßig, wie hier in Régua. Rechts im Bild ist das moderne Gebäude des Douro-Museums zu erkennen.

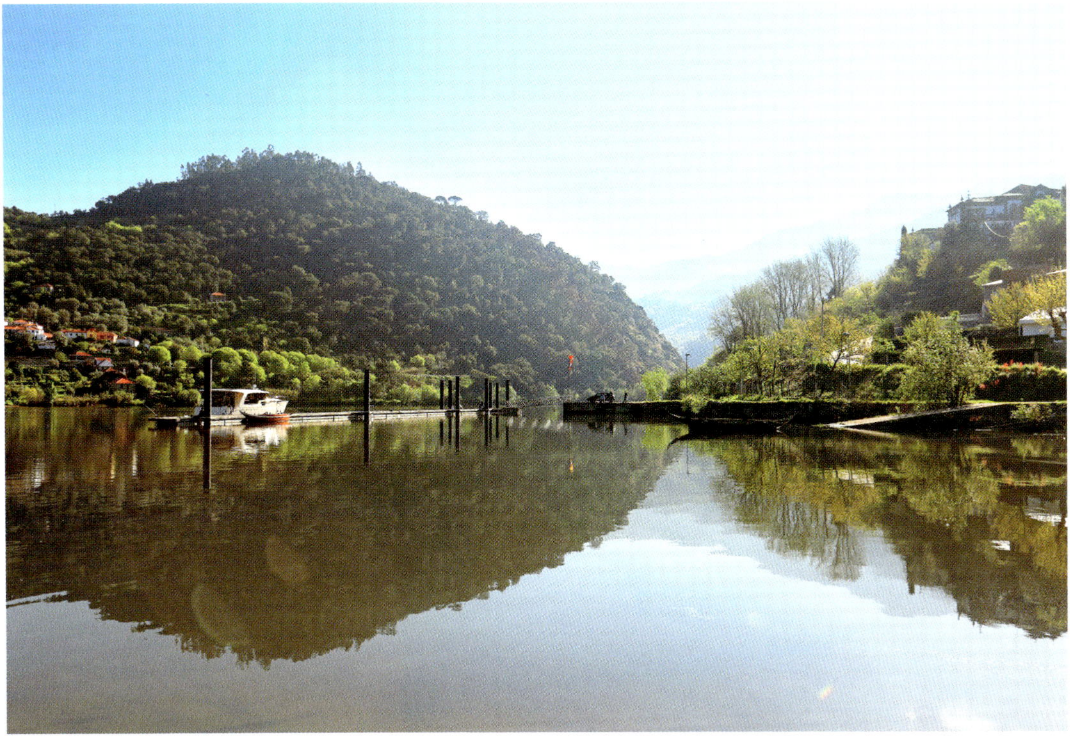

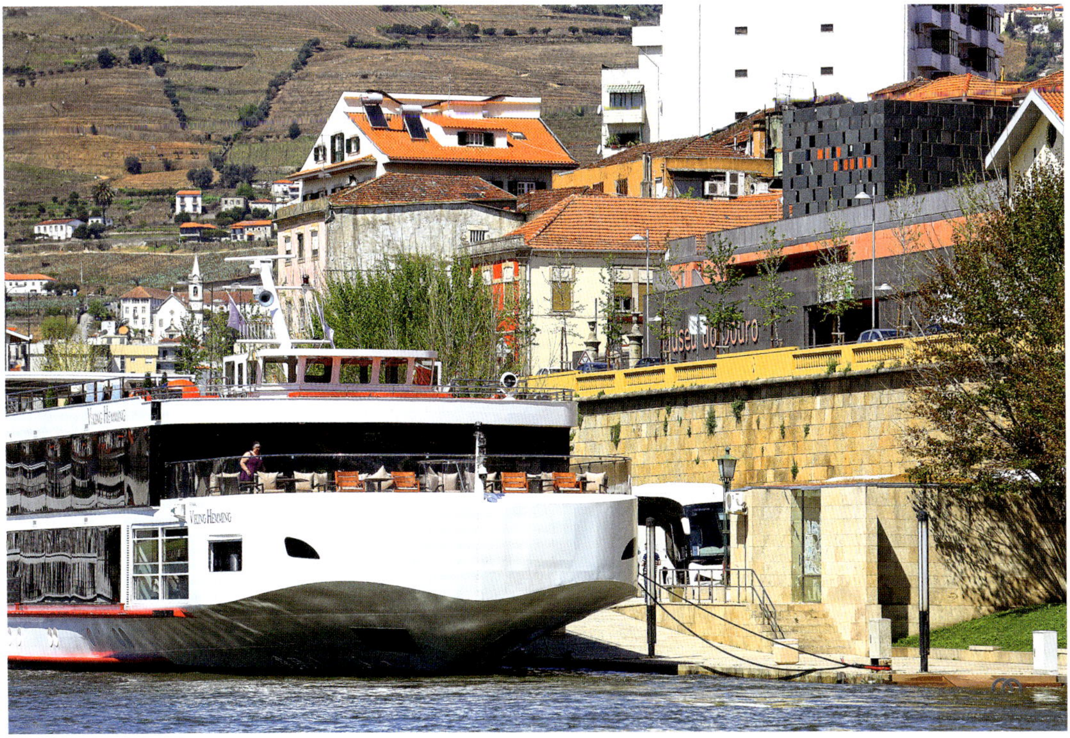

Besuch im Museu de Douro, gleich oberhalb der Hafenpromenade an der Rua Marquês de Pombal. Die moderne, ansprechend gestaltete Ausstellung zeigt die geschichtliche und kulturelle Entwicklung der Weinregion in allen Facetten.

So bestand das frühe »Erfolgsrezept« des Portweins in seiner langen Haltbarkeit, die ihn für den Export über See nach England als besonders geeignet erscheinen ließ. Sie wird erreicht, indem der Gärprozess durch Zugabe von reinem Traubenalkohol unterbrochen wird – und ganz nebenbei sorgt der restliche Zucker in den Trauben für den besonders lieblichen und intensiven Charakter des Weins.

Hinter der Schleuse von Régua sind wir dann mittendrin im Baixa Corgo mit seinem noch vergleichsweise milden Klima – denn bis hierhin reicht noch der letzte kühlende Atem des Atlantiks. Weinberg geht in Weinberg über, Schilder mit großen Lettern verraten die Namen der Weingüter an den Ufern: »Quinta do Tedo«, »Vista Alegre« und »Agua Alta«. Ein wenig erinnert der Douro nun doch an die Mosel, nur wilder ist es hier, einsamer und ursprünglicher. Und still zieht er dahin, sodass man vom Vorschiff nur das ruhige Rauschen unserer Bugwelle hört.

WENDEPUNKT

Die Berge werden steiler, felsiger und karger: Der Übergang zum Cima Corgo ist erreicht, wo die Sommer sengend heiß sein können, die Heimat der echten Spitzenweine. Schon haben wir Pinhão voraus, weiß leuchtend zwischen trockenem Grün und Ocker. Es ist unser Wendepunkt auf dieser außergewöhnlichen Reise. An Land geht es noch einmal weiter, hinauf zu einer Quinta, und auf trockenem Schieferboden weiter bis auf die Terrassen. Wir sehen die jungen Triebe an den Stöcken und die winzigen Reben. Jede einzelne Traube ist bereits zu erkennen. Unser Weg hat in Porto begonnen, der Weg dieses Portweins beginnt genau hier.

» Ein wenig erinnert der Douro nun doch an die Mosel, nur wilder ist es hier, einsamer und ursprünglicher. «

Porto
(im Hintergrund) hat viel zu bieten – auch Ruhe: Zum Beispiel bei einem Spaziergang zum Strand von Cabedelo, der nur einen knappen Kilometer von der Marina entfernt ist.

Modern
ist der Schwimmsteg mit den Charteryachten von Feeldoro in der Douro Marina. Der voll ausgestattete Hafen verfügt auch über einen kleinen Shop und ein Restaurant.

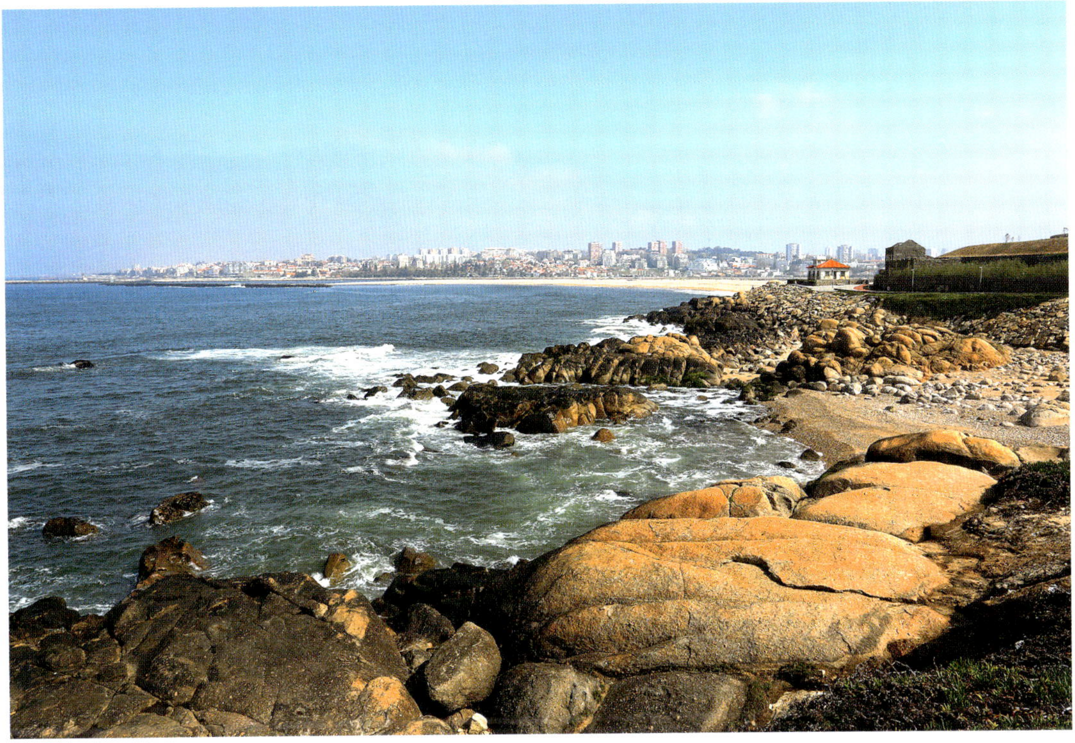

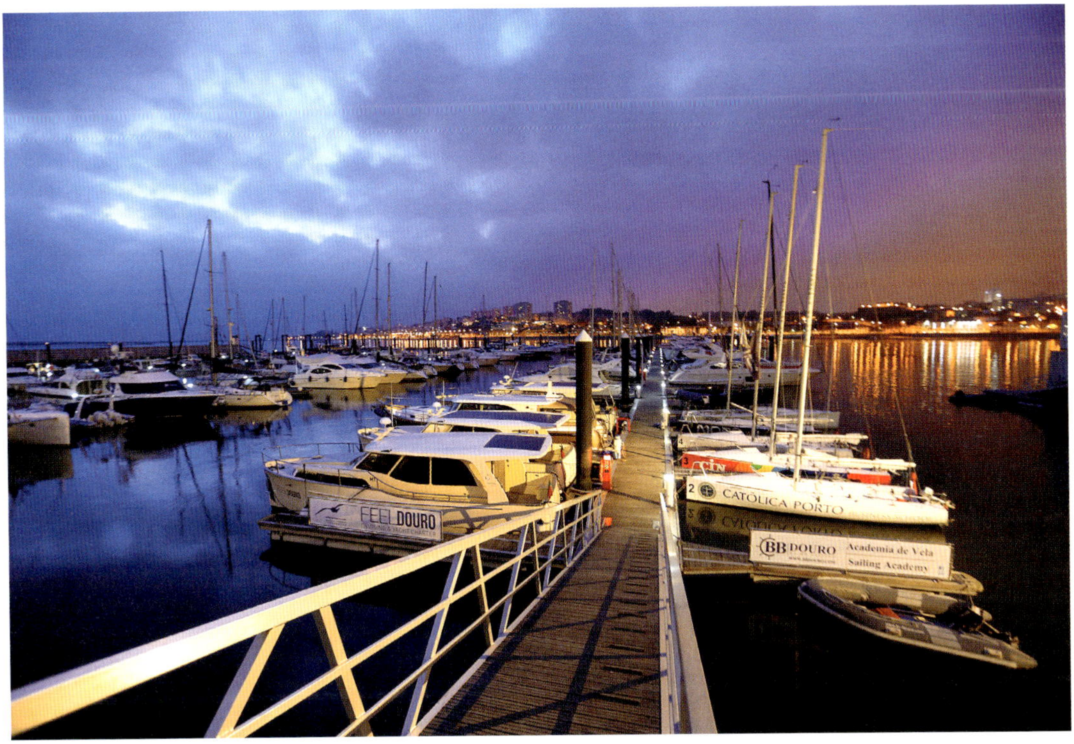

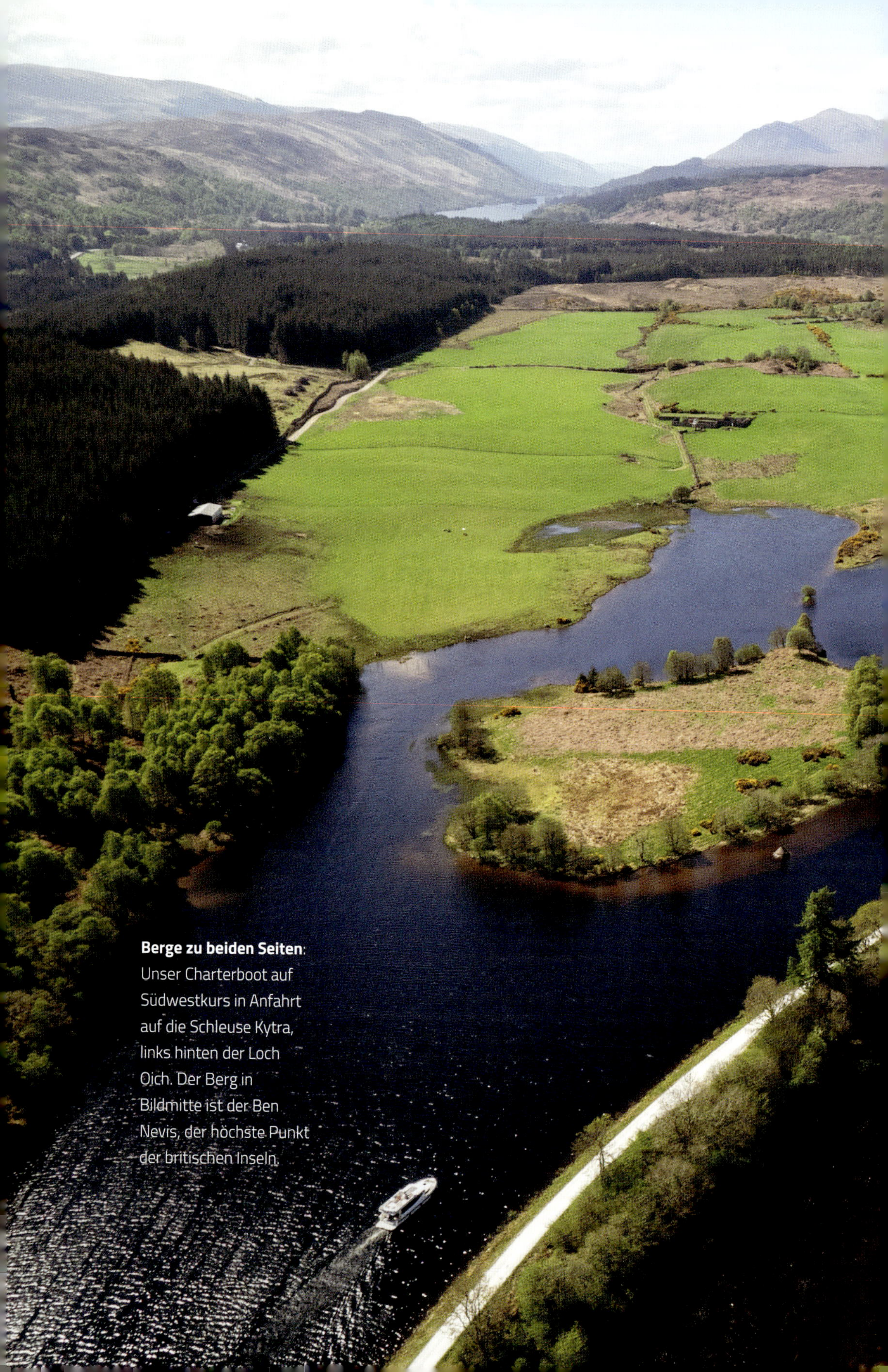

Berge zu beiden Seiten: Unser Charterboot auf Südwestkurs in Anfahrt auf die Schleuse Kytra, links hinten der Loch Oich. Der Berg in Bildmitte ist der Ben Nevis, der höchste Punkt der britischen Inseln.

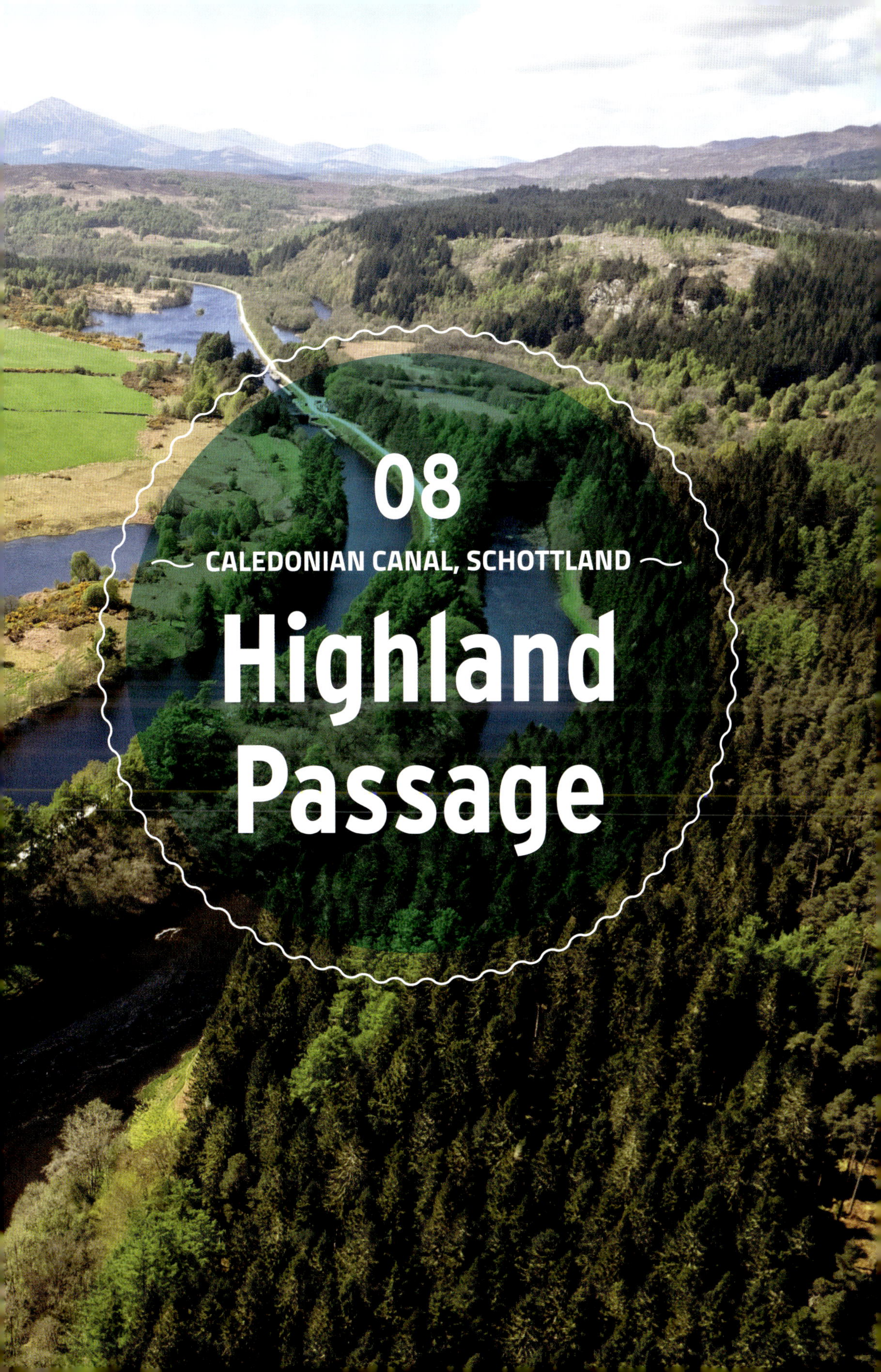
08
CALEDONIAN CANAL, SCHOTTLAND
Highland Passage

Der Caledonian Canal verbindet den Nordatlantik mit der Nordsee. Auf eigenem Kiel geht es hier quer durchs schottische Hochland.

Die Nacht bringt Wind und Regen. Man hört die Wellen am Rumpf, das Prasseln der Tropfen und das Knarren der Leinen. Zum Morgen hin beruhigt es sich zwar. Doch die höheren Lagen bleiben wolkenverhangen. Auch die tausend Meter hohen Gipfel von Creag Meagaidh und Ben Tee sind in Nichts gehüllt. Auf den Sitzpolstern der Flybridge steht das Wasser. Ich gehe die paar Schritte zur Schleuse von Laggan und melde uns beim Wärter an. Wir bräuchten nur ein anderes Charterboot abzuwarten, das schon in Sichtweite sei, sagt er. Dann beginnt unsere Reise: Wir runden die Steinmole und laufen in die Kammer ein. Die Wände aus großen Blöcken haben keine Möglichkeiten zum Festmachen, doch der Schleusenwärter nimmt die Leinen an, legt sie oben über eiserne Haken und gibt sie uns dann zurück. Dann schließen sich die schwarzen Stemmtore und es geht behutsam zu Berg.

EUROPAWEIT EINMALIG

Gestern waren wir hier eingetroffen zu unserem Chartertörn auf dem Caledonian Canal, der über einhundert Kilometer die schottischen Highlands durchquert und den Nordatlantik mit der Nordsee verbindet. Eine Wasserstraße, die in Europa ihresgleichen sucht, so viel steht fest. Ein Abzweig von der Landstraße brachte uns hinunter zur Schleuse von Laggan und zum Charterstützpunkt. Er liegt am Ceann Loch, am nordöstlichen Ende des Loch Lochy. Das Einchecken ging schnell über die Bühne, unser Hausboot, eine moderne Horizon, wartete schon am Schwimmsteg. Wir waren fast die einzigen Gäste, da die Saison erst Ende Mai so richtig startet, in zwei Wochen also. Nachdem wir Gepäck und Proviant an Bord gebracht hatten, erzählte uns John bei der Einweisung, worauf wir beim Törn achten müssten: Immer im Fahrwasser bleiben, nicht ins Wasser fallen und in der Schleuse immer Schwimmweste tragen. Und dass es in diesem

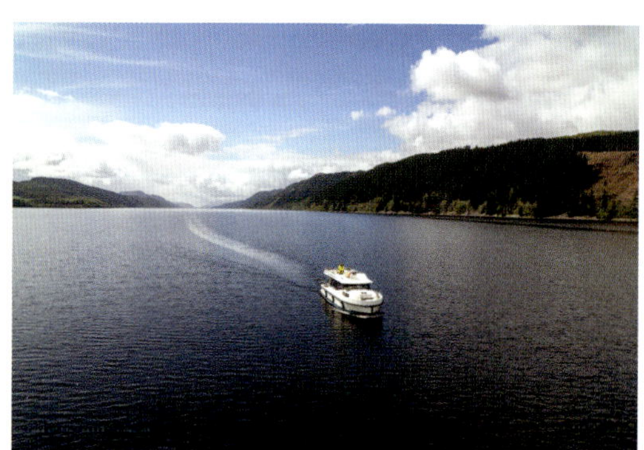

Von Kanal kaum eine Spur.
Der Caledonian Canal nutzt die drei großen, lang gestreckten Seen des Great Glen, wobei der Loch Ness allein ein Drittel der Gesamtlänge der Wasserstraße ausmacht.

Schottische Stille.
Von Motor und Heckwasser ist kaum etwas zu hören. Blickt man voraus, scheint das Boot stillzustehen.

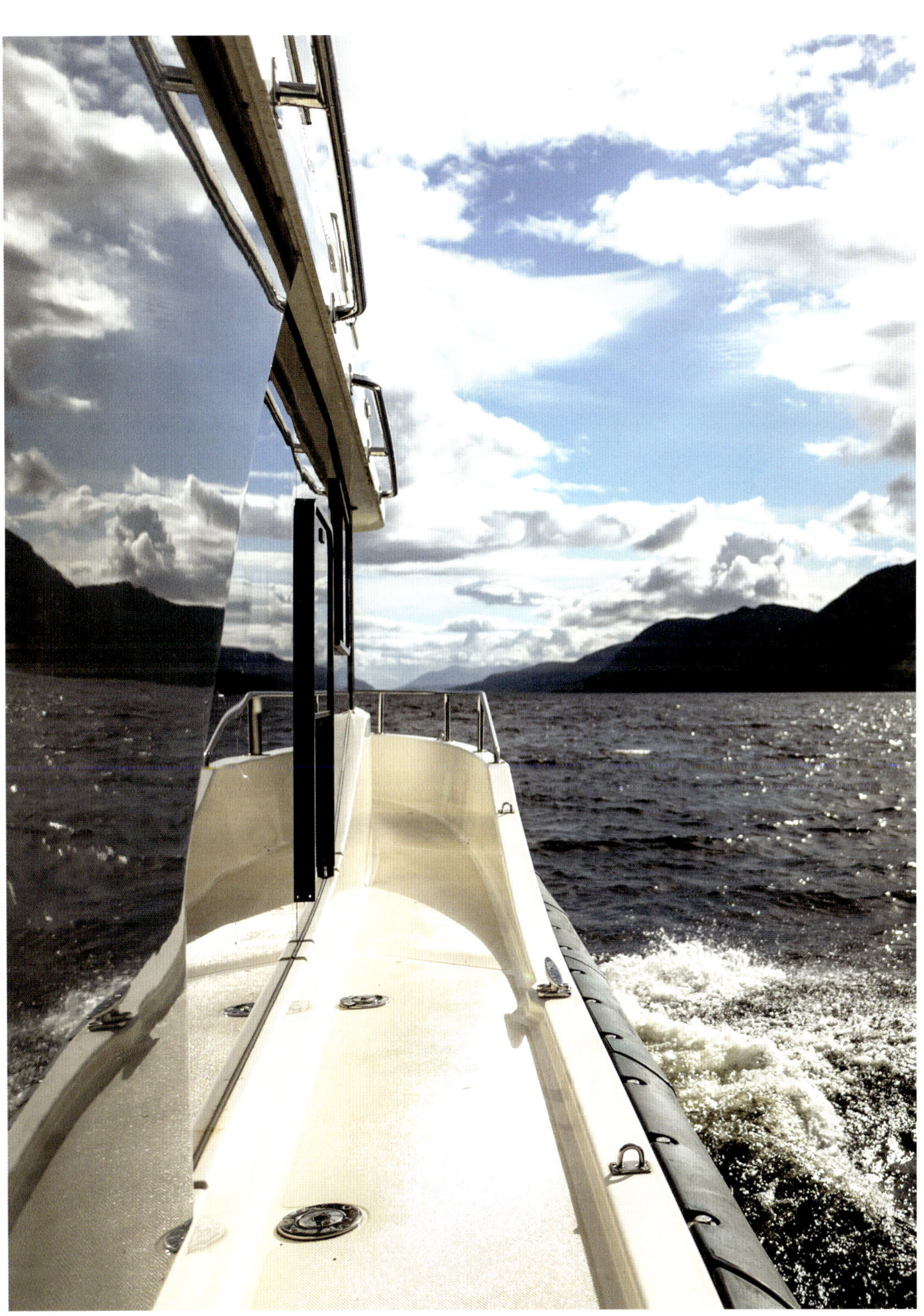

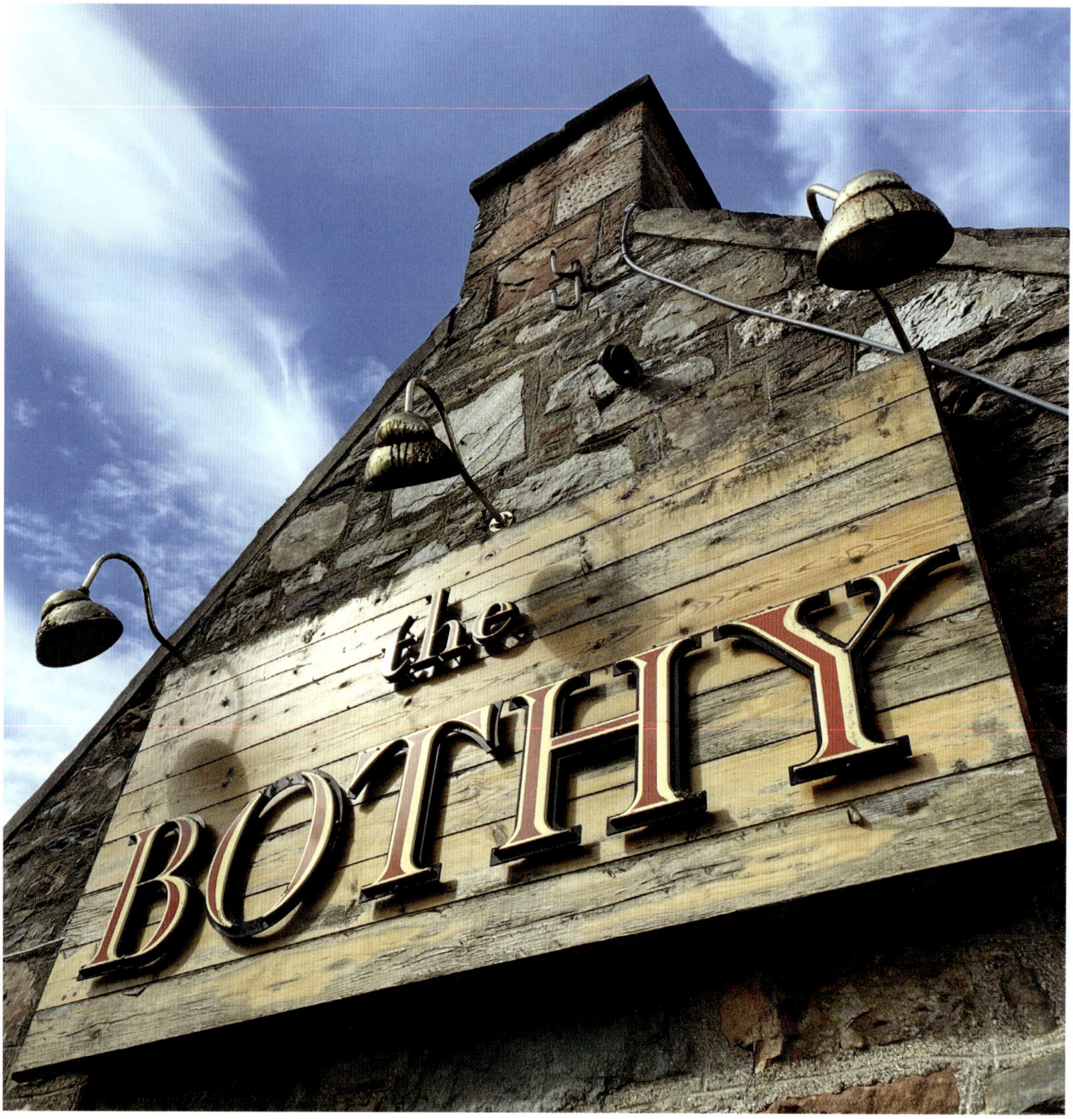

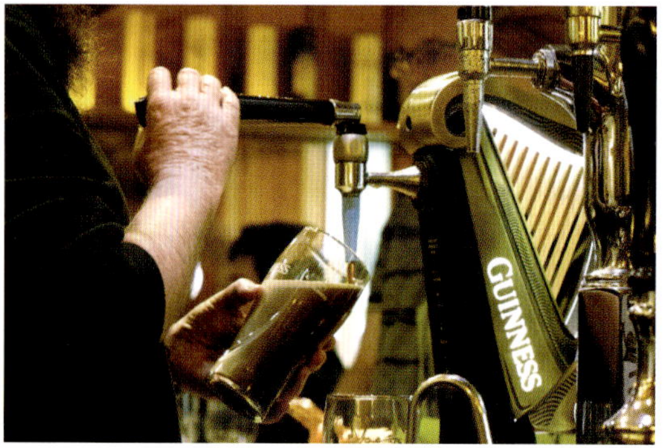

Nach dem Festmachen wird es Zeit für den Pub – es ist beer o'clock im» Lock Inn« von Fort Augustus. Auch im schottischen Pub »The Bothy« wird eingekehrt.

DIE ➔ TOP 3

★ **Inverness**

Livemusik und lokales Ale: Die trendigen Bars der Stadt bieten sich nach einem langen Törntag perfekt zum Entspannen an.

★ **Urquhart Castl**

Schottland, wie im Bilderbuch: malerische Burgruinen und der Loch Ness als Kulisse. Allerdings manchmal überlaufen.

★ **Fort William**

Der kleine Ort ist das Outdoor-Zentrum der Highlands. Der Ben Nevis, höchster Berg der britischen Inseln, liegt um die Ecke.

Jahr schon drei Sichtungen von Nessie gegeben habe. Ein Witz? Von wegen: »Wenn ihr was vor die Kamera bekommt, schickt mir das Foto!«

Obwohl die Landstraße A 82, die den ganzen Verkehr durch den Great Glen leitet, parallel verläuft, ist sie vom Wasser aus weder zu hören noch zu sehen. Dichter Wald begrenzt die Ufer zu beiden Seiten, regenschweres Laub neigt sich über das Wasser. Das frische Grüne der jungen Triebe und Blätter bildet einen dramatischen Kontrast zum grauen Himmel. Zwitschern erfüllt die Stille. Von den Zweigen hängt Old Men's Beard in langen, grauen Büscheln. Wir erreichen den Loch Oich, den kleinsten und flachsten der drei Seen im Verlauf des Kanals, doch vorher passieren wir noch die Laggan Swing Bridge, auf der die Straße den Kanal überquert und anschließend am Nordufer entlangführt. Der makellose weiße Anstrich kann nicht darüber hinwegtäuschen, dass die genietete Technik mindestens einhundert Jahre auf dem Buckel hat. Die Bäume am Ufer bleiben, aber es gibt nun Lücken, die den Blick auf Weiden und Wiesen eröffnen. Auf hölzerne Nurdachhütten, weiße Cottages und die Ruine von Invergarry Castle, dessen brüchige Mauern aus dichtem Grün emporragen. Ein Wrack von der Größe eines Kutters, sicher ein ehemaliges Wohnboot, liegt halb versunken und völlig vergessen vor dem Ufer.

IDYLLISCH

Dahinter steigen die Berge auf, höher im Norden, auf der Seite der Highlands. Viel braun und grau, aber auch Schonungen aus Laub- und Nadelwald. Dichter Rhododendron. Und immer wieder leuchtend gelbe Flecken blühenden Ginsters. Wir folgen dem betonnten Fahrwasser, bevor der See endet und mit der Drehbrücke von Aberchalder der nächste Kanalabschnitt beginnt. Mit Steinschüttungen als Böschung ist er zwar nicht mehr ganz so natürlich, aber immer noch schön. Die Schleusen von Cullochy und Kytra liegen beide idyllisch. Kytra (wo wir auf dem Rückweg deshalb auch übernachten werden) erreichen wir während der Mittagspause, die bis vierzehn Uhr dauern soll. Doch schon eine Viertelstunde vorher kommt der freundliche Schleusenwärter ans Boot und sagt, dass es weitergehe.

Auch die Schleusentreppe von Fort Augustus, die nun folgt, erwartet uns mit offenen Toren. Wie die Schleusung abläuft, haben wir von John erfahren, werden nun aber noch einmal eingewiesen:

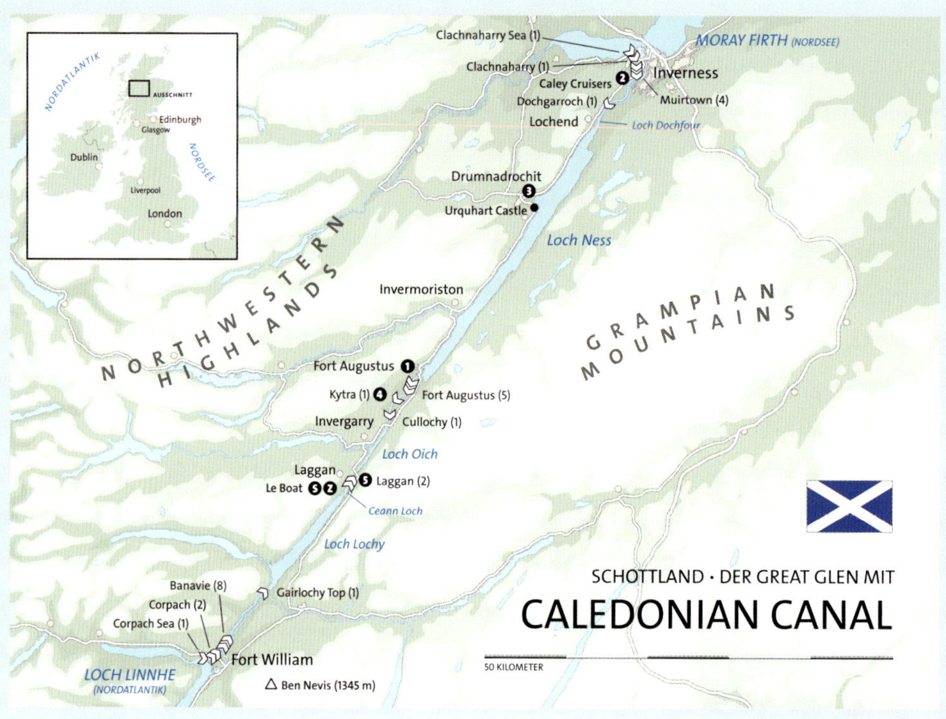

SCHOTTLAND · DER GREAT GLEN MIT

CALEDONIAN CANAL

DIE → TÖRNETAPPEN

- ❺ Laggan (Charterbasis)–Fort Augustus .... 18 km
- ❶ Fort Augustus–Inverness .... 48 km
- ❷ Inverness–Drumnadrochit .... 22 km
- ❸ Drumnadrochit–Kytra Lock .... 30 km
- ❹ Kytra Lock–Laggan Lock .... 13 km
- ❺ Laggan Lock–Laggan (Charterbasis) .... 1 km
- ❷ Gesamtstrecke .... 132 km

DAS → KLIMA

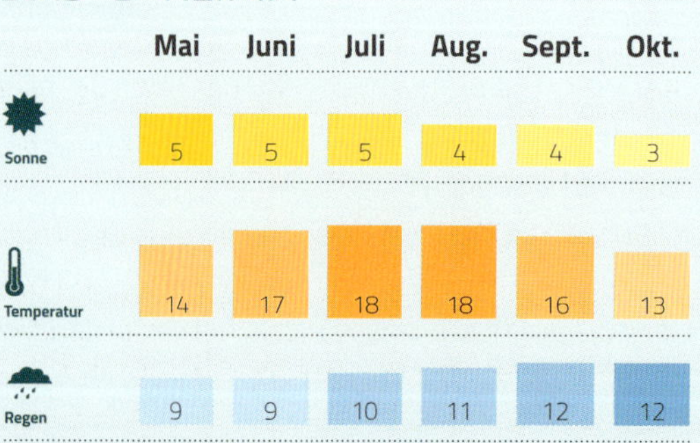

Werte: Sonnenstunden/Tag, Tagestemperaturen, Regentage

DAS → REVIER

Als Törnrevier ist der Caledonian Canal auch für weniger erfahrene Skipper geeignet; bei Charterbooten erfolgt eine ausführliche Ein-weisung. Flache Stellen (Loch Oich, Loch Dochfour) sind durchgehend betonnt, Liegestellen sind aus-reichend vorhanden. Das Schleusenpersonal ist freundlich und – wenn möglich – bei der Leinen-führung behilflich. Schnelle Wetter-umschwünge sind nicht ungewöhnlich, und bei Südwest- und Nordostwinden kann sich auf den größeren Seen blitzartig eine unangenehm kurze und steile See aufbauen. Gesamtlänge: 96,6 km von Corpach (Atlantik) bis Clachnaharry bei Inverness (Nordsee); Länge (Seen-strecken): 61,2 km; Schleusen: 29; Schleusentreppen: 3 (Banavie 8 Kammern; Fort Augustus 5; Muirtown/Inverness 4); Nutzbare Schleusenlänge: 45 m; Bewegliche Brücken: 10; Höchstgeschwindigkeit: 5 km (nur auf Kanalstrecken); Diesel-Tankstellen: Corpach, Inverness; keine Führer-scheinpflicht; Anmeldung: Corpach oder Inverness (bei Charter nicht nötig) *www.scottishcanals. co.uk*

Motor aus und aussteigen, um unsere Horizon mit den Leinen von Kammer zu Kammer zu treideln. Insgesamt sind es fünf, Schritt für Schritt geht es hinab, Stufe um Stufe, beobachtet, fotografiert und gefilmt von Ausflüglern rechts und links. Bevor die fünfte Kammer geleert wird, steigen wir wieder an Bord, die Tore öffnen sich und wir haben nach weniger als einer Stunde das Niveau des Loch Ness erreicht. Klingeln rasseln, Schranken schließen und auch die Brücke am unteren Ende der Treppe schwingt zur Seite und macht den Weg frei für uns. Hinter der ASANTE, einer schneeweißen Segelyacht aus Cowes, gehen wir längsseits an den langen Holzsteg.

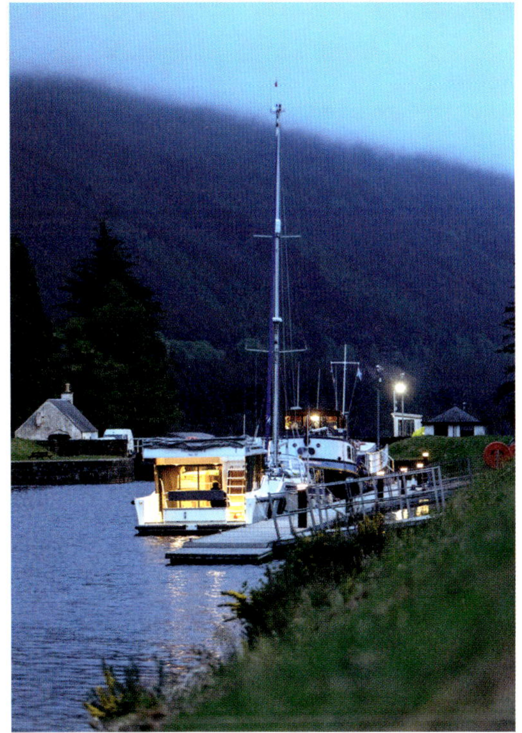

Gaststeg an der Schleuse von Laggan, unser Liegeplatz für die letzte Nacht.

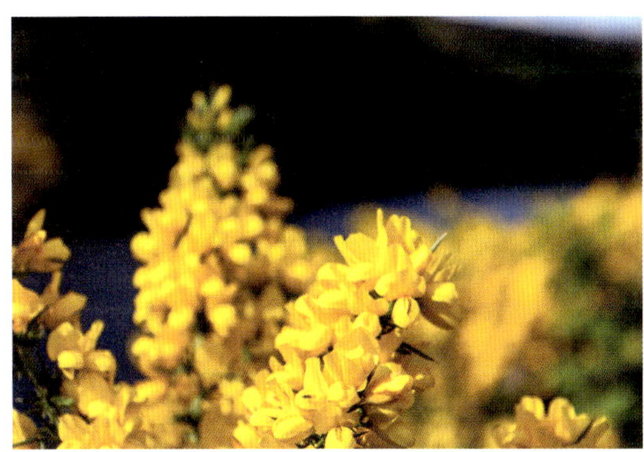

Im Mai blüht der Ginster in den Highlands.

SANFT ÜBER LOCH NESS

Fort Augustus gehört den Urlaubern, allerdings ohne überlaufen zu sein. Das Schuhwerk verrät viel über die Art der Freizeitgestaltung: Sandalen bei den Bustouristen, Wanderstiefel bei den Backpackern. Doch für alle strahlt die Sonne jetzt vom Himmel. In den Souvenirshops scheint das für Schottland früher synonyme Schaf passé, das knuddelige Highland-Rind hat seinen Platz eingenommen. Man hört viel Deutsch, an Bord der Boote und an Land. Die Terrasse vor dem Lock Inn ist voller fröhlicher Biker und Best Ager, manche sind beides. Drinnen ist noch genau ein Tisch frei für uns, rustikale Holzplatte, direkt unter einem eingerahmten 30-Pfund-Lachs. Höchste Zeit für den ersten Whisky der Reise! Wir fragen nach dem single malt of the day. Der Mann hinter der Bar präsentiert eine funkelnde Flasche: Glenlivet Tropical Reserve. »Passt zu der Hitze draußen«, verspricht er beim Einschenken.

Sonne und Regen am Morgen, doch der Wind weht weiter schwach aus Südwesten – und damit aus der besten Richtung. In den kommenden Stunden wird er uns sanft über den Loch Ness schieben. Und der See ist lang, sehr lang: 36 Kilometer liegen zwischen der Mole von Fort Augustus und dem Leuchtfeuer von Lochend an seinem

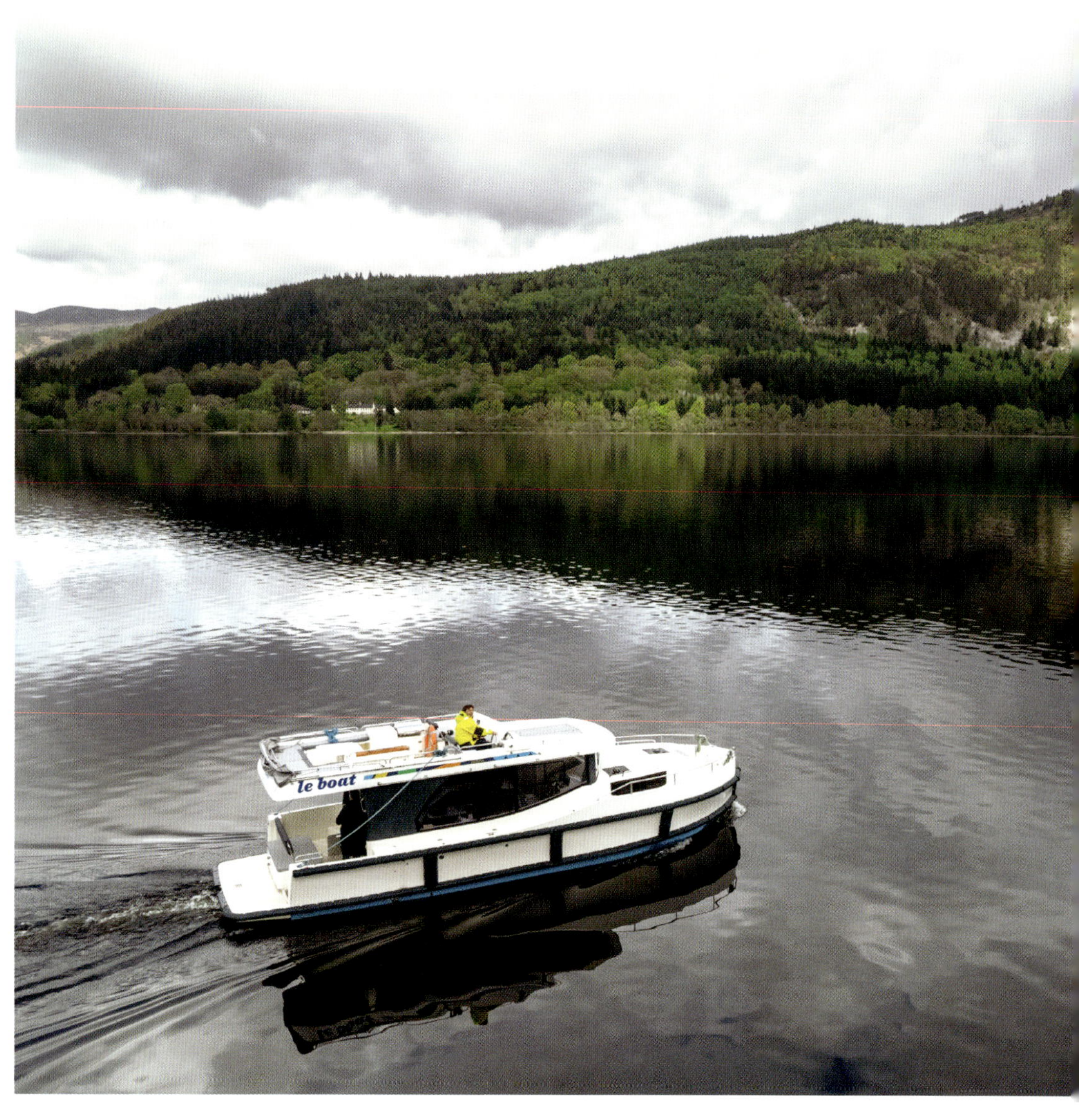

Auf der Flybridge geht es über den Loch Ness.

nördlichen Ende. Damit macht er ein Drittel der Gesamtstrecke des Caledonian Canal aus, auf unserem Törn ab Laggan sogar die Hälfte. Wenn die Welle hier von vorn kommt, kann es ein sehr langer Ritt auf sehr grobem Waschbrett werden. Glück für uns, dass es heute so freundlich ist.

Am Morgen gehe ich auf der Suche nach frischem Brot noch kurz zur Straße, doch der Spar an der Tankstelle ist um kurz vor neun schon ausverkauft. Stattdessen bleibe ich vor den Zeitun-

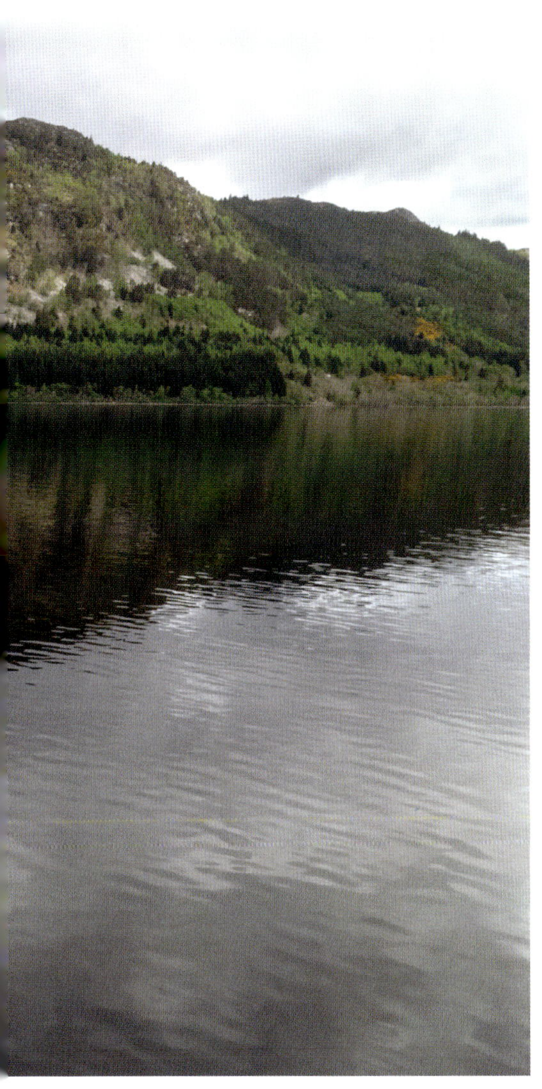

gen stehen: Die Royals haben ihre offiziellen Porträts der Krönungszeremonie veröffentlicht, die nun jede Titelseite zieren. Charles dankt, die mit Hermelin verbrämte Krone wiegt schwer. Einziges Störgeräusch in dieser Verehrungslitanei: The National – »The Newspaper that supports an independent Scotland«. Hier machen die angestrebte Neuauflage des Unabhängigkeitsreferendums und böse Brexit-Folgen den Splash. Seine Majestät schafft es nur in Briefmarkengröße unten rechts auf Seite drei. Der Begleittext: »Mehr Briten sahen Fußball als die Krönung«.

FAST MEDITATIV

Während die beiden Segler am Steg um zehn Uhr die erste Bergschleusung antreten, legen wir in die entgegengesetzte Richtung ab, runden die Mole und steuern auf den See hinaus. Auf der Flybridge lässt es sich aushalten, von Motor und Heckwasser ist kaum etwas zu hören. Blickt man voraus, scheint das Boot stillzustehen, kein Wunder bei diesem weiten Panorama. Bis zum Horizont reichen die flankierenden Berge. Die Lücke am Ende dieser Flucht führt zu unserem Ziel, Inverness an der Nordsee. Abgesehen von der A 82, die am Nordufer verläuft und an Sattelzügen und Reisebussen in Spielzeuggröße erkennbar ist, halten sich die Spuren der Zivilisation zu beiden Seiten in Grenzen. Einzelne Cottages, größere Lodges und ein Campingplatz sind auszumachen. Dazu der weiße Block des Wasserkraftwerkes von Foyers. Gänzlich verborgen bleibt dagegen der historische Friedhof des Clans Fraser, von dem wir nur durch Google Maps erfahren. Dafür zieht sich ein Saum aus Wald entlang der Ufer. Oberhalb wechseln die Farbtöne der Heidevegetation von blassem Ocker bis zu kräftigem Rotbraun. Dazwischen leuchtet heller Fels im Sonnenlicht.

Es ist eine träumerische, fast schon meditative Fahrt und nach gut zwei Stunden haben wir die Hälfte der Strecke hinter uns. Von Nessie: keine Spur, was vielleicht auch daran liegt, dass wir gestern Abend bei dem einen Whisky geblieben sind. Keine verdächtige Welle, kein Buckel, der die Wasseroberfläche durchbricht. Doch dafür kommt es zu einer Begegnung ganz anderer Art. Sekundenschnell schwillt von achtern ein gewaltiges Brüllen an: Zwei Eurofighter der Royal Air Force haben uns direkt im Tiefflug angepeilt, kaum hundert Meter über der Oberfläche, donnern heran und machen erst im letzten

Augenblick ihren break away nach rechts, um kurz danach nur noch Punkte in der Ferne zu sein. Wir staunen stumm. Kein Wunder, dass da selbst Ungeheuer lieber auf Tiefe bleiben.

MUSEUMSSTÜCKE

Für uns geht es weiter, noch einmal eine Stunde, bis die Berge beiderseits sanft auslaufen und so die nahe Küste ankündigen. Bei Lochend endet der See in einer weiten Bucht mit Steinstrand, begrenzt von einer gelben Sichel aus Ginster. Dem recht engen Fahrwasser folgen wir in den anschließenden, kleinen Loch Dochfour, auf dem einige Boote an Bojen ruhen. Rechts zweigt mit langem Wehr der Abfluss des River Ness ab. Dahinter folgen einige Hundert Meter Felskante, die bei Hochwasser sicher überspült sind. Im Fluss werfen Fliegenfischer ihre silbrigen Fäden aus. Um kurz vor drei erreichen wir Dochgarroch Lock und machen fest, um eine Gegenschleusung abzuwarten. Währenddessen füttert die Bewohnerin des schmucken, blütenumrankten Cottages an der Wartestelle im Vorgarten ihre Schildkröten. Bald werden wir in die Kammer herein gewunken.

Da es sich nur um eine Niveauschleuse handelt, sind auch wir schnell durch. Dahinter schlummert an langen Stegen nun eine bunte Mischung von Sportbooten aller Art, Segler, Motorkreuzer, umgebaute Kutter. Viele würden als Museumsstücke durchgehen, aber nur wenige sind auch in entsprechendem Zustand. Auf dem tow path rechts und links passieren wir nun Spaziergänger und Jogger. Rechts, weiter unten verläuft derweil der Fluss, hinter dem bereits die ersten Viertel von Inverness beginnen. Links bedeckt der Ginster ganze Hänge. Ohne dass wir warten müssen, öffnen sich die beiden Drehbrücken von Torvean und Tomnahurich, die eine modern, die andere alt. Und dann erreichen wir die Charterbasis von Caley Cruisers, unmittelbar vor dem obersten Tor der Schleusentreppe von Inverness. Sie selbst bleibt für uns geschlossen, Charterboote dürfen

» Im Fluss werfen Fliegenfischer ihre silbrigen Fäden aus. «

Urquhart Castle spielte aufgrund seiner Lage fast 400 Jahre lang eine wichtige strategische Rolle in den zahlreichen Machtkämpfen zwischen Clans und schottischem Königtum.

Bei der Bergschleusung geht es in die zweite Kammer der Schleusentreppe. Die Charterbasis von Le Boat vor Bergpanorama.

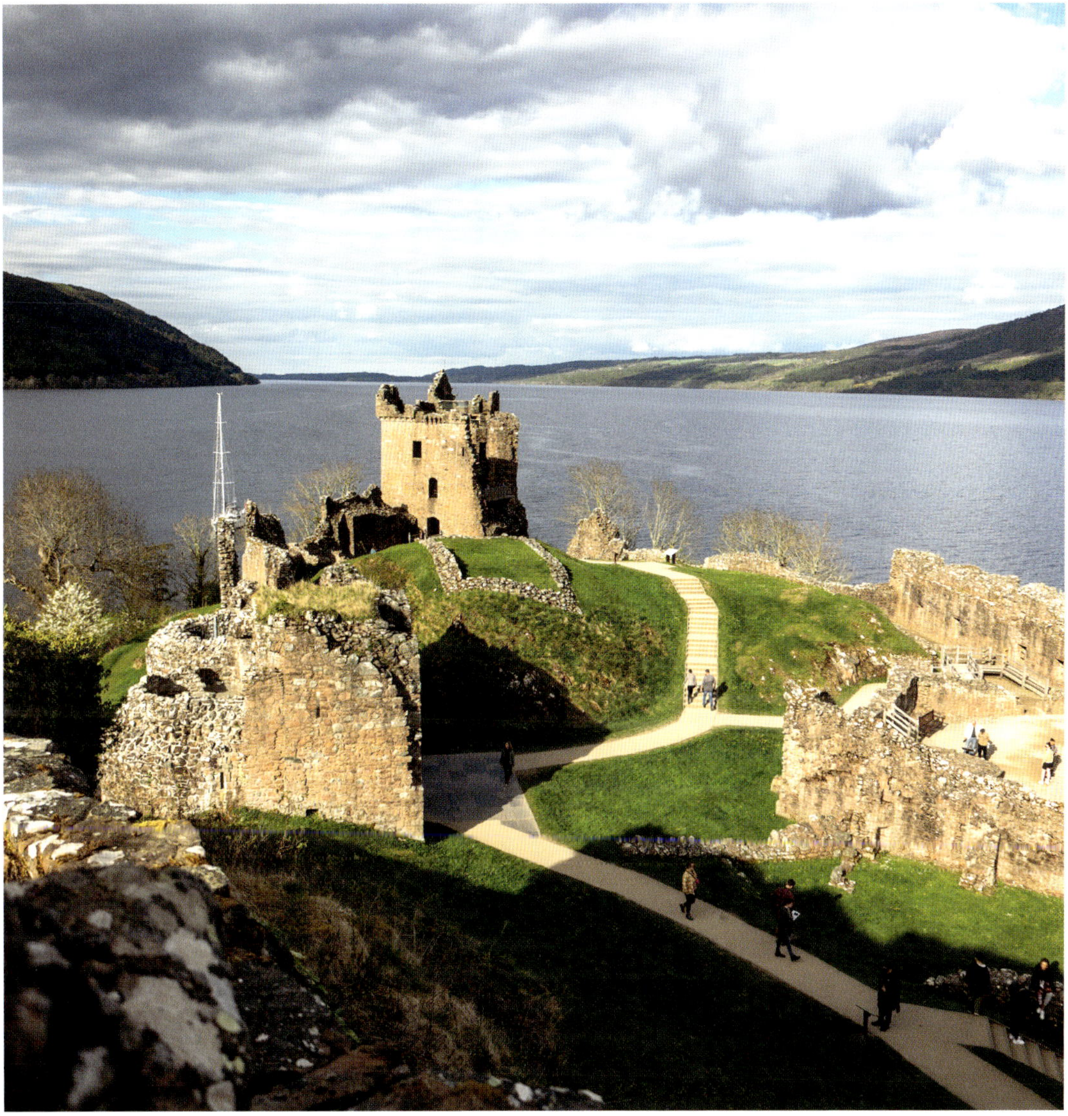

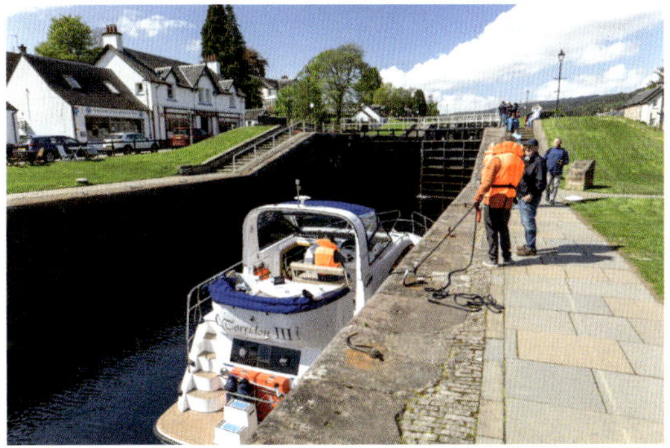

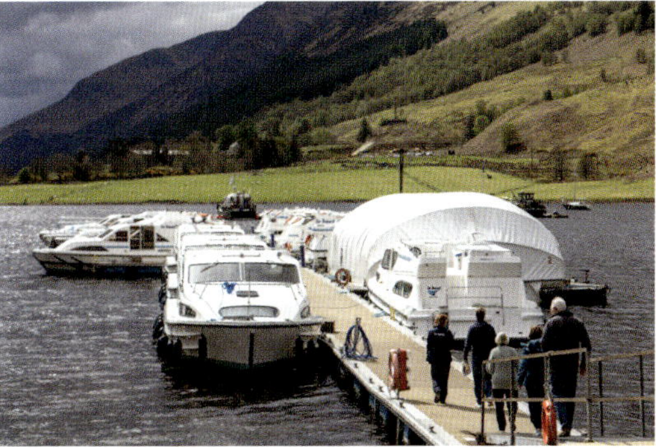

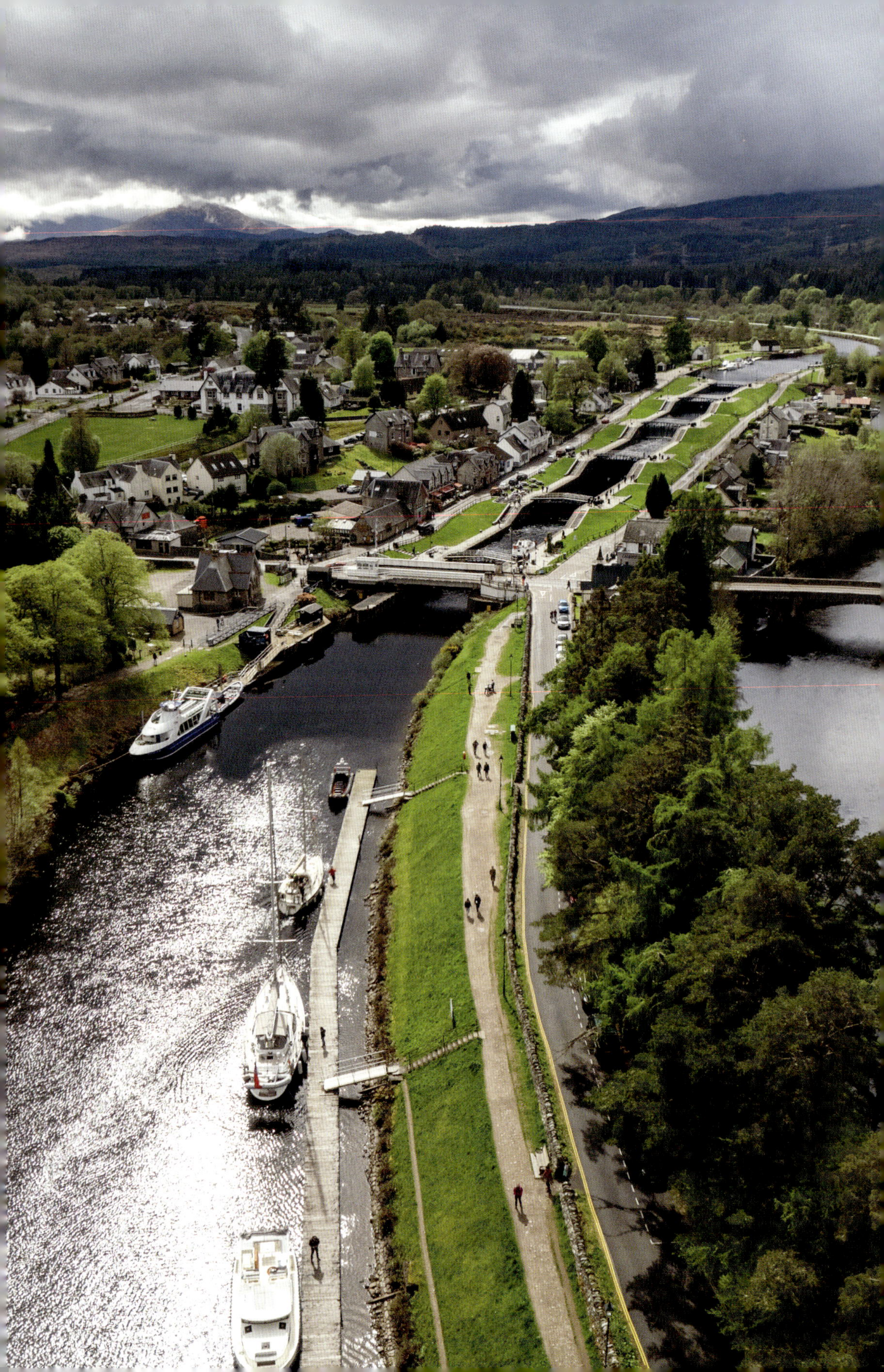

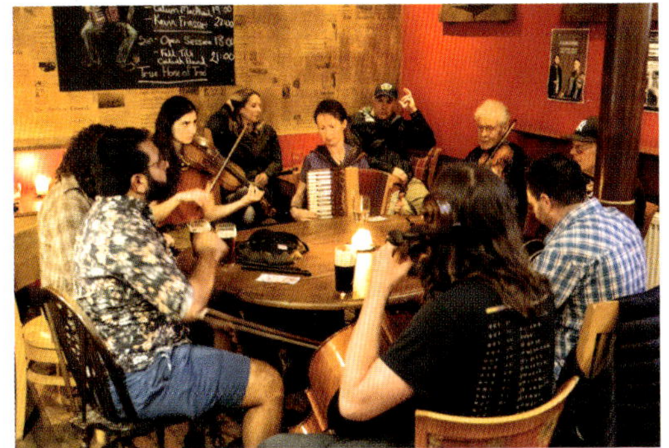

hier nicht weiter. Was Sinn macht, da unten nur eine weitere Marina und die Seeschleuse des Kanals bleiben – und die Nordsee wäre selbst an guten Tagen kein Revier für unsere Horizon.

NACHTLEBEN

Am Abend machen wir uns auf in die Stadt, über die Schleuse und in gerader Linie Richtung Innenstadt zum Fluss. Die schwankende Greig Street Bridge, noch so ein filigranes viktorianisches Wunder aus genietetem Schmiedeeisen, bringt uns zur Church Street, wo noch einiges los ist. Aus dem »Highlander« kommen tatsächlich die ersten Bagpipe-Sounds dieser Reise, doch drinnen ist kein Platz frei. Glück gehabt, vielleicht, denn wie wir später erfahren, handelt es sich »um eine neue Touristenfalle«. Andererseits hätten wir uns ganz gerne gefangen nehmen lassen. So ziehen wir weiter. Im »Hootananny« ist die Küche bereits seit fünf Minuten dicht und im urigen »Malt Room« gibt es zwar Hunderte von Whiskys, aber nichts zu essen. Wir kommen zur Union und dann zur High Street, der Fußgängerzone, wo zwei Frauen Folk spielen, und landen schließlich im »Revolution«, einem durchgestylten Laden, dessen internationale Speisekarte aber passt.

Danach probieren wir es noch einmal im »Hootenanny«, wo es Livemusik geben soll – und tatsächlich, in lockerer Runde spielen hier eine bunte Truppe Jigs und Reels zusammen, dazu den einen oder anderen Folk-Song. Open Session steht auf der Programmtafel. Zum Kreis gehören unter anderem ein langhaariger Metal-Fan mit Cello, ein Pakistani mit Bodhran und die beiden Mädels von der Straße mit Fiddle und Akkordeon. Tolle Stimmung, alle Stühle sind zur Musik gedreht und »The Parting Glass« bekommt Gesangsbegleitung aus dem Publikum. Dabei ist noch längst nicht last orders. Aus den Zapfhähnen fließen Black Isle Red Kite und Yellowhammer weiter in die Nacht hinein.

Was für ein Ausblick! Fort Augustus mit glitzerndem Wasser aus der Vogelperspektive.

Musikalische Untermalung bietet die Open Session im »Hootenanny« in Inverness.

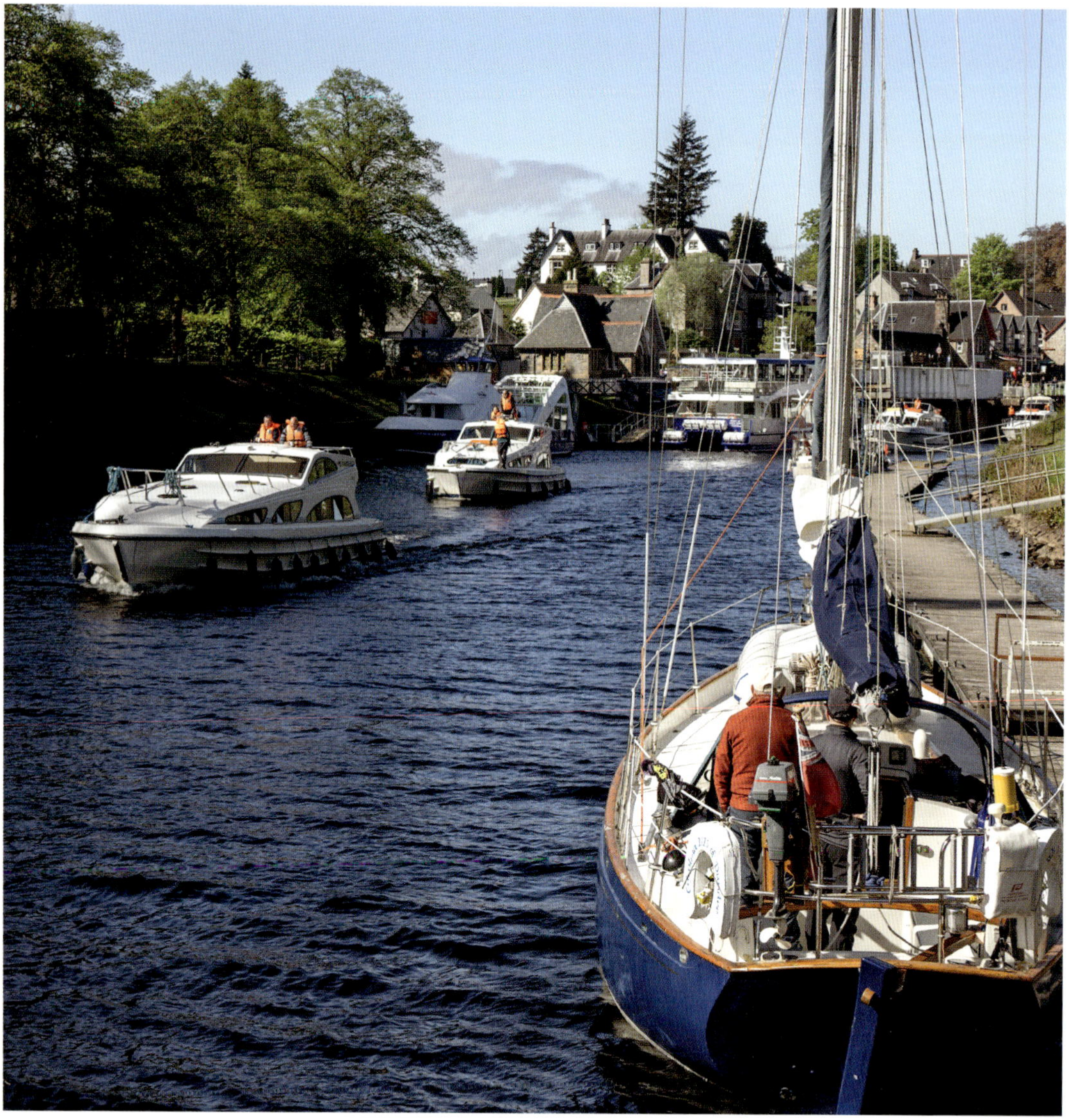

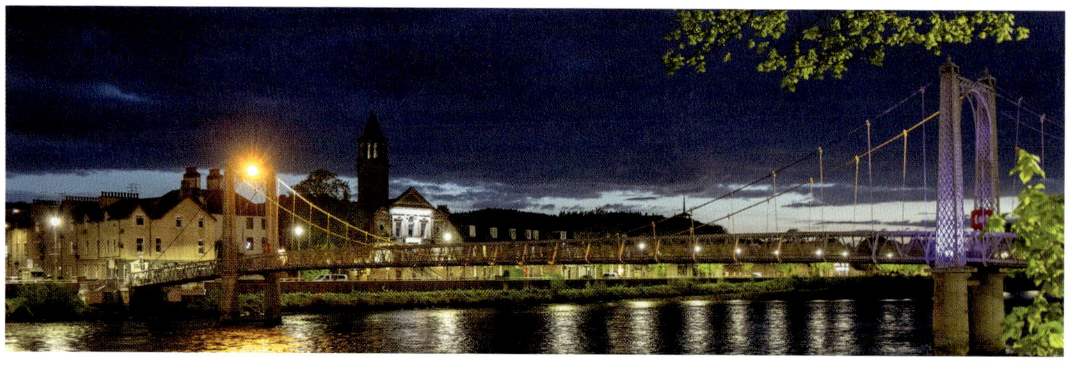

RAUER UND WILDER

Die Rückreise steht an. Wieder passieren wir die beiden Drehbrücken am Rand von Inverness und können in Dochgarroch Lock sofort einfahren und bald sind wir zurück auf dem Loch Ness. Zum Glück müssen wir so nur eine gute Stunde fahren, dann kommt Urquhart Castle voraus in Sicht und rechts davon Urquhart Bay. Das betonnte Fahrwasser zum Hafen von Drumnadrochit ist gut auszumachen. Auch wenn das mit Beton eingefasste Rechteck sonst fast leer ist – von zwei Motoryachten abgesehen, die für die Jagd nach Nessie ausgerüstet sind und einem weiteren Charterboot. Hübsch ist es hier, mit Bäumen auf zwei Seiten, Picknicktischen und kleinem Servicegebäude. Die nahe Landstraße ist kaum wahrzunehmen, zumindest jetzt am Tag nicht. Immerhin ist es der einzige Hafen direkt am Loch Ness. Eröffnet wurde er 1999, 2017 kam dann die Rettungsstation hinzu. Auch die wirkt mit ihrem blauen Tor und dem verborgenen RIB dahinter ziemlich verwaist. Kein Wunder: Ein Schaukasten verrät, dass der letzte Rettungseinsatz 2019 erfolgte, ein Maschinenschaden. Noch ein Indiz mehr, dass hier kein Schrecken in dunklen Tiefen lauert.

Charterboote nach der Ausfahrt aus der untersten Kammer der Schleusentreppe von Fort Augustus mit Kurs auf den Loch Ness. Der Wartesteg dient auch zum Übernachten.

Eine gute Viertelstunde benötigt man zu Fuß vom Gastliegeplatz bis in die Innenstadt von Inverness. Der Weg führt dabei über die Greig Street Bridge.

Zu Fuß wandern wir knapp zwei Kilometer nach Drumnadrochit, aber nicht, um uns die Erlebnisausstellung Nessieland anzusehen (wir ahnen, dass wir auch dort nicht mehr über die Existenz des scheuen, offenbar unsterblichen Urzeitwesens erfahren würden als in den vergangenen Tagen), sondern um am Post Office den Bus nach Urquhart Castle zu nehmen. Denn dieses historische Relikt ist, wenn auch deutlich jünger und nur noch als Skelett (aus Mauern) erhalten, zumindest verlässlich zu besichtigen. Das Besucherzentrum der Burg, die während ihrer Blütezeit zu den größten des Landes gehörte, bietet einen Einblick in das Schottland des Mittelalters, in die Struktur der Clans am Great Glen, in Fehden und Feldzüge, mal gegen die Krone, mal mit ihr gemeinsam. Und nicht zuletzt bekommt man von den Zinnen des Bergfrieds einen grandiosen Panoramablick über den Loch Ness. Nach einem schwachen Zug am Morgen dreht der Wind nach dem Ablegen innerhalb einer halben Stunde zurück auf Südwest und nimmt spürbar zu, von zwei auf drei Beaufort, später auf vier. Nun zeigt sich doch noch, wie rau es auf dem See zugehen kann. Gleichzeitig wirkt auch die Landschaft wilder und ursprünglicher, die Farben kräftiger als vor drei Tagen. Das Wasser ist nun tiefblau, weiß leuchten die Schaumkronen der uns entgegenkommenden Kämme. Paddler treiben vor dem Wind, manche mit Segeln. Andere haben ihre Boote auf schmale Steinstrände gezogen, Zelte aufgestellt. Lagerfeuer flackern. Die Wolken eilen über uns hinweg, mal als Schleier, blass und durchscheinend, mal als schiefergraue Gebirge mit silbernen Graten. Immer steiler wird die Welle, immer stärker der Wind, je schmaler der See im Süden wird. Als wäre er der Sitz der Wettergötter selbst, erhebt sich am Ende dieser Flucht der Ben Nevis über den Horizont, der höchste Berg der Britischen Inseln. Es ist ein weiteres Bild, das bleiben wird von unserer außergewöhnlichen Reise auf dem Caledonian Canal, auf eigenem Kiel quer durch die schottischen Highlands.

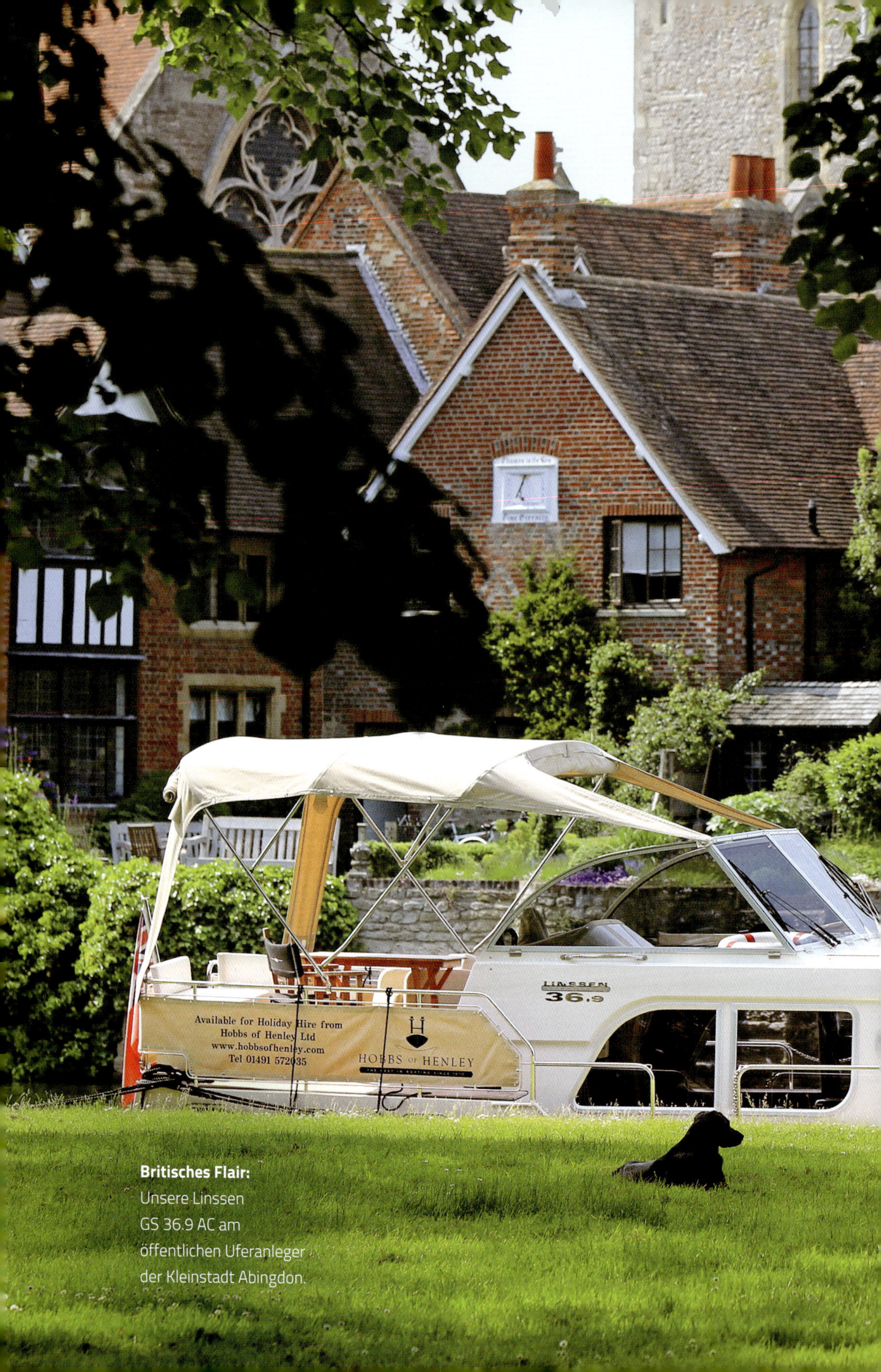

Britisches Flair: Unsere Linssen GS 36.9 AC am öffentlichen Uferanleger der Kleinstadt Abingdon.

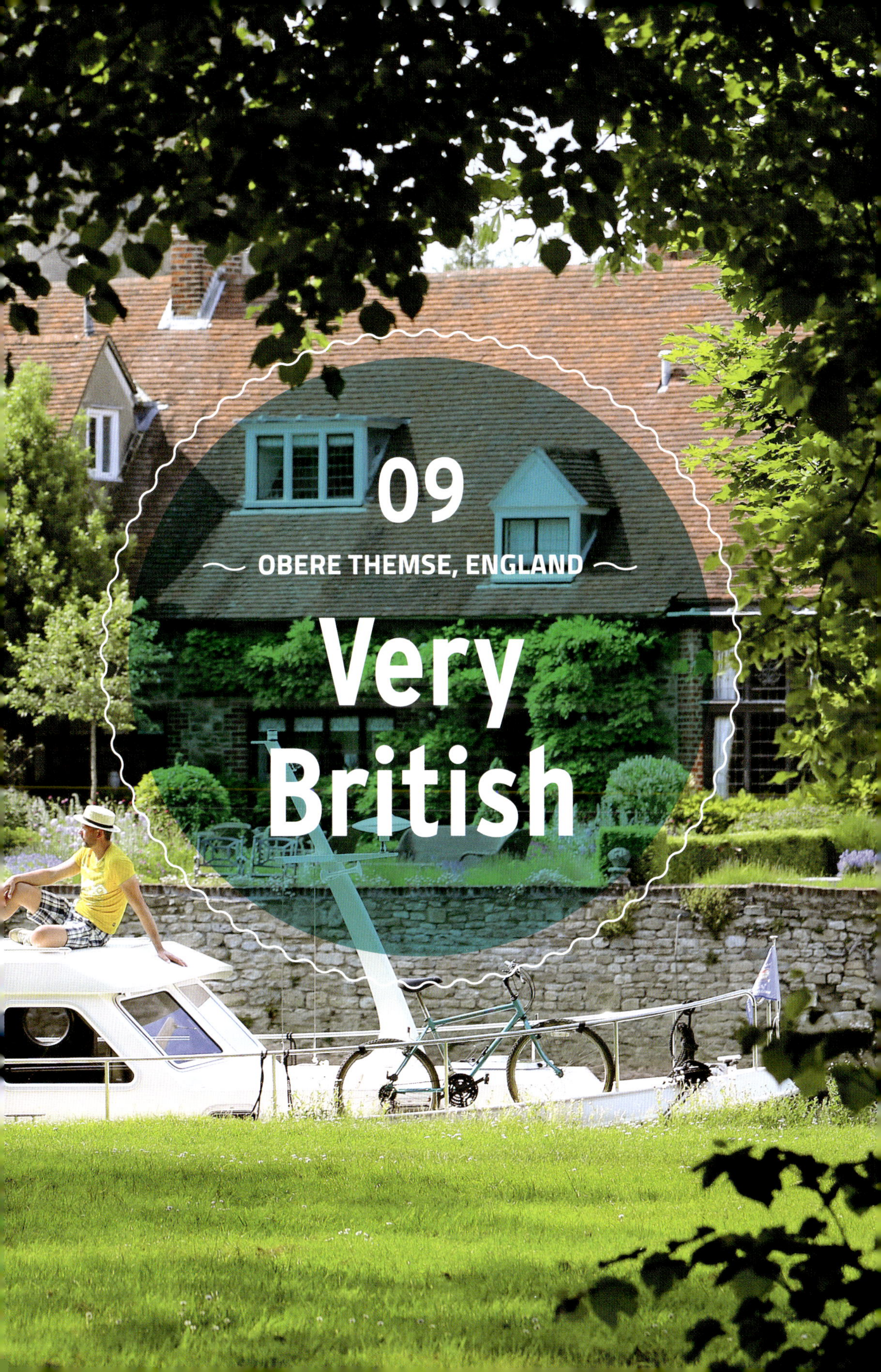

09

OBERE THEMSE, ENGLAND

Very British

Mit der Charteryacht auf der Themse bis nach Oxford. Ein Törn durch die grüne Landschaft Südenglands – mit Sonnenhut und Regenschirm.

Die Touristin hat es sehr eilig. Den Reiseführer in der einen Hand, die Tochter an der anderen, hetzt sie auf den kleinen Mann mit schwarzer Melone und weißen Handschuhen zu, der am Eingang dafür sorgt, dass alles seinen geordneten Weg geht. Noch quer über den Gang feuert sie ungeduldig ihre Frage ab: »Ich will wissen: Ist das jetzt hier die Universität von Oxford?« Dazu wedelt sie mit ihrem dicken Handbuch zu Englands Süden, als wäre es die Bibel selbst. »Es ist das Christ Church College, Madam«, erklärt der porter höflich. Dann fügt er noch hinzu: »Zur University of Oxford gehören sechsunddreißig Colleges, darunter auch diese Einrichtung.« Doch das genügt der Besucherin nicht: »Dann sagen Sie, welches davon das beste College ist. Unser Bus wartet. Bitte, wir haben nur Zeit für das beste!« »Das Beste«, entgegnet ihr Gegenüber lächelnd, »ist immer das, was man draus macht.« Da muss sogar die zuvor noch so rastlose Italienerin lachen: »Eine sehr britische Antwort«, sagt sie – very British!

Das Allerbeste machen auch wir schon seit ein paar Tagen aus unserer Reise, einem Chartertörn auf der Themse. Schwer fällt uns das nicht. Im Gegenteil: Der »königliche Fluss« zeigt sich von seiner schönsten Seite, und die Landschaft läuft wie ein Postkartenpanorama von Good Old England an uns vorüber: mit leuchtenden Rosenbüschen und hängenden Weiden, Brücken mit runden Bögen und goldgemalten Namen an den Gasthäusern.

NICHT OHNE HUT

Rückblick: Drei Tage zuvor fahren wir mit dem Mietwagen vom Flughafen Heathrow kommend nach Henley hinein, einem 10.000-Einwohner-Ort an der Themse, schon ein gutes Stück westlich der Millionenmetropole London und ihrer urbanen Peripherie. Henley liegt bei Flussmeile 46 der Themse und damit so ziemlich genau in der Mitte ihres rund 90 Meilen langen für Charterboote befahrbaren Abschnitts. Damit bietet es sich als Start- und Zielpunkt für Urlaubstörns geradezu an: Entweder es geht flussabwärts nach Windsor oder – wie bei uns – aufwärts nach Oxford.

Im Grünen: Unsere MIDSOMER unterhalb von Sandford.

Freundlicher Hinweis: Wenn einmal Tonnen ausgelegt sind, sollten sie auch unbedingt beachtet werden. Bei den Brücken mit Rundbögen, wie hier in Abingdon, heißt es immer schön die Mitte zu treffen.

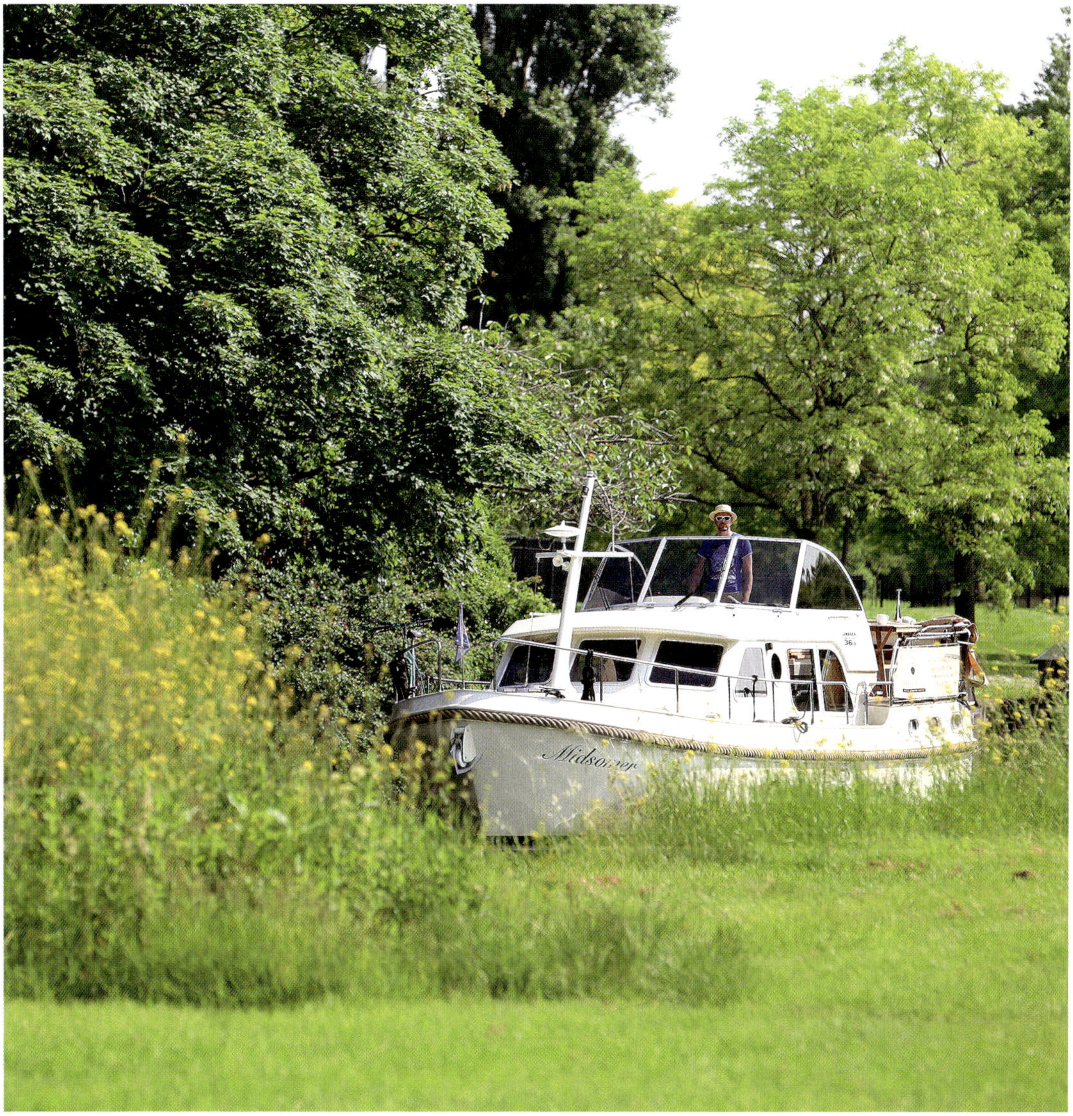

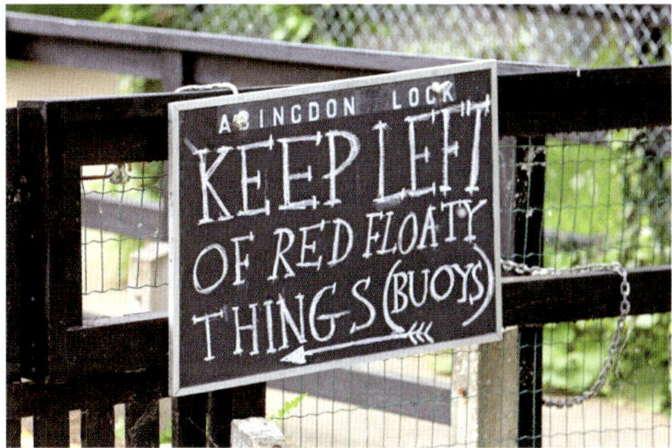
ABINGDON LOCK
KEEP LEFT
OF RED FLOATY
THINGS (BUOYS)

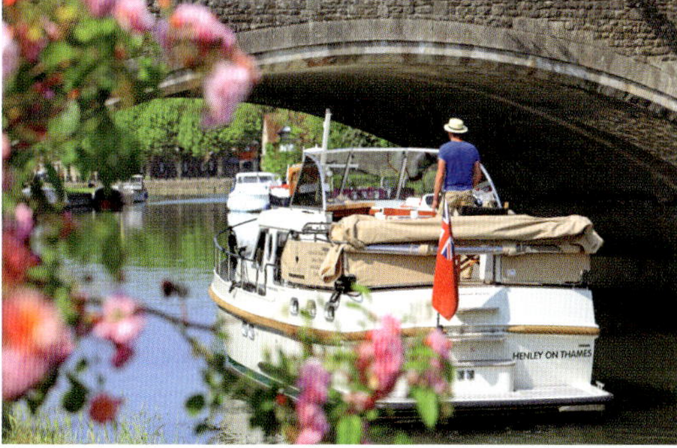
HENLEY ON THAMES

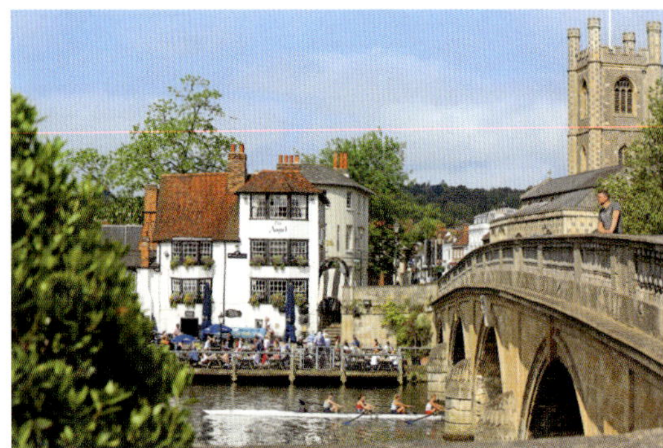

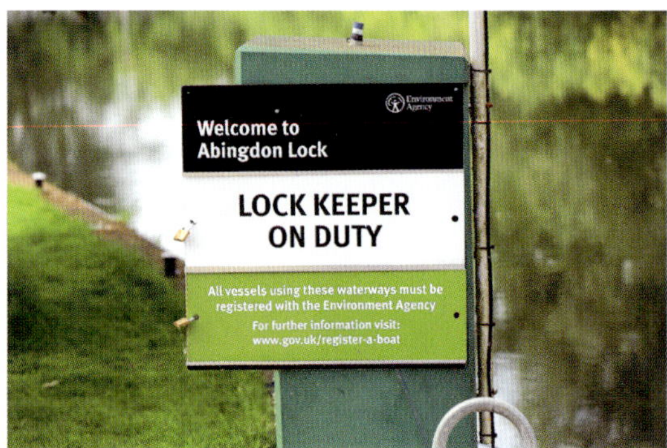

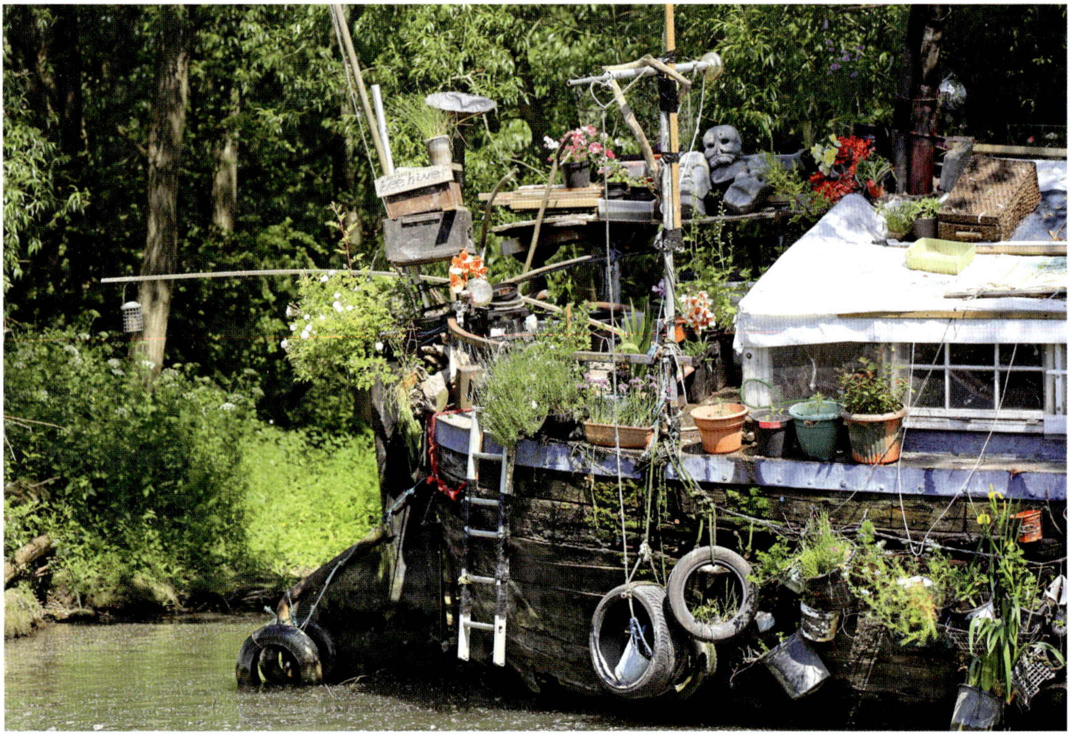

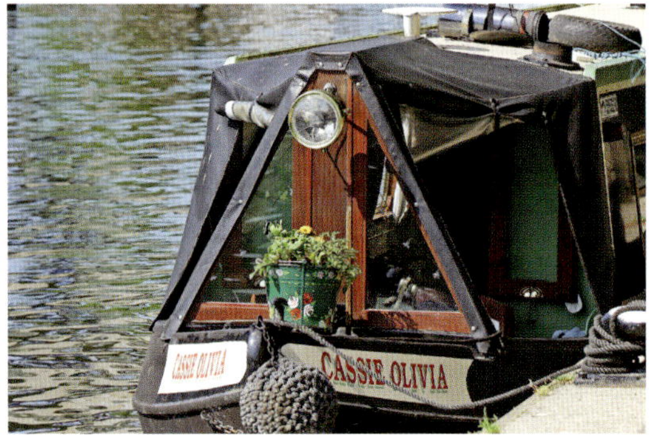

Startpunkt unserer Tour ist Henley-on-Thames. Hinten ist das beliebte Ausflugslokal »The Angel« zu sehen. Schilder zeigen an, ob der Schleusenwärter anwesend ist. Während der Mittagspause darf man hier selbst schleusen.

Wohnen am Wasser: Ein etwas rustikaleres Hausboot und ein Narrowboat am öffentlichen Anleger von Goring.

» Neben dem Heulen der Dampfpfeifen und dem Tuckern von Außenbordern hallen auch andere Laute über die Themse. «

Unser Boot wartet auf uns: MIDSOMER, eine komfortable Linssen Grand Sturdy 36.9 AC. Basisleiter Andy führt uns zur Übernahme an Bord, und gemeinsam gehen wir das umfangreiche Inventar durch: »Die hier werdet ihr besonders brauchen«, sagt er augenzwinkernd und hält eine Stapel boater in die Höhe. Die flachen Strohhüte mit Stoffband haben ihren Namen nicht von ungefähr: Früher gehörten sie zum angemessenen Outfit auf dem Wasser einfach dazu. Damit können wir uns anfreunden. Allerdings verzichten wir zugunsten von Polohemd und T-Shirt gern auf die früher ebenso standesgemäße Kombination von Blazer, Schlips und Kragen. Schließlich kommt es nicht so sehr darauf an, was man trägt, sondern wie man es trägt.

IM SCHRITTTEMPO

Es ist Mitte Juni und Wochenende: Das merken wir nicht nur, als es auf dem Weg zum Supermarkt trotz Auto bloß im Schritttempo durch das enge Ortszentrum geht, sondern im Anschluss auch auf dem Wasser. Während wir noch fest am Ufer unsere Sachen einräumen, zieht nebenan so ziemlich alles vorbei, was einen Kiel hat: Tretboote, Kajütkreuzer, Launches und voll besetzte Ausflugsschiffe. Neben dem Heulen der Dampfpfeifen und dem Tuckern von Außenbordern hallen aber auch andere Laute immer wieder über die Themse: das gleichmäßige Reißen der Riemen, das Klatschen der Ruderblätter und das helle Gurgeln des Wassers, wenn der gertenschlanke Rumpf eines Rennruderers vorüberschießt. Dazu erschallen gebellte Kommandos oder heiseres Anfeuern. Einer, Zweier, Doppelvierer und sogar Achter sind unterwegs und liefern eine Vorstellung eindrucksvoller technischer Präzision.

Und dabei sehen wir hier nur den lockeren Teil des Trainings: Ernst wird es erst hinter der Brücke flussabwärts, denn dort liegt Henley Reach, ein 2,5 Kilometer langer, recht gerader Abschnitt des Flusses. Auf ihm findet jedes Jahr im Sommer die wahrscheinlich älteste und bekannteste internationale Ruderveranstaltung der Welt statt: die Henley Royal Regatta. Schon 1839 hatte ein gewisser Captain Gardiner die Idee, ein jährliches Ruderrennen abzuhalten, um mehr Besucher in den Ort zu locken – eine clevere Marketingmaßnahme. Das erste Duell um den Grand Challenge Cup – eine fast hüfthohe und reich verzierte viktorianische Silberkanne – wurde ein durchschlagender Erfolg und gab den Startschuss für ein

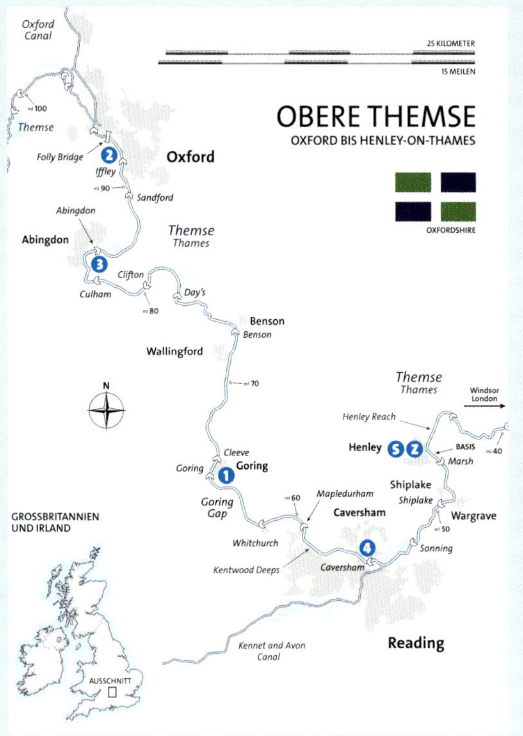

DIE → TÖRNETAPPEN

S Henley–Goring .... 31 km
1 Goring–Oxford .... 41 km
2 Oxford–Abingdon .... 12 km
3 Abingdon–Caversham .... 48 km
4 Caversham–Henley .... 14,5 m
Z Gesamtstrecke .... 146,5 km

DAS → REVIER

Länge: 217 km (135 mi) von Cricklade bis zum Übergang in die gezeitenabhängige Themse bei Teddington Lock · Für Charterboote: 150 km (93 mi) von Oxford (Folly Bridge) bis Teddington · Schleusen: 41 · Durchfahrtshöhe: einige niedrige Brücken, die nur mit gelegtem Verdeck passiert werden können, Folly Bridge bei Oxford (3,12 m) kann nicht passiert werden · Tiefgang: verschieden; amtlich mindestens 4 Fuß (1,22 m) in der Fahrrinne · Höchstgeschwindigkeit: 8 km/h · Registrierung: alle Sportfahrzeuge auf der Themse benötigen eine Registrierung (licence), die es für Gäste auch für Kurzzeiträume gibt (1 Tag, 7 Tage, 30 Tage). Kosten je nach Dauer und Bootsgröße. *www.gov.uk/government/publications/river-thames-visiting-launch-short-period-application*

NAVIGATION

Die Navigation auf der gezeitenfreien oberen Themse ist weitgehend unkompliziert – auch aufgrund der immer überschaubaren Breite des Flusses. Achtung allerdings bei schmalen, zugewachsenen Durchfahrten bei Inseln und in Ufernähe (Wassertiefe) und bei niedrigen Rundbogenbrücken (in der Mitte halten!). Tonnen gibt es kaum, dafür an den wichtigen Stellen Wegweiser (channel = Fahrwasser, lock = Schleusenkanal, weir = Wehrarm). Besondere Rücksicht auf die vielen Ruderer!

DAS → KLIMA

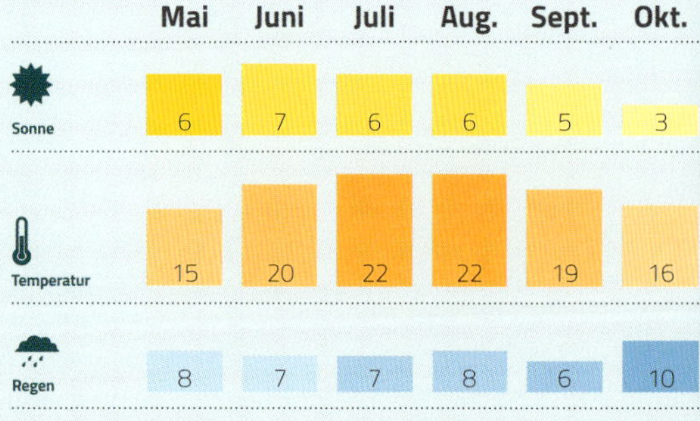

Werte: Sonnenstunden/Tag, Tagestemperaturen, Regentage

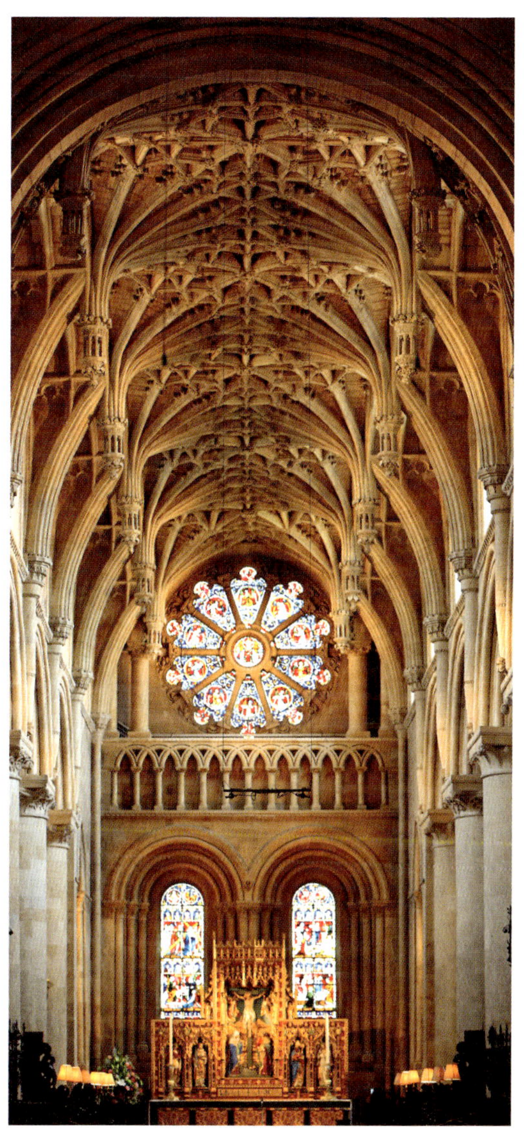

Gotische Pracht zeigt der Chor der Kathedrale von Oxford mit Kreuzrippengewölbe und der Fensterrose über dem Hochaltar.

Stück Sportgeschichte, das (mit inzwischen zwanzig Disziplinen) bis heute andauert. Einen spannenden Einblick gibt das River and Rowing Museum auf dem Westufer südlich des Ortskerns.

RUDERMEKKA

Als wir am nächsten Morgen aufbrechen, geht es für uns jedoch stromaufwärts in Richtung eines anderen Rudermekkas an der Themse: Oxford. Nach wenigen hundert Metern – oder besser gesagt Yards (ein Yard entspricht 0,9 Metern) – wartet dabei schon die erste Schleuse auf uns, Marsh Lock. Fünfzehn Staustufen werden es bis Oxford sein. Als Verkehrsweg wird die Themse schon seit frühester Zeit genutzt. Tamesis nannten sie die Römer. Die ersten Berichte über Mühlen und Wehre stammen aus dem Mittelalter, ab dem 16. Jahrhundert sind erste Stauschleusen dokumentiert, um den Warentransport zu erleichtern. Wie die meisten anderen Binnenwasserstraßen Europas verlor jedoch auch die Themse mit dem Siegeszug der Eisenbahn wieder an Bedeutung. Heute, längst befreit von den Spuren jeder Industrie, dient sie der Erholung – am und auf dem Wasser.

Gemeinsam mit einem Narrowboat laufen wir in die geöffnete Kammer von Marsh Lock ein. Langsam schiebt sich die GENTLY in die Lücke neben uns. Das kaum zwei Meter breite, dafür mehr als fünfzehn Meter lange Kanalboot ist eine echte Augenweide. Kein Schatten trübt das polierte Messing, kein Fleck die leuchtenden Miniaturmalereien: bunte Rautenmuster, blühende Rosen und romantische Burgen zieren Bordwand und Deckshaus. So unverzichtbar die »Narrows« früher als schwer schuftende Arbeitstiere auf den Binnengewässern der Insel waren, so beliebt sind sie heute als Hausboote – oft sogar im wörtlichen Sinne, wenn sie am Ufer vertäut als billige Alternative zu teuren Mietwohnungen genutzt werden.

Die beiden freundlichen Schleusenwärter helfen mit den Leinen, die schweren schwarzen

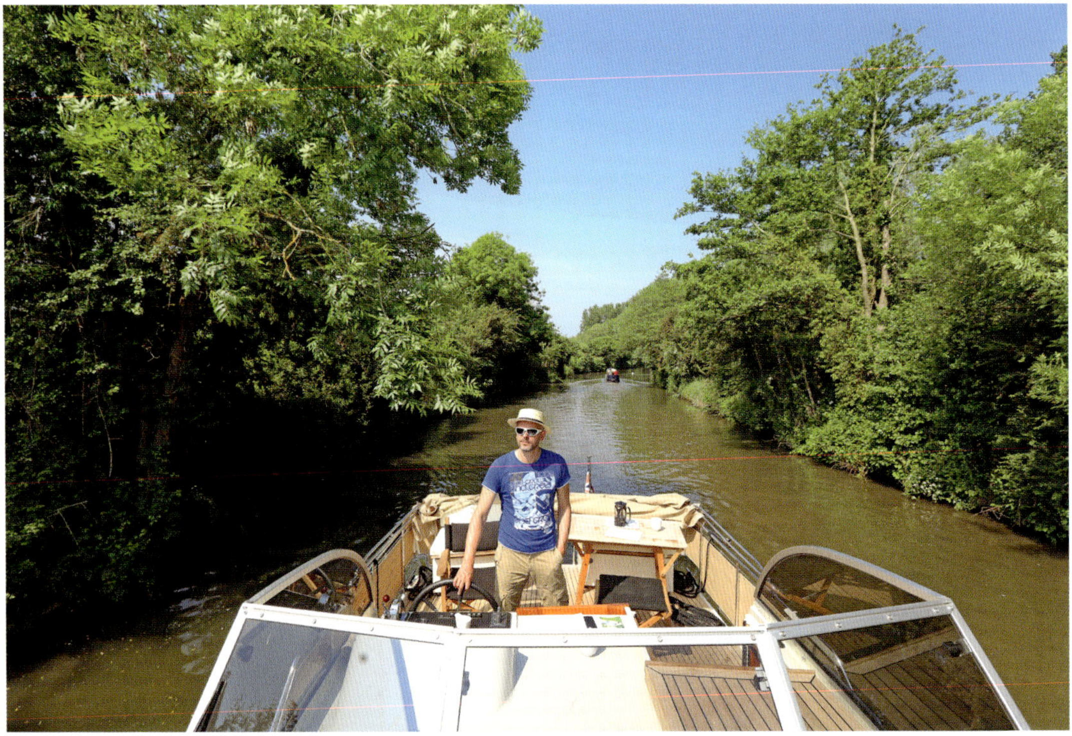

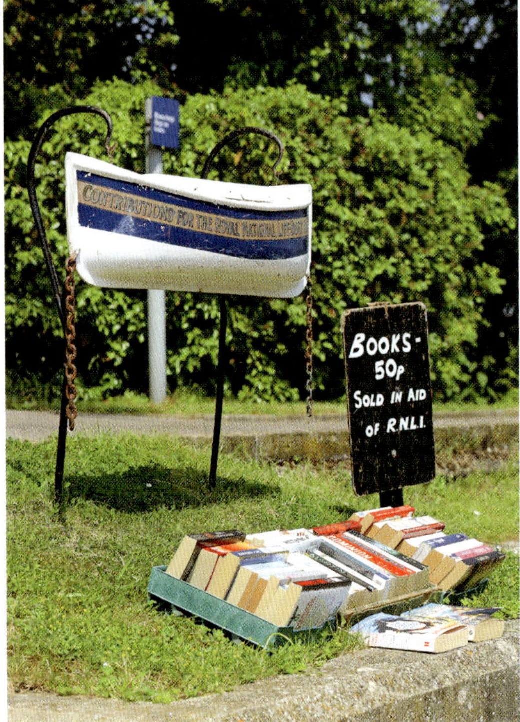
CONTRIBUTIONS FOR THE ROYAL NATIONAL
BOOKS -
50p
SOLD IN AID
OF R.N.L.I.

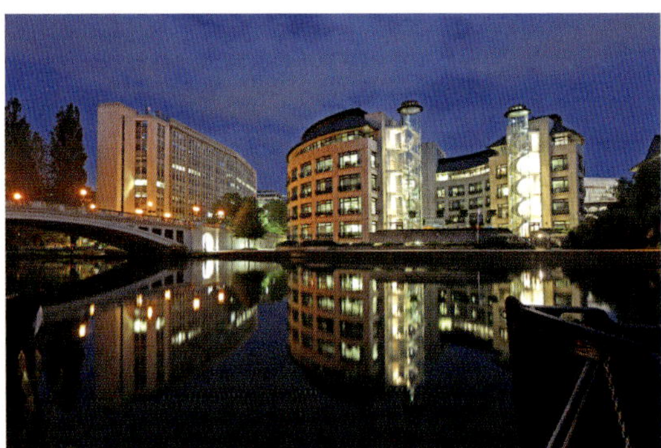

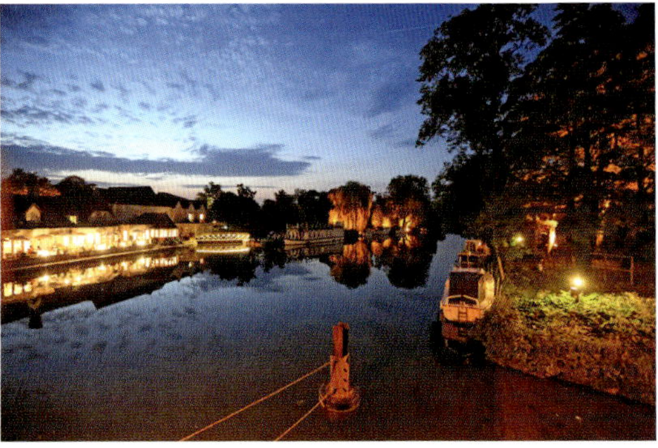

DIE ➔ TIPPS

★ **Ab in den Pub!**

Restaurants gibt es zwar in allen Orten, doch sie sind vergleichsweise teuer. Der Pub ist die gemütliche (und sozialere) Alternative – und die Karte bietet in der Regel weit mehr als Fish and Chips. Bestellt und bezahlt wird meistens direkt am Tresen.

★ **Ran ans Ufer!**

Keine Angst haben, direkt an der Uferböschung anzulegen. Strom und Wellenschlag sind so gering, dass man auch an zwei Erdnägeln sicher liegt. Wenn es regnet, kann der Uferweg abernschnell sehr matschig werden. Also entsprechendes Schuhwerk einpacken!

Im schmalen Schleusenkanal des Culham Cut wird es rechts und links am Ufer richtig grün. Auch weitab der Küste sammelt man für die britischen Seenotretter – hier beim »book sale« in Day's Lock.

Bürogebäude sorgen in Reading für ein bisschen Großstadt-Feeling – eine absolute Ausnahme im Revier. Blue Hour über Goring und dem »Swan of Streatley«, einem der klassischen Ausflugshotels an der oberen Themse.

Stemmtore schließen sich, und schon bald geht es gemütlich nach oben. Schnell kommen wir dem Paar von der GENTLY ins Gespräch: Cherrie und Peter kommen aus Birmingham im Norden. Seit er im Ruhestand ist, nutzen sie die Sommermonate, um kreuz und quer durch England zu schippern. »Eure Yacht wäre dafür ein wenig zu füllig«, lacht Cherrie, die ihr wildes silbernes Haar unter einem weiten Sonnenhut zu bändigen versucht. Die meisten Kanäle seien so schmal und flach, dass sie sich nur für Narrowboats eigneten. »Dafür können die beiden Jungs wenigsten im Stehen duschen!«, wirft Peter vom Heck ein. Schon schwingen die Tore am Oberhaupt zur Seite. Im Auslaufen gibt uns Cherrie noch einen Tipp mit auf den Weg: das »Catherine Wheel« in Goring. Gutes Essen! Wir bedanken uns und rufen »Have a nice holiday« hinüber – noch einen schönen Urlaub! Dann bleibt die GENTLY langsam in unserem Kielwasser zurück.

STADT, LAND, FLUSS

Ganz gemächlich geht es unter sommerlichem Himmel weiter, nun vorbei an Flussgrundstücken mit sehr exklusiver Bebauung und makellos gepflegtem Grün. In diesen Kunstwerken der Landschaftsgärtnerei wechseln sich moderne geometrische Betonfassaden mit ehrwürdigem gebeugten Fachwerk ab. Selbst die Bootshäuser am Ufer sind zum Teil so opulent, dass man sie für eine kleine Villa halten könnte – bis das eigentliche, zurückgesetzte Anwesen in Sicht kommt. Kleine, dicht bewaldete Inseln, die eyots genannt werden, nötigen uns Schlangenlinien ab. Doch blaue Pfeile mit der Aufschrift »channel« lassen keinen Zweifel daran, wo das Fahrwasser weiterführt.

Am Ufer wird es nun ländlicher. Felder und Wiesen ziehen sich zu beiden Seiten, kleine Dörfer werden passiert: Wargrave, Shiplake und Sonning, mit weißen und grauen Häusern, dem obligatorischen Pub und Kirchturm. Dazwischen

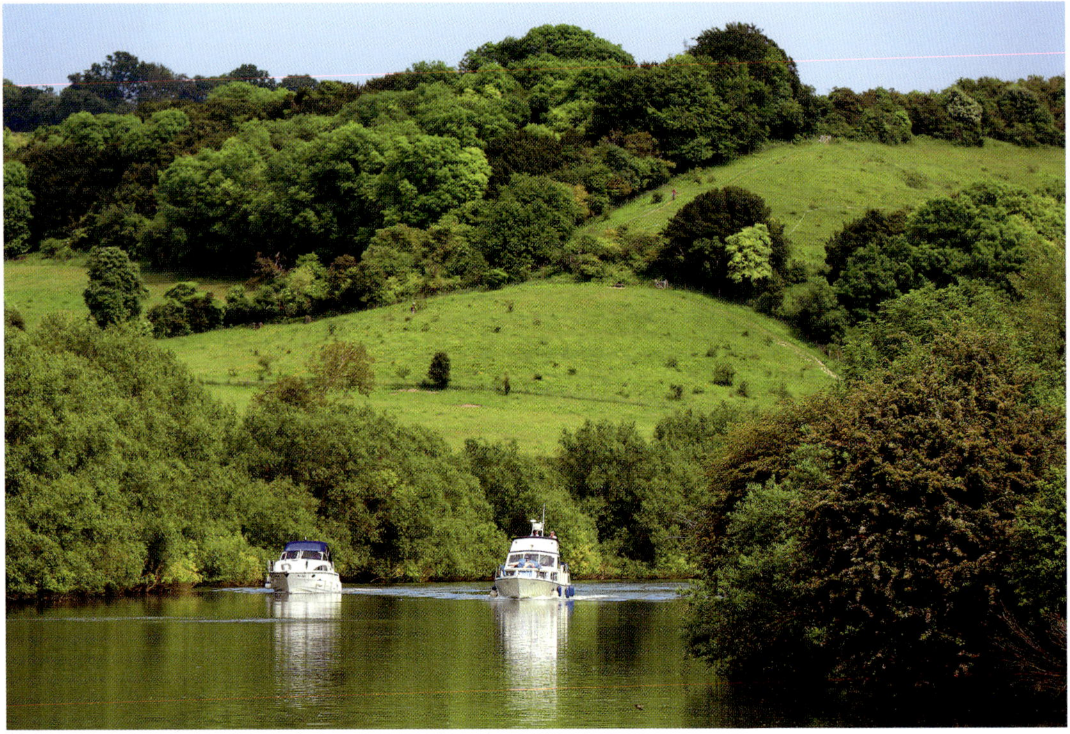

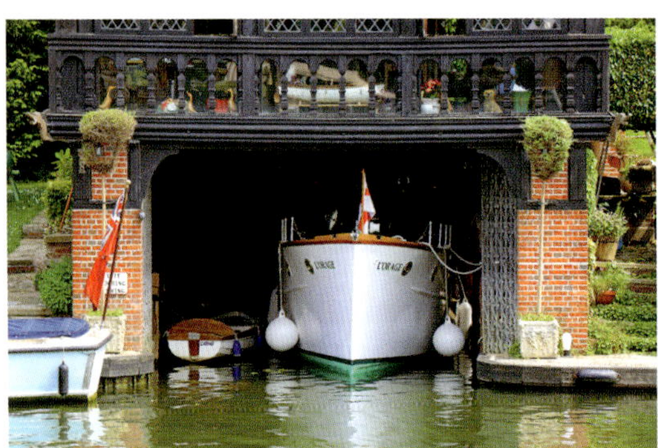

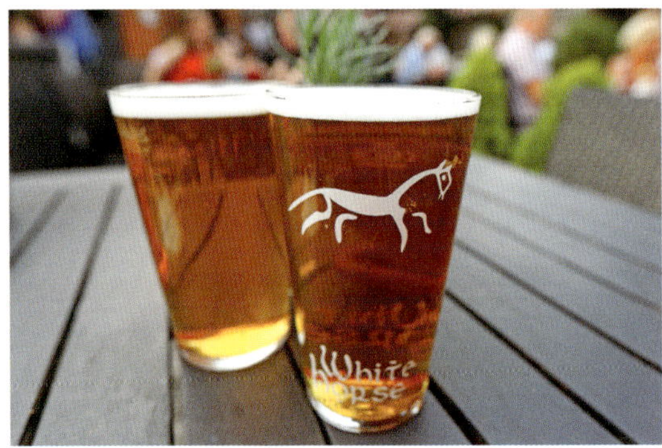
White

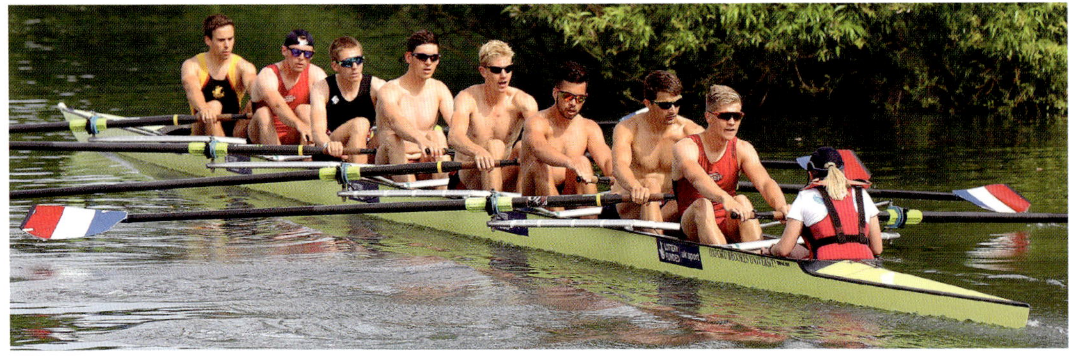

liegen alte Brücken (deren rostige Träger und bröckelnde Bögen oftmals keinen besonders vertrauenswürdigen Eindruck hinterlassen) und natürlich Schleusen. Auf die vierte, Caversham Lock, folgt die Fahrt durch das Stadtgebiet von Reading, der einzigen Großstadt im gesamten Verlauf des Törns. Christchurch Meadows, eine weitläufige öffentliche Grünanlage auf dem Nordufer gleich oberhalb der Schleuse, bietet einige Gastliegeplätze. Auf der Rückfahrt werden wir hier übernachten – in Gemeinschaft unzähliger Graugänse, die irritiert aufschnattern, als wir in der Dunkelheit vom Landgang zum Boot zurückkehren. Auch wenn das, was wir dabei von der Stadt gesehen haben, nicht spektakulär ist, hat sich der Ausflug trotzdem gelohnt – denn mit dem »Griffin« in der Church Road sind wir auf ein historisches Pub-Restaurant mit beer garden gestoßen, das man weiterempfehlen kann.

Doch wieder zurück zum ersten Tag, als wir Reading nur durchfahren. Denn unser Tagesziel, zu dem uns auch Cherrie und Peter von der GENTLY geraten hatten, ist noch zehn Meilen (beziehungsweise sechzehn Kilometer) entfernt: Goring. Der Weg dorthin führt durch das Goring Gap, das schönste und spektakulärste Stück Natur auf unserem Törn. Vorher müssen wir noch zweimal schleusen, in Mapledurham und Whitchurch, dann bewegt sich der Fluss auf grüne Höhenzüge zu, die Chiltern Hills im Norden und die Berkshire Downs im Süden. Gemeinsam drängen sie von beiden Seiten auf die Themse ein und zwängen sie in ein enges Tal, flankiert von Buchen- und Eichenwäldern. Entstanden ist das Goring Gap während der letzten Eiszeit, als der ursprüngliche Lauf des Flusses so aufgestaut wurde, dass er einen anderen Weg suchen musste und sich ein neues Bett durch die Hügel aus Kalkstein spülte. Ein schönes Plätzchen finden wir – wie üblich im Revier – längsseits an den public moorings, den öffentlichen Liegestellen von Goring, schon in Sichtweite der Schleuse.

ZEIT FÜR EINEN PIMM'S

Mit prächtiger Aussicht auf das enge Tal des Gaps hinter uns machen wir es uns auf dem Achterdeck bequem. Zeit für einen Pimm's – und der ist schnell gemixt: viel Eis und ein wenig von dem hier so beliebten Kräuterlikör gleichen Namens ins Glas, mit Orangenbrause auffüllen, garniert mit Minze und Gurkenscheiben! Sehr erfrischend – und very British ... Danach wandern wir (mit einer ganzen Schar von Touristen) an der alten Mühle vorbei über die High Street des schmucken Dorfes. Weiß gekalkte Cottages wechseln sich mit viktorianischen Wohnhäusern aus grauem Stein und roten Ziegeln ab, stolze Rosenstöcke und wildes Efeu umrahmen Türen und Fenster. Es zieht uns zum »Catherine Wheel« an der Station Road, also zu jenem Pub, der uns empfohlen worden war.

Seit 350 Jahren wird an dieser Stelle Ale ausgeschenkt, und auch das jetzige Gebäude mit

So hügelig ist es nur an einer Stelle: dem Goring Gap. Gut versteckt liegt die edle Launch in einem Bootshaus

Zum Wohl! Ein Pint Bitter kommt im »Griffin« in Reading auf den Tisch. Viele Pubs führen Bier aus kleinen Brauereien. Sportlich geht es im Achter eines Colleges beim Training in der Nähe von Oxford zu.

seinem gebeugten Gebälk und den beiden hohen Schornsteinen an jedem Giebel stammt schon aus dem 18. Jahrhundert. Zu Essen gibt es Honigschinken mit knusprigem Spiegelei oder goldbraunen Schellfisch mit gestampften Erbsen. Aus dem Fass kommt Lokales wie Brakspear Bitter und Thatchers Cider. Während sich die Gläser leeren, dämmert der Sommerabend über der Terrasse ganz langsam heran.

Um neun Uhr morgens legen wir ab und starten auf unsere zweite Etappe. Der Himmel ist nun von einem leichten Schleier überzogen, nichts, worüber man sich eigentlich Gedanken machen müsste. Aber sicherheitshalber fragen wir beim Schleusenwärter von Cleeve – der zweiten Staustufe des Tages nach Goring – mal nach. Ein bisschen Smalltalk zum Wetter geht in England schließlich immer. »Schöner Tag heute«, sage ich. »Was meinen Sie, bleibt es dabei?« Ich tippe mit dem Finger an die Krempe meines boaters. Die Antwort des Schleusenwärters könnte nicht diplomatischer ausfallen: »Oh ja, mit Sicherheit! Lovely day. Da ist der Hut genau richtig.« Eine wirkungsvolle Pause folgt, bevor er anfügt: »Aber Regenschirm und Gummistiefel würde ich trotzdem griffbereit halten.« Okay, verstanden!

KUNST UND STEAKS

Während die Themse nun ihre Schleifen nur durch nur noch sanft gewelltes Farmland zieht, werden tatsächlich nicht nur die Brücken niedriger, sondern auch der inzwischen graue Himmel scheint immer weiter herabzusacken. Zum Glück bleibt der Fahrtwind angenehm warm, auch als wir nach den Schleusen von Benson, Day's, Clifton und Culham das Verdeck legen, um im Folgenden nicht anzuecken. Am frühen Nachmittag kommen wir nach Abingdon. Auch hier werden wir auf dem Rückweg von Oxford noch eine Nacht am Ufer verbringen. Liegeplätze gibt es jede Menge, ober- und unterhalb der alten Steinbrücke. Mit zwei Erdnägeln liegt man sicher in der schwachen Strömung und kann die hübsche Kleinstadt mit ihrem Zentrum auf der Westseite des Flusses in aller Ruhe erkunden. Zum Beispiel die Saint Helen's Church mit ihren filigranen gotischen Bogenfenstern. Die Kirche wurde im zwölften Jahrhundert begonnen und stetig erweitert. Zu den Kunstschätzen im dunklen Inneren gehört der »Tree of Jesse« – ein Stammbaum von Jesus Christus, der im Jahr 1391 fertiggestellt wurde. Eine der von feinem Schnitzwerk umschlossenen Malereien zeigt den Gottessohn selbst an einem Kreuz aus blühenden Lilienranken. Für den Abend sei man an das »Nags Head« auf der kleinen Themseinsel an der Brücke verwiesen. Im Biergarten direkt am Wasser werden Steaks vom heißen Stein und üppige Salate serviert, dazu eigenes Ale.

Aufgepasst:
Gemeinsam mit anderen Sportbooten in Day's Lock müssen die Fender überprüft werden.

Tafeln im Angesicht der Geschichte:
Die Great Hall ist der Speisesaal des Christ Church College. Ausfahrt mit Stil: Die klassischen Launches aus Holz, Chrom und Messing sind die Oldtimer der Themse.

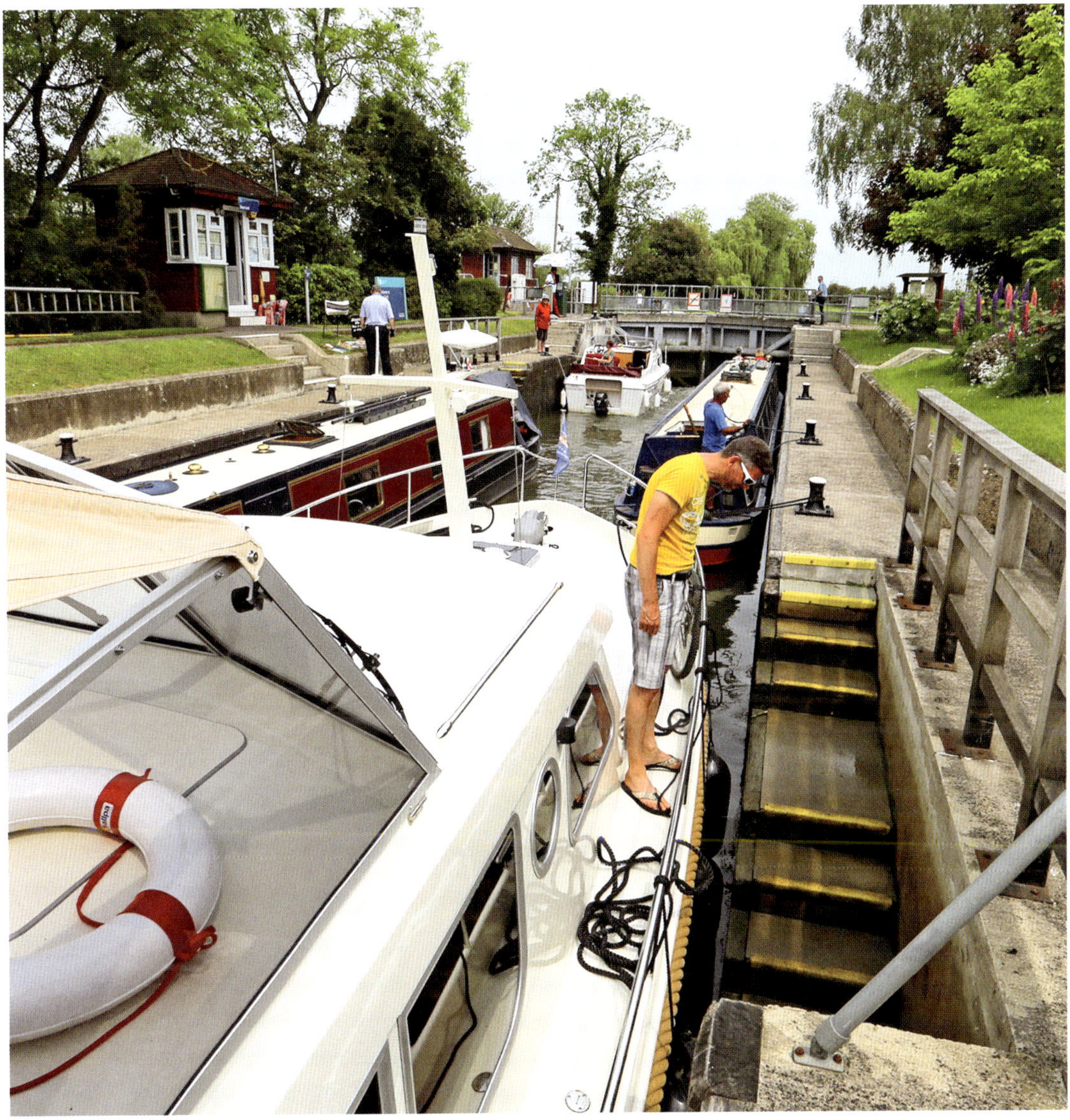

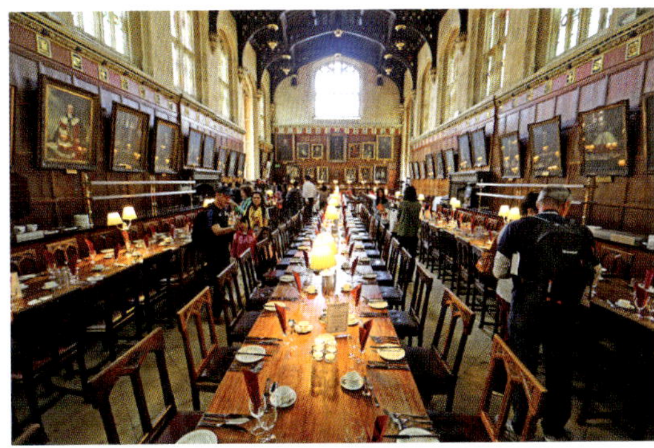

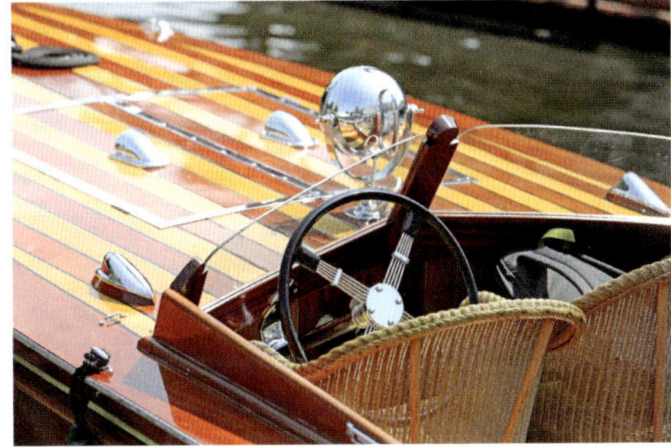

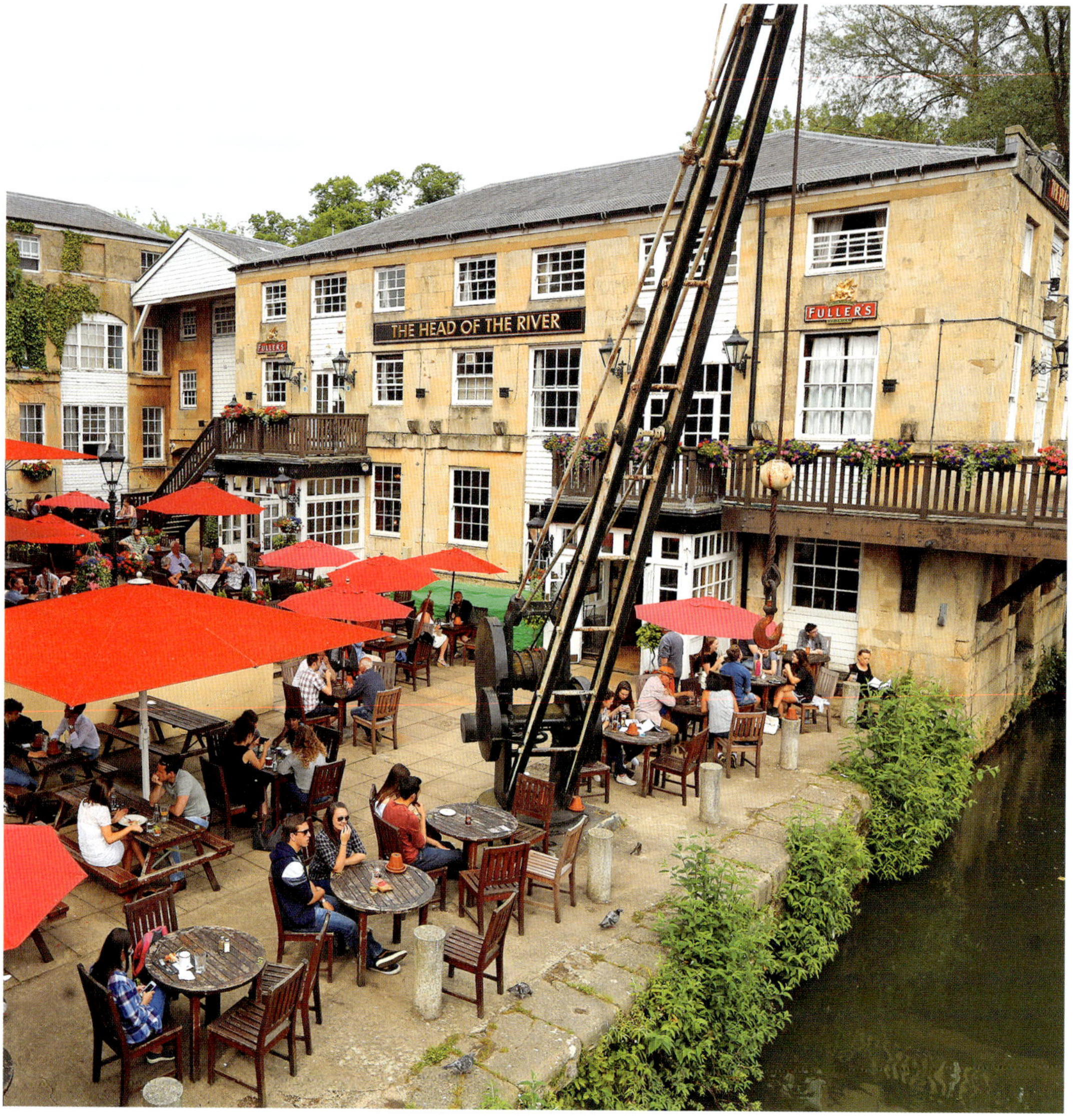

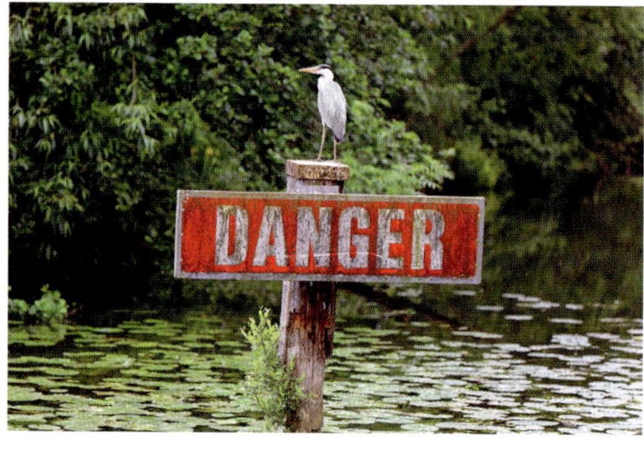
DANGER

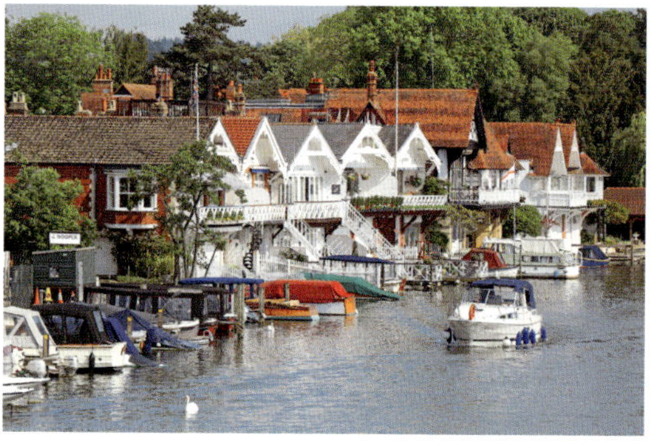

» Vom Regen lassen wir uns nicht beirren – schließlich gehört das berühmte wechselhafte Wetter Englands ja irgendwie auch zum Programm, oder? «

Ein letztes Mal zurück zur Hinreise: Unter dem steinernen Himmel wirkt die Landschaft nun seltsam still und entrückt. Bäume neigen sich über den Fluss, ein Paar schwarze Schwäne folgt schweigend in unserem Kielwasser. Lange Hecken ziehen sich als dunkle Linien über Wiesen und Weiden. Die Wanderer am Ufer tragen bereits gelbe Regenjacken. Von der Schleuse bei Abingdon sind es nur noch eine Handvoll Meilen bis zur Universitätsstadt Oxford. Schon sehen wir wieder die ersten Ruderer: Wir geraten in die nachmittägliche Trainingseinheit eines Colleges, dessen Bootshaus hier mitten im Grünen hinter einer Biegung auftaucht. Bis zum Unterwasser der Schleuse von Sandford sind wir nun Teil dieser Armada. Iffley kurz darauf ist unsere letzte Schleuse. Man sieht jetzt höhere Gebäude, den einen oder anderen Kirchturm: Oxford ist erreicht! Die öffentlichen Liegeplätze befinden sich im Süden der Stadt, auf dem westlichen Ufer. Gegenüber, am Boathouse Walk, reiht sich ein Bootsschuppen an den anderen. Hier trainieren die vielen Colleges der Stadt: Balliol, New, Christ Church und andere – darunter einige seit mehr als zweihundert Jahren –, kenntlich gemacht durch die Wappen auf den Gebäuden und die Clubfarben ihrer Ruderblätter. Bei aller sportlichen Rivalität pflegt man gute Nachbarschaft.

Als wir kurz nach dem Anlegen den letzten Erdnagel eingeschlagen haben, fällt pünktlich der erste Tropfen. Doch davon lassen wir uns nicht beirren – schließlich gehört das berühmte »wechselhafte« Wetter Englands ja irgendwie auch zum Programm, oder? Im schnell stärker werdenden Regen stiefeln wir auf dem schlitterigen und schlammigen Uferpfad noch ein Stück weiter bis zur Folly Bridge, die so niedrig ist, dass nur noch Narrowboats hindurchpassen. Hier steht das berühmte Gasthaus »Head of the River« – das »Haupt des Flusses«. Passender Name, passender Ort! Wir schütteln die Schirme aus und setzen uns an einen der gemütlichen Holztische. Morgen ist ja auch noch ein Tag.

Das »Head of the River« in Oxford, von der Folly Bridge aus gesehen. Hier endet für uns die Schiffbarkeit.

Schilder wie hier sind selten im Revier. Dieses warnt an der Abzweigung eines zugewachsenen Wehrarms. Wohnen am Wasser ist auch an der Themse attraktiv.

10

~ SHANNON, IRLAND ~

Blue Highway

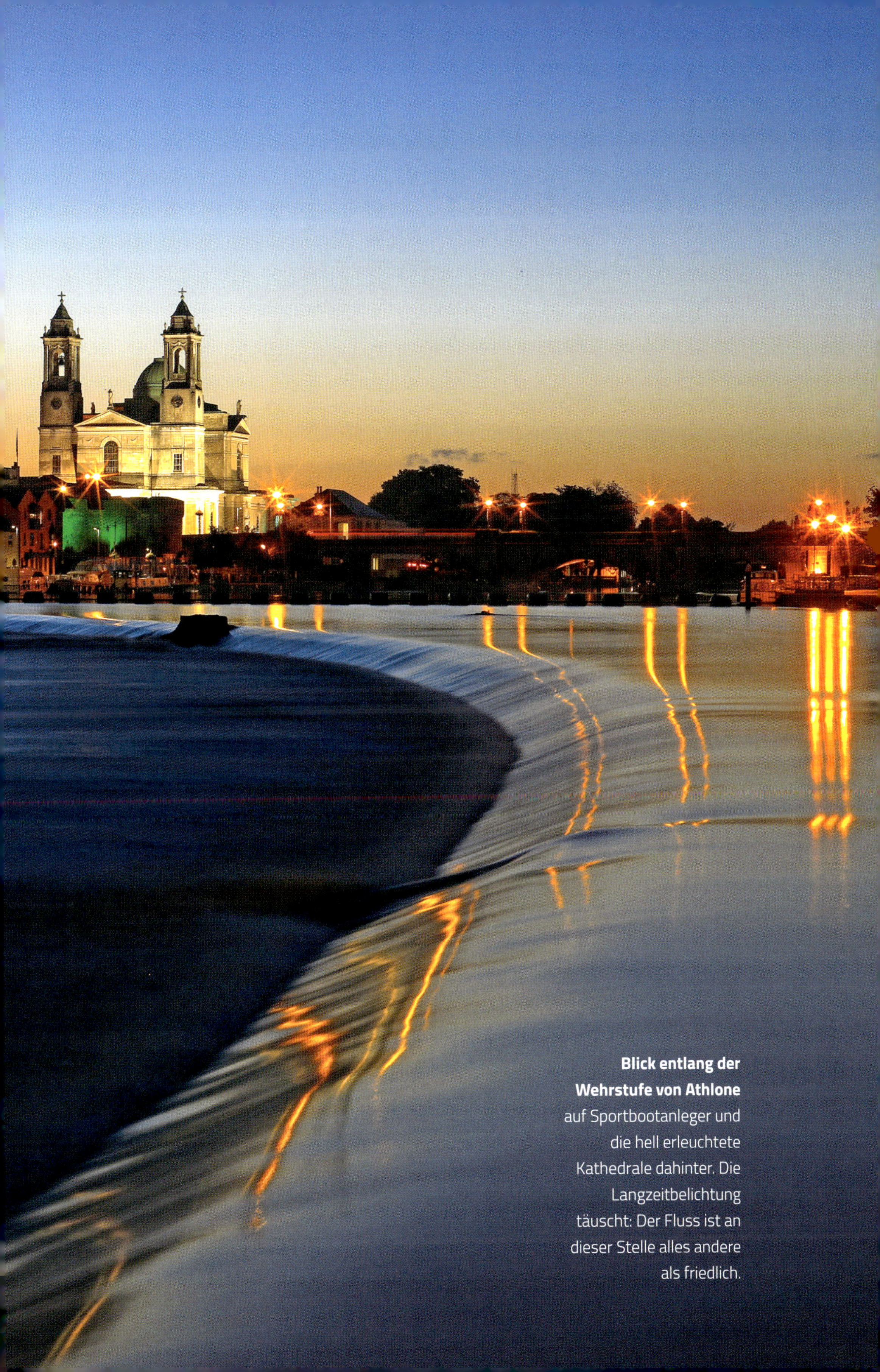

Blick entlang der Wehrstufe von Athlone auf Sportbootanleger und die hell erleuchtete Kathedrale dahinter. Die Langzeitbelichtung täuscht: Der Fluss ist an dieser Stelle alles andere als friedlich.

Der Shannon durchquert Irland einmal von Nord nach Süd. Mit der Charteryacht auf dem großen Fluss der grünen Insel.

Wir haben die Mitte getroffen: Athlone. Die alte Stadt wirbt stolz damit, im Herzen Irlands zu liegen, at the heart of it, wie es heißt. Seit alters schneiden sich hier, im geografischen Zentrum der Grünen Insel, ihre wichtigsten Verkehrswege: Zwischen Ost und West verläuft der Great Highway, eine Bodenschwelle aus Sand und Kies. Jahrhundertelang war dieses Abschiedsgeschenk der letzten Eiszeit erste Wahl für eine trockene und sichere Reise durch den Morast der Midlands. Heute folgt die Schnellstraße N6 von Dublin nach Galway noch immer diesem natürlichen Profil.

Bei Athlone kreuzt die vierspurige Fahrbahn einen ansehnlichen Fluss – die zweite Verkehrsader. Es ist der Shannon. Von seiner Quelle an den Hängen des Cuilcagh Mountain, weit im Norden in Cavan, führt ihn sein Lauf über 360 Kilometer einmal längs durch das Land nach Süden bis zu seiner Mündung in den Atlantik bei Limerick. Schiffbar sind immerhin rund zwei Drittel der Distanz: Irlands Blue Highway.

Diese »Straße« ist es, die uns hierhergeführt hat, ein Roadtrip zu Wasser sozusagen. Und wir sind nicht allein: Denn während Wohnmobile in langer Karawane oben über die Brücke rollen, gleiten unten die Hausboote hindurch. Knapp fünfhundert von ihnen sind während der Chartersaison auf dem Fluss unterwegs. Verschwunden sind die schweren hölzernen Frachtkähne von früher, der Tourismus hat die Torfstecherei ausgestochen. Heute ist der Shannon fest in Händen der Freizeitskipper. Für eine Woche gehören auch wir dazu, an Bord einer Charteryacht. Unser Stahlverdränger mit seinem eleganten Decksprung und der Wieling ringsum fällt auf unter all den Kunststoff-Kreuzern, die den Großteil der Ferienflotte im Revier ausmachen. Start und Ziel unseres Törns ist Carrick-on-Shannon nahe der Grenze zur Nordirland. Rund einhundert Kilometer des Flusses wollen wir in Richtung Süden erkunden.

WECHSELHAFT

Zurück zur Mitte, nach Athlone: Regenschleier wehen über die Dächer wie ein unruhiger Vorhang. Wie das Wetter, das der nahe Atlantik unablässig herantreibt, war auch die irische Vergangenheit stets wechselhaft: Schatten zogen über das Land, doch von Zeit zu Zeit fielen auch

Wind und Wellen sorgen auf dem Lough Ree für »Seefahrt«, Wolken und Sonne für dramatisches Licht. Kein Pub ohne Livemusik: »Balladenabend« in »Sean's Bar« in Athlone. Das Grün der irischen Flagge steht für den katholischen Süden des Landes, das Orange für den protestantischen Norden und das Weiß für den Frieden zwischen beiden Volksgruppen.

Das »Kreuz der Heiligen Schrift« wurde im zehnten Jahrhundert geschaffen. Das Original steht heute wettergeschützt im Besucherzentrum von Clonmacnoise. Die ehemalige Klostersiedlung Clonmacnoise liegt erhaben auf einer Anhöhe mit weitem Blick über die Schleifen und Flutwiesen des Shannon.

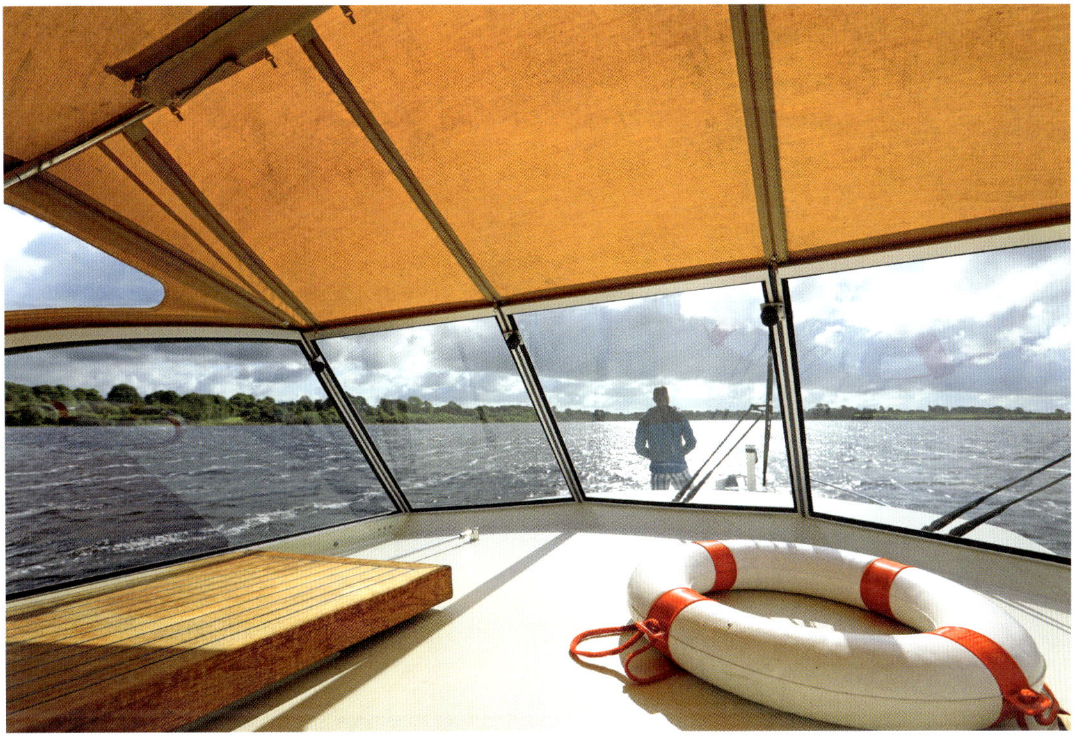

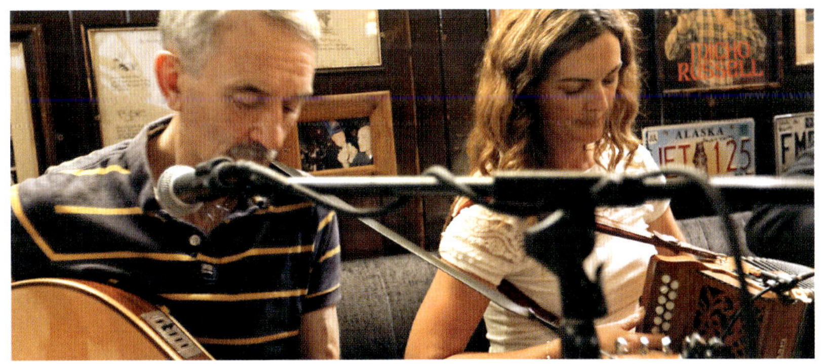
ALASKA

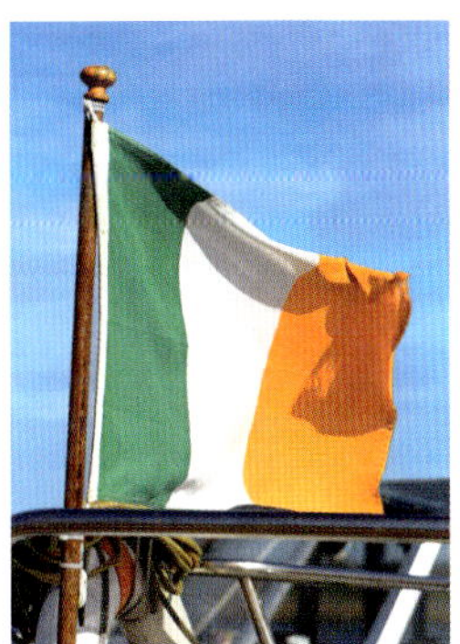

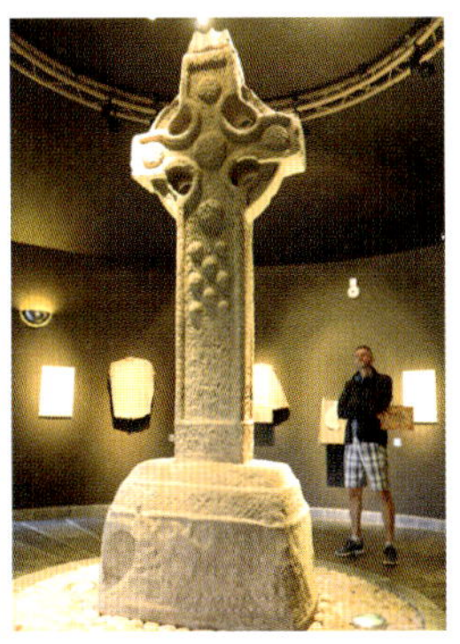

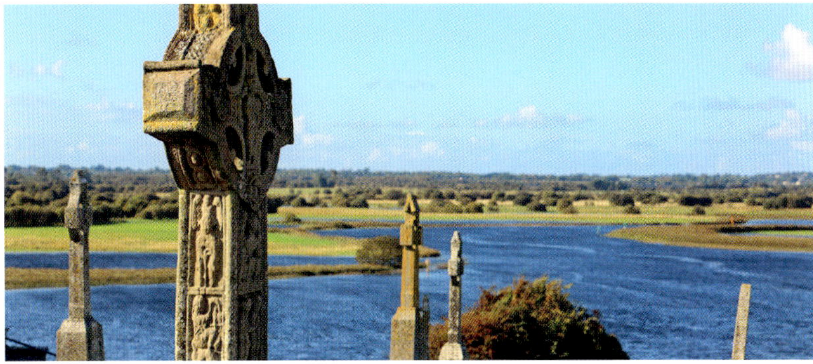

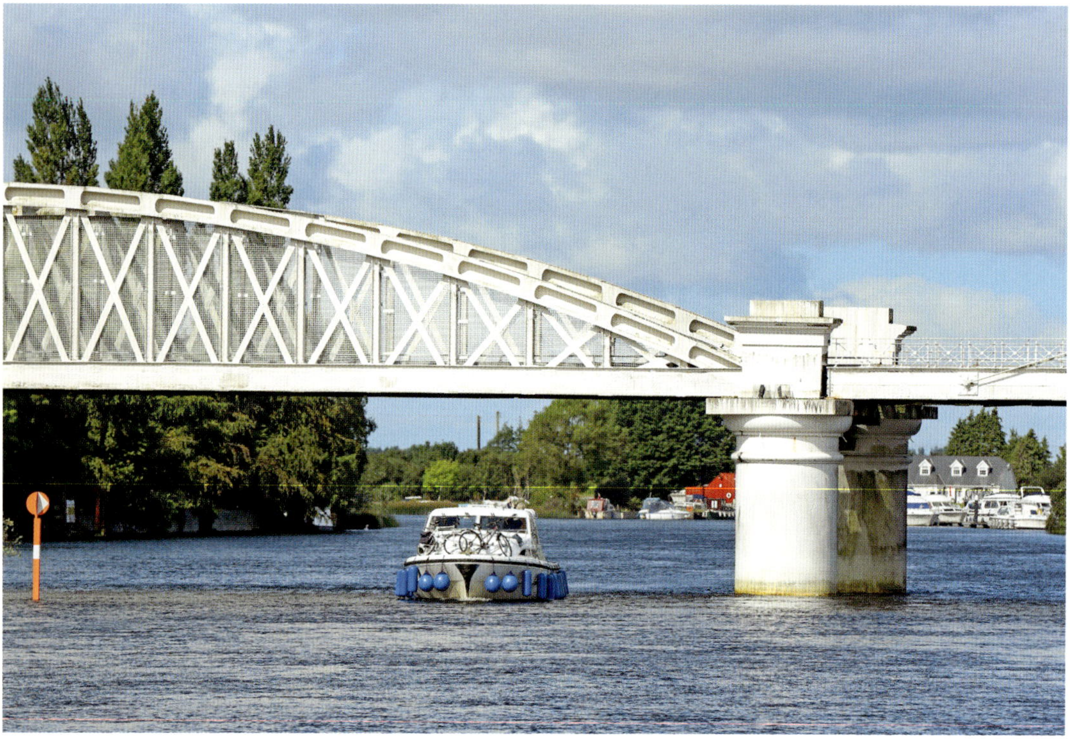

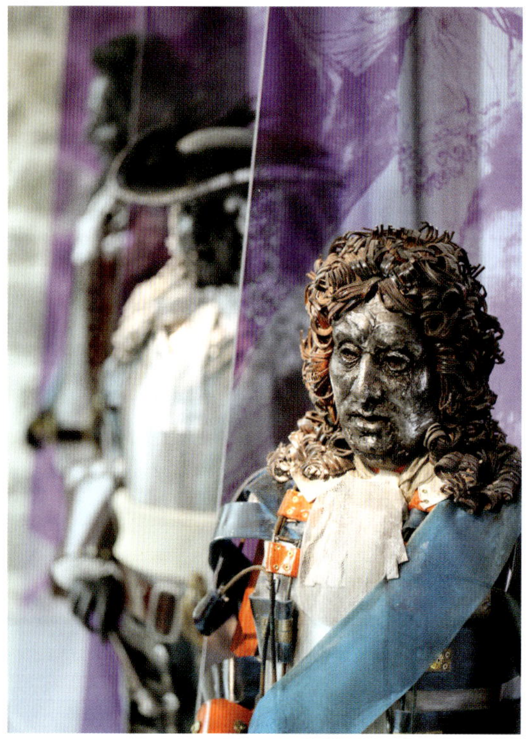

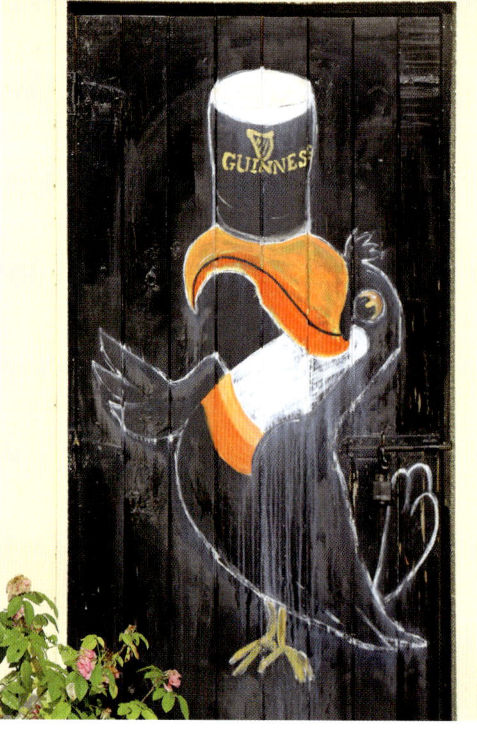
GUINNESS

DIE → TOP 3

★ **Die Pubs**
von Athlone bieten eine enorme Vielfalt – nicht nur, was die Getränke betrifft. Auch bei der Livemusik wird von Folk bis Rock alles geboten.

★ **Die Hochkreuze**
von Clonmacnoise sind einmalige Denkmäler lebendiger Geschichte des Landes. Keine *bucket list* vom Shannon kann auf sie verzichten.

★ **Die Natur**
am Lough Key mit ihrem dichten Wald unterscheidet sich völlig von der weiten Landschaft im weiteren Revierverlauf. Ein lohnender Abstecher!

Die White Bridge ist eines der Wahrzeichen Athlones – die eiserne Eisenbahnbrücke stammt aus dem Jahr 1851.

Historisches Detail, modernes Handwerk und künstlerische Kreativität vereinen die ganz aus Metall gefertigten Figuren von Feldherren in der Festung von Athlone. Guinness ist in Irland allgegenwärtig – so auch in Lanesborough.

helle Strahlen auf einzelne Flecken. Ein passendes Symbol für diesen schicksalhaften Kontrast ragt vor uns auf: die dunkle Form von Athlone Castle. Eine englische Zwingburg an strategischer Stelle: Die hohlen Schnauzen ihrer Kanonen und Mörser – inzwischen Museumsstücke – beherrschen noch immer die Brücke im Zentrum, den ersten und lange einzigen Kreuzungspunkt der beiden Highways. Gleichzeitig sollte die Stärke der Garnison das Blut der Bevölkerung kühlen. Denn jenseits des Flusses begann der wilde Westen Irlands, die zerklüftete Provinz Connacht. Von Athlone aus sollte sie erobert werden. Und da konnten die Engländer auf rebellische Einheimische hinter den eigenen Reihen gut verzichten.

In der Zwischenzeit arrangierten sich die Iren jedoch in typischer Weise mit der Realität: Sie feierten im Schatten der Festung – und das im wahrsten Sinne. Keine fünfzig Meter von der Mauer entfernt, auf der gegenüberliegenden Seite der High Street, befindet sich der Eingang zu Sean's Bar, dem ältesten Pub der Welt. So zumindest verbrieft es das »Guinness Buch der Rekorde«: Schon um das Jahr 900 herum soll an gleicher Stelle Luain's Inn gestanden haben; Ath Luain lautete damals wie heute der irische Name Athlones. Von unserem Liegeplatz an der Kaimauer oberhalb der Schleuse sind es nur ein paar Schritte auf dem regennassen Pflaster hinüber zu dieser kulturellen Wiege von Weltgeltung. Lange müssen uns die beiden einladend leuchtenden Fenster nicht locken …

IN FEIERLAUNE

Drei Tage vorher: Allzu lange müssen die beiden Brüder auf der Bühne nicht allein rocken. Gerade schlängelt sich eine Gruppe Frauen sehr zielstrebig an uns vorbei und beginnt schon am Eingang laut mitzusingen. Auf dem Programm steht das Revival von Creedence Clearwater Revival, die Luft ist lau nach einem herrlichen Spätsommertag, und nicht nur der komplette Ort scheint

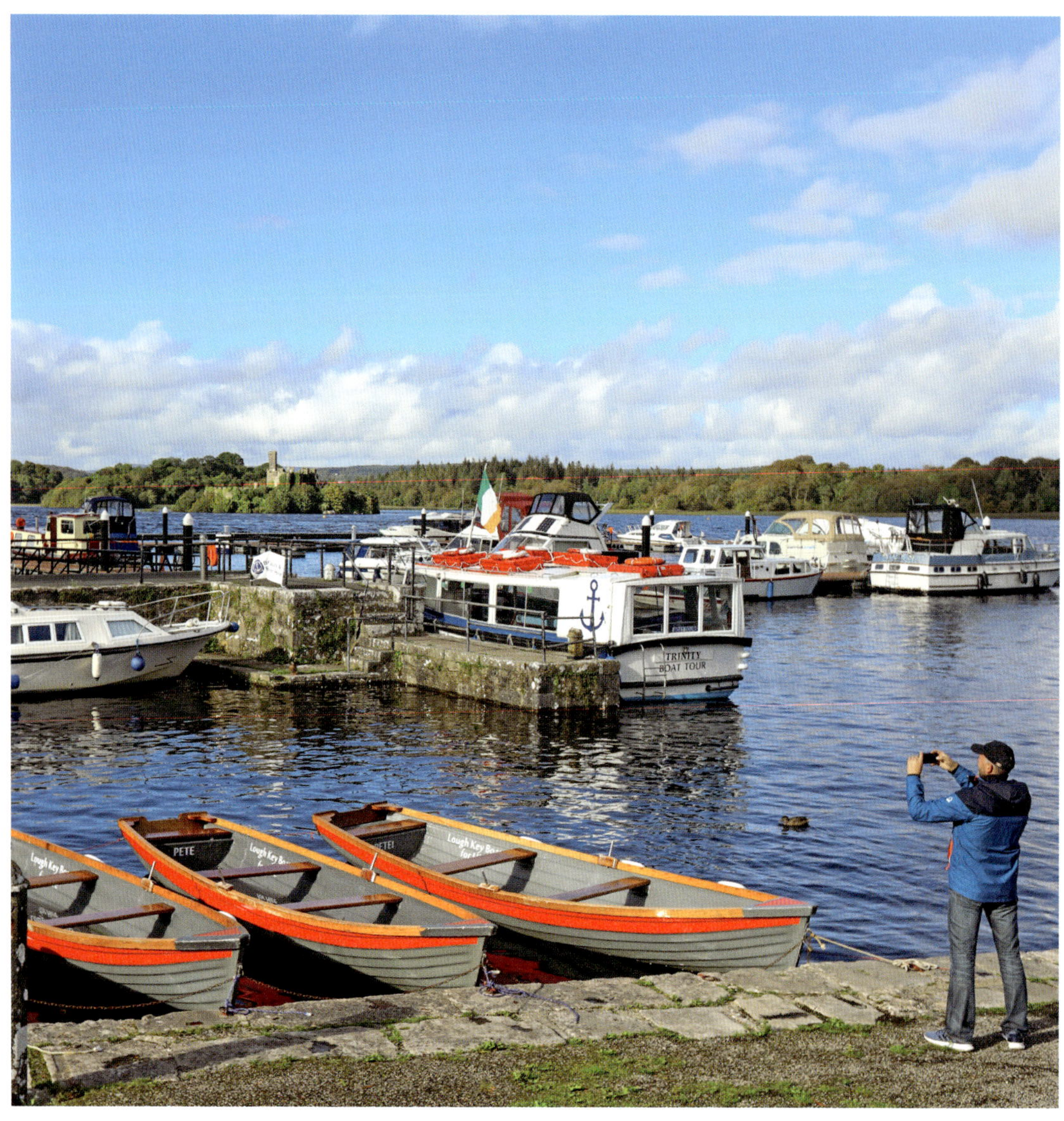

in Feierlaune zu sein, sondern das Umland ebenso. Es ist Wochenende in Carrick-on-Shannon. Am Vorabend unseres Törnstarts stehen wir vor dem Barrel Store, der jüngsten Bar der Stadt, und drinnen legt die Band jetzt richtig los: »Rollin', rollin', rollin' on the River!«

Vor wenigen Stunden erst hatten wir im Büro des Vercharterers eingecheckt. Nachdem wir unser Boot übernommen und eine Proberunde gedreht hatten, ging es mit dem Mietwagen (der vom Flughafen in Dublin stammt) noch schnell zum großen Tesco-Supermarkt. Ausgepackt und out on the town – ab in die Stadt! Carrick ist der größte Ort am Oberlauf des Shannon – und der größte Charterstützpunkt. 4.000 Menschen leben hier, wo der Fluss eine enge Schleife zieht, überragt vom Turm der St. Mary's Church. Der Weg von der Kirche führt hinab über Main und Bridge Street mit ihren kleinen Shops, Restaurants und vor allem Pubs.

» Rollin', rollin', rollin' on the River! - In der jüngsten Bar von Carrick-on-Shannon wird das Wochenende eingeläutet. «

Das Gelände des Forest and Activity Park am Lough Key gehörte über Jahrhunderte einer Familie namens King. Sie ließ sowohl den Hafen als auch die mittelalterlich anmutende Burg auf Castle Island im Hintergrund errichten.

Bunte Fassaden, darüber grauer Stein. Auch Souvenirs sind kein Problem: Kiss me, I'm Irish! Dann zur Uferpromenade, wo Kinder in Neoprenanzügen vom Steg springen. Gleich daneben verbindet die Rundbogenbrücke das County Leitrim mit Roscommon. Der Shannon strömt an ihren massigen, moosbewachsenen Pfeilern vorbei und windet sich im Sonnenschein durch schilfgesäumte Landschaft weiter nach Süden, grüne Hügel am Horizont, hingetupfte Wolken am Himmel.

Auch für uns geht es am nächsten Morgen unter der Brücke hindurch in diese Richtung. Mit dem Strom steuern wir durch ihren mittleren, höchsten Bogen und lassen Carrick hinter uns. Der Fluss führt ungewöhnlich viel Wasser zurzeit, die Pegelstände liegen einen ganzen Meter höher als gewöhnlich zu dieser Jahreszeit. Zwei, drei regnerische Wochen sind daran schuld. Bald finden wir uns in einem Konvoi fenderbehangener Charterboote wieder und erreichen den Jamestown Canal, einen schnurgeraden Durchstich, der eine weite Schleife abkürzt. Ufermauern, Brücken und Bäume zu beiden Seiten sind mit dichtem Efeu bedeckt.

Dann liegt Albert Lock vor unserem Bug. Zu viert geht es in die Schleuse hinein. Die Leinen werden vom Personal mit Bootshaken angenommen und über die Poller am Kammerrand gelegt, die schweren Stemmtore schließen sich geräuschlos. Während es abwärts geht, wird kassiert: 1,50 Euro werden pro Boot fällig. Da kann man nicht meckern. Vor der Hubbrücke von Roosky müssen wir dann aber an den Wartesteg; das Personal macht Mittagspause. Der Schwimmsteg ist mittig im Fluss verankert, und die starke Strömung macht das Anlegemanöver zu einer spannenden Angelegenheit. Wir drehen und laufen gegen den Strom an. Bei sechs Stundenkilometern Fahrt tritt unsere Stahlyacht auf der Stelle. Der Steg befindet sich querab. Jetzt langsam seitwärts, bis wir die Leinen überlegen können, dann liegen wir fest – und haben noch immer eine stattliche Bugwelle.

EINHEITLICH GRAU

Mit Lough Boderg und Bofin haben wir bereits zwei Seen im Flussverlauf passiert, eine Stunde hinter der Brücke und der Schleuse in Roosky folgt mit dem Lough Forbes der nächste. Der tief hängende Himmel ist inzwischen einheitlich grau, der Westwind ohne Sonne deutlich kühler. Die dritte und letzte Schleuse des Tages haken

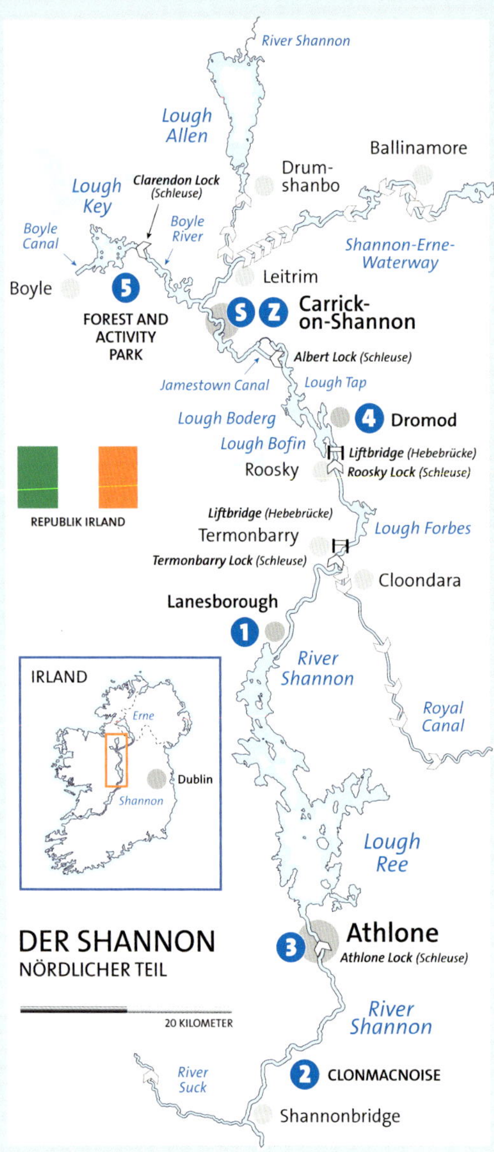

DIE → TÖRNETAPPEN

- S Carrick-on-Shannon–Lanesborough .... 49 km
- 1 Lanesborough–Clonmacnoise .... 47 km
- 2 Clonmacnoise–Athlone .... 16 km
- 3 Athlone–Dromod .... 58 km
- 4 Dromod–Lough Key .... 43 km
- 5 Lough Key–Carrick-on-Shannon .... 16 km
- Z Gesamtstrecke .... 229 km

DAS → REVIER

Das schiffbare Gewässersystem der Flüsse Shannon und Erne erstreckt sich über rund 400 Kilometer von Belleek in Nordirland zur Atlantikmündung bei Limerick im Südwesten der Republik Irland (wobei Charterboote nur bis Killaloe fahren dürfen). Auf den Shannon selbst entfallen etwa 280 Kilometer, beginnend am Lough Allen nördlich von Carrick-on-Shannon. Bei Leitrim mündet der Shannon-Erne-Waterway ein, der zum Erne-System mit dem Upper und Lower Lough Erne führt. Im Verlauf des Shannon liegen diverse Seen. Der größte im Revierabschnitt ist der Lough Ree. Der Fluss ist durchgehend staureguliert. Wegen der teils großen Abstände zwischen den einzelnen Stufen besteht der Charakter eines frei fließenden Gewässers fast überall. Berufsschifffahrt gibt es kaum noch, als Urlaubsrevier hat er einen so hohen Stellenwert, dass nautische Infrastruktur und Schiffbarkeit vollständig erhalten sind. Der Zustand der Schleusen ist gut, alle Fahrwasser sind durchgehend mit Tonnen oder Baken nach dem Lateralsystem bezeichnet. Diese Fahrwasser sind unbedingt einzuhalten, da es selbst bei größeren Wasserflächen häufig ausgedehnte Untiefen gibt. Im Bereich von Verengungen, Staustufen und Brücken kann die Strömung teils erheblich sein, besonders bei Hochwasser. Die Behörde für den Unterhalt aller irischen Wasserstraßen ist Waterways Ireland. *www. waterwaysireland.org.*

DAS → KLIMA

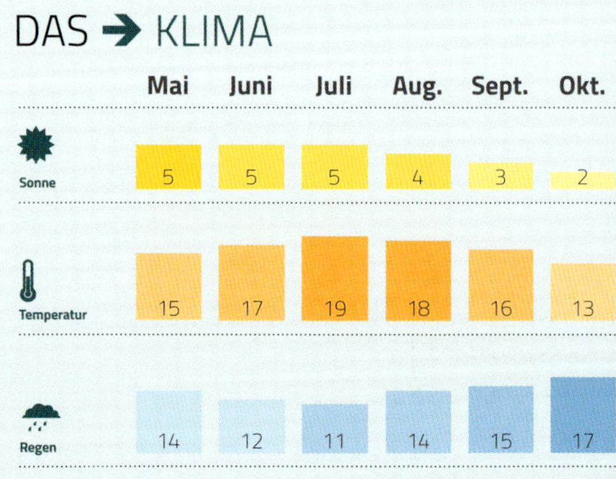

Werte: Sonnenstunden/Tag, Tagestemperaturen, Regentage

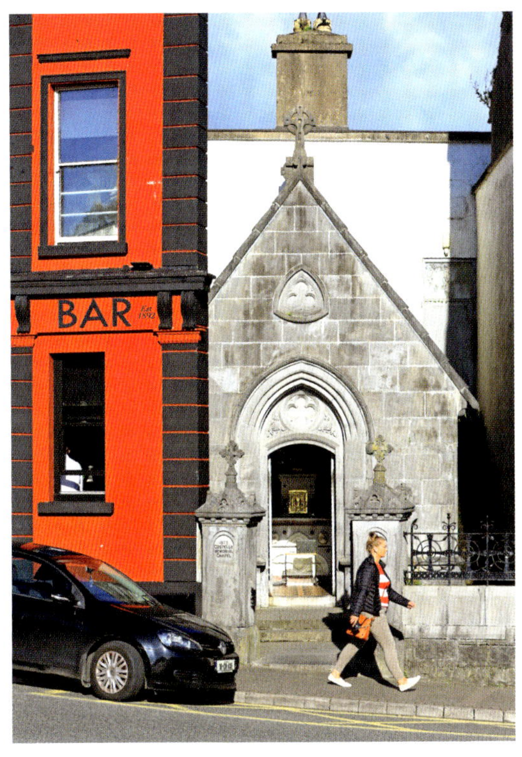

Zwischen Bars und anderen Geschäften ist der Eingang zur Costello Chapel versteckt, einer der kleinsten Kirchen der Welt in Carrick-on-Shannon.

wir in Termonbarry ab, und gnädigerweise setzt der feine Regen erst danach ein. Kein Wunder, dass das Gras hier grüner ist. Am Horizont allerdings spielt das Licht schon wieder über die blassen Konturen der Hügel. Davor drehen sich nach Westen gewandte Windräder. Links voraus kommt schließlich ein großer Klotz in Sicht – die Lough Ree Power Station bei Lanesborough, unserem Ziel für heute. Immerhin einhundert Megawatt leistet die Anlage. Als Brennstoff dient der einzige »Bodenschatz« der Region: Torf.

Noch unter einer letzten (festen) Brücke hindurch, dann streben vor uns die Ufer auseinander. Unsere Yacht hat das nördliche Ende des Lough Ree erreicht und damit den mittleren der drei großen Seen im Verlauf des Shannon. Morgen werden wir ihn überqueren, heute haben wir genug Strecke gemacht. Unseren Platz für die Nacht finden wir im gemeinsamen Gasthafen von Lanesborough und Ballyleague, dessen Steganlage auf der westlichen Seite der Mündung in den See ragt. In der Dämmerung folgen wir dem erdigen Geruch von Torffeuer über die Brücke. Aus den Kaminen mehrerer Häuser entlang der Main Street steigt dünner blauer Rauch. Zwei nette, von den Stiefeln bis zur Mütze in sumpfige Tarnfarben gehüllte Angler haben uns die Yacht Bar in Lanesborough empfohlen, als wir sie nach gutem pub food und Pint fragten, und die haben wir nun am Ende der Straße fest im Blick.

ORDENTLICH GISCHT

Rund fünfundzwanzig Kilometer misst der Lough Ree, mehr als genug für eine kurze, steile Windsee, die ordentlich Gischt überkommen lässt, wenn es gegenan geht. Wir haben Glück heute, der Wind ist mit uns, kommt beinahe von achtern. Stampfen müssen andere. Das Wasser ist stahlgrau, große Tonnen begrenzen die überraschend schmale Fahrrinne. Am Ufer teilen Hecken und Baumreihen die Hänge mit ungleicher

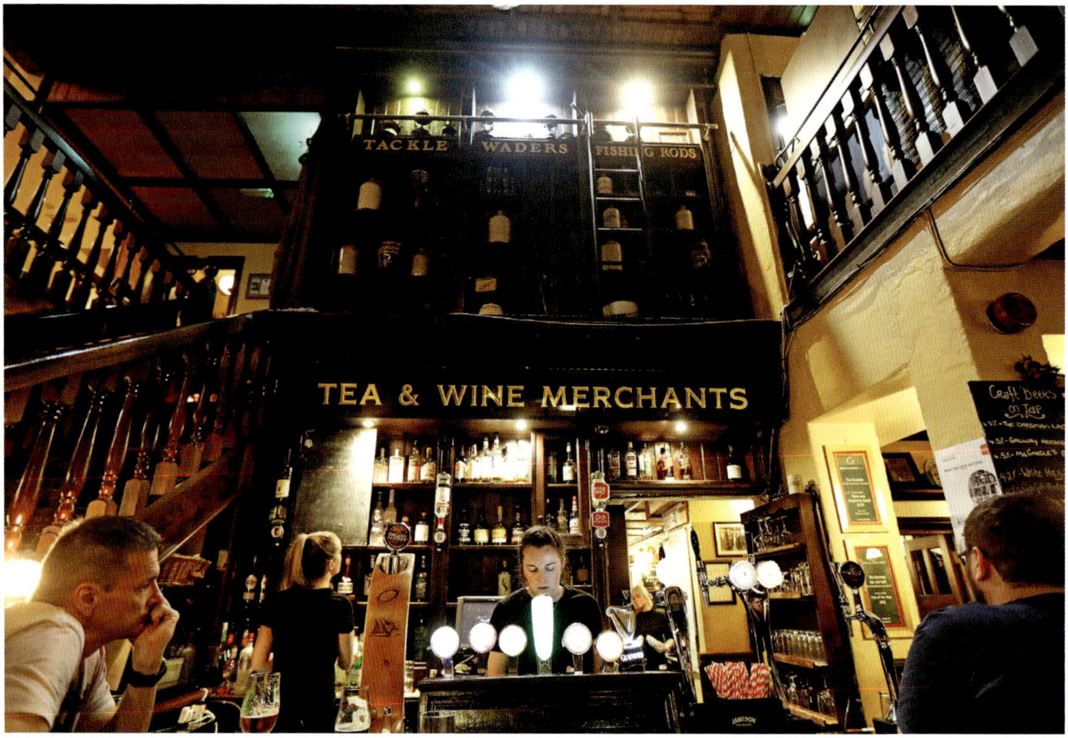

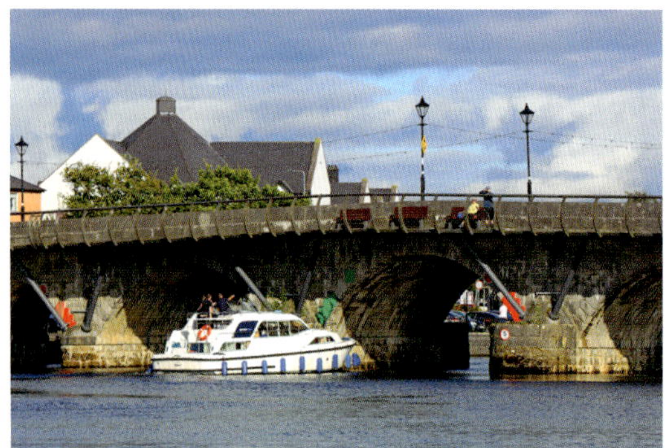

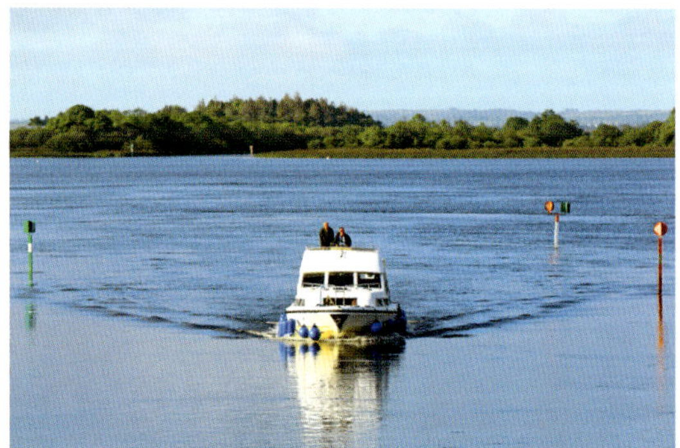

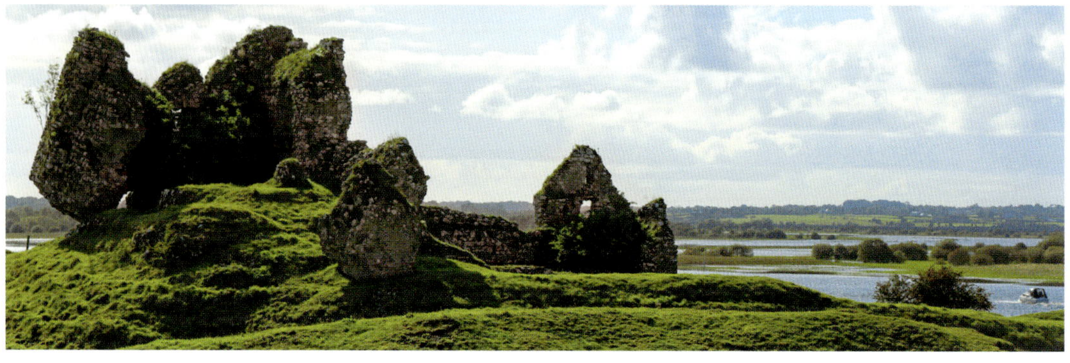

Geometrie, wie eine grüne Flickendecke, die aus verschiedenen Stücken und Stoffen zusammengefügt ist, mal aus grober Wolle, mal aus schimmernder Seide. Cottages und kleine Höfe sind zu sehen, Schafe und Kühe. Immer wieder entflieht die Uferlinie in eine der vielen Buchten, an anderer Stelle liegen Inseln im Weg: Inchenagh, Inchcleraun, die Black Islands. Früher waren diese dicht bewaldeten Eilande Zufluchtsorte für erleuchtete Männer und lichtscheue Gestalten.

Irland ist voller Kontraste.
In der Bar »The Oarsman« an der Bridge Street in Carrick herrscht Trubel. Viel Ruhe findet man hingegen auf den weiten Wasserflächen des Shannon. Wie von Riesen zertrümmert liegen die Überreste von Castle Clonmacnoise am Ufer des Flusses.

HEILIGE ORTE

Nach zwei Stunden haben wir den Lough Ree passiert. Ein Wasserturm und die Brücke der Schnellstraße zwischen Dublin und Galway kündigen Athlone an. Wir machen nicht fest, obwohl in der Marina am Ostufer und an der Kaimauer gegenüber Lücken sind. Erst morgen auf dem Rückweg wollen wir sie nutzen. Heute geht es noch weiter zum südlichsten Punkt unseres Törns – einem der heiligsten Orte Irlands. Als sich die Schleusentore von Athlone zur Ausfahrt öffnen, lässt die Sonne zur Bestätigung den Fluss vor uns funkeln. Nun nimmt sich der Shannon den Platz, der ihm gebührt: Weit sind die Wiesen überflutet. Bäume und Zäune ragen aus dem Wasser. Die Spur der Lateralzeichen sorgt dafür, dass wir nicht vom rechten Weg abkommen. Um kurz vor vier legen wir am Schwimmsteg von Clonmacnoise an; ein kurzer Fußweg führt zwischen weidenden Kühen hinauf zum Eingang des Besucherzentrums: Bereits im sechsten Jahrhundert gründete der heilige Ciarán hier eine Klostersiedlung, die für beinahe eintausend Jahre bestehen sollte. Auch wenn sie in der Zwischenzeit mehrere Dutzend Male erobert, geplündert und zerstört wurde, entwickelte sie sich zu einem Zentrum der Gelehrsamkeit, dessen Ruf weit über die Küsten Irlands hinausreichte. Könige ließen sich hier beerdigen. Heute zeugen nicht nur die Ruinen seiner sieben Kirchen von Glauben und großer Handwerkskunst, sondern auch drei Hochkreuze aus Sandstein. Das »Cross of the Scriptures« ist mit seinen gemeißelten Miniaturen das prachtvollste der drei. Sein Original bildet das Herz der Ausstellung, während man draußen dafür eine Kopie errichtete. Für ein Selfie umarmt ein glückliches Pärchen in bunten Regenjacken den Doppelgänger. Hinter ihnen verliert sich das Band des Flusses in der Ferne. Uns kommt ein Country-Song in den Sinn, der am Morgen auf Shannonside Radio lief: *Nothin' but a blue highway, as far as my heart can see.*

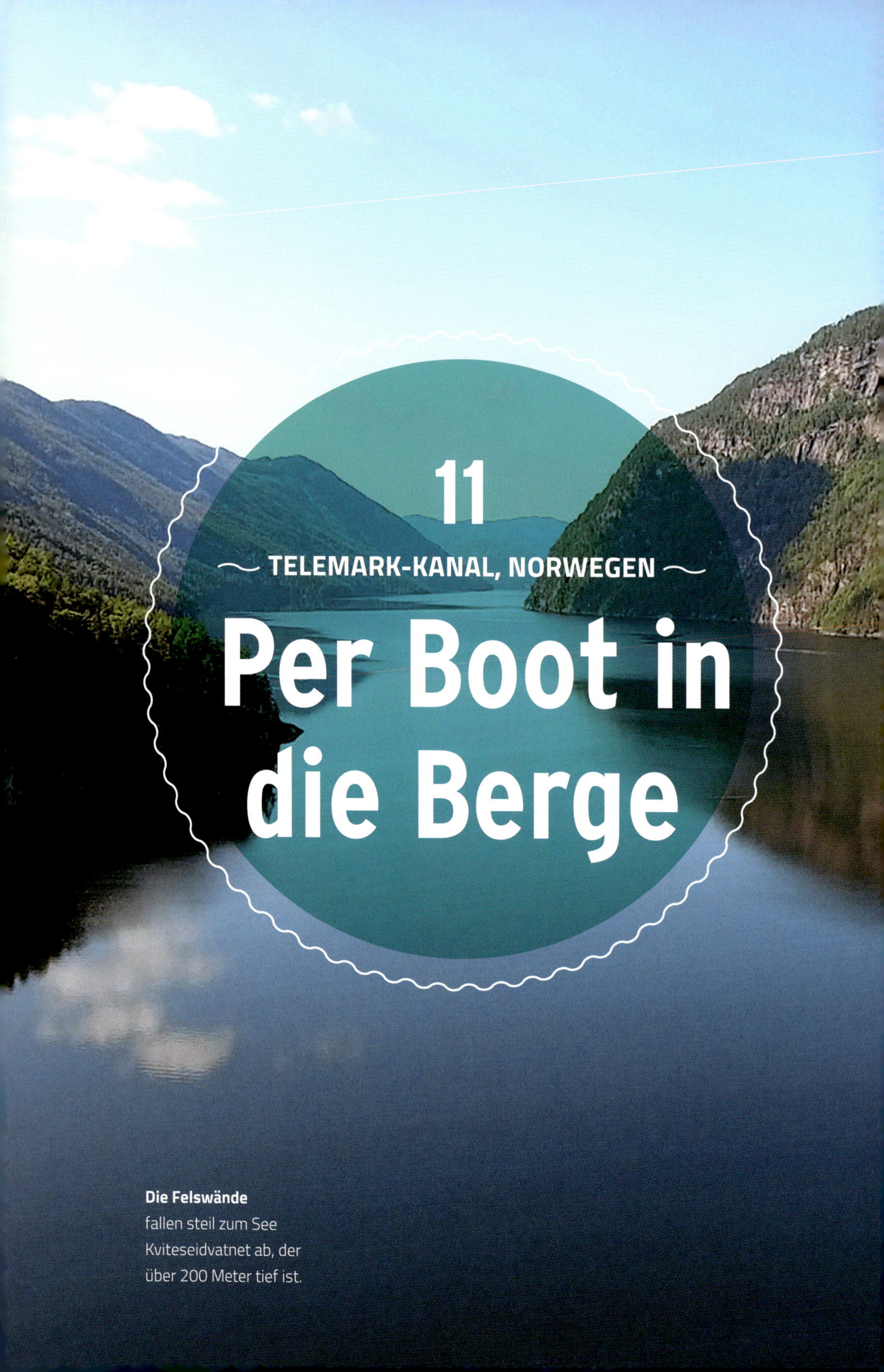

11

TELEMARK-KANAL, NORWEGEN

Per Boot in die Berge

Die Felswände fallen steil zum See Kviteseidvatnet ab, der über 200 Meter tief ist.

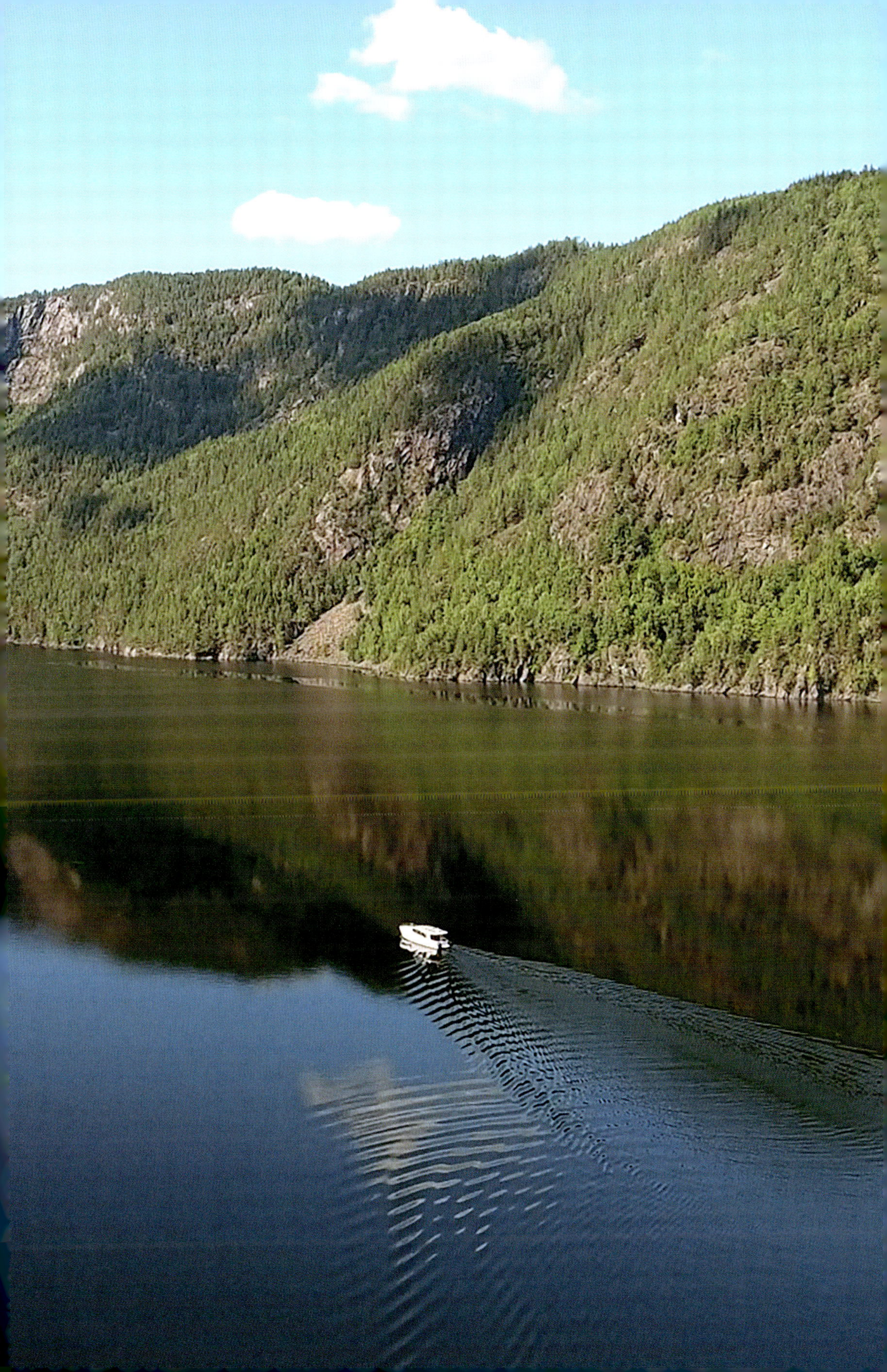

Im Süden Norwegens klettert der Telemark-Kanal über alte Schleusentreppen hinauf ins Landesinnere. Wir haben uns an den Aufstieg gemacht – mit einer Elektro-Yacht.

Ein Binnenrevier haben nur die wenigsten Sportbootfahrer auf ihrer Bucket-List – oder auch nur je davon gehört): den Telemark-Kanal in Südnorwegen. Eine Wasserstraße, die vom 105 Kilometer inlands gelegenen Ort Dalen durch 18 Schleusen und über 72 Höhenmeter an die Nordsee führt. Mitten durch eine Vielzahl imposanter Seen, märchenhafter Kanäle und manuell betriebener Schleusen mit hölzernen Toren. Ein Kanalsystem, das zwischen 1854 und 1892 gebaut wurde, um den Transport von Holzstämmen von den Wäldern zu den Sägewerken zu ermöglichen. Eine Wasserstraße, die vielfältig und beeindruckend ist und nicht ohne Grund gern als achtes Weltwunder bezeichnet wird – zumindest in Norwegen.

Dabei lernen die meisten den Kanal nur von den Straßen oder Fahrradwegen aus kennen. Ihn auf eigenem Kiel zu erleben war bislang nur Einheimischen vergönnt – oder jenen wenigen, die sich auf eigenem Kiel oder Trailer dorthin aufmachen. Eine Charterbasis gab es hier bislang nicht, weil die norwegische Sommersaison sehr kurz ist, um sich zu rentieren. So hieß es immer. Doch seit Kurzem ist es möglich, den Kanal mit Charterboot zu befahren. Und es ist eine ganz besondere Flotte, die in Porsgrunn, nicht weit von der Küste entfernt, auf Gäste wartet, denn die Boote sind allesamt elektrisch betrieben. Was in Deutschland noch nach Zukunftsmusik klingt, ist in Norwegen dank der dafür nötigen Infrastruktur problemlos möglich. In fast jedem Hafen entlang des Weges stehen Schnellladesäulen, die die 80 Kilowatt starken Batteriebänke unserer Charteryacht in etwas mehr als zwei Stunden wieder aufladen. So ist es dann möglich, jeden Tag acht Stunden lang mit den auf dem Kanal erlaubten fünf Knoten zu fahren, bevor wieder Strom getankt werden muss.

STARKSTROM AM SCHWIMMSTEG

Wir wollen los, denn von der Basis in Porsgrunn bis nach Dalen ist es ein weiter Weg, und da wir die Strecke anschließend auch noch zurückfahren müssen, gibt es keine Zeit zu verlieren. Gleich am Anreisetag wollen wir noch ein paar Meilen schaffen. Die Einweisung erfolgt schnell und unkompliziert. Das Boot startet wie ein Computer, durch Drücken eines »Ein«-Schalters. Nach Öl und Keilriemen brauchen wir auch nicht zu schauen. Kühlschrank, Mikrowelle, Induktionskochplatte und Klimaanlage funktionieren wie zu Hause. Alles ist bewusst simpel gehalten, einzig das Laden muss erklärt werden und das erste Einstecken des schweren Ladekabels geschieht

Auf den großen Seestrecken ist es auch mal schön, das Boot auf Autopilot laufen zu lassen und die pittoreske Szenerie zu genießen.

Die Schleusentreppe Vrangfoss zählt zu den imposantesten Abschnitten des Telemark-Kanals. Die Schleuse Eidsfoss führt zum oberen Lauf des Kanals. Ingeborg Lindheim bewirtschaftet in vierter Generation einen Obsthof in Gvarv, in dem nun auch Bier gebraut wird.

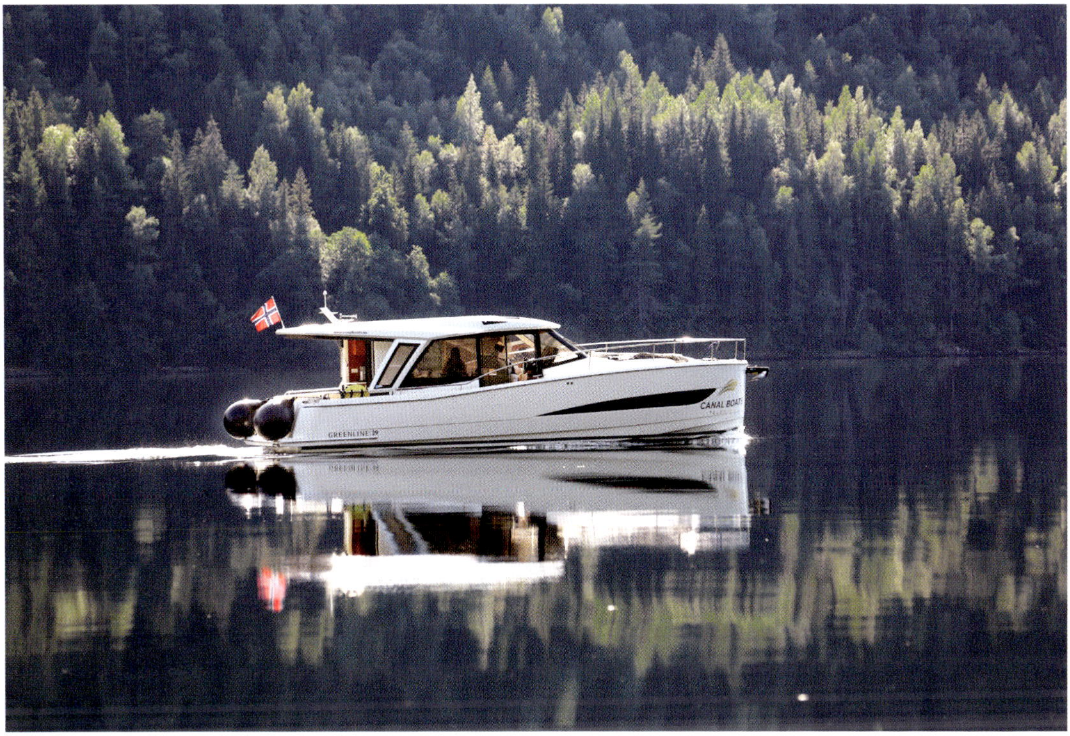

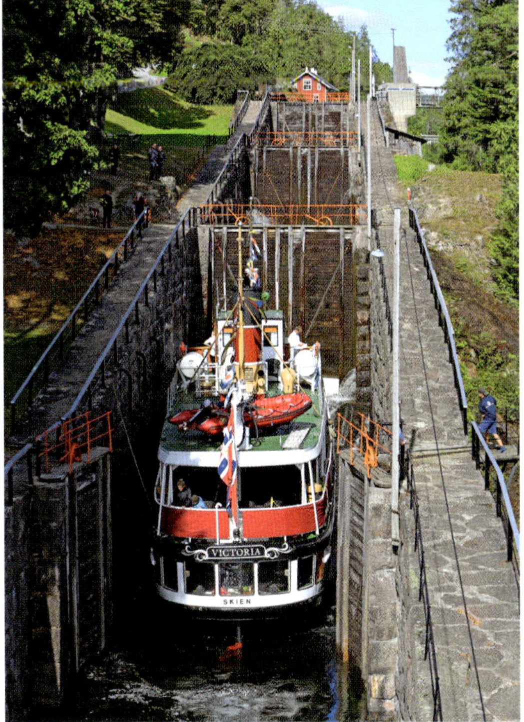
VICTORIA
SKIEN

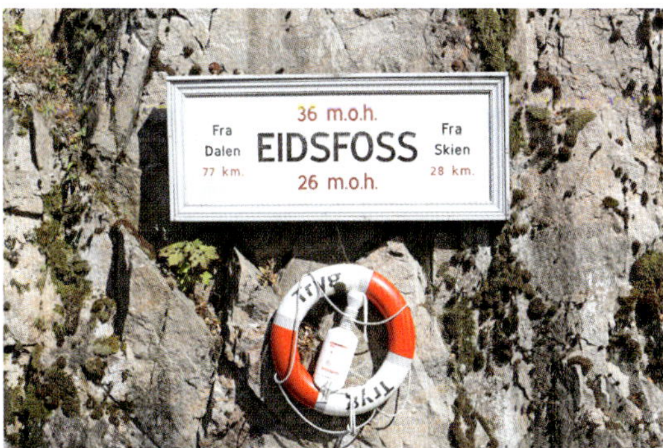
36 m.o.h.
Fra Dalen 77 km.
EIDSFOSS
Fra Skien 28 km.
26 m.o.h.

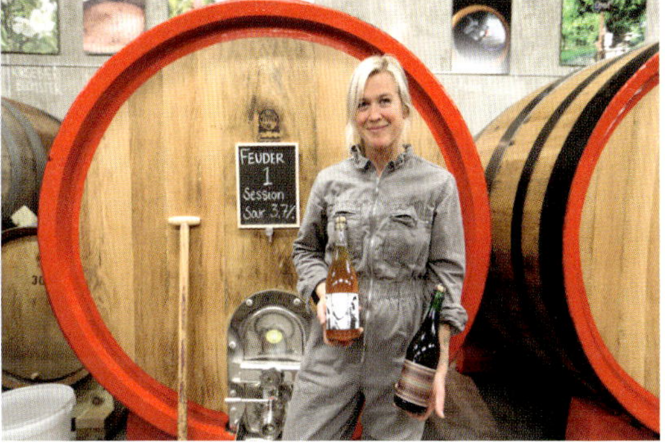
FEUDER
1
Session
Sour 3,7%

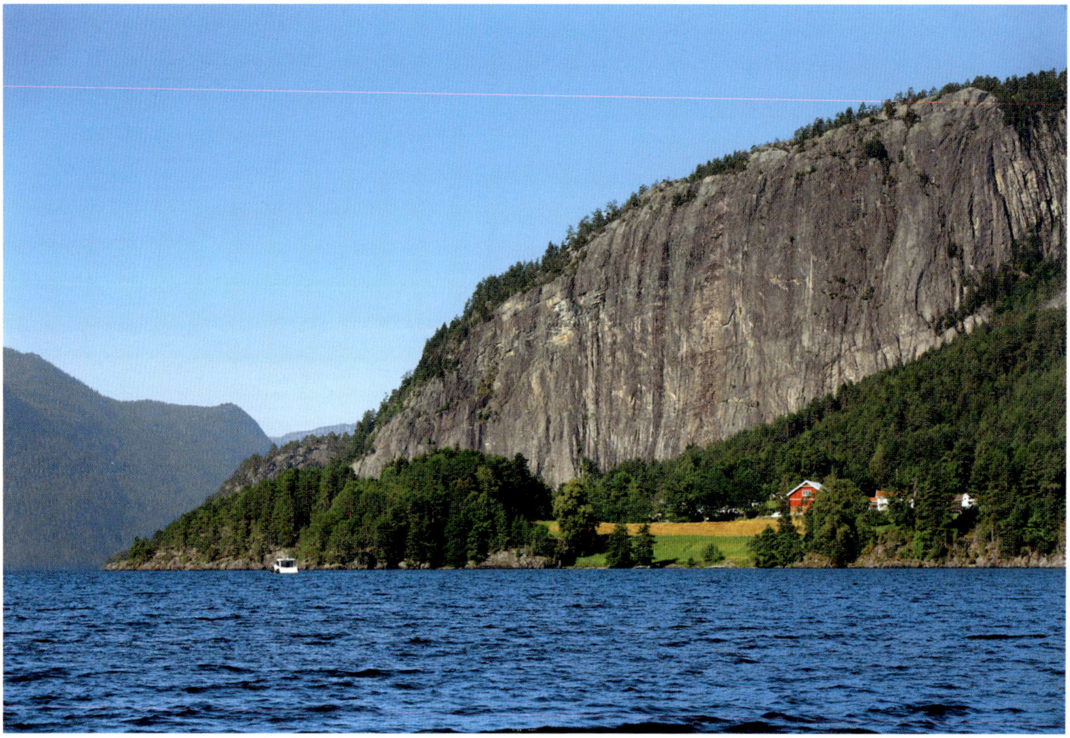

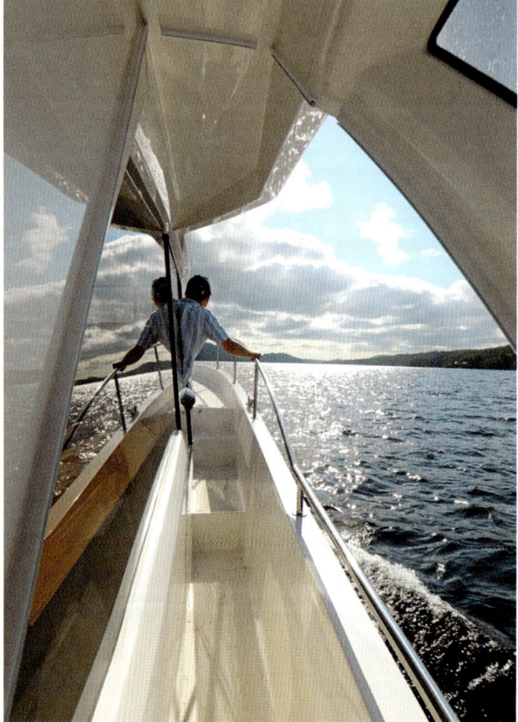

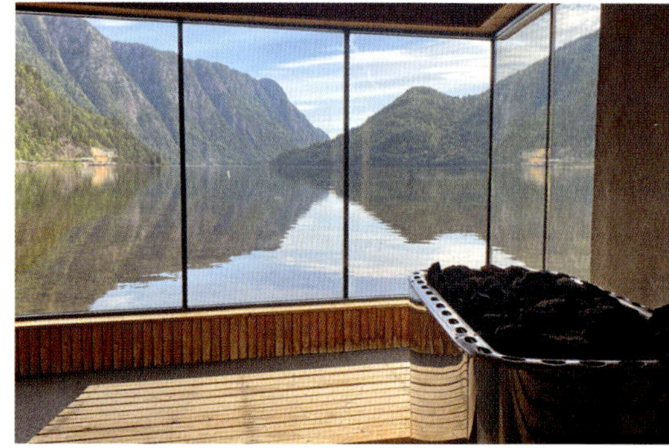

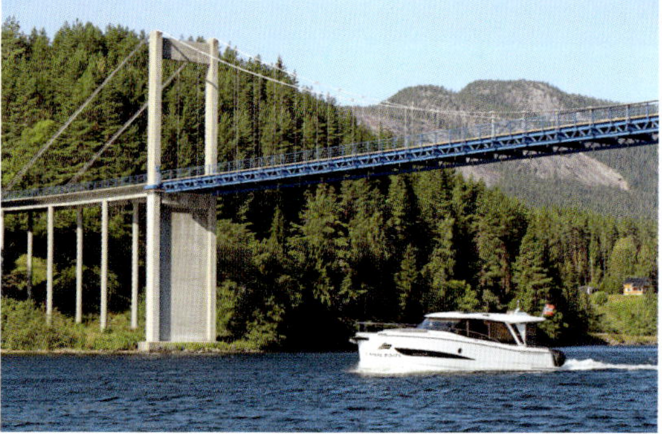

DIE → TOP 3

★ **Die antiken Schleusen**

Solche hölzernen, steinalten und immer noch von Hand betriebenen Schleusen findet man in Europa heute immer seltener.

★ **Die Einsamkeit**

In der Nachsaison waren wir in jedem Hafen das einzige Boot. Doch selbst zur Hauptsaison ist der Kanal sehr wenig befahren.

★ **Das moderne Boot**

Elektrisch zu fahren ergibt in Norwegen einfach Sinn. Das Boot ist viel moderner und hochwertiger als andere Charterboote.

Die oberen 60 Kilometer des Telemark-Kanals werden von drei fjordähnlichen Seen gebildet. Der mittlere ist der knapp zehn Kilometer lange Kviteseidvatnet, umgeben von rauen Felsen. Gerade bei guten Wetter bieten sich immer wieder traumhafte Ausblicke von Bord.

Die Sauna in Dalen ermöglicht einen unvergleichlichen Blick über den See Bandak. Eine der wenigen Straßen führt bei Spjotsodd über den Kanal.

mit einem gewissen Respekt. Starkstrom auf einen Schwimmsteg, ein komisches Gefühl.

Es fühlt sich zunächst falsch an, die Leinen loszuwerfen, ohne das vertraute Grummeln eines Auspuffs zu hören. Doch entgegen der Erwartung, dass das Boot augenblicklich zu driften beginnt, bewegt es sich mit einem sanften Schubs des Gashebels leise surrend vorwärts. Nach rund sieben Kilometern erreichen wir am Ende des Flusses die erste Schleuse bei Skien und damit die offizielle Einfahrt in den Telemark-Kanal. Fünf Meter geht es sanft nach oben. Als sich die stählernen Schleusentore surrend öffnen, wirkt der Kanal aber überraschend unspektakulär: eine Industriedock-Kulisse, die sich erst langsam wandelt.

Wir folgen der Farelva, einem natürlichen Flussabschnitt, aufwärts. Herrschaftliche Kapitänshäuser mit hohen Giebeln säumen die Ufer, an den Stegen liegen Beispiele nordischer Bootsbaukunst, von der rustikalen Snekke bis zur edlen Dampfpinasse. Wir bewegen uns aus der Vorstadt hinaus und hinein in die Nautur. Kleine Hügel erheben sich zu beiden Seiten, die immer höher werden. Ein Fluss mitten durch die Berge. Gerade haben wir uns an die gewaltige Szenerie gewöhnt, da weist uns ein kleines Schild mit der Aufschrift »Sluse« einen neuen Kurs, durch karge, zertrümmerte und eng stehende Betonpfeiler hindurch einen schmalen Kanal hinauf. Die Karte bestätigt, dass ein Wasserkraftwerk die Weiterfahrt behindern würde. So gelangen wir zur Schleuse Løveid, die uns mit drei Kammern mitten durch den Berg führt.

Über einen schmalen, in den Felsen geschlagenen Kanal erreichen wir schließlich den dreizehn Kilometer See Norsjø, an dessen oberem Ende der kleine Ort Ulefoss unser Tagesziel darstellt. Der Liegeplatz an der Gjestebrygge wirkt von See kommend allerdings nicht sehr einladend, da sich der Hafen unterhalb einer Straßenbrücke befindet. Doch wir haben keine Wahl, denn auf dem großen See haben wir etwas zu viel Gas gegeben,

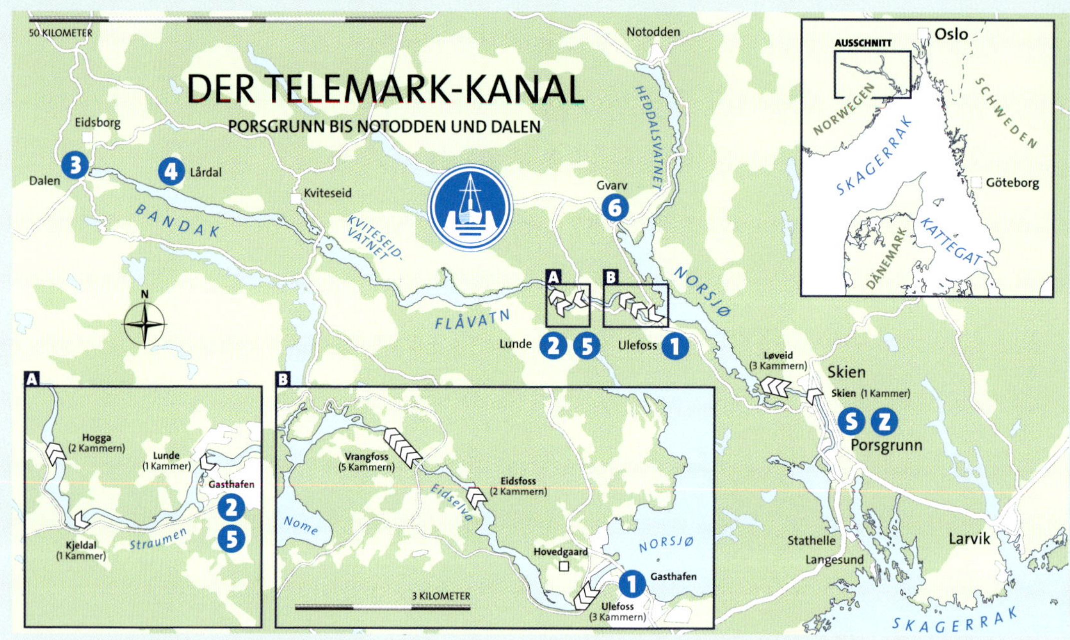

DIE ➔ TÖRNETAPPEN

- S Porsgrunn–Ulefoss .... 32 km
- 1 Ulefoss–Lunde .... 14 km
- 2 Lunde–Dalen .... 70 km
- 3 Dalen–Lårdal .... 10 km
- 4 Lårdal–Lunde .... 60 km
- 5 Lunde–Gvarv .... 27 km
- 6 Gvarv–Porsgrunn .... 43 km
- Z Gesamtstrecke .... 256 km

DAS ➔ KLIMA

	Mai	Juni	Juli	Aug.	Sept.	Okt.
Sonne	7	6	6	6	5	4
Temperatur	17	19	21	21	19	14
Regen	9	9	10	10	11	12

Werte: Sonnenstunden/Tag, Tagestemperaturen, Regentage

DAS ➔ REVIER

Der Telemark-Kanal ist ein ausgebautes Kanalsystem, das die großen Seen zwischen Dalen in der Mitte Südnorwegens und Skien nicht weit der Nordseeküste verbindet. Neben dem Halden-Kanal ist es das einzige Kanalsystem des Landes – mit 18 Schleusenkammern, über die ein Höhenunterschied von 72 Metern bewältigt wird. Für die gesamte Strecke ist inklusive Rückweg eine Woche zu kalkulieren. Während der Kanal im unteren Bereich bis zum Norsjø-See durch eher flachere Umgebung führt, verläuft er auf der oberen Route mitten durch Gebirgszüge, in die die Kanal- und Schleusenbecken in mühevoller Arbeit hineingesprengt werden mussten. Der Tourismus hält sich in Grenzen, das Kanalsystem ist beliebt bei Kanuten und Radfahrern. Die Fahrwasser sind gut ausgetonnt, alle Schleusen, Wehre und Hindernisse ausreichend markiert. Berufsschifffahrt ist kaum vorhanden, einzig die umgebauten Dampfschiffe HENRIK IBSEN und VICTORIA verkehren täglich und haben Vorrang. Schleusenerfahrung ist von großem Vorteil, denn die antiken Kammern lassen sich nicht langsam füllen und nach dem Öffnen der Klappen kann es in den Schleusenkammern turbulent werden.

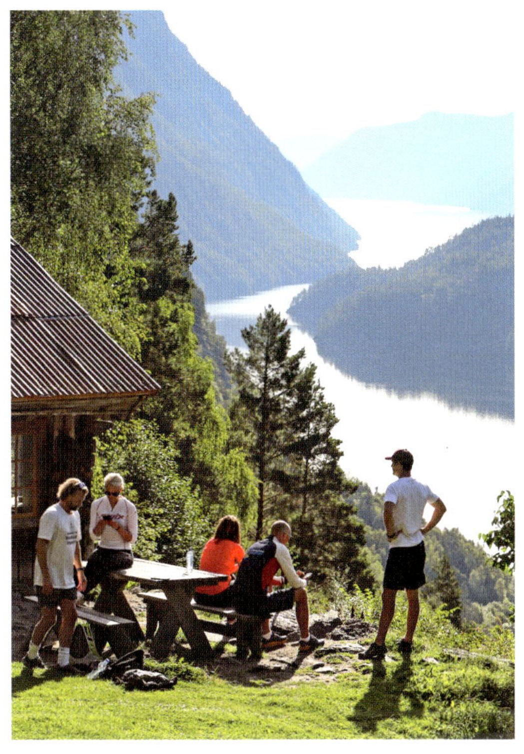

Der Aufstieg zur kleinen Farm Rui ist sehr beschwerlich, doch die Aussicht über den Bandak ist alle Mühen wert.

und die Batterie zeigt nach vier Stunden Fahrt nur noch 18 Prozent an. Wer sich auf den längeren

Strecken verkalkuliert, bekommt also Probleme, denn die Boote haben keinen Generator und keine Reservebatterie. Eine wichtige Lehre. Mit heruntergelassenen Jalousien auf der Land- und dem Blick über den Norsjø auf der Seeseite lässt sich aber auch dieser Liegeplatz genießen. Umso mehr in Vorfreude auf den zweiten Tag und die spektakuläre Passage durch drei Schleusentreppen mit zehn Kammern, die uns vom Norsjø (15 Meter) zum oberen Flusslauf (59 Meter) bringen wird.

REINE MUSKELKRAFT

Doch erst steht am nächsten Morgen noch ein Landgang auf dem Programm. Der kleine Ort Ulefoss mit seinen 2.700 Einwohnern gilt als eine der ältesten Industriegemeinden in ganz Norwegen, denn flussabwärts der großen Wälder gelegen, gab es hier bereits im 15. Jahrhundert erste Sägemühlen, und zwei Jahrhunderte später kam Stahlverarbeitung hinzu. Bis heute ist der Name Ulefoss in fast ganz Südnorwegen allgegenwärtig, denn die meisten Gullydeckel des Landes werden hier gefertigt. Der wunderbare Blick über den See beflügelte auch den norwegischen Industriellen und Gründervater Niels Aall, sich hier seinen Sommersitz bauen zu lassen. Das Anwesen Ulefoss Hovedgaard wurde im Jahr 1807 eingeweiht. Und da Niels ein guter Geschäftsmann war und sich die großen Stahlwerke nur einen Kilometer bergab befanden, ließ er das Haus aus Schlacke bauen, ausgenommen die zwölf hölzernen Säulen. Das prachtvolle Anwesen ist heute einschließlich des umgebenden Gartens in Verwaltung des Telemark- Museums.

Die Schleusentreppe von Ulefoss befindet sich gleich um die Ecke. Als sich die Tore der unteren Kammer öffnen, die hier noch aus grob beschlagenem Holz bestehen und völlig von Hand und mit Muskelkraft geöffnet werden, wirkt es, als

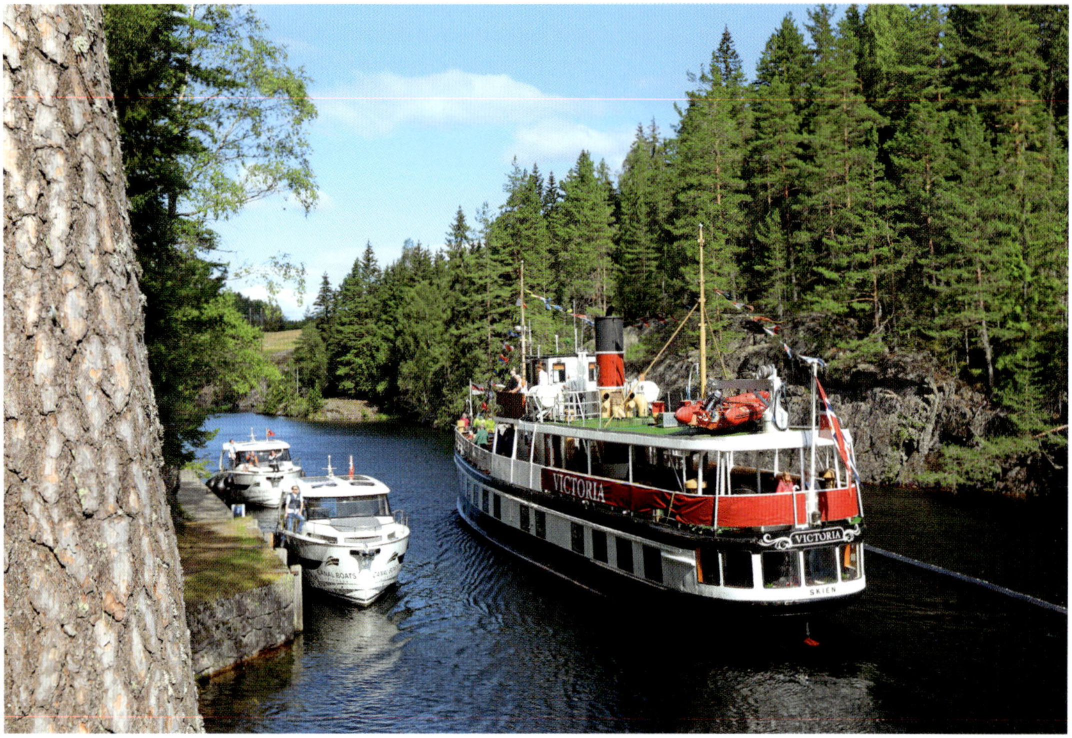

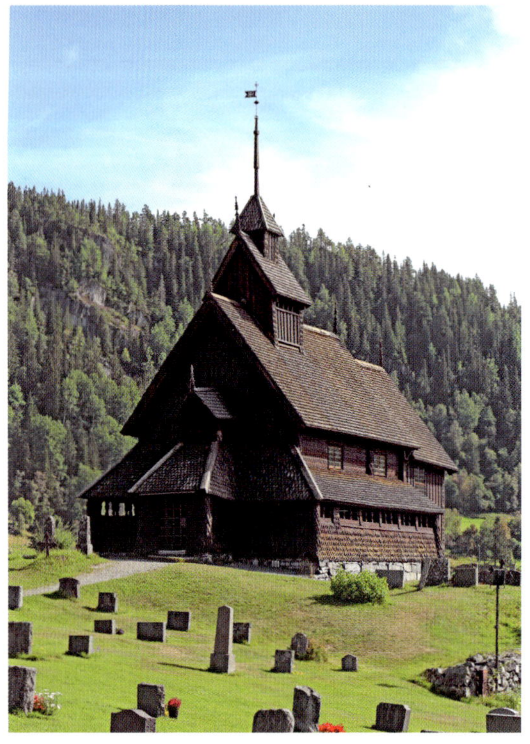

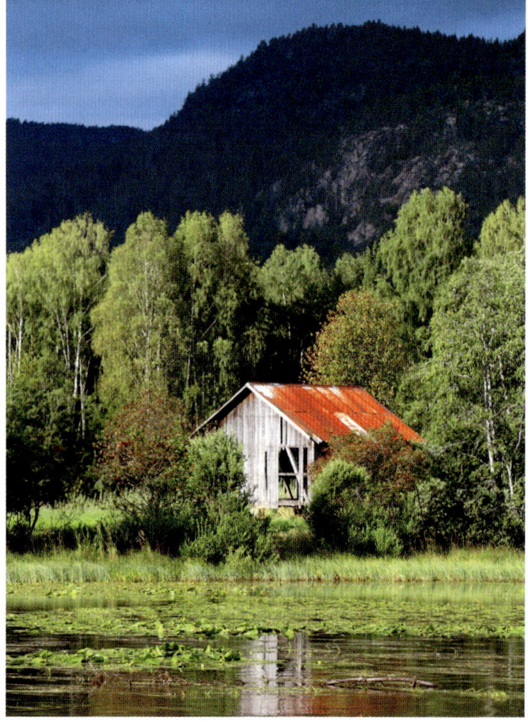

» Die Schleusentreppe von Ulefoss führte uns nicht nur zehn Meter in die Höhe, sondern zugleich wie in einer Zeitmaschine in ein vergangenes Jahrhundert. «

An der Schleusentreppe Vrangfoss kann es zu einer Stunde Wartezeit kommen, falls eines der Dampfschiffe in der Kammer ist.

Die Stabkirche Eidsborg ist ein Überbleibsel aus der Wikingerzeit. Verlassene Ställe oder Hütten lassen sich immer wieder am Ufer erblicken.

führte uns die Treppe nicht nur zehn Meter in die Höhe, sondern zugleich wie in einer Zeitmaschine in ein vergangenes Jahrhundert. Denn ab hier sieht der Kanal noch fast so aus wie damals, als man die Holzstämme aus den Bergen den Kanal hinuntertreiben ließ. Die Tagesetappe ist verhältnismäßig kurz, nur drei Stunden Fahrtzeit sind geplant. Doch die insgesamt zehn Schleusenkammern der vier Staustufen Ulefoss, Eidsfoss, Vrangfoss und Lunde kosten den ganzen Nachmittag. Die Zeit vergeht schnell, denn das Schleusen ist ein echtes Erlebnis. Wenn die Schütze öffnen, rauscht das Wasser brodelnd in das steinerne Becken. Vrangfoss ist die Königin der Schleusentreppen auf dem Telemark-Kanal: Mit fünf Kammern und der Staumauer eines Kraftwerks wurde hier ein mehr als zwanzig Meter hoher Wasserfall gezähmt – ein zuvor unüberwindliches Hindernis für alle Reisenden. Geschafft! Hinter uns geht der Blick weit hinunter in die Schlucht, durch die wir gekommen sind. Wir machen unser Boot fest und schlendern zum Schleusencafé, das in einem der alten »Kanalschweizer« untergebracht ist. So werden die einheitlichen Holzhäuser genannt, die die Kanalgesellschaft einst für das Betriebspersonal bauen ließ. »Schweizer« deshalb, weil einige bauliche Elemente typisch alpenländischer Architektur damals als besonders »en vogue« galten. Die Sonne wärmt und die frischen Waffeln mit Marmelade und Sahne tun das ihre, um die Situation noch weiter zu versüßen. Die Nacht verbringen wir dann in Lunde mit dem Heck zur Ladesäule. Die Batterie ist zwar noch zu Dreivierteln geladen, doch einen Abend ohne Ladekabel zu verbringen wäre riskant, zumal die nächste Etappe bis Dalen sieben Stunden betragen soll.

STETIG AUFWÄRTS

Zwei weitere Schleusen mit drei Kammern haben wir am folgenden Tag zu passieren, bevor wir freie Fahrt durch die Seen Flåvatn, Kviteseidvatnet und Bandak haben. Wieder einmal verändert sich die Landschaft, und aus dem schmalen Kanal wird ein Flusslauf, aus dem Flusslauf eine Fjordlandschaft. Die Route führt entlang hoher Felswände und grün bewaldeter Hänge. Nur vereinzelt sind am Ufer Höfe und Hütten zu sehen, die mit der Felswand im Rücken nur auf dem Wasserweg erreicht werden können. Am Ende des Bandak glätten sich die an Steuerbord und Backbord stehenden Gebirgszüge und formen ein Tal, in dem der Ort Dalen liegt.

Von hier aus führt jede Straße und jeder Weg nach oben. So wandern auch wir hinauf, um einen sehr speziellen Ort zu besuchen: das kleine Gehöft Rui, in dem die beiden Schwestern Ingrine und Gurine wohnten, zwei in ganz Norwegen bekannte Persönlichkeiten. Die einst achtköpfige Familie lebte auf einer keinen Terrasse auf 200 Meter Höhe in ihrem eigenen kleinen Kosmos. Nachdem vier der sechs Geschwister nach Amerika ausgewandert und die Eltern gestorben waren, lebten die ältesten Schwestern Ingrine und Gurine bis ins hohe Alter allein und hatten noch nie ihren Hof verlassen. Als in den Fünfzigerjahren der bekannte Journalist Knut Eidem bei ihnen zu Gast war, um einen Artikel zu schreiben, fragte er sie, ob es denn keinen Ort gebe, der sie einmal reizen würde. »Doch, den König würden wir gern einmal in seinem Schloss in Oslo besuchen«, gaben die beiden Schwestern scherzhaft zu – und glaubten ihren Augen kaum, als sie wenige Wochen später eine Einladung erreichte. Der König hatte den Zeitungsartikel gelesen.

Der Auf- und Abstieg über 1.200 Treppenstufen hat uns ins Schwitzen gebracht. Genau die richtige Vorbereitung auf den nächsten Programmpunkt: eine Sauna, die an einem langen Steg in flachem Wasser direkt hinaus auf den Bandak gebaut wurde. Wann hat man beim Schwitzen schon einmal solch einen Panoramablick?

Für den Abend ist ein Stopp im kleinen Ort Lårdal geplant. Der ist nur zehn Kilometer ent-

» Der Auf- und Abstieg über 1.200 Treppenstufen hat uns ins Schwitzen gebracht. Die richtige Vorbereitung auf den nächsten Programmpunkt: eine Sauna, die direkt hinaus auf den Bandak gebaut wurde. «

Abendliche Stimmung auf dem Bandak. Die kurze Strecke von zehn Kilometern nach Lårdal können wir mit voller Fahrt zurücklegen, die Batterie ist gut geladen.

Der exzentrische Geschäftsmann Niels Aall ließ sich das pompöse Anwesen Ulefos Hovedgaard bauen, um dort die warmen Sommermonate zu verbringen.

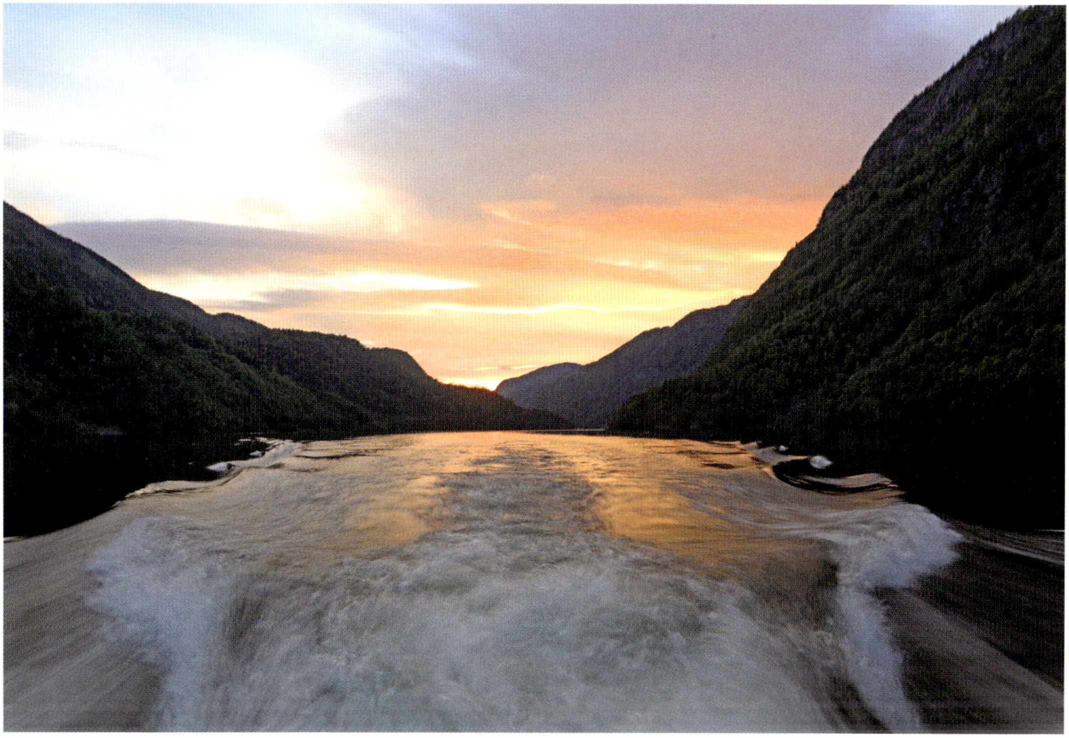

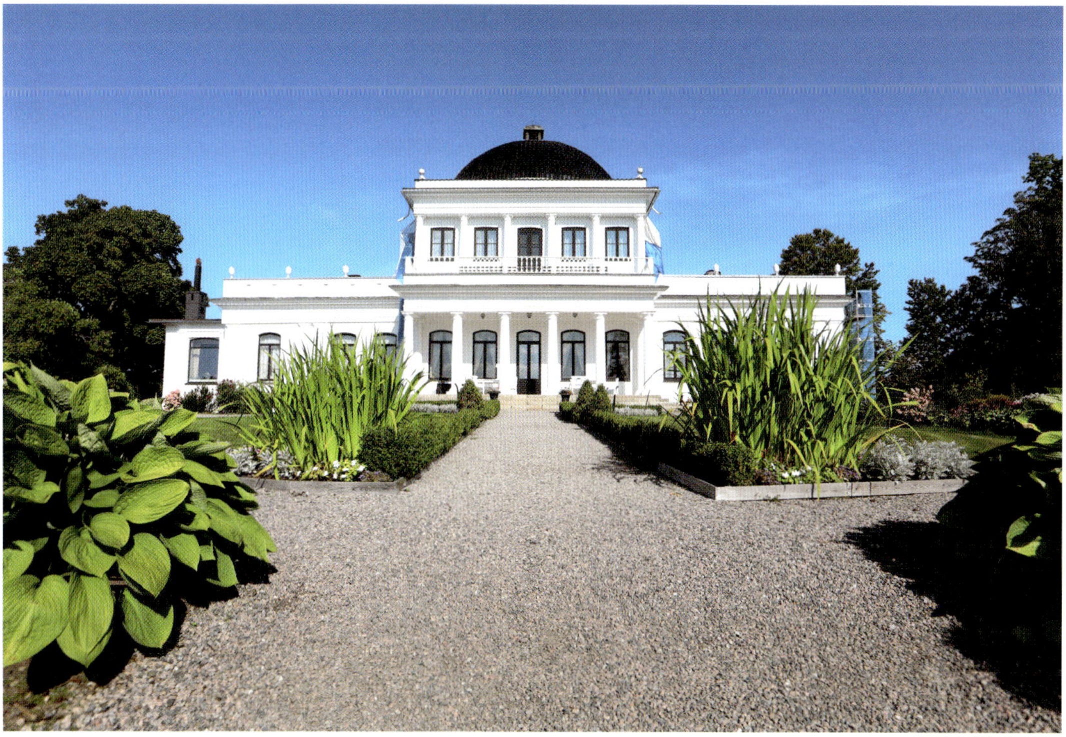

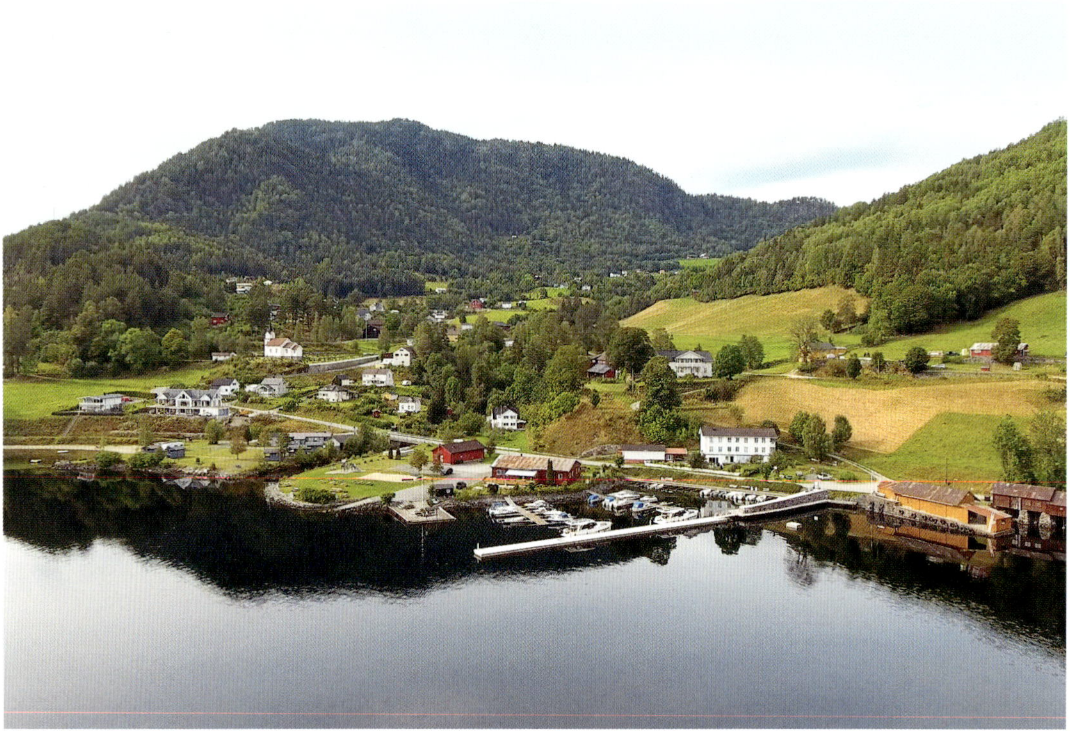

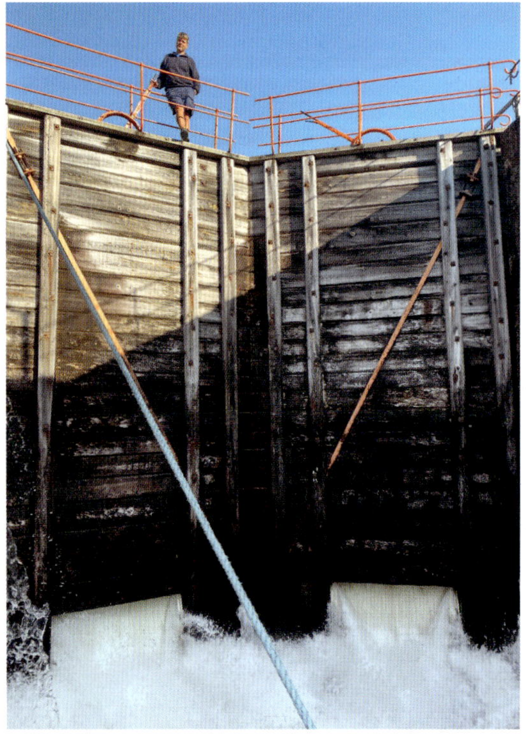

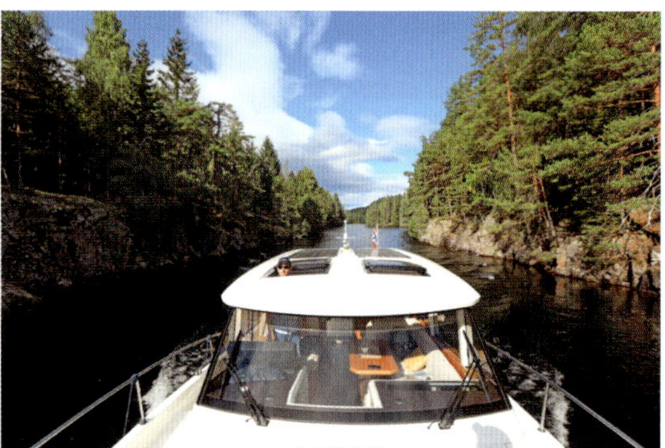

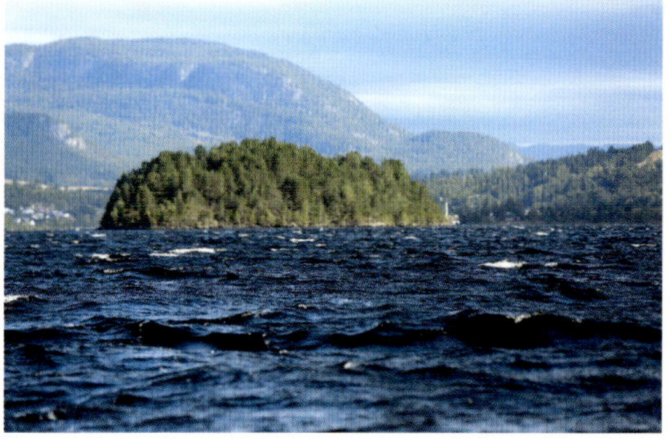

fernt, die Batterien sind voll geladen, und die Kapazität ist ausreichend, um ein wenig Gas zu geben. Also lassen wir uns noch kurz über die Serpentinen auf den Berg im Norden des Ortes fahren, um eine echte norwegische Stabkirche zu besuchen. Das hölzerne Gotteshaus in Eidsborg haben die Wikinger einst wie ein Schiff gebaut, mit Stäben als Spanten und hölzerner Beplankung, von außen zur Konservierung mit Teer bestrichen. Bis heute sind in Norwegen noch 28 solcher Kirchen erhalten.

Zurück am Steg verabschieden wir uns von Dalen und geben Dank auf dem kurzen Weg nach Lårdal Dank voller Batterien richtig Gas. In der Marina angekommen, begrüßt uns der Wirt des kleinen Hafenrestaurants, kassiert die Liegegebühren und wirft uns ein paar Elch-Burger auf den Grill. Großartig. Unser Rückweg hat begonnen und die Route wirkt vertraut. Doch es wird nicht langweilig, sie ein zweites Mal zu befahren.

Am folgenden Tag machen wir noch einen Abstecher in den Ort Gvarv im Norden des Norsjø, in dem sich das nördlichste Weingut der Welt befindet – nach eigenen Angaben. Doch einen Kilometer weiter östlich reizt uns die Lindheim Ølkompani viel mehr, denn wir haben gelesen, dass das kleine Familienunternehmen nicht nur seit vier Generationen Obst anbaut, sondern auch Bier und Apfelwein braut. In mehr als einhundert Eichenfässern lagern und reifen zwei Dutzend Sorten. Zu viele, um sie zu probieren. Die Flaschen sind aber auch ein schönes Souvenir.

SALZIGE LUFT

Am letzten Reisetag liegt eine überschaubare Strecke mit nur zwei Schleusen vor uns. Als das letzte Tor öffnet, können wir wieder salzige Luft riechen. Das Meer ist nur noch ein paar Kilometer entfernt, die Basis aber leider auch, und die Reise ist zu Ende. Wehmütig? Absolut. Der Kanal gehört ohne Frage zu den schönsten Wasserstraßen Europas. Dieses Revier mit einem Elektroboot zu befahren hat das Erlebnis noch besonderer gemacht. Und wie könnte man die unvergessliche Woche besser abschließen als mit einem weiteren Saunagang? Die Betreiber der Charterflotte haben mitgedacht und einen Sauna-Ponton direkt neben die Boote gelegt. Optimal, um am letzten Abend mit Blick durch die beschlagenen Scheiben das Abenteuer im Süden Norwegens noch einmal Revue passieren zu lassen. Als besonderen Clou besitzt die Sauna eine Bodenluke. Wer den Sprung ins kalte Wasser wagt, wird die Telemark sicher nicht mehr vergessen.

In dem kleinen Ort Lårdal wartet der Wirt mit Elch-Burgern auf uns. Die Schleusentore sind aus Holz gebaut, und wenn die Klappen öffnen, kann es turbulent werden.

Mal breit, mal schmal: Der Kanal ist sehr abwechslungsreich. Immer wieder fahren wir an kleinen, unbewohnten und bewaldeten Inseln vorbei.

Über den Berg:
Auf dem Weg zum Vänern nähert sich ein Trawler der oberen Schleuse von Trollhättan. Links ist die historische Schleusentreppe von 1844 zu sehen – mit deutlich kleineren Kammern.

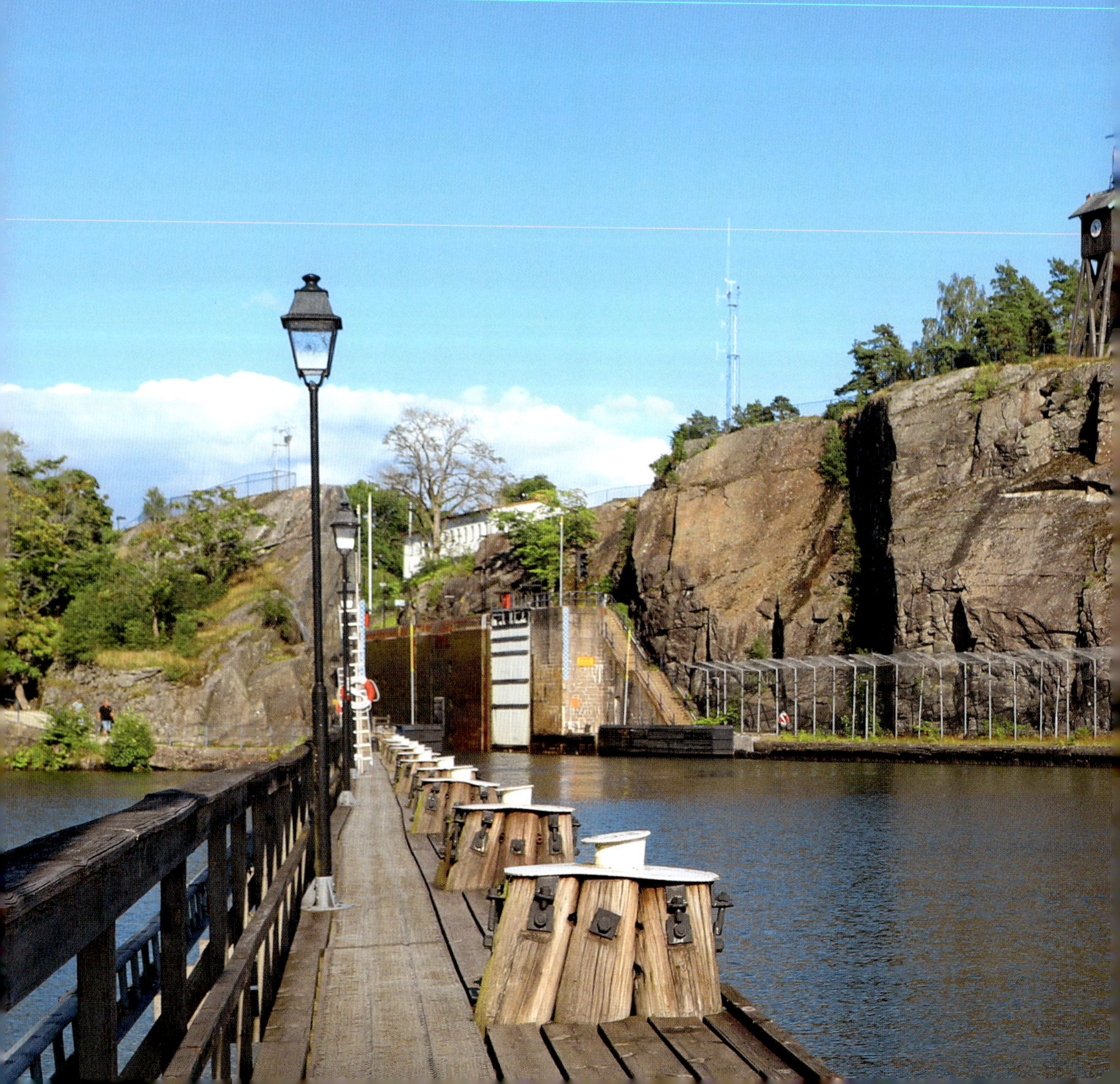

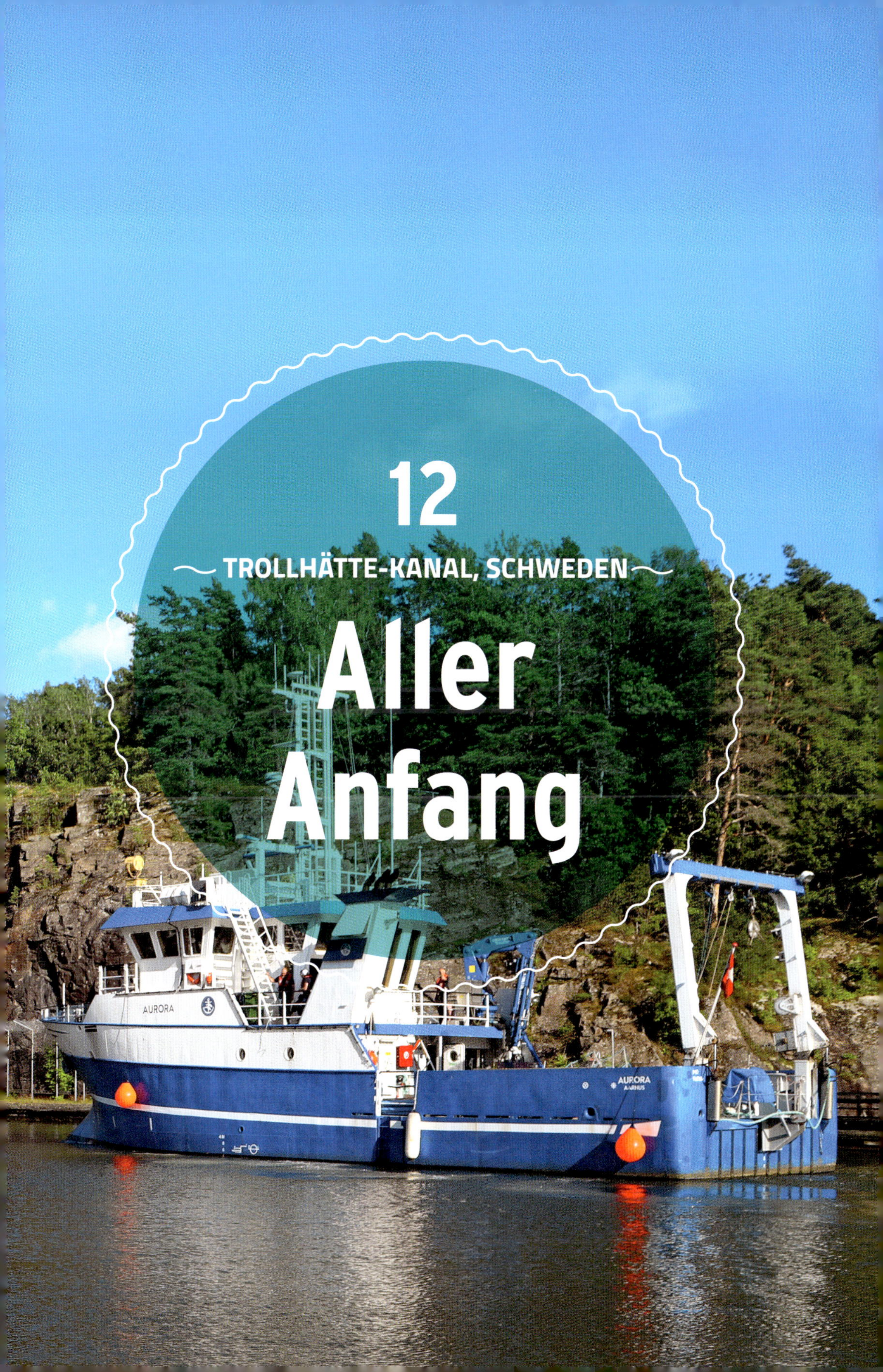

12

TROLLHÄTTE-KANAL, SCHWEDEN

Aller Anfang

Auf eigenem Kiel von Küste zu Küste: Über 400 Kilometer geht die Reise durch den Süden Schwedens. Ihre erste Etappe führt von Göteborg hinauf zum großen Vänern.

Der Göta-Kanal gehört zweifellos zu den letzten Abenteuern, die sich in unseren Breiten noch auf eigenem Kiel erleben lassen. Über rund 400 Kilometer windet er sich wie ein blaues Band durch den Süden Schwedens, durch die Wälder, Wiesen und Felder der uralten Kulturlandschaft Götaland. Dabei verbindet der historische Wasserweg nicht nur die beiden Küsten des skandinavischen Landes miteinander, sondern durchquert zudem zwei der größten Seen Europas, Vänern und Vättern. Kein Wunder also, dass die gesamte

Route als Göta-Kanal bekannt geworden ist. Dabei macht der Abschnitt, der diesen Namen eigentlich trägt, tatsächlich nur die östliche Hälfte der Gesamtstrecke aus, von Sjötorp am Vänern bis nach Mem, wo der Kanal den Slätbaken erreicht, der bereits Teil der Ostsee ist. Wer dagegen vom Kattegat kommt und die Reise in Göteborg beginnt, hat zunächst die westliche Hälfte vor sich: den Trollhätte-Kanal hinauf zum Vänern und dann den See selbst. Jeder der drei Abschnitte hat seinen eigenen Charakter und wäre für sich genommen schon eine Reise wert, gemeinsam machen sie das Abenteuer Göta-Kanal wirklich zum einmaligen Törnerlebnis. Hier werden die einzelnen Revierabschnitte von Westen nach Osten in drei Teilen vorgestellt. Den Anfang macht der Trollhätte-Kanal, der im Gegensatz zum eigentlichen Göta-Kanal als moderne Großschifffahrtsstraße ausgebaut ist und auch seegehenden Frachtschiffen bis zu einer bestimmten Größe die Passage zum Vänern ermöglicht. Drei Staustufen mit insgesamt sechs Schleusen müssen dafür überwunden werden.

IM WANDEL

Für alle Skipper, die auf eigenem Kiel über das Kattegat nach Göteborg kommen, um ihre Reise auf dem Kanal zu beginnen, ist nicht die Flussmündung des Göta älv der erste Landfall, sondern der vorgelagerte Schärengarten, Göteborgs skärgård. Der Begriff Garten passt bestens, denn viele Großstädter haben auf einer der Inseln ihr Sommerhaus. Das Hauptfahrwasser teilt den Archipel in einen südlichen Teil mit zwanzig

Bunte Flaggen flattern im Wind. Der Gästehafen von Lilla Edet liegt oberhalb der Schleuse und ist ein guter Zwischenstopp.

Ein Segler fährt in die oberste Kammer der Schleusentreppe von Trollhättan ein.

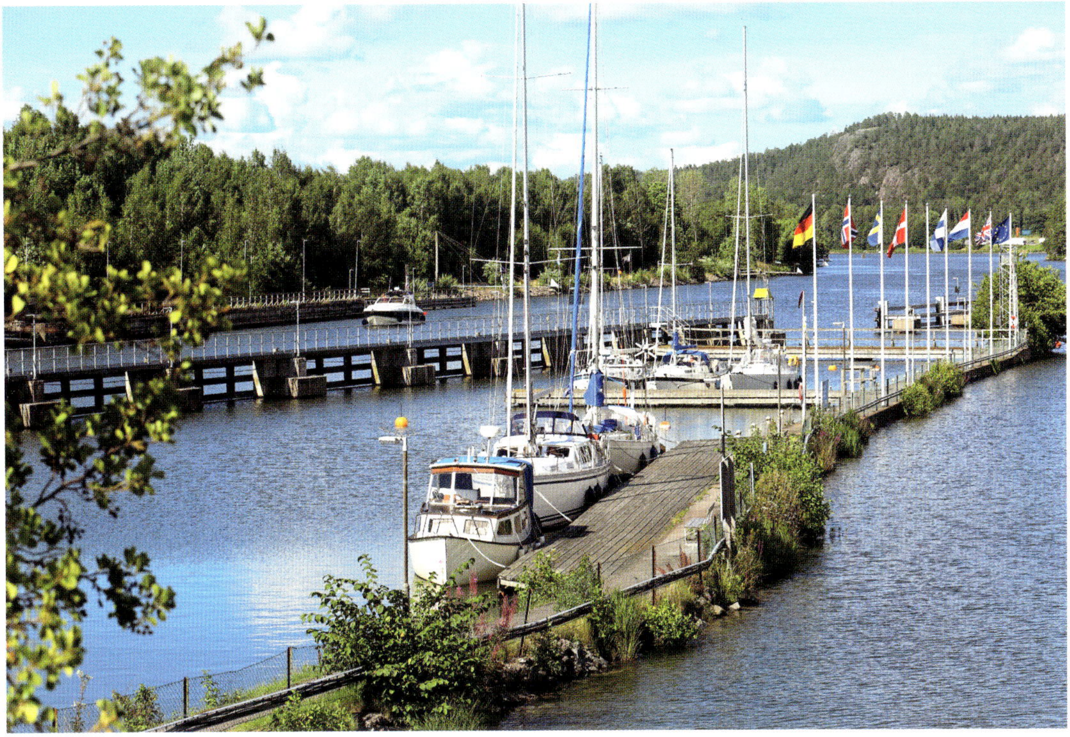

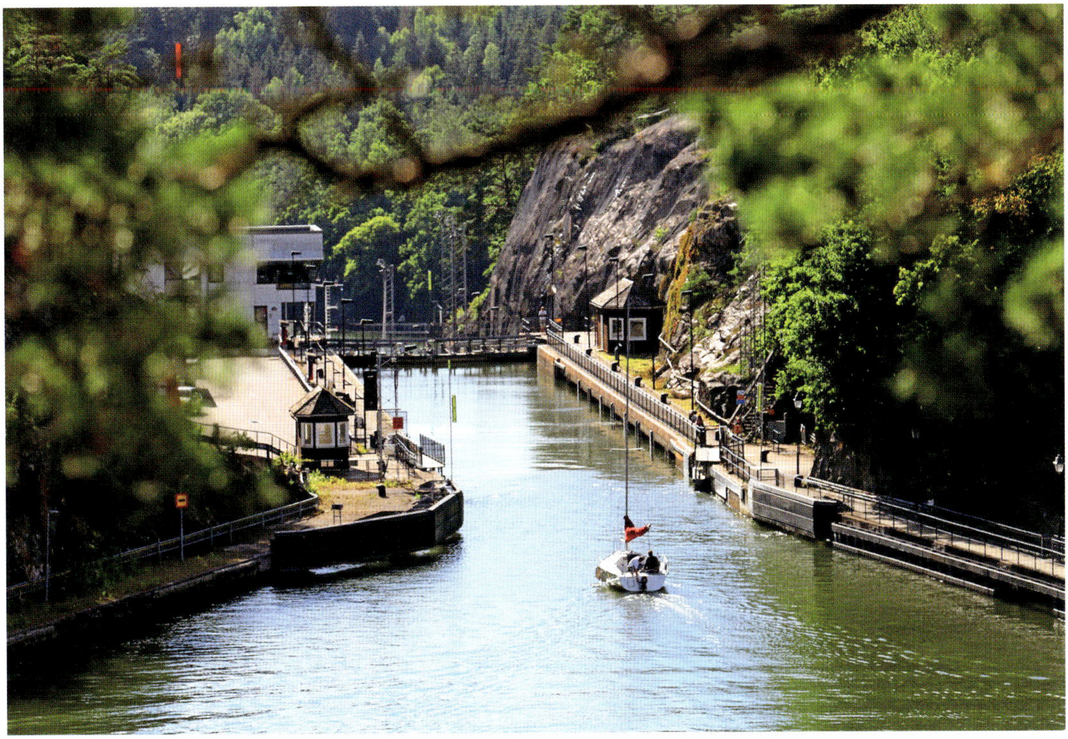

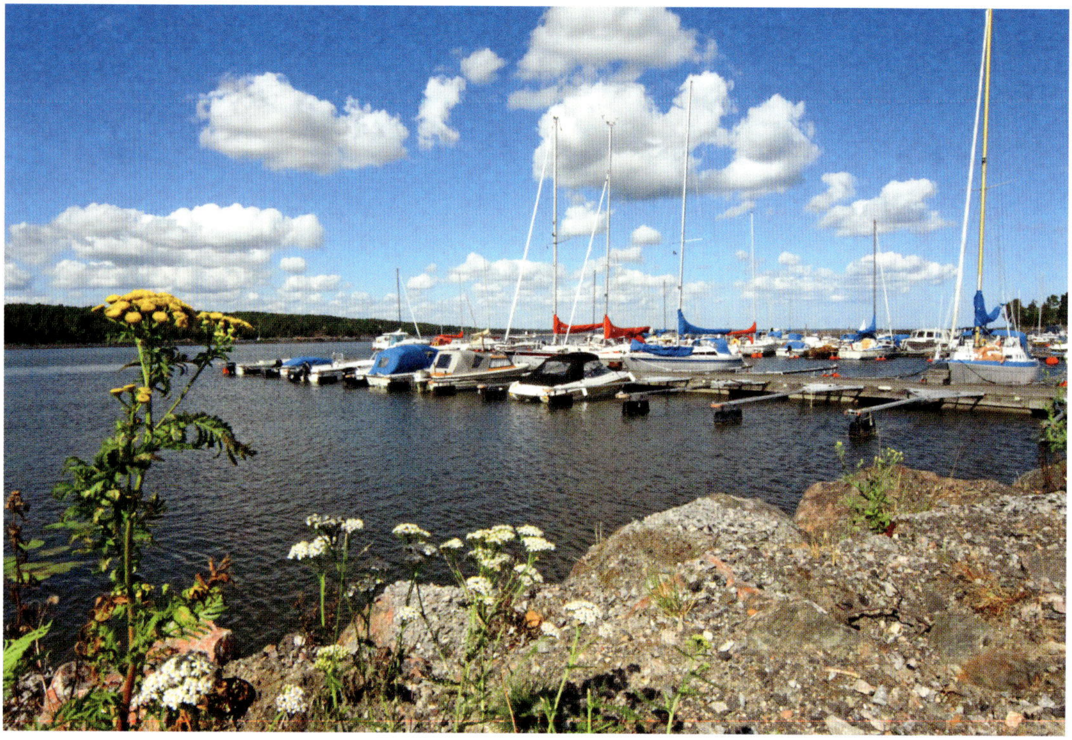

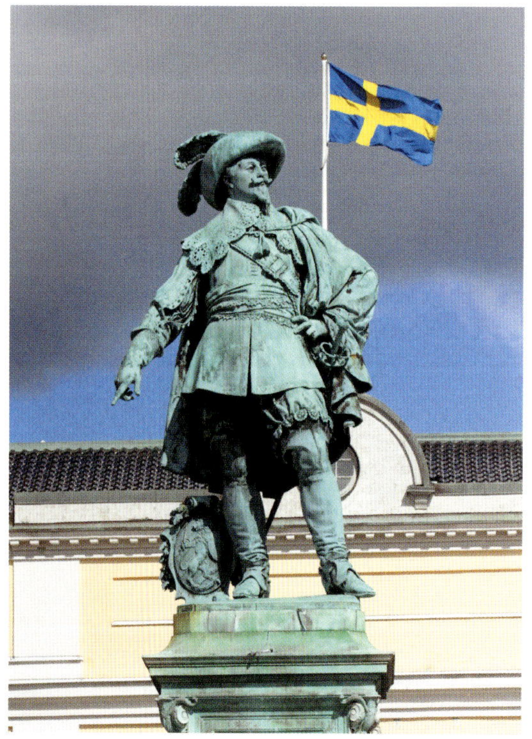

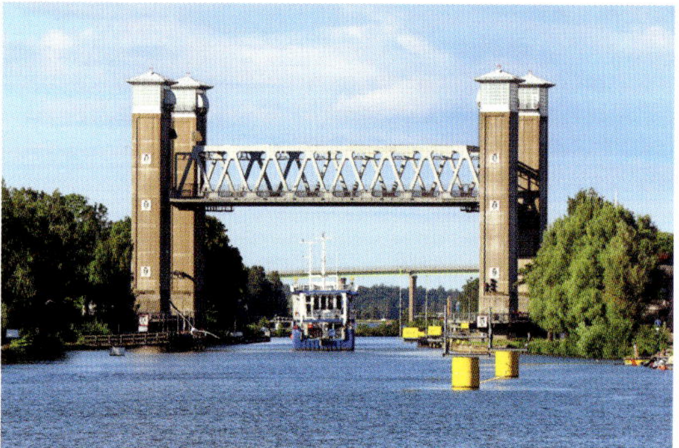

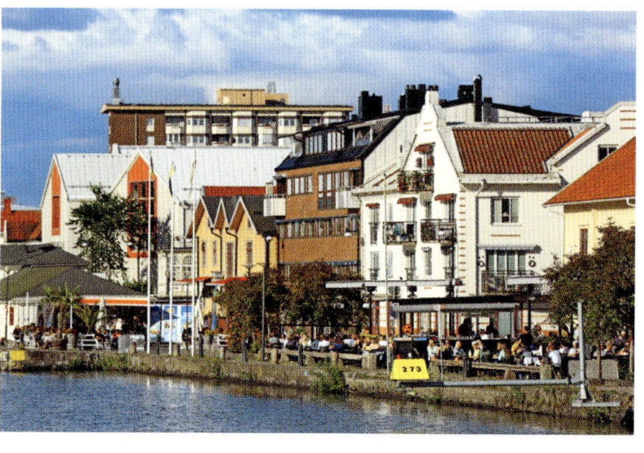

DIE ➔ TOP 3

★ **Göteborg**
Spaziergang mit Besuch des Palmhuset (Gewächshaus), der Fiskekyrkan (Fischmarkthalle) und einem der zahllosen Cafés im gemütlichen Szeneviertel Haga.

★ **Kungälv**
Im Sommer finden auf der Festung Bohus viele Veranstaltungen und Konzerte statt. Ansonsten tut es aber auch ein Picknick mit Aussicht über den Göta älv.

★ **Trollhättan**
Automobilfans lassen sich das Saab Car Museum nicht entgehen, das nahezu alle Modelle der ikonischen Marke zeigt *(www.saabcarmuseum.se)*.

Der große »Gästhamn« von Vänersborg befindet sich gleich östlich der Kanalausfahrt auf den Vänern. Stolz thront das Standbild des Königs Gustav II. Adolf auf dem gleichnamigen Platz im Zentrum Göteborgs.

Die Eisenbahnhubbrücke in Trollhättan hat geschlossen nur eine Durchfahrtshöhe von 2,8 Metern. Trollhättans Strandgatan lockt direkt am Kanalufer mit gemütlichen Restaurants.

größeren Schären und einen etwa halb so großen nördlichen Teil, zu dem allerdings auch die drei beliebten Ausflugs- und Urlaubsinseln Björkö, Öckerö und Hönö gehören, die alle auch über eigene Gästehäfen verfügen.

Wie viele andere europäische Seestädte hat auch diese Millionenmetropole ihr zum Wasser gerichtetes Gesicht in den vergangenen zwei Jahrzehnten gehörig verändert. Nicht der Zeitgeist war dafür verantwortlich, sondern wirtschaftliche Notwendigkeit: Auf den Arealen, die früher zum Schiffbau und zur Lagerung von Stückgut genutzt wurden, wächst heute moderner Wohnraum in die Höhe. Wo Schauerleute Fracht umschlugen, ziehen Jogger ihre Bahnen. Wer von See kommend Göteborgs »Tor«, die 107 Meter hohe Älvsborgsbron, passiert und weiter flussaufwärts auf dem Göta älv in die Stadt steuert, für den ist diese Entwicklung auf dem Nordufer unübersehbar: Wie ein riesiges rotes Portal steht dort noch der Bockkran der Eriksberg-Werft. Mehr als dieses Industriedenkmal ist nicht geblieben von viel glorreicher Schiffbauvergangenheit. Büro- und Apartmenthäuser reihen sich nun entlang des ehemaligen Trockendocks. Dahinter ragt der markante gläserne Turm des erst 2024 fertiggestellte Karlatornet in den Himmel, mit 246 Metern das höchste Gebäude Skandinaviens. Gegenüber haben die großen Fähren nach Frederikshavn und Kiel ihre Liegeplätze. Hafenfähren kreuzen, Sportboote und Segelyachten sind unterwegs.

MONDÄNE ELEGANZ

Bald kommen ebenfalls auf dem Südufer die Schiffe vom Maritiman in Sicht, dem Maritimen Museum, in erster Reihe der Zerstörer »Småland«, der in den Fünfzigerjahren bei Eriksberg vom Stapel lief. Es folgt der modernistische Keilbau der Oper und unmittelbar dahinter, noch vor dem hohen Steven der Viermastbark VIKING, dem größten je in Schweden gebauten Fracht-

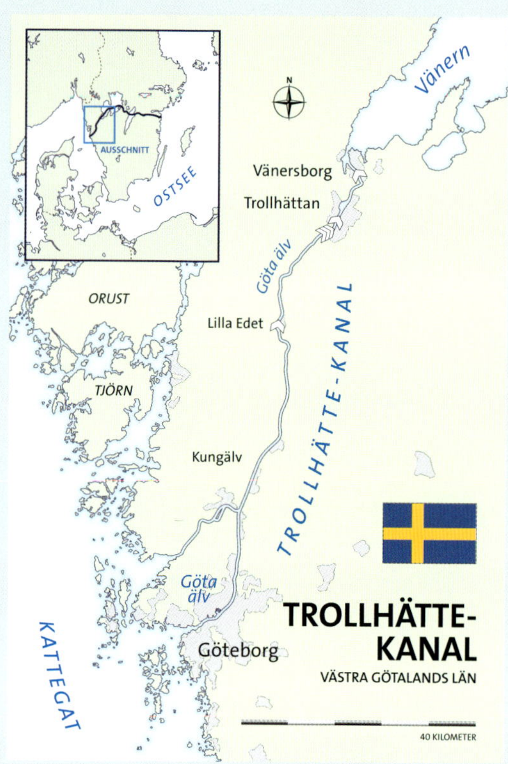

DAS → REVIER

Schwedens einzige Binnenwasserstraße, die für die Großschifffahrt ausgebaut ist, verbindet den Vänern mit dem Kattegat bei Göteborg. Dabei folgt die rund 80 Kilometer lange Strecke größtenteils dem natürlichen Lauf des Flusses Göta Älv, nur kurze Abschnitte sind künstlich angelegt. Sechs moderne Schleusen (darunter die Schleusentreppe Trollhättan mit insgesamt vier Kammern) überwinden einen Höhenunterschied von insgesamt 44 Metern. Alle Schleusen werden im kommenden Jahrzehnt durch größere Neubauten ersetzt. Der Trollhätte-Kanal bildet das westliche Teilstück der bei uns insgesamt als »Götakanal« bekannten schiffbaren Route von Küste zu Küste.

DIE → TÖRNETAPPEN

- S Göteborg–Kungälv .... 19 km
- 1 Kungälv–Lilla Edet .... 35 km
- 2 Lilla Edet–Trollhättan .... 19 km
- 3 Trollhättan–Vänersborg .... 15 km
- 4 Vänersborg–Sjötorp (Beginn Göta-Kanal) .... 115 km
- Z Gesamtstrecke .... 88 km

DAS → KLIMA

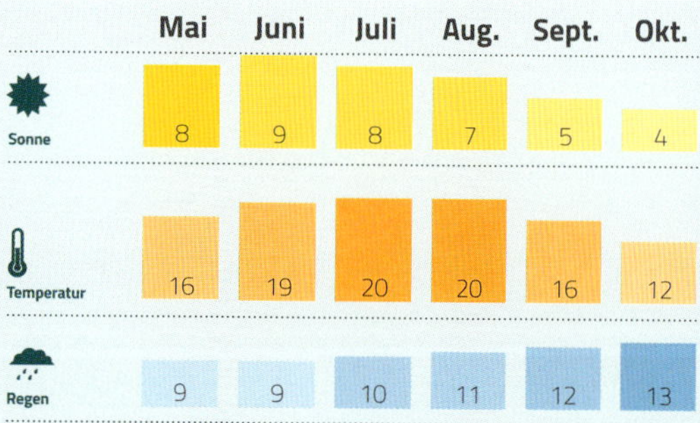

Werte: Sonnenstunden/Tag, Tagestemperaturen, Regentage

» Der Mix aus mondäner Eleganz, lockerer skandinavischer Lebensart, Kultur und Szene garantiert große Erinnerungen. «

segler, die Einfahrt zum Hafen von Lilla Bommen. Hier finden Gäste an Schwimmstegen mit Auslegern oder Murings Plätze. Die Lage könnte nicht besser sein: Das Einkaufszentrum Nordstan gleich nebenan lässt keine Wünsche bei der Versorgung offen, Restaurants finden sich entweder dort oder auch direkt am Hafen. Über die Östra Hamngatan sind der Gustavs Adolfs torg im Zentrum in zehn Minuten und der Kungsparken, Göteborgs grüne Lunge, zu Fuß in zwanzig Minuten zu erreichen. Für Bus und Bahn in Stadt und Umland ist Västtrafik zuständig. Göteborg ist immer einen Aufenthalt wert, Neulinge sollten mindestens zwei Tage einplanen. Der Mix aus mondäner Eleganz, lockerer skandinavischer Lebensart, Kultur und Szene garantiert große Erinnerungen.

QUER DURCH SCHWEDEN

Unmittelbar oberhalb von Lilla Bommen mit Passage der Götaälvbron beginnt die Kilometrierung des Trollhätte-Kanals. Dass der Fluss für die Großschifffahrt in Form gebracht wurde, erkennt man nicht nur an den geraden Abschnitten auf den ersten Kilometern, sondern auch an den zu beiden Seiten und in regelmäßigen Abständen an langen Auslegern über das Wasser ragenden Radarreflektoren. Sie markieren das Fahrwasser für Schiffe, die bis zu 87 Metern lang sein und 4,70 Meter tief gehen dürfen. Das Vänermax-Maß orientiert sich an der nutzbaren Größe der Schleusenkammern auf den 82 Kilometern zwischen Göteborg und Vänersborg. Während zu Beginn noch Industriegebiete und Einkaufszentren beiderseits auf den Ballungsraum der Großstadt hinweisen, wird das Umland jedoch bald grüner und hügeliger. Der Göta älv wirkt nun trotz befestigter Ufer und Seezeichen sehr natürlich. Kein Wunder: Im Verlauf der Wasserstraße mussten nur zehn Kilometer künstlich angelegt werden. Die Reise quer durch Schweden hat begonnen!

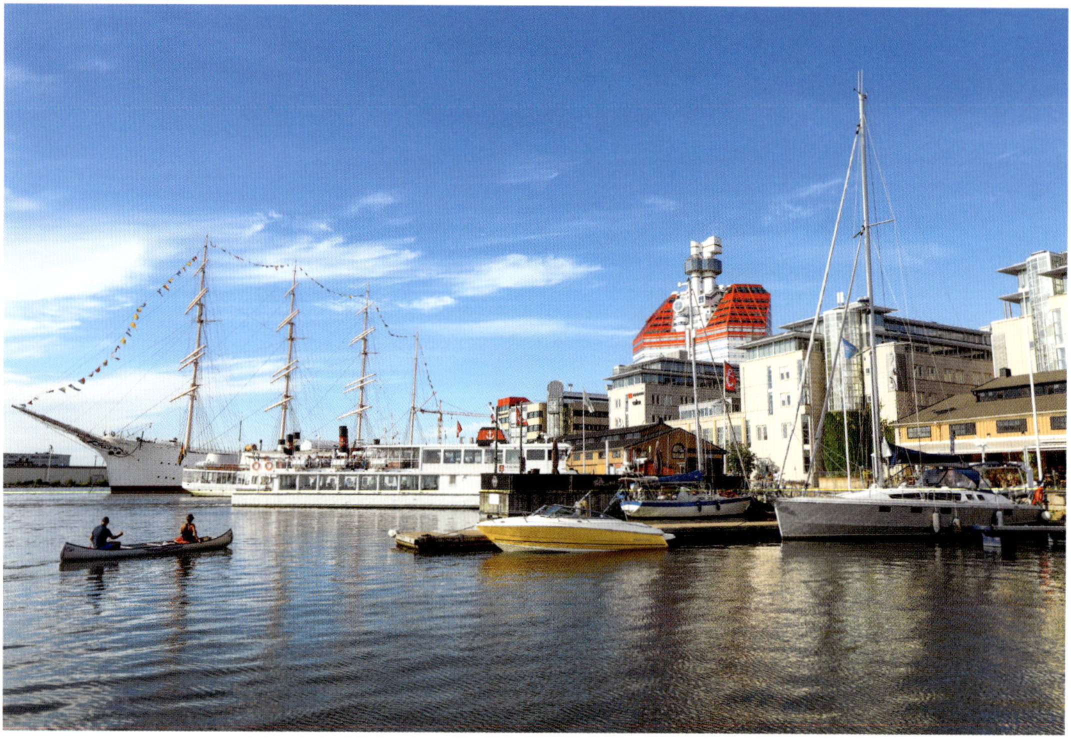

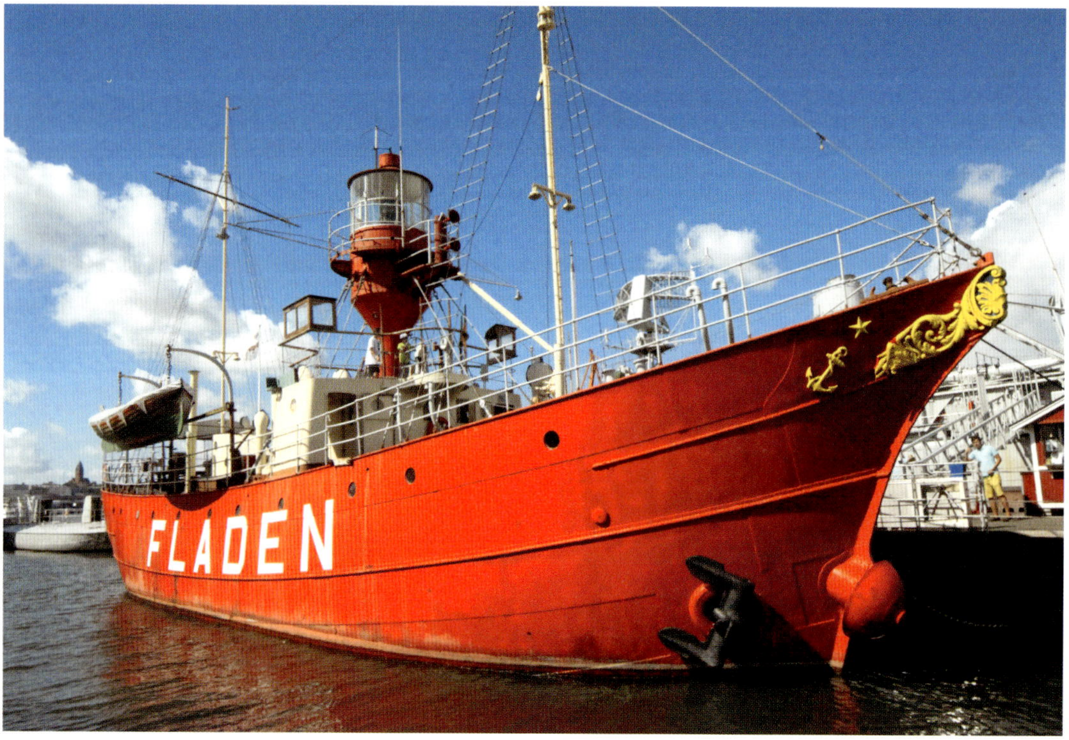

An der Einmündung des ebenfalls schiffbaren, jedoch seltener genutzten Nordre älv, kommen rund 15 Kilometer nördlich von Göteborg an Backbord die Türme und Mauern einer wuchtigen Burg in Sicht: Jahrhundertelang war Bohus fästning von zentraler strategischer Bedeutung in den Machtspielen um Herrschaft und Einfluss, die Dänemark, Schweden und Norwegen führten. Die eindrucksvolle Anlage lässt sich in wenigen Minuten vom auf der Festungsinsel liegenden Gästehafen der kleinen Stadt Kungälv erreichen.

Nach rund 50 Kilometer Fahrt ist die erste der drei Staustufen auf dem Weg zum Vänern erreicht: Die Schleuse von Lilla Edet überwindet dabei eine Fallhöhe von sechs Metern, insgesamt beträgt der Höhenunterschied auf der Gesamtstrecke 44 Meter. Für Sportboote sind Wartestellen vorhanden, das Schleusenpersonal überwacht die Ankunft per Videokamera. Alle Schleusen (und beweglichen Brücken) sind zudem über UKW-Kanal 9 erreichbar. Im Oberwasser der Schleuse befindet sich auf dem östlichen Ufer der Gästehafen von Lilla Edet mit Schwimm- und Feststegen. Festgemacht wird längsseits oder mit Muring.

JAHRHUNDERTPROJEKT

Im Rahmen eines Infrastruktur-Jahrhunderprojekts sollen die Schleusen des Trollhätte-Kanals in naher Zukunft durch noch leistungsfähigere Ersatzneubauten ersetzt werden. Erste Planungen haben begonnen, die Arbeiten werden sich jedoch bis weit in die Dreißigerjahre oder sogar darüber hinaus erstrecken. Der Schiffsverkehr wird so lange über die bestehenden Schleusen weitergeführt.

Eine besondere Herausforderung dieses Projektes wird dabei – einmal mehr – Trollhättan darstellen: Je weiter man nach Norden kommt, desto mehr wird das Flusstal zur Schlucht. An der gleichen Stelle, an der der Göta älv in alten Zeiten mit einem Wasserfall in die Tiefe stürzte, wurde

Der Hafen von Lilla Bommen ist der perfekte Ausgangspunkt zur Erkundung von Göteborg.

Zum Erbe der Stadt gehört auch das Feuerschiff FLADEN – heute ist es Teil des Maritimen Museums.

er bereits um 1800 mit einer ersten Schleusentreppe gezähmt. Doch schon ein halbes Jahrhundert später musste sie durch größere, herausgesprengte Neubauten abgelöst werden. Beide Schleusentreppen existieren noch als Industriedenkmäler, gleich neben der heute genutzten von 1916. Insgesamt sind es vier Kammern an dieser Stelle (drei verbundene, gefolgt von einer einzelnen) mit einer Fallhöhe von insgesamt 32 Metern. Bei der letzten Kammer befindet sich auch das Büro, wo die Gebühr für die Passage bezahlt wird (Kartenzahlung).

AUFS OFFENE WASSER

Die Durchreisenden machen im Anschluss im hübschen Gästehafen Åkerssjö oberhalb fest, ansonsten geht es direkt weiter. Für einige Kilometer führt der Kanal nun direkt durch die Stadt Trollhättan, die gleich gegenüber der belebten Strandgatan und der kleinen Innenstadt über einen eigenen Gästehafen auf der Halbinsel Spikön vor dem Westufer verfügt.

Bevor der Vänern erreicht wird, muss nun noch die letzte Schleuse des Trollhätte-Kanals in Brinkebergskulle passiert werden, dann erfolgt über den Karlsgraben die Einfahrt nach Vänersborg, Verwaltungszentrum der Region und wichtige Hafenstadt im Südwesten des Sees. Hier steht noch einmal das volle Versorgungsangebot zur Verfügung, bevor die Binnenfahrt erst einmal endet und es zurück auf offenes Wasser geht. Sowohl auf der Kanal- wie auf der Seeseite gibt es je einen Gästehafen.

» In Vänersborg, Verwaltungszentrum der Region und wichtige Hafenstadt im Südwesten, steht noch einmal das volle Versorgungsangebot zur Verfügung. «

Ein wenig Ruhe tanken. Im Gästehafen der Stadt Trollhättan ist wenig los.

Die spektakulären Schleusen von Trollhättan und die grüne Umgebung machen das Areal zu einem beliebten Ausflugsziel – auch für Bootsleute. Eine Rundfahrtboot auf Göteborgs Kanalsystem bietet spannende Stadtansichten.

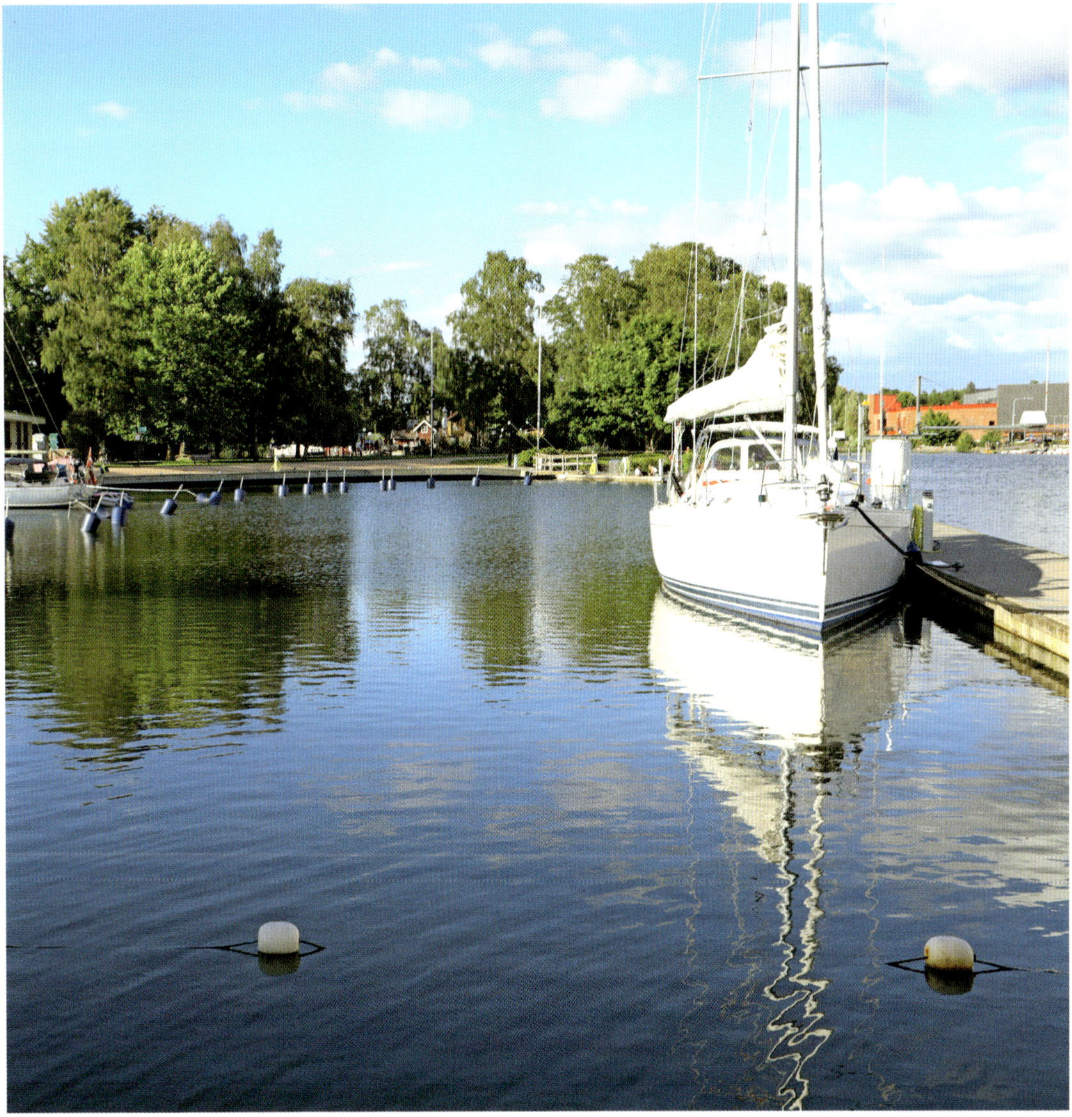

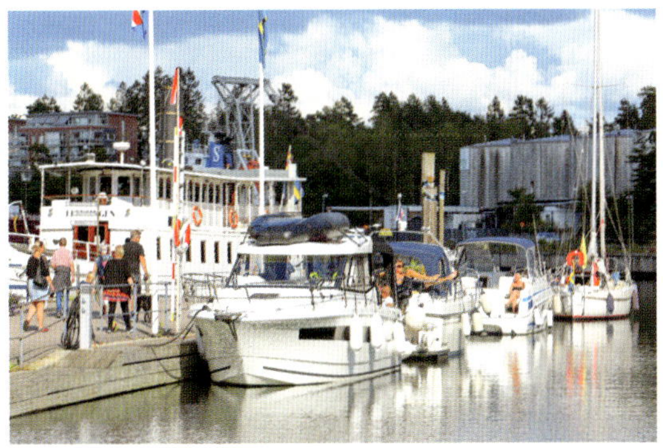

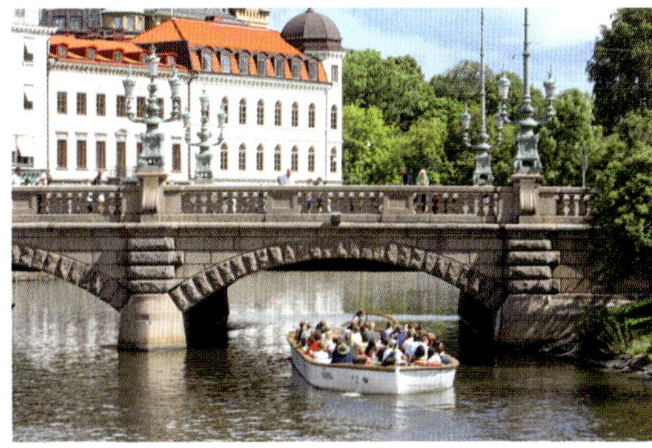

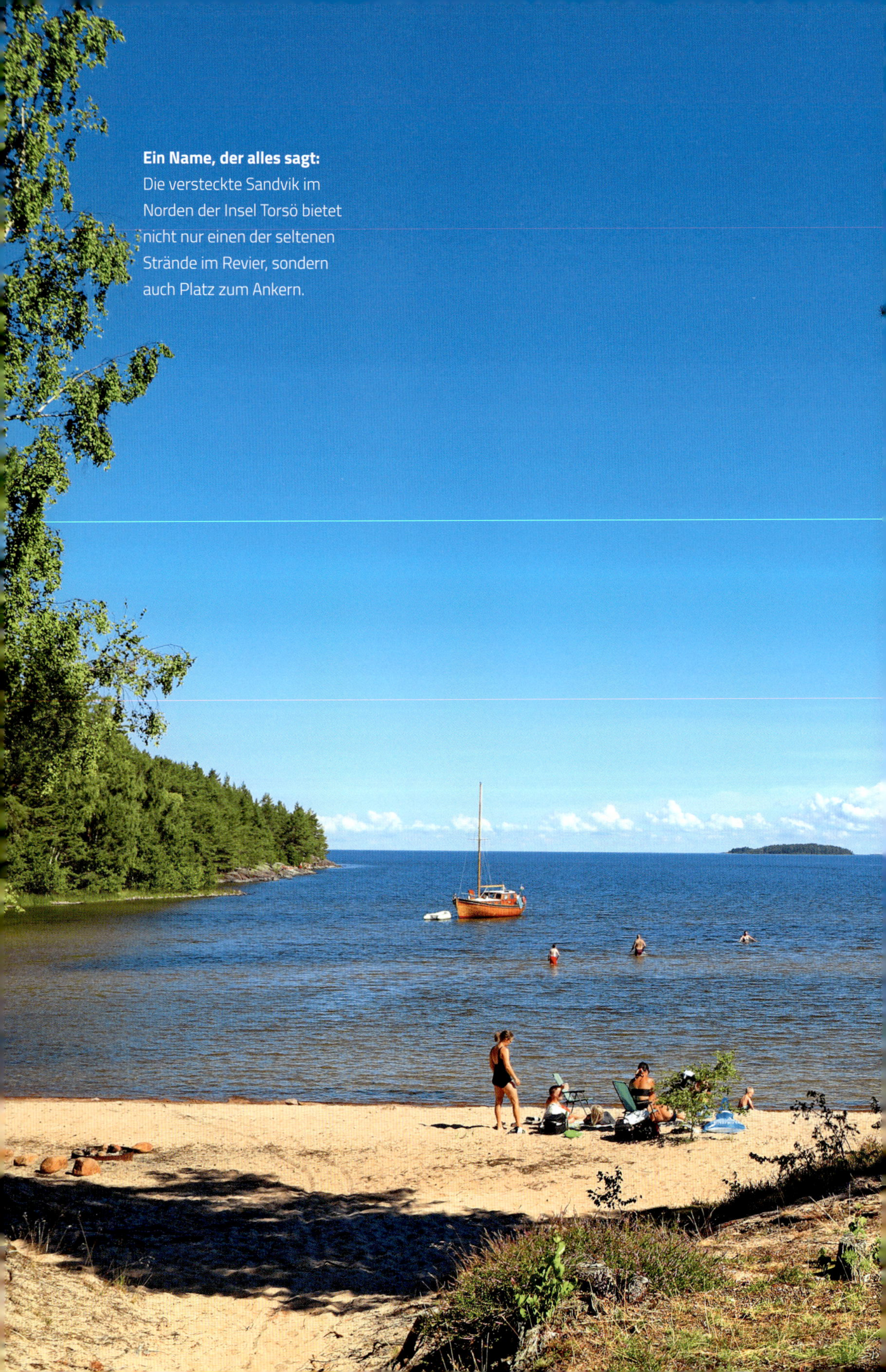

Ein Name, der alles sagt: Die versteckte Sandvik im Norden der Insel Torsö bietet nicht nur einen der seltenen Strände im Revier, sondern auch Platz zum Ankern.

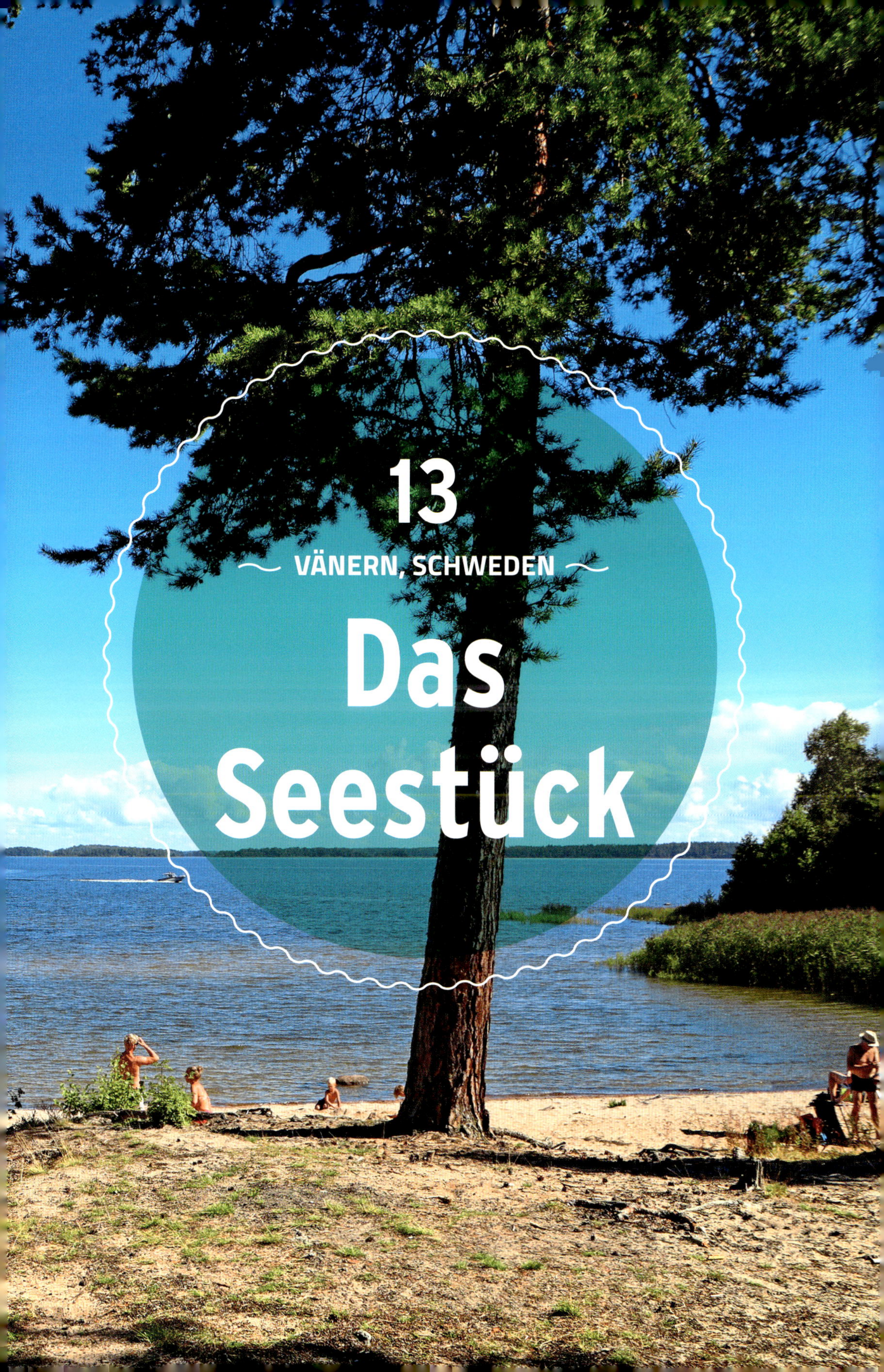
13
VÄNERN, SCHWEDEN
Das Seestück

Leerer Horizont: Die zweite Etappe durch den Süden Schwedens bietet Kontrastprogramm im schönsten Sinn. Die Passage des großen Vänern steht bevor!

Das ist ein Anblick, an den man sich als Mitteleuropäer erst einmal gewöhnen muss: ein See, bei dem das andere Ufer nicht zu sehen ist. Nur leerer Horizont. Endlose Weite. Wer ganz sichergehen will, probiert das Wasser: frisch und süß, keine Spur von Salz. Um den Süden Schwedens auf eigenem Kiel zu durchqueren, muss man ihn passieren: den Vänern. Mit einer Fläche von rund 5.500 Quadratkilometern ist er doppelt so groß wie das Saarland – und zehnmal so groß wie der Bodensee. 140 Kilometer liegen zwischen Vänersborg im Süden und Karlstad im Norden. Seegehende Frachtschiffe sind auf dieser Route unterwegs, über die Schleusen des Trollhätte-Kanals kommen sie von Göteborg herauf. Die Küstenlinie des Vänern misst sogar an die 2.000 Kilometer, wenn alle Buchten, Sunde und Inseln mitgezählt werden. Und Inseln gibt es wie Sand am Meer: 22.000 sollen es sein – von der größten, Torsö, bis zum kleinsten wellenumspülten namenlosen Felsbuckel.

Gigantischere Wasserflächen finden sich im Binnenland Europas nur noch weiter östlich in Russland: Ladoga- und Onegasee belegen die Spitzenplätze. Dann jedoch folgt schon der Vänern. Und so bildet er in der Galerie der Wasserwege von Küste zu Küste den großen Kontrast, das eindrucksvolle Seestück zwischen den beschaulichen Landschaftsmalereien von Trollhätte-Kanal und Göta-Kanal. Sicher ist der Vänern bei diesen Dimensionen mehr als nur ein Revier für sich. Wer als Gast während des kurzen Sommers ein paar Wochen mitbringt – etwa weil er mit dem Trailer unterwegs ist –, kann nicht nur den See selbst erkunden, sondern auch noch den einen oder anderen Abstecher machen. Etwa zum ebenfalls wunderschönen Dalsland-Kanal (dazu später etwas mehr).

Skipper auf der Durchreise zwischen Westen und Osten werden sich dagegen in der Regel auf den südlichen Teil des Vänern beschränken. Wobei selbst die kürzeste Verbindung zwischen Vänersborg und Sjötorp, wo der Göta-Kanal beginnt, bereits um die 150 Kilometer misst – eine Etappe, für die man sich mindestens drei Tage Zeit nehmen sollte. Und – wie der zweite Teil dieses Revierporträts »Quer durch Schweden« zeigt – gern auch deutlich mehr. Beim Vänern ist nur der Horizont das Limit.

STEINERNE NADEL

Die Weiterfahrt erfolgt nun auf dem südlichen Teil des Dalbosjön, der wiederum die westliche Hälfte des Vänern bildet. Von Vänersborg öffnet sich der See in einer rund 40 Kilometer langen Bucht wie ein Trichter nach Nordosten. Betonnung und Befeuerung lassen keine Wünsche offen, schließlich sind auf dem See auch Frachter und Tanker des Vänermax-Typs mit bis zu 4,70 Meter Tiefgang unterwegs. Trotz seiner großen Ausdehnung ist der Vänern besonders in ufernahen Bereichen flach und felsig, dazu kommen zahlreiche Einzelhindernisse und Riffe, die von Ortsunkundigen auch in kleineren Booten besser gemieden werden sollten. Ein besonderes Hindernis dieser Art stellt Hindens Rev dar, das wie eine steinerne Nadel über knapp sieben Kilometer in den

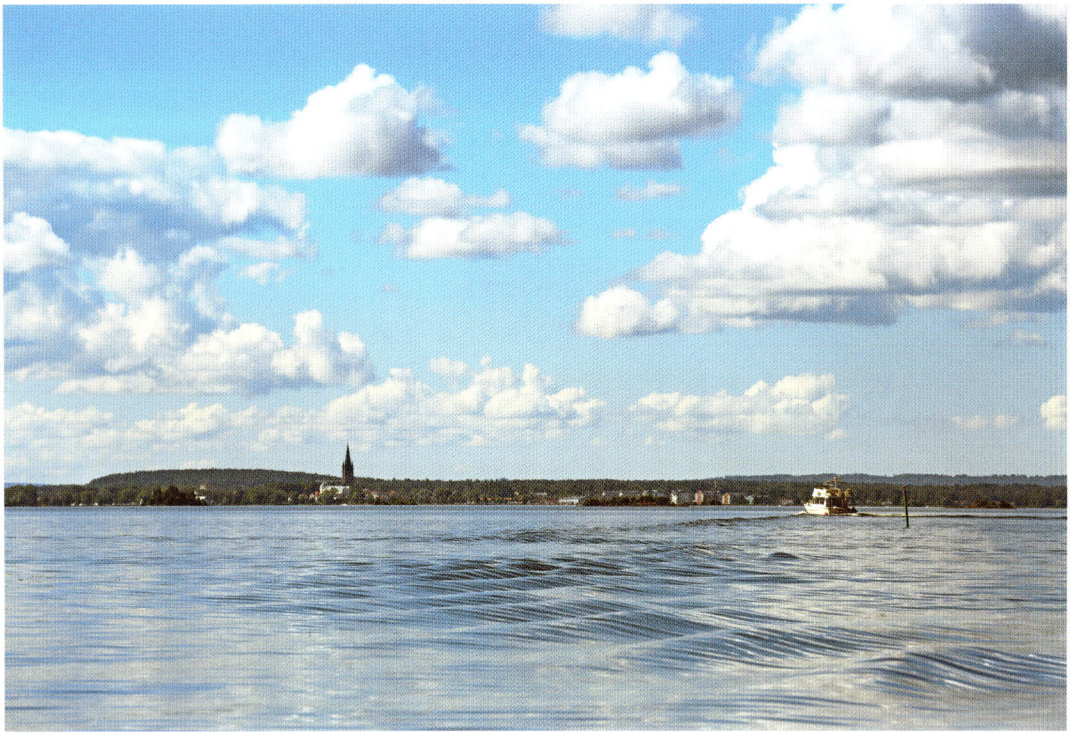

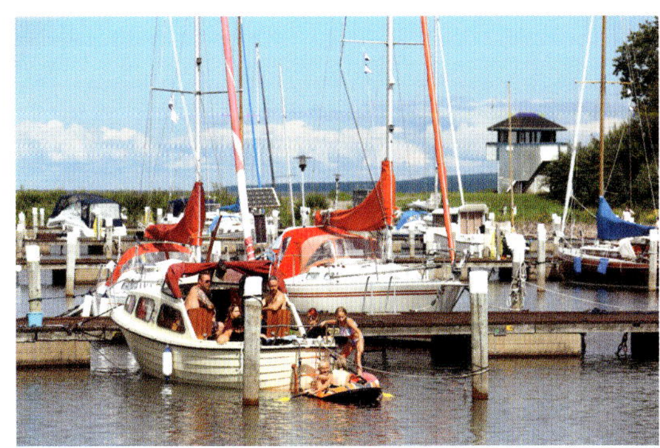

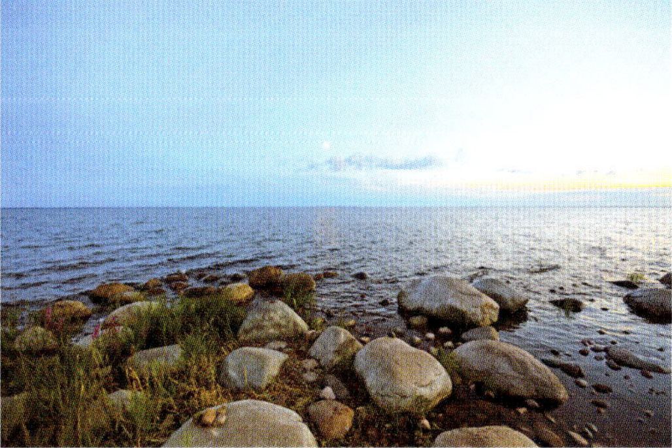

Unter lockerem Wolkenhimmel und mit Kurs auf Mariehamn verlässt eine Yacht den Torsösund.

Wochenendstimmung herrscht im »Gästhamn« von Lidköping. Ruhe gibt es dagegen am steinernen Ende von Hindens Rev.

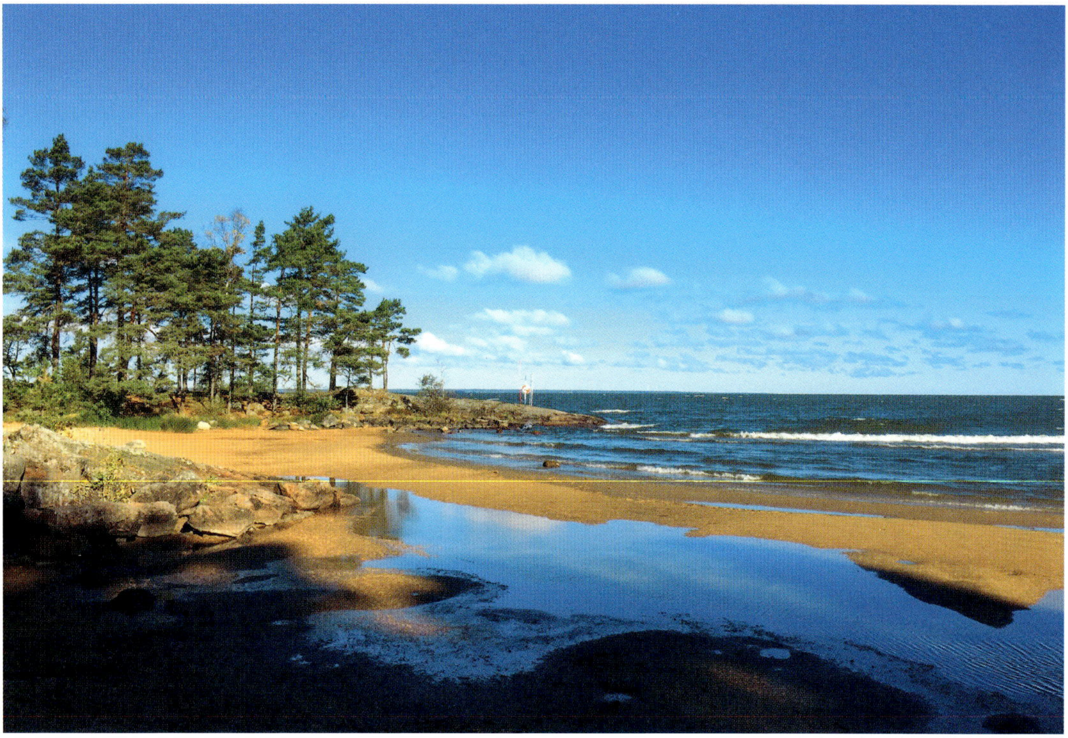

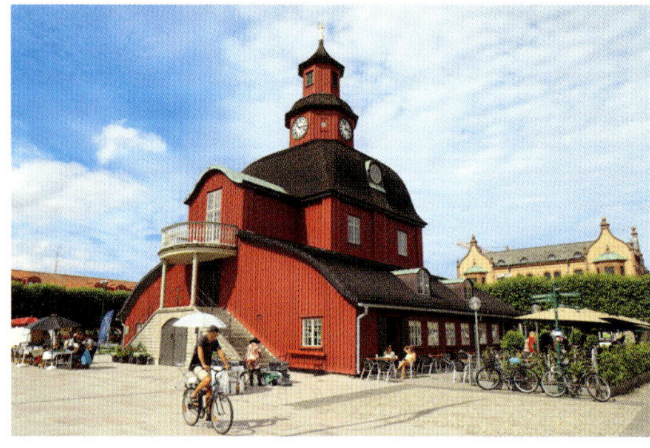

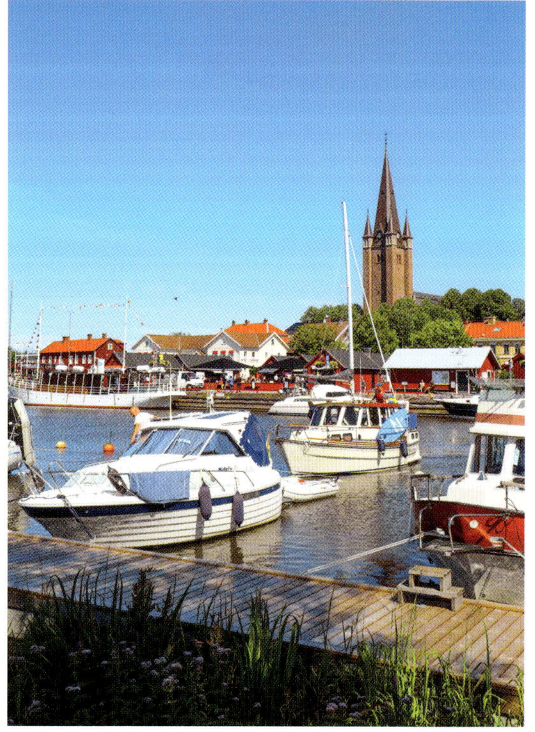

Traumhafte Natur erlebt man am Strand von Gaddesanna bei Vänersborg über den südlichen Dalbosjön.

Das rote Alte Rathaus von Lidköping stammt aus dem 17. Jahrhundert und hat bereits einige Stadtbrände mehr oder weniger schadlos überstanden. Die besten Gästeplätze von Mariestad finden sich direkt im Stadthafen.

DIE ➔ TOP 3

★ **Lurö**

Schwitzen im Schärengarten in der schwimmenden Sauna – und das in heller nordischer Sommernacht. Der Lurö Krog, das Restaurant auf der Insel, hat sogar bis 1 Uhr morgens geöffnet.

★ **Läckö**

Eine Wanderung durch die Kulturgeschichte, von der Bronzezeit bis heute, und das in schönster Natur. Danach Kaffee und Kuchen im ausgebauten alten Stall des Schlosses.

★ **Mariestad**

Das vielleicht netteste Städtchen am ganzen Vänern ist auf Besucher vorbereitet und bietet Flair. Hier wird zudem eines der beliebtesten Biere Schwedens gebraut: Mariestads.

Dalbosjön hineinragt und sich unter Wasser fortsetzt – harter Rest einer Endmoräne, die während der letzten Eiszeit entstanden ist. Die beiden einzigen Sportboothäfen in diesem Teil des Sees (von Vänersborg abgesehen) befinden sich in Sikhall und etwas weiter nördlich in Dalbergså auf dem westlichen Ufer. Nach der Passage der Engstelle zwischen Hindens Rev und Hjortens Udde öffnet sich der Dalbosjön weiter, und die Fahrt ist frei nach Osten in Richtung der Insel Kållandsö (und darüber hinaus zum Göta-Kanal) oder nach Nordwesten zum Dalsland-Kanal.

Das Gewässersystem des bei Köpmannebro beginnenden Dalsland-Kanals – mit Sicherheit eines der schönsten Binnenreviere Europas. Denn der Name täuscht: Von seinen rund 250 Kilometern sind nur zwölf (mit 31 Schleusen) künstlich geschaffen. Nimmt man alle Nebengewässer hinzu, kommt man auf 400 Kilometer Strecke – bis nach Norwegen hinein. Der historische Aquädukt von Håverud, 1868 eröffnet, gehört zudem zu den bekanntesten Technikdenkmälern Schwedens.

SCHWEDEN-FEELING

Die Insel Kallandsö ist die zweitgrößte im Vänern, wobei der Sund im Süden selbst in der Fahrrinne zum Teil so flach ist, dass er nur von ganz kleinen offenen Sportbooten befahren werden kann. Die reizvolle Seite liegt ohnehin im Norden: Der gästhamn von Läckö befindet sich unmittelbar neben dem imposanten Barorckschloss in parkähnlicher Landschaft. Die Geschichte des barocken Baus reicht bis ins Mittelalter zurück, im Sommer finden Opernaufführungen statt. Noch älter sind die bronzezeitlichen Felsritzungen in der Umgebung. Alternativ finden Skipper auch in der Kållandsö Marina in Hörviken einen Platz.

Nördlich von Kållandsö bildet der Übergang zwischen Dalbosjön und Värmlandssjön die Taille des Vänern. Nur knapp zwanzig Kilometer liegen zwischen der Insel im Süden und der Spitze der Halbinsel Värmlandsnäs im Norden. Hier kommt nun richtiges Schweden-Feeling auf: So flach ist es hier, dass gleich zwei Schärengärten wie ein Gürtel aus dem See ragen: Ekens skärgård im Süden und der Lurö skärgård im Norden. Beide bestehen aus Hunderten kleiner und kleinster Inseln, einige bewaldet, die meisten kahl. Fast alle sind unbewohnt. Eine faszinierende Landschaft aus Fels und Wasser, geformt vom Gewicht einstiger Gletscher. Benannt sind beide

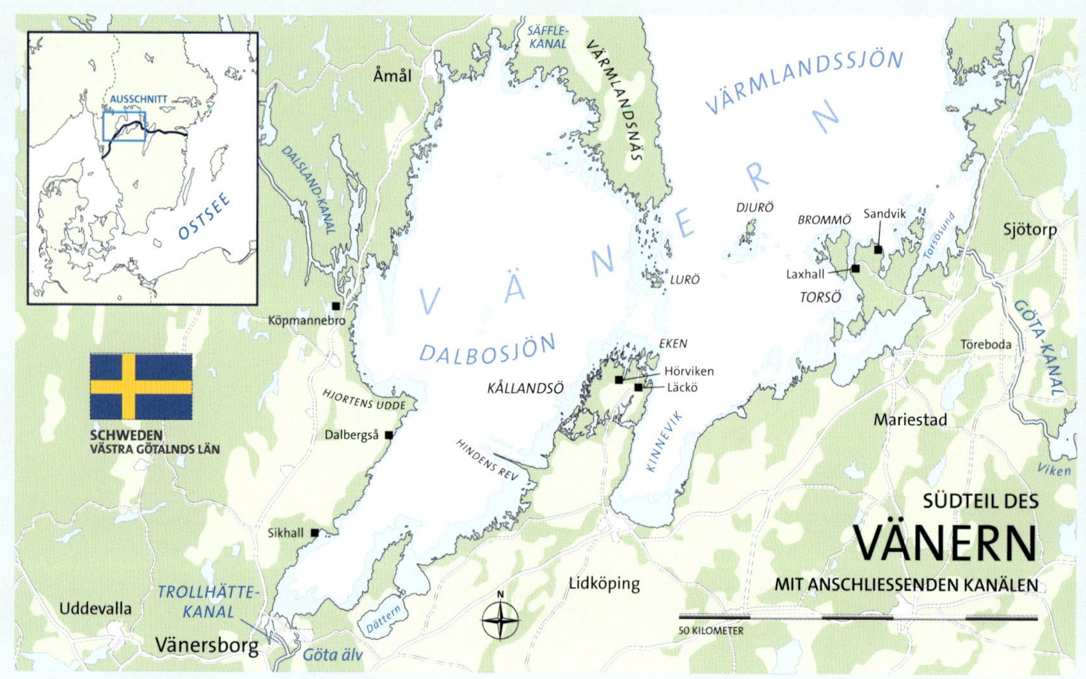

DIE ➔ TÖRNETAPPEN

- S Vänersborg–Läckö (Insel Kållandsö) .... 68 km
- 1 Läckö–Lidköping .... 22 km
- 2 Lidköping–Mariestad .... 50 km
- 3 Mariestad–Sjötorp (Beginn Göta-Kanal) ....20 km
- 4 Vänersborg–Sjötorp (direkte Route) .... 115 km
- 5 Vänersborg–Sjötorp (mit Etappenhäfen) ..... 160 km
- Z Gesamtstrecke (Trollhätte-Kanal + Vänern) ... 250 km

DAS ➔ KLIMA

	Mai	Juni	Juli	Aug.	Sept.	Okt.
Sonne	8	9	8	7	5	4
Temperatur	15	19	20	20	16	12
Regen	9	9	10	11	12	13

Werte: Sonnenstunden/Tag, Tagestemperaturen, Regentage

DAS ➔ REVIER

Nach dem Ladogasee und dem Onegasee, die beide auf russischem Territorium liegen, befindet sich der drittgrößte See Europas dagegen in Südschweden. Der Vänersee (Vänern) nordöstlich von Göteborg umfasst 5500 Quadratkilometern und ist nicht nur zu Lande und zu Wasser an die nautische Verkehrsinfrastruktur angebunden, sondern auch für den Tourismus bedeutend. Wichtige Hafen- und Industriestädte im südlichen Bereich des Sees sind Vänersborg, wo der Trollhätte-Kanal beginnt, der nach Göteborg führt, und Lidköping. Im Norden sind Karlstad und Kristinehamn die größten Häfen.
Die Entfernung zwischen Vänersborg und Karlstad beträgt immerhin 140 Kilometer. Der Göta-Kanal beginnt in Sjötorp am Ostufer.

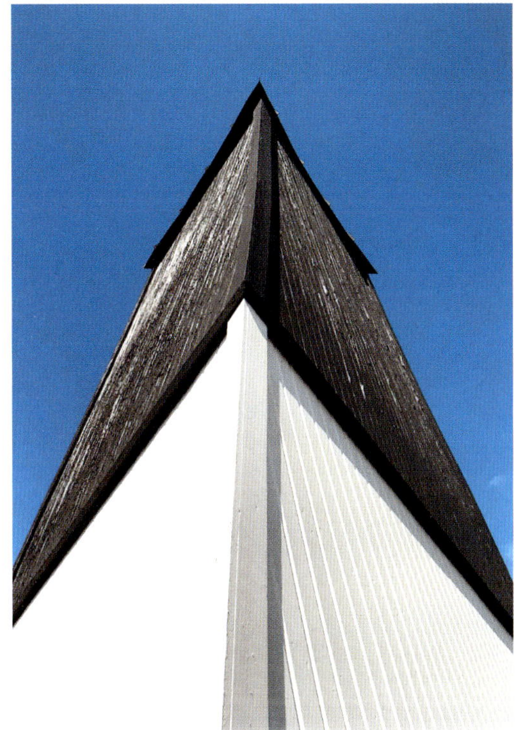

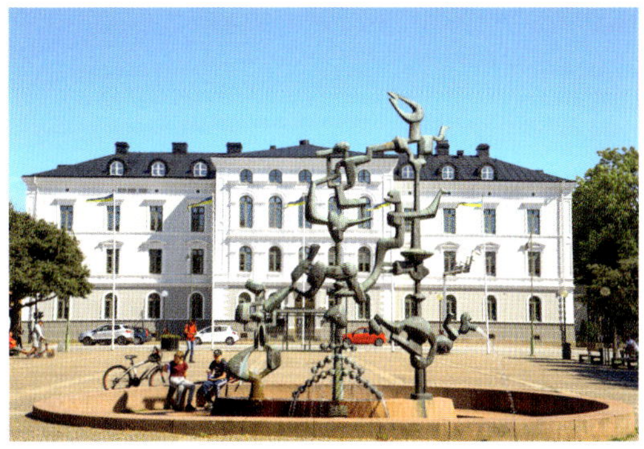

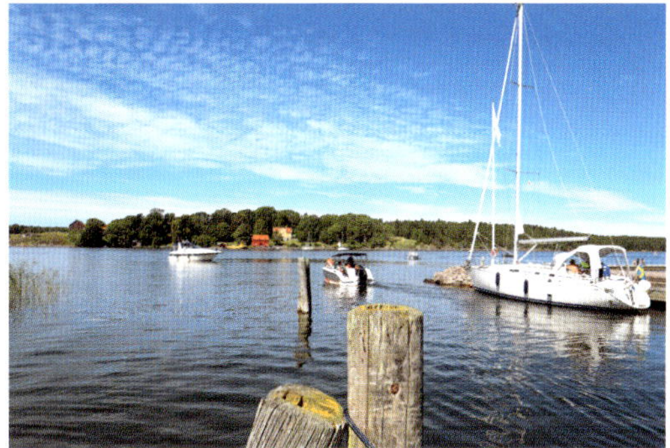

Schärengärten nach ihren jeweils größten Inseln, wobei Lurö nicht nur über den einzigen Gästesteg in der Gegend verfügt; dort kann auch in einem ehemaligen Leuchtfeuergebäude übernachtet und von der schwimmenden Sauna aus gebadet werden. Reservierung empfohlen!

REIZVOLLER LANDGANG

Nach den seichten Lagunen der Schärengärten schließt sich im Osten nun wieder »offene See« an; der Värmlandssjön ist noch einmal größer als der Dalbosjön: Knapp 100 Kilometer liegen zwischen Nord und Süd. Dazu kommt die mit 106 Metern tiefste Stelle des Vänern etwa 25 Kilometer südlich von Karlstad. Für Skipper Richtung Göta-Kanal spielt allerdings nur sein südliches Ende eine Rolle. Dort gibt es eine nördliche und eine südliche Route. Auf der nördlichen liegt dabei der Djurö Nationalpark, eine kleine Gruppe von Schären, die zwar keine Stege, aber

Eine alte Tagesbake fungiert als Warnung an der Spitze von Hindens Rev.

Nya Torget und Stadshotel im Zentrum von Mariestad. Einfahrt des Sportboothafens von Laxhall am Brommösund auf Torsö.

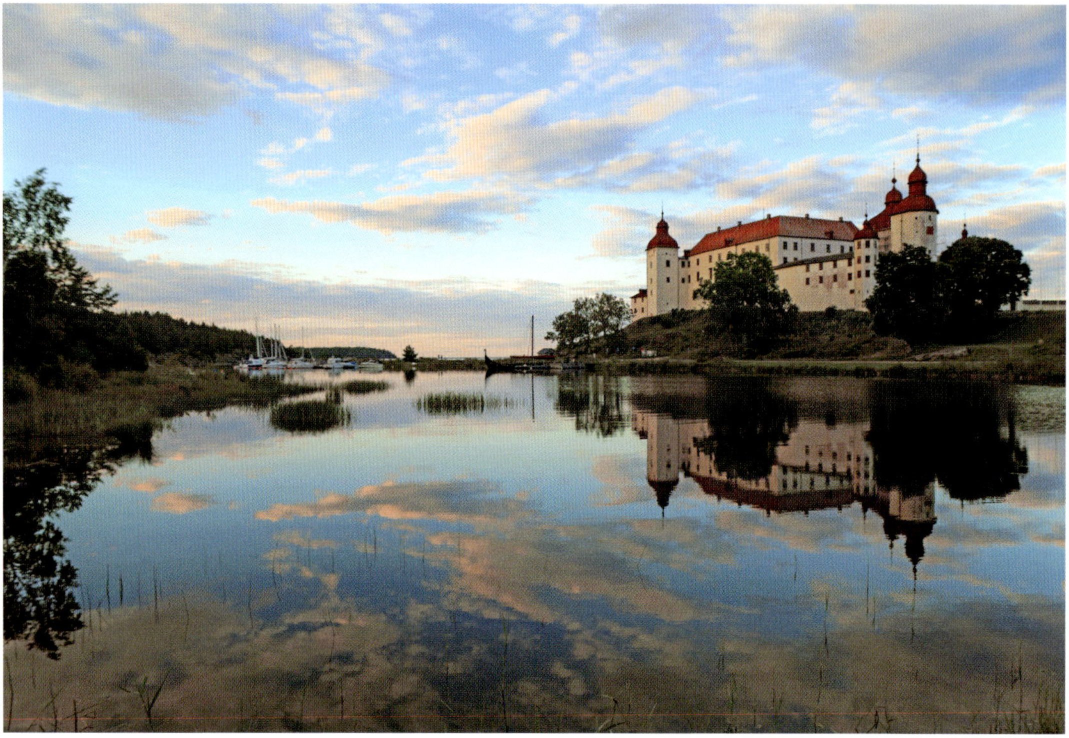

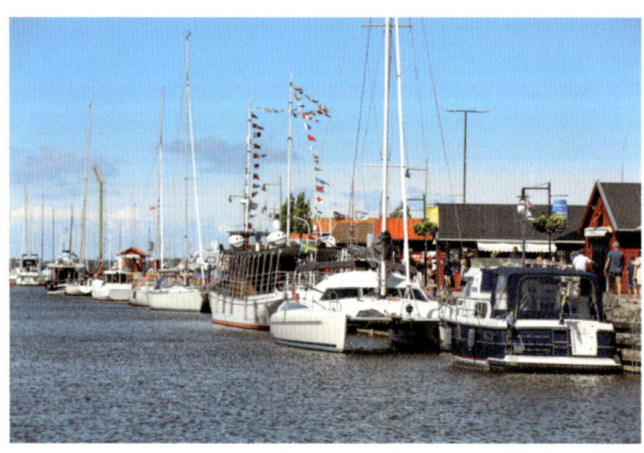

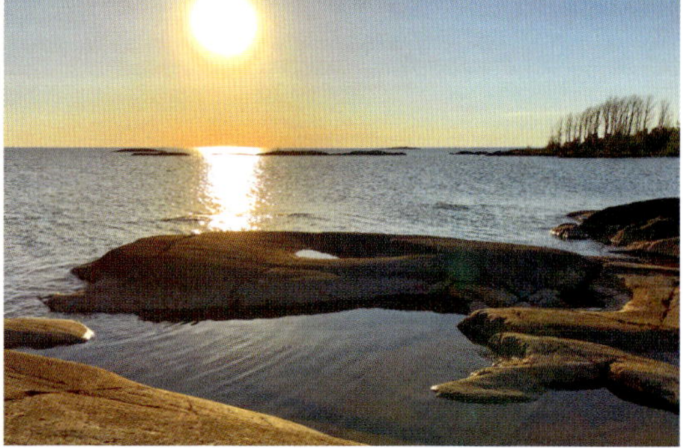

So friedlich war es nicht immer – Schloss Läckö war als Festung an strategischer Stelle über lange Zeit ein machtpolitischer Faktor.

Längsseits im Stadthafen von Mariestad. Abendstimmung und Windstille über Ekens Skärgård nördlich der Insel Kållandsö.

» Vom Hafen Malbergshamn sind Rundgänge an Land ausgeschildert: ein kleines Paradies zwischen ›Klappersteinstränden‹ aus Kieseln und Kiefernwäldern. «

einige gute Naturhäfen zum Ankern vorweisen kann. Die Ansteuerung des besten Hafens, Malbergshamn auf der Hauptinsel, erfolgt von Norden. Von dort sind Rundgänge an Land ausgeschildert: ein kleines Paradies zwischen »Klappersteinstränden« aus Kieseln und Kiefernwäldern – wer Glück hat, kann Rehwild beobachten.

Wer bei der Überquerung des Vänern zur Abwechslung eine Stadt in den Törnplan einbauen möchte (oder sich ohnehin versorgen muss), kann durchaus Lidköping wählen, das allerdings erst ganz am südlichen Ende der knapp 20 Kilometer langen Kinnevik liegt. Vom Gasthafen der Segelsällskapet Westgötarne ist das Zentrum zu Fuß eine Viertelstunde entfernt. Für einen Landgang mit Stadtbummel ist das nach einer deutschen Prinzessin benannte Mariestad aber die reizvollere (und nähere) Option: Hier liegt der gästhamn direkt zwischen dem Fluss Tidan und der Altstadt mit den Cafés und Beach-Bars direkt vor dem Boot. Ein paar mehr Schritte schaden aber auch nicht, etwa zum Naturschutzgebiet Gamla Ekudden oder zum Karlsholme Folkets Park mit dem Restaurant Sjöterrassen.

ENDSPURT

Erst seit 1994 ist die größte Insel im Vänern mit dem Festland verbunden: In elegantem Bogen überspannt die Torsöbro den gleichnamigen Sund. Für eine letzte Nacht auf dem See kommen gleich zwei reizvolle Spots infrage: zum einen der kleinen Gasthafen von Laxhall am malerischen Brommösund auf der Westseite der Insel, der sogar einen schicken hamnkrog mit spannender Karte aufweisen kann. Zum anderen die großartige Ankerbucht von Sandvik im Norden, ohne Restaurant zwar, dafür mit Sandstrand, Wald ringsum und freiem Blick auf den Vänern.

Mit dem Erreichen von Sjötorp am Ostufer ist die Überquerung des Sees abgeschlossen. Hier beginnt der Göta-Kanal. Der durch Molen geschützte gästhamn gehört der Kanalgesellschaft und befindet sich noch unterhalb von Schleuse Nummer 1, bei der man im Wärterhaus das Ticket für den folgenden Höhepunkt der Reise bekommt.

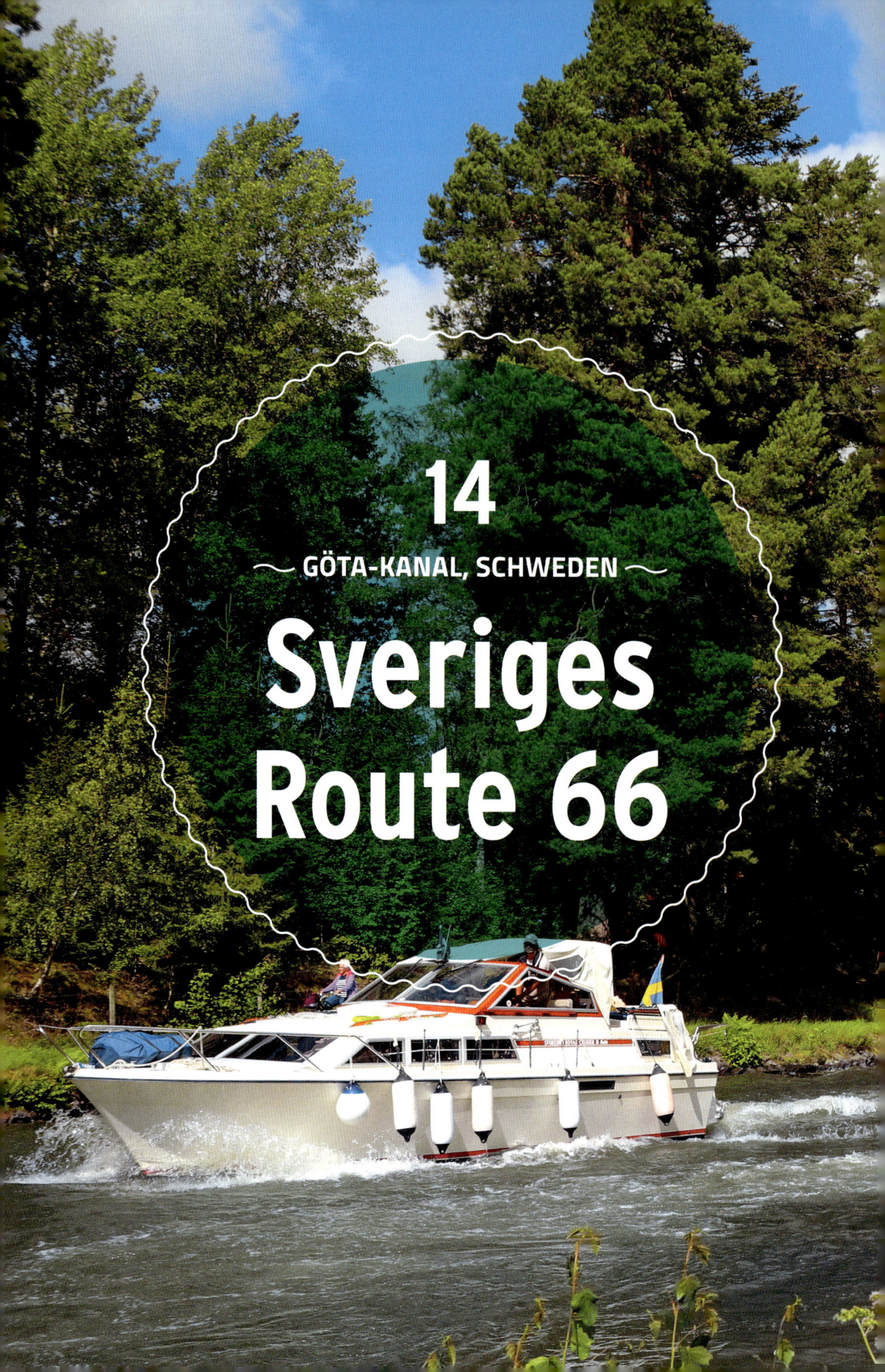

14

GÖTA-KANAL, SCHWEDEN

Sveriges Route 66

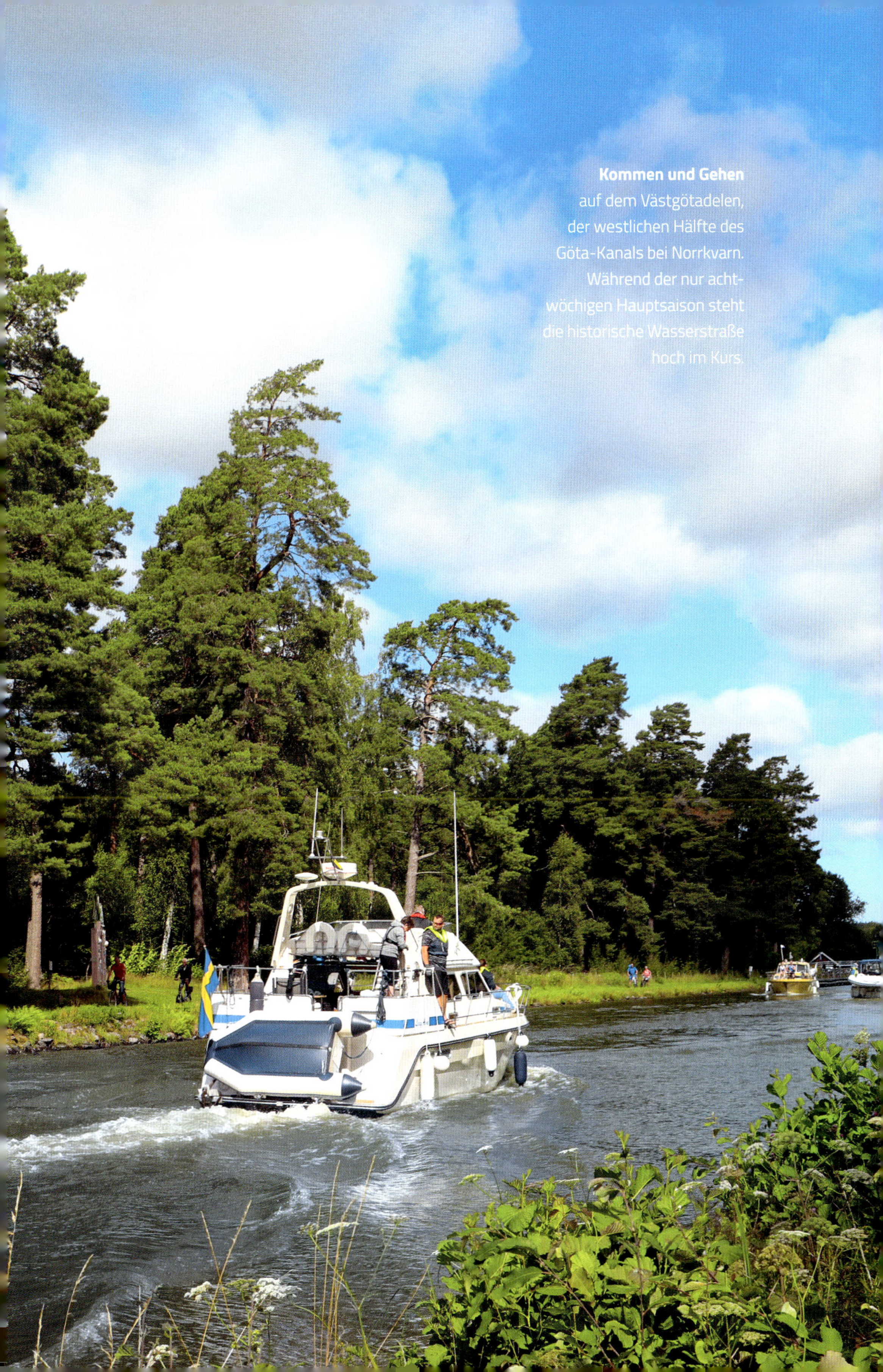

Kommen und Gehen auf dem Västgötadelen, der westlichen Hälfte des Göta-Kanals bei Norrkvarn. Während der nur acht-wöchigen Hauptsaison steht die historische Wasserstraße hoch im Kurs.

Der Klassiker zum Abschluss: Die dritte Etappe durch den Süden Schwedens bietet auf dem Weg zurück zur Ostsee noch einmal jede Menge Highlights. Der Göta-Kanal hält, was er verspricht.

Coast to coast. Es gibt diese Traumstraßen, diese Magistralen der Sehnsucht, auf denen der Weg selbst das Ziel ist und das eigentliche Ankommen so lange wie möglich hinausgezögert wird. Darunter sind Legenden wie die Europastraße 6 zum Nordkap, die Panamericana von Alaska nach Feuerland oder eben die legendäre Route 66, die an den Ufern des Lake Michigan beginnt und bis an die Pazifikküste Kaliforniens führt. Man braucht nur einzusteigen und den Blick nach vorn zu richten, damit ein einmaliges Abenteuer seinen Lauf nimmt.

Weizenfelder, wilde Landschaften und einen weiten Horizont vor der Windschutzscheibe gibt es aber nicht nur auf vier Rädern und einem Band aus glänzendem Asphalt: Auch eine Wasserstraße in Europa kann da mithalten. Sie zieht sich durch den Süden Schwedens, ebenfalls von Küste zu Küste, eine nautische Route 66. Die ersten beiden Abschnitte ihrer 400 Kilometer lange Strecke wurden bereits geschildert: Die Strecke folgte dem Verlauf des Trollhätte-Kanals von Göteborg an der Ostsee hinauf zum Vänern, dem größten See

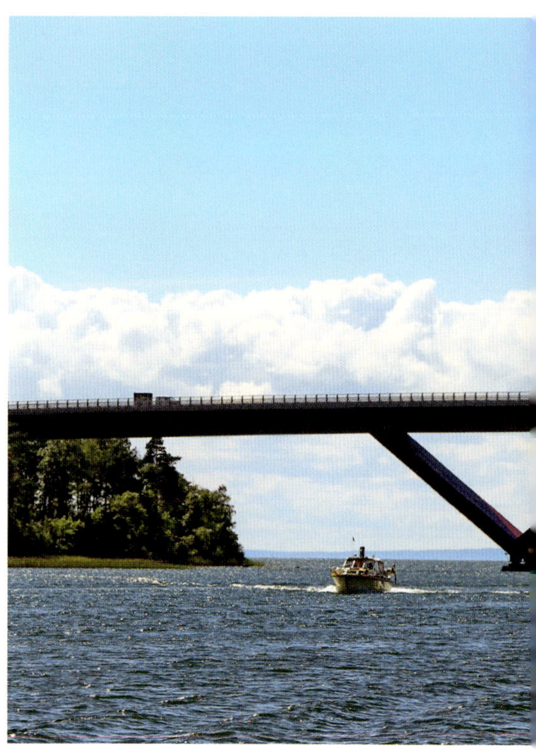

Unter der erst 2014 eröffneten Motalabron führt das Fahrwasser des Göta-Kanals aus dem Hafen von Motala hinaus auf den Vättern.

Kinder sitzen am Steg von Söderköping. Das Göta Hotell in Borensberg erinnert an ein großes Puppenhaus und im Strandpark von Karlsborg kann man Entspannung finden.

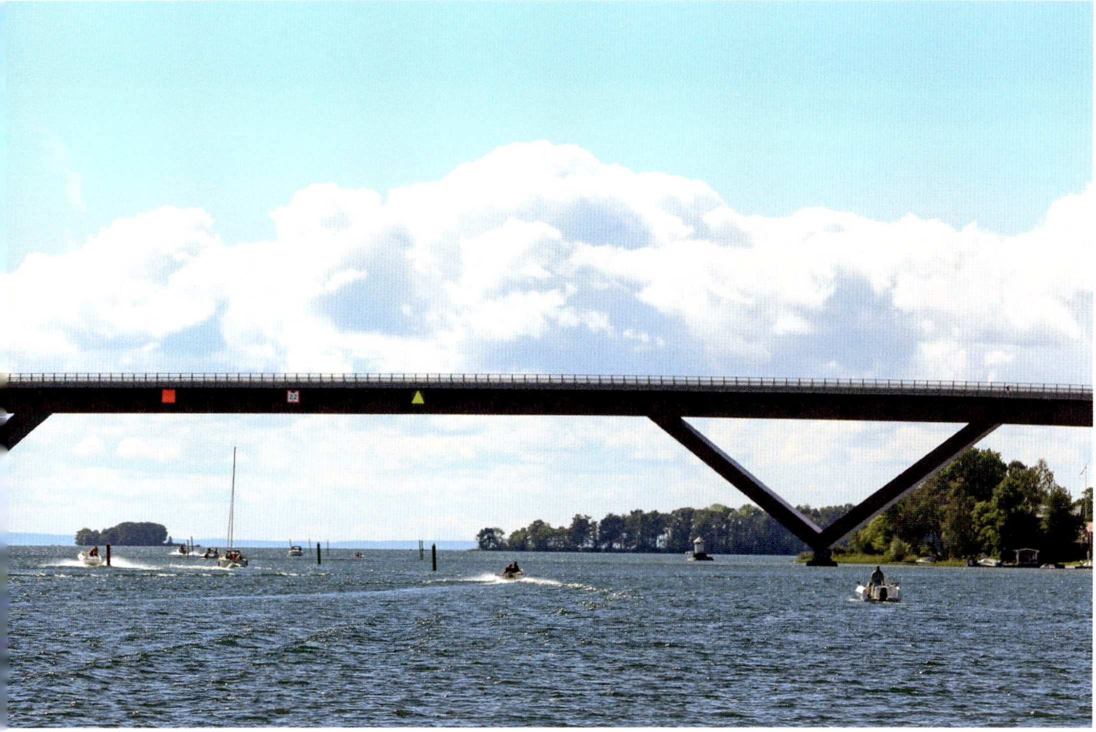

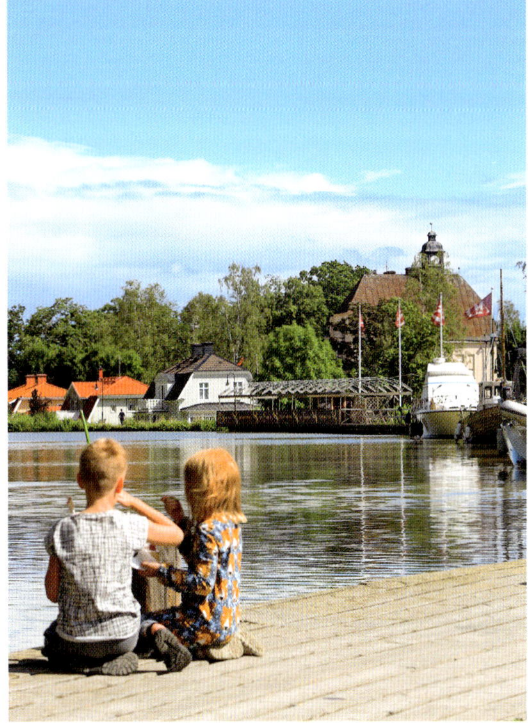

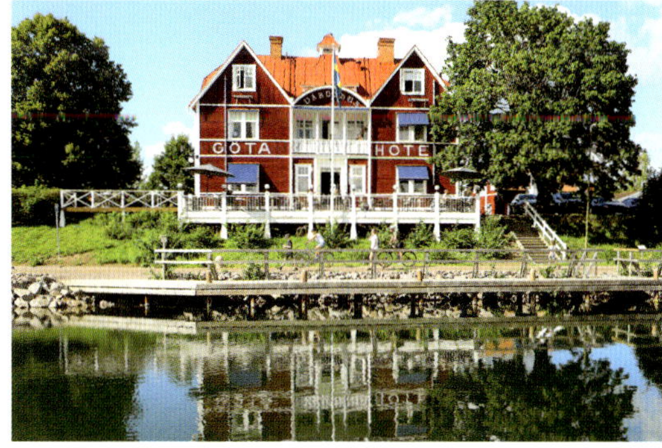
GÖTA

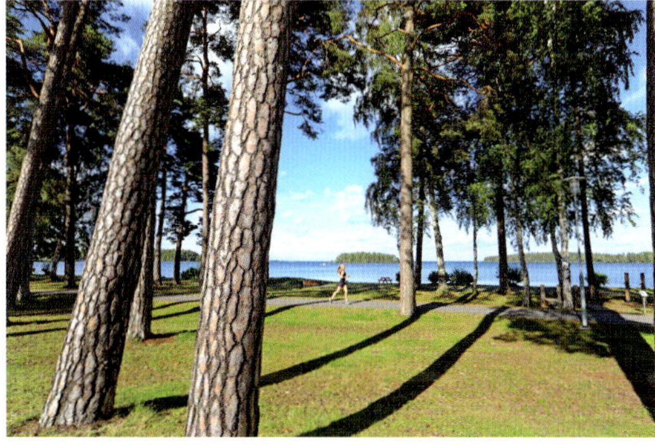

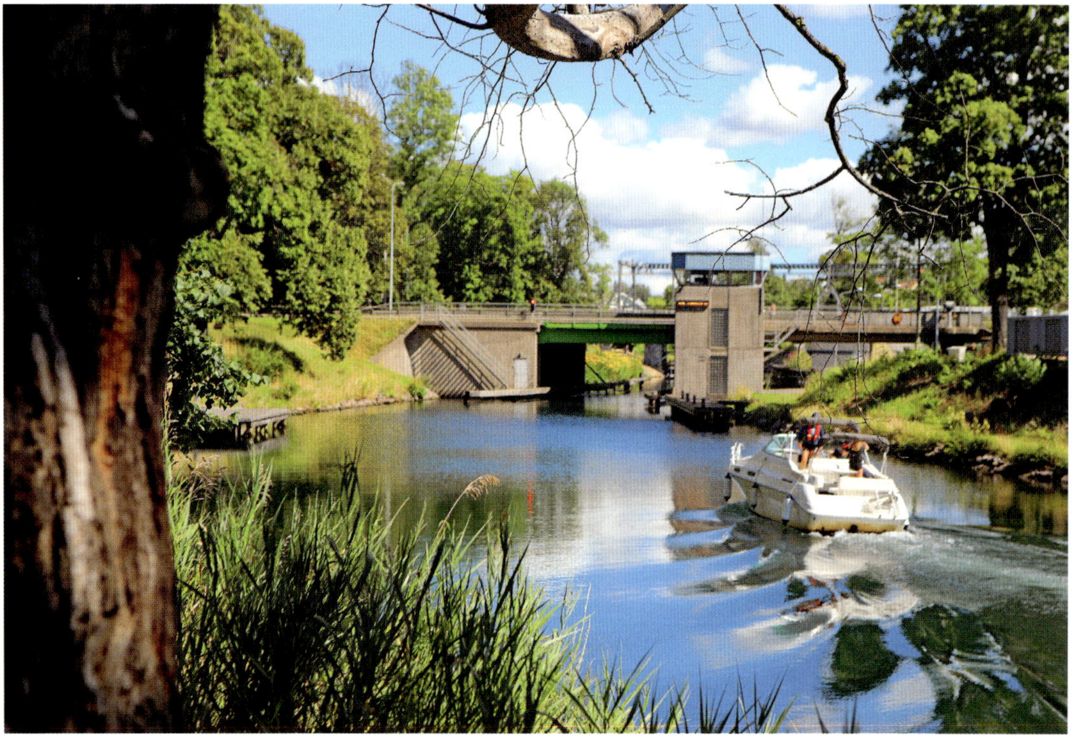

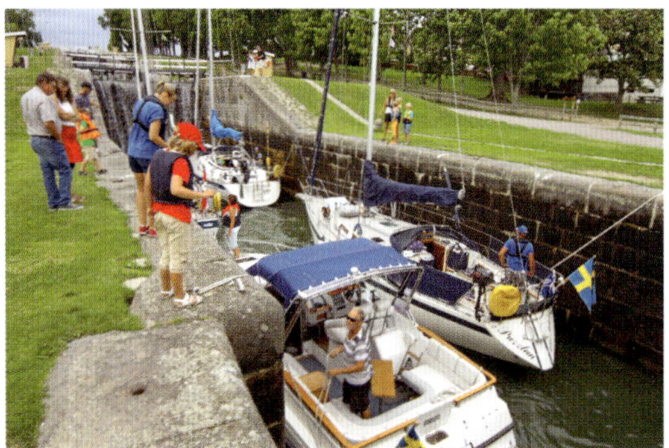

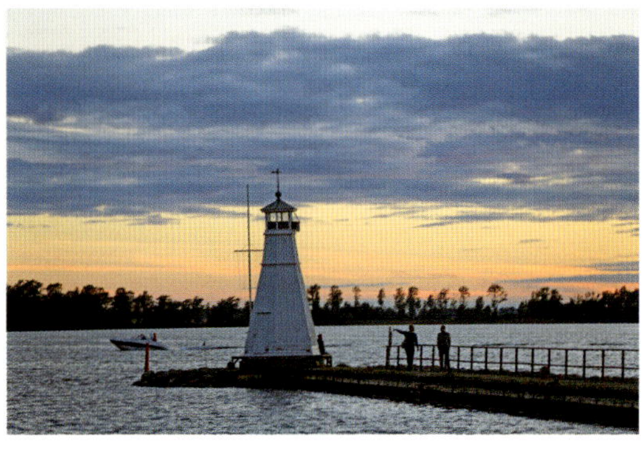

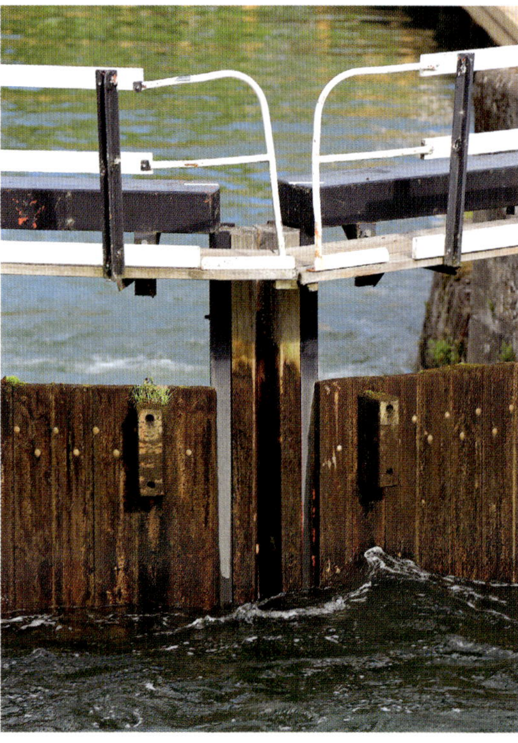

DIE → TOP 3

★ **Treppensteigen**
Zuerst die Arbeit: Die historischen Schleusentreppen von Borensberg und Berg sind ein einmaliges Erlebnis. Stufe für Stufe hinab oder hinauf – garantiert mit Zuschauern.

★ **Luftholen**
Anlegen und abschalten in einem der vielen Cafés mit Terrasse direkt am Kanal. Waffeln, Eis und Kuchen gibt's etwa bei Jojo's in Motala oder im Slusscafé in Hajstorp.

★ **Abkühlen**
Bei brennender Sonne auf dem Kanal bieten die Seen die perfekte Gelegenheit zur Badepause. Aufstoppen und eintauchen! Oder es geht an den Strand von Karlsborg.

Eingebettet in schwedischer Naturkulisse liegt die Eisenbahnbrücke in Motala. Die Carl-Johans-Schleusentreppe in Berg.

Ein Molenfeuer am Hafen von Vadstena leuchtet über dem Hafen von Vadstena. Das Schleusentor in Mem ist noch geschlossen.

Schwedens, und führte bis nach Sjötorp an seinem Ostufer. Die erste Hälfte der Reise liegt damit bereits hinter uns, doch der lange Weg hat sich gelohnt: Denn was uns nun erwartet, ist nicht nur geografisch gesehen der Höhepunkt des ganzen Abenteuers: der historische Göta-Kanal.

Sein westlicher Teil, der sogenannte Västgötadelen, beginnt am unteren Stemmtor von »Sjötorp 1«, der ersten von insgesamt 58 Schleusen auf dem verbleibenden Weg zur Ostsee. Ein kleiner weißer Leuchtturm aus Holz hilft bei der Ansteuerung. Wer schon einen langen Tag hinter sich hat, kann erst einmal im unteren Vorhafen festmachen. Das Büro der Göta kanalbolag, der Betriebsgesellschaft des Kanals, findet man direkt an der Schleusenkammer. Dort erfolgen Anmeldung und Bezahlung der Passage, wenn beides nicht bereits vorab online erledigt wurde. Seine Bekanntheit hat Sjötorp gänzlich dem Kanal zu verdanken, gestern wie heute. Zwar sind die Tage als wichtiger Umschlagplatz für Waren vorbei, doch dafür kommen heute Touristen und Tagesausflügler. Der gemütliche Ort ist mit Cafés und Restaurants gut vorbereitet. Am Hafen stehen noch die hübsch restaurierten roten Gebäude der kanalbolag, sogar ein Trockendock gibt es noch. Und das Kanalmuseum dort stimmt zusätzlich auf die kommenden Törntage ein.

ROUTINE

Natürlich können die ersten »Stufen« auf dem Göta-Kanal auch gleich in Angriff genommen werden: »Sjötorp 1« ist dabei nur die erste von acht Schleusen im Bereich des Orts, wobei der obere Vorhafen für Gäste zwischen den Doppelschleusen »2-3« und »4-5« liegt. Eine gute Gelegenheit, sich an die baulichen Eigenheiten auf dem Kanal zu gewöhnen. Ringe und Poller zum Führen der Leinen gibt es nämlich nur oben neben dem Kammerrand, die steinernen Kammerwände dagegen sind glatt und bieten keine Hilfen. Das bedeutet, dass bei der Bergschleusung ein

Besatzungsmitglied schon vor dem Tor mit der Vorleine übersteigen und das Boot nach guter alter Art mit etwas Motorunterstützung in die Kammer »treideln« muss. Der durchschnittliche Hub beträgt etwa 2,5 Meter, 10-Meter-Leinen sind also angemessen. Nachdem die Vorleine übergelegt und zurück an Bord gegeben wurde, nimmt die Person an Land die Achterleine an und wiederholt den Vorgang. Das klingt umständlich, sorgt aber für kontrollierte Abläufe und ist spätestens beim Verlassen von Sjötorp ohnehin längst zur Routine geworden – zumal auch das freundliche Schleusenpersonal immer alles im Blick hat. Allein unterwegs ist man ohnehin fast nie, der Schleusenbetrieb sorgt dafür, dass sich kleine Konvois bilden, die dann gemeinsam durch die Landschaft ziehen.

DEM HIMMEL NAH

Dieses Panorama, durch dessen Felder, Wiesen und Wälder sich der Wasserweg nun windet, hieß früher Västergötland und ist heute Teil der größeren Provinz Västra Götalands län, die sich bis zum Vättern erstreckt. Der See bildet die Grenze zu Östergötland. Dementsprechend sind die beiden Streckenabschnitte des Göta-Kanals benannt: Der Westteil, Västgötadelen, verbindet Sjötorp mit Karlsborg über eine Distanz von 65 Kilometern. Hinter Lyrestad klettert er in schneller Folge über drei Doppel- und eine Dreifachschleuse bei Hajstorp bis auf knapp 87 Meter über dem Meer. Töreboda bietet sich für das Ende der ersten Tagesetappe an. Auf diesem Niveau geht es am nächsten Tag zunächst noch einige Kilometer weiter, bis der Göta-Kanal schließlich mit 91,5 Metern seinen höchsten Punkt erreicht: die Lanthöjde, markiert von einem Obelisken. Er steht auf einer kleinen Insel, die entstand, als eine sehr enge Kanalschleife an dieser Stelle nachträglich mit einem Durchstich begradigt wurde.

Nirgendwo im gesamten Reiseverlauf ist man dem Himmel Südschwedens so nah wie auf den

» Allein unterwegs ist man fast nie, der Schleusenbetrieb sorgt dafür, dass sich kleine Konvois bilden, die gemeinsam durch die Landschaft ziehen. «

Das Schloss Vadstena mit Liegeplätzen im Burggraben und im Hafenkanal leuchtet zauberhaft im Abendlicht.

Der Beginn des Östgötadelen in Motala mit dem gelben Verwaltungsgebäude der Kanalgesellschaft. Ein Sportboot bei der Einfahrt vom Unterwasser in die Schleuse Norrkvarns övre.

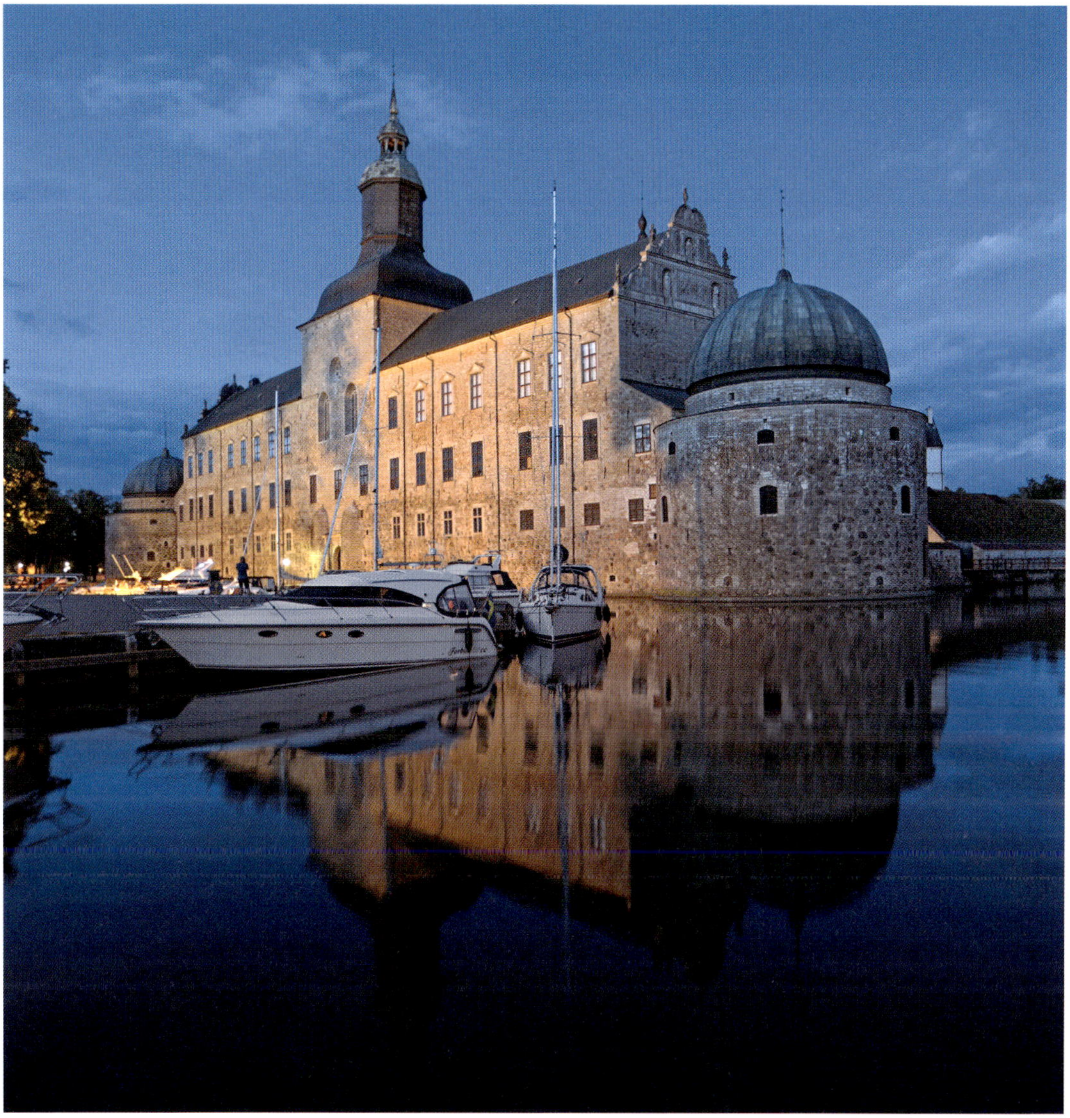

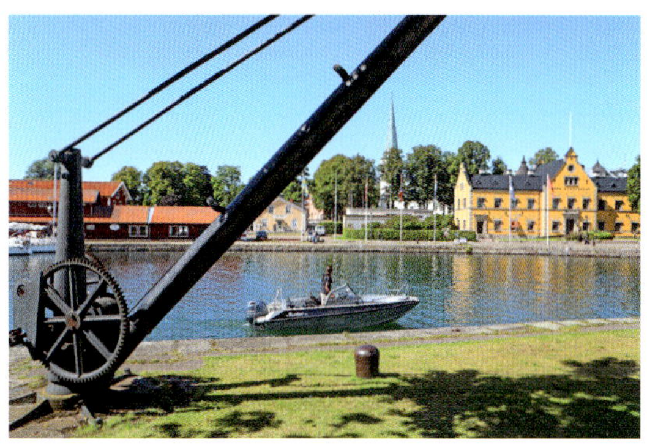

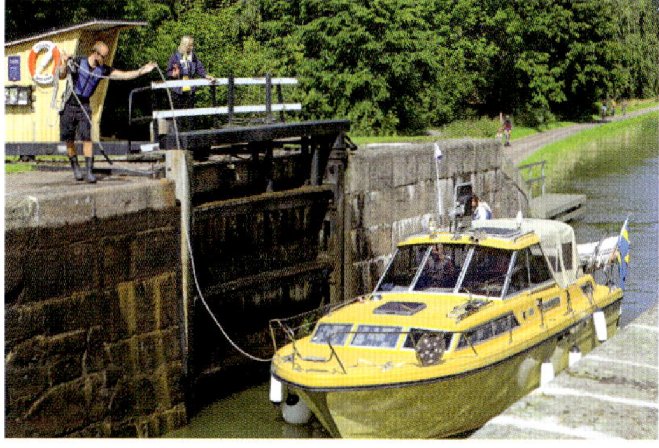

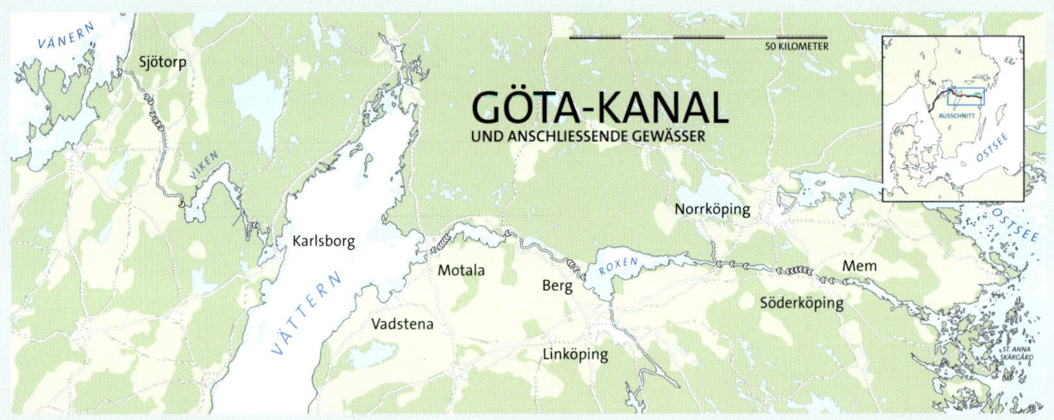

DIE ➔ TÖRNETAPPEN

- ❺ Sjötorp–Karlsborg (Vättern) .... 65 km
- ❶ Karlsborg–Askersund .... 49 km
- ❷ Karlsborg–Motala .... 33 km
- ❸ Motala–Berg (Roxen) .... 55 km
- ❹ Berg–Mem (Ostsee) .... 37 km
- ❷ Gesamtstrecke (Göta-Kanal) .... 190 km

DAS ➔ KLIMA

	Mai	Juni	Juli	Aug.	Sept.	Okt.
Sonne	8	9	8	7	5	4
Temperatur	16	19	20	20	16	12
Regen	9	9	10	11	12	13

Werte: Sonnenstunden/Tag, Tagestemperaturen, Regentage

DAS ➔ REVIER

Aktuelle nautische und touristische Informationen findet man unter anderem auch auf Deutsch auf der Internetseite des Göta-Kanals *(www.gotakanal.se/de).* Dort kann auch die Broschüre »Skipperguide« für die Saison 2024 als PDF kostenlos heruntergeladen werden. Die Länge des Göta-Kanals von Sjötorp am Vänern bis Mem an der Ostsee beträgt 190 Kilometer, wobei rund 85 davon auf die Seen im Verlauf entfallen. Auf den Kanalabschnitten beträgt die maximale Tiefe in Fahrwassermitte 2,8 Meter, die Höchstgeschwindigkeit dort beträgt 5 Knoten. Es gibt mehr als 20 Gasthäfen. Insgesamt müssen 58 Schleusen, die bis auf zwei Ausnahmen (Niveauschleusen in Tåtorp und Borensberg) mit Personal besetzt sind, und eine Vielzahl von beweglichen, fernbedienten Brücken passiert werden. Die Berufsschifffahrt beschränkt sich auf lokal operierende Ausflugsschiffe (dazu gehören auch die historischen Passagierdampfer, die zwischen Stockholm und Göteborg pendeln). Um im Fahrplan bleiben zu können, haben sie an Schleusen und Brücken immer Vorfahrt.

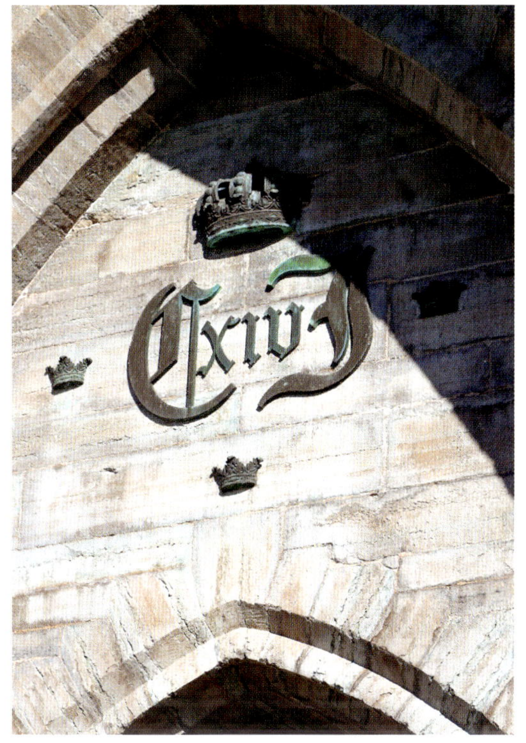

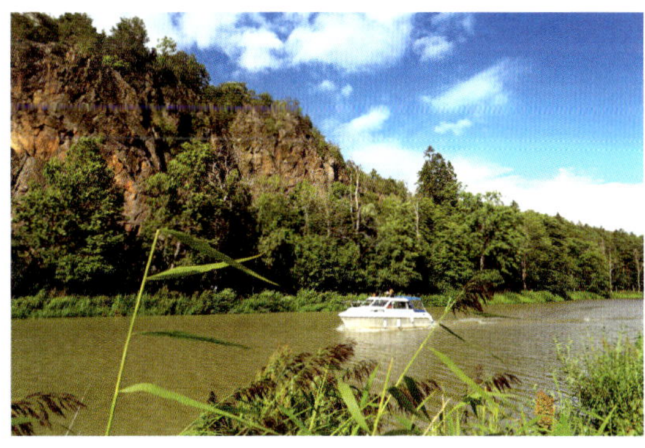

Die Insignien von König Karl XIV. Johan über dem Tor der Festung Karlsborg.

Der Ramunderberget bei Söderköping bietet vom Wasser aus einen beeindruckenden Anblick.

stillen Weiten des Viken. Hier verläuft die Wasserscheide zwischen den Küsten. So dient die letzte Schleuse bei Tåtorp auch lediglich der Niveauregulierung im Kanal hinunter nach Sjötorp. Der Viken ist sein natürliches Reservoir. Wer Zeit gutmachen möchte, kann auf den nächsten 22 Kilometern nun den Hebel auf den Tisch legen. Man kann sich aber auch Zeit lassen und die Fahrt in aller Ruhe genießen, mit wild bewaldetem Ufer im Hintergrund und winzigen Inseln davor, gerade groß genug für einzelne Kiefern. Enge Stellen wie der Brosundet sind mit Schwimmstangen betonnt. Die Passage endet mit der Durchfahrt des Spetnäskanal und des Billströmmen. Hier rücken die Felswände so dicht heran, dass es eine Einbahnregelung gibt: Fahrzeuge auf Ostkurs haben Vorrang. Es folgt Forsvik, wo eine Plakette daran erinnert, dass König Karl XIII. im Jahr 1813 persönlich anreiste, um die erste Schleuse des Göta-Kanals einzuweihen – und Schwedens erste eiserne Klappbrücke, heute ein technisches Denkmal. Weiter geht es am Tonnenstrich entlang über den flachen Bottensjön nach Karlsborg.

AUF DEN ZWEITEN BLICK

Dass der 5.000-Einwohner-Ort am Westufer des Vättern seit je eine wichtige Garnison der schwedischen Armee war, merkt man nicht auf den ersten Blick. Selbst die mächtige, 1870 fertiggestellte Festung macht da keinen Unterschied – was zum einen an skandinavischer Lockerheit liegen mag, zum anderen aber sicher auch an der einfachen Tatsache, dass selbst königliche Leibhusaren im Sommer gern Tarnanzug gegen T-Shirt tauschen. Sand und Sonne am Strand locken an heißen Tagen aber nicht nur Soldaten, sondern auch Urlauber. Bootsgäste finden Liegeplätze zwischen Bottensjön und Vättern auf beiden Seiten der Klappbrücke am Rödesundet. Der Vättern wirkt wie eine Kerbe, die vor Urzeiten in den Granit Götalands

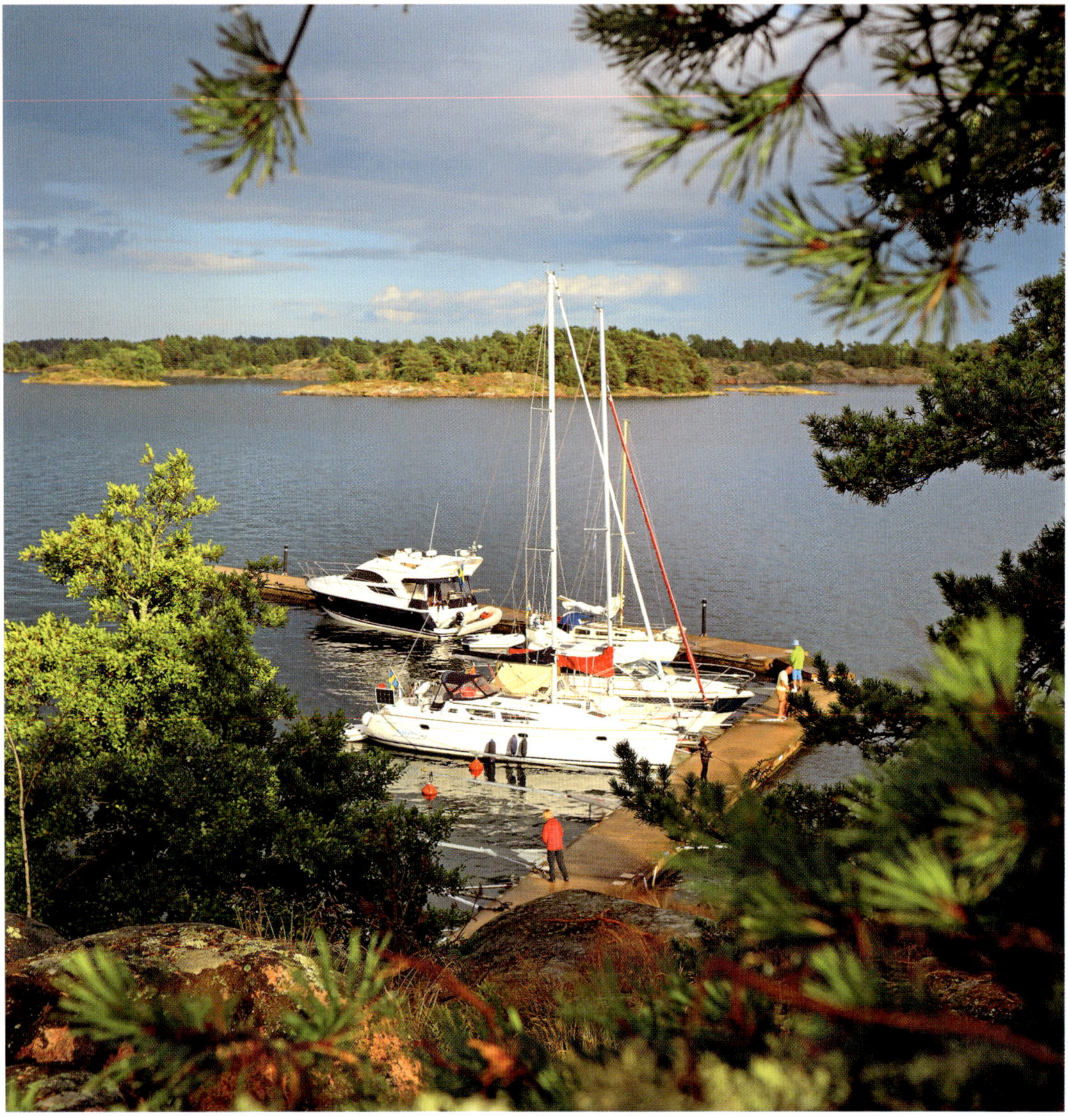

Schwedisches Schärenpanorama am Hafen von Tyrislöt auf Norra Hannö im Sankt Anna-Schärengarten.

Bunte Bootshäuser und der Kirchturm der Landskyrka markieren die Einfahrt zum Hafen von Askersund im äußersten Norden des Vättern.

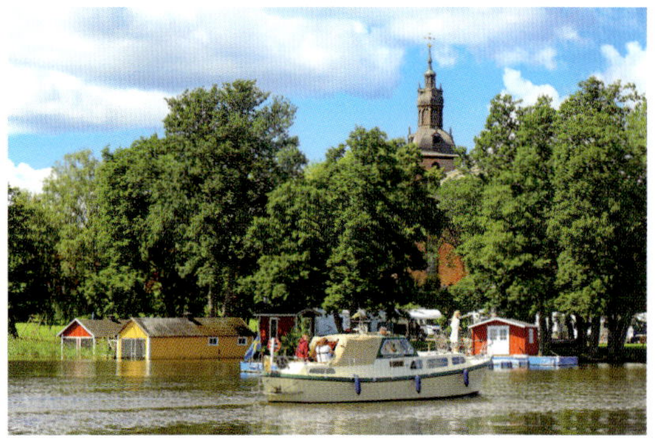

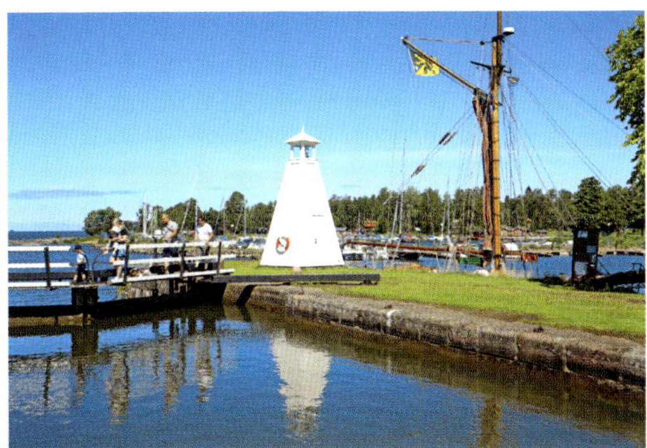

Eine weiße Leuchtbake zur Ansteuerung von Sjötorp auf der Unterhaupt der ersten Schleuse des Göta-Kanals.

geschlagen wurde. Tatsächlich machen Geologen tektonische Prozesse vor rund 800 Millionen Jahren für seine Entstehung verantwortlich. Mit einer Ausdehnung von 120 Kilometern in Nord-Süd-Richtung und 1.900 Quadratkilometer Fläche steht der Vättern nach dem Vänern in Schweden zwar nur an zweiter Stelle – aber er ist immer noch viermal so groß wie der Bodensee. Die Kanalroute führt quer hinüber: 33 Kilometer trennen Karlsborg von Motala am Ostufer. Achtung aber bei unsicherer Witterung! Denn woher der See seinen ominösen Namen hat, ist nicht schwer zu erraten. Während Jonköping und die Insel Visingsö im Süden für Abstecher zu weit entfernt sind, liegt der reizvolle Norden in Schlagdistanz. Knapp 50 Kilometer sind es durch den Norra-Vätterns-Schärengarten und den dicht bewaldeten Stora Hammarsundet bis ins hübsche Kleinstädtchen Askersund. Etwas abseits zwar, dafür ein echter Geheimtipp.

Zumindest Vadstena am Ostufer, nur wenige Kilometer südlich der Kanalmündung bei Motala gelegen, sollte man aber auf keinen Fall auslassen – denn nirgendwo im Revier macht man spektakulärer fest. Tatsächlich befinden sich die Liegeplätze für Gäste direkt im ehemaligen Wassergraben unmittelbar unterhalb der Mauern von Schloss Vadstena. Mitte des 16. Jahrhunderts ließ Gustav Wasa die imposante

Anlage als Reichsburg errichten. Heute gilt sie als Musterbau für die schwedische Wehrarchitektur der Renaissance. Und Vadstena hat noch mehr steinerne Schmuckstücke zu bieten, etwa das älteste Rathaus des Landes (aus dem 15. Jahrhundert) und die gotische Klosterkirche des Birgittinnen-Konvents von 1440. Außerdem lässt sich prächtig schlemmen, etwa im Wasa in der Storgatan. Andererseits kann man bei dieser königlichen Aussicht direkt von Liegeplatz auch an Bord sehr nobel tafeln ...

MARKENZEICHEN

Motala hingegen gilt in mehrfacher Hinsicht als moderne »Hauptstadt« des Göta-Kanals. 1810 erfolgte hier der erste Spatenstich. Baltzar von Platen, Offizier, Politiker und treibende Kraft hinter dem Projekt, zentrierte die gesamte notwendige Infrastruktur für die jahrzehntelangen Arbeiten in Motala, das im seinerzeit landwirtschaftlich geprägten Schweden zum ersten Industriestandort überhaupt wurde. »Verkstad Motala« wurde bald zu einem Markenzeichen für

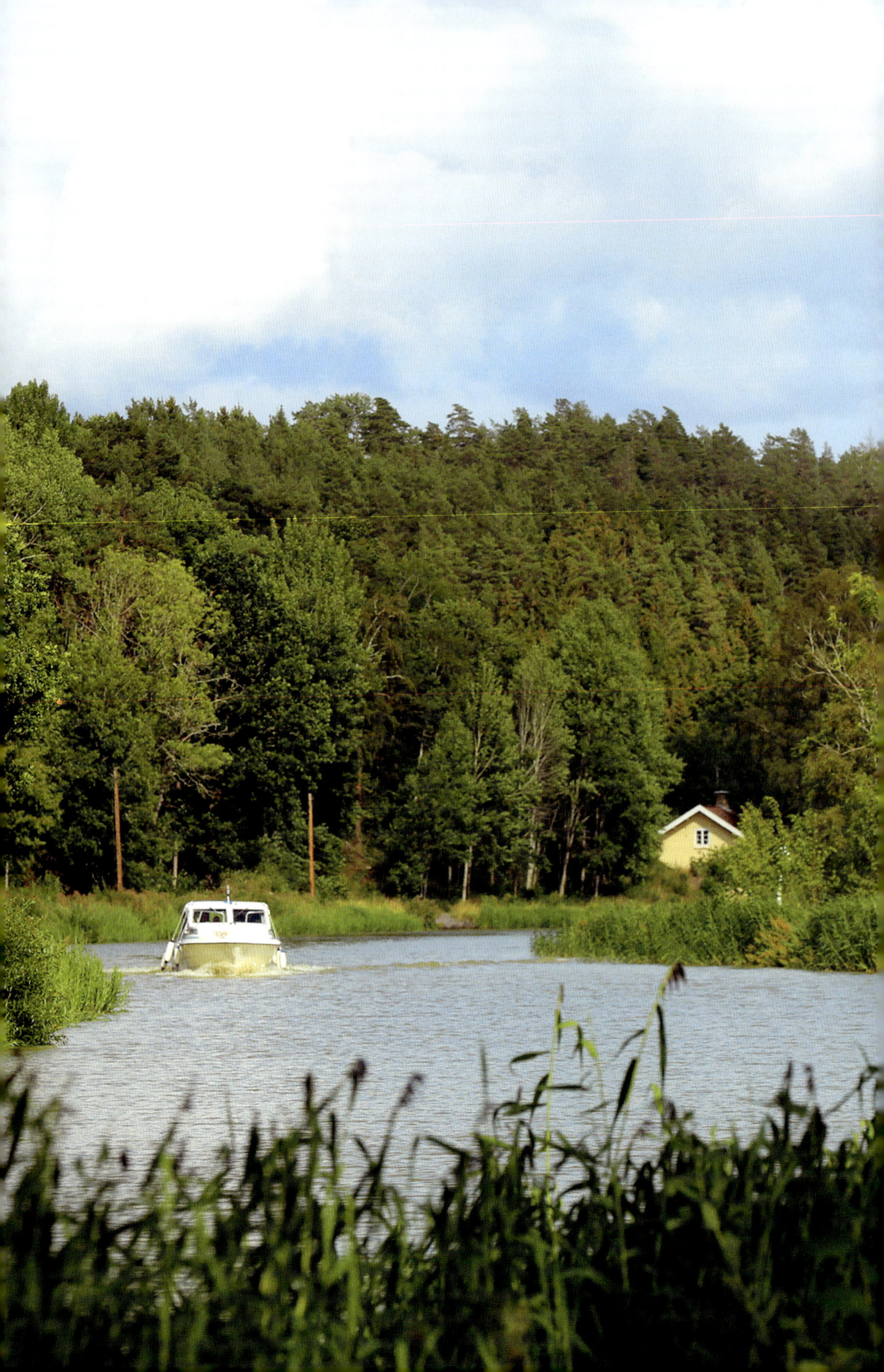

Dampfmaschinen weltweit. Noch heute hat die Kanalgesellschaft ihren Sitz am Hafen, und ihr Gründer ist ihr so nah wie eh und je: Es war die Epoche der Spätromantik, als der auf Rügen geborene Graf 1829 in Christiania, dem heutigen Oslo starb – drei Jahre vor der Fertigstellung seines Kanals. Sein Grab wurde auf eigenen Wunsch hin jedoch am Ufer in Motala errichtet, auf einer erhöhten Terrasse mit freier Sicht auf den Wasserweg. 1834 nahm das erste Dampfschiff den Liniendienst zwischen Göteborg und Stockholm auf. Sein Name: »Admiral von Platen«. Die Schwimmstege des gästhamn von Motala befinden sich an der Einfahrt zur östlichen Kanalhälfte noch vor der ersten Schleuse am nördlichen Ufer.

Rund 90 Kilometer fehlen nun noch auf dem Weg zur Ostsee. Es ist die Strecke des östlichen Kanalteils, des Östgötadelen. Von Motala geht es nun immer weiter hinunter. Den Anfang macht die Schleusentreppe von Borenshult mit fünf unmittelbar aufeinanderfolgenden Kammern hinab zum Boren. Der zehn Kilometer lange, schilfumsäumte See ist so flach, dass es untiefe Stellen sogar in scheinbar offenem Wasser gibt. Sie sind nur auf der Südseite betonnt. Vorsicht deshalb bei schlechter Sicht. In Borensberg folgt erneut eine Niveauschleuse. Danach zieht der Kanal seine Schleifen ungestört durch die sanft gewellten Felder der alten Kulturlandschaft Östergötlands. Bauernhöfe, Getreidesilos und die geraden Baumreihen von Alleen prägen das Bild. Auf dem Treidelpfad am Ufer sind Wanderer und Fahrradfahrer unterwegs, und die fernbedienten Rollbrücken öffnen sich wie von selbst für die Konvois aus Sportbooten.

Waldige Abschnitte wie hier zwischen Söderköping und Mem sind in der östlichen Hälfte des Göta-Kanals seltener als in der westlichen.

PROMINENT

Die ruhige Landpartie führt jedoch mitten in das größte Volksfest der gesamten Passage hinein – und auf die bekannteste Bühne: die Schleusen von Berg. Hinter Ljungsbro fällt das Gelände zum letzten großen See im Kanalverlauf, dem Roxen, sehr schnell ab. Überwunden wird der Höhenunterschied auf dem letzten Kilometer vor dem Ufer von nicht weniger als elf Schleusen. Scharen von Touristen sorgen dafür, dass sie ihren Status unter den bekanntesten Fotomotiven Schwedens nicht verlieren. So berühmt ist das Ensemble, dass zwei seiner »Mitglieder« sogar königliche Namen tragen: Auf die Doppelschleuse Berg folgen nämlich die Oscars-Schleuse, ebenfalls mit zwei Kammern, und schließlich die Carl-Johans-Schleusentreppe mit sieben Kammern am Stück. Exakt 28,8 Meter liegen zwischen oben und unten, und da der Verkehr immer nur in eine Richtung läuft, wundert es nicht, dass das Erlebnis einige Stunden in Anspruch nehmen kann, besonders, wenn man nicht sofort an die Reihe kommt. Viele übernachten ohnehin im Hafenbassin auf halber Höhe, noch oberhalb der Schleusentreppe. Hier liegt man geschützter als direkt am See – und hat es näher zu den Erfrischungen.

FERN VOM RUMMEL

Ein straffer Zeitplan sorgt dafür, dass die allermeisten Crews den Roxen ohne Zwischenstopp überqueren. Dabei bietet der See die Möglichkeit zu einer weiteren reizvollen Törnverlängerung: Am Südufer bei Linköping zweigt der Kinda-Kanal ab, neben dem Dalsland-Kanal am Vänern die zweite mit dem Hauptsystem verbundene wirklich reizvolle historische Wasserstraße. Im Sommer 2021 feierte das immerhin 80 Kilometer lange Nebensystem seinen 150. Geburtstag – doch im Gegensatz zum lebendigen Göta-Kanal scheint die Zeit hier tatsächlich stehen geblieben zu sein. Ein Revier nah der Natur und voller Ruhe.

Doch auch der Göta-Kanal lässt es nach dem Rummel in Berg nun wieder deutlich ruhiger angehen: Der letzte Abschnitt der Reise hat begonnen, kaum mehr als 20 Kilometer sind verblieben, am Ufer wieder Wald und Felder. Der Asplången wird durchfahren, noch einmal folgt eine Reihe von Doppel- und Einzelschleusen, dann ist Söderköping erreicht, der letzte größere Ort am Göta-Kanal. Auch dieses schmucke Städtchen zieht Touristen an; der gästhamn liegt direkt im Zentrum, umgeben von Cafés und gleich neben der Lock, Hop & Barrel Brewery. Den vollen Überblick bekommt man noch einmal vom Aussichtspunkt auf dem Ramunderberg, der gleich nördlich des Kanals aufragt.

Bei der Fahrt von West nach Ost kommt der Göta-Kanal kurz darauf an der Schleuse von Mem völlig unspektakulär zu seinem Abschluss – und damit auch die 400 Kilometer lange Reise auf der maritimen Traumstraße quer durch den Süden Schwedens, Sveriges Route 66. Die andere Küste ist erreicht. Voraus liegen nun der langgezogene Slätbaken-Fjord, der wunderschöne Schärengarten von Sankt Anna und dahinter schließlich die offene Ostsee. Nachdem man auch das untere Stemmtor von Mems sluss hinter sich gelassen hat, machen die Liegeplätze im Vorhafen jedoch noch das verlockende Angebot für eine allerletzte Nacht am Göta-Kanal – auch wenn man schon wieder Salzwasser unter dem Kiel hat.

» Der Kinda-Kanal feierte 2021 seinen 150. Geburtstag – im Gegensatz zum lebendigen Göta-Kanal scheint die Zeit hier tatsächlich stehen geblieben zu sein. «

Sportboote in der zweiten Kammer der Carl-Johans-Schleusentreppe in Berg.

In Mem wartet man im Vorhafen auf den Beginn der Reise auf dem Göta-Kanal von Ost nach West. Am nördlichen Ende des Vänern überquert eine Hochbrücke den Stora Hammarsundet.

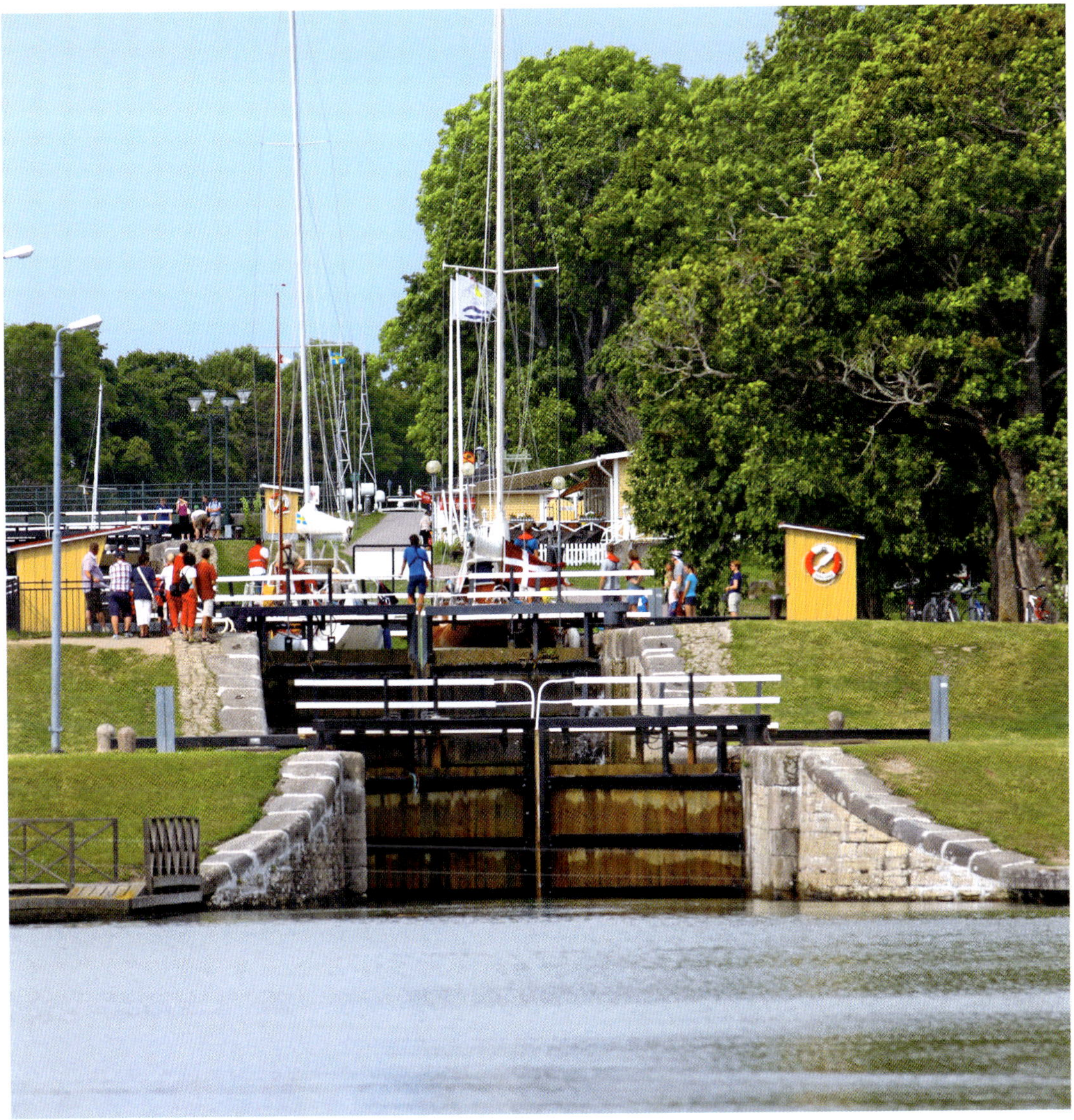

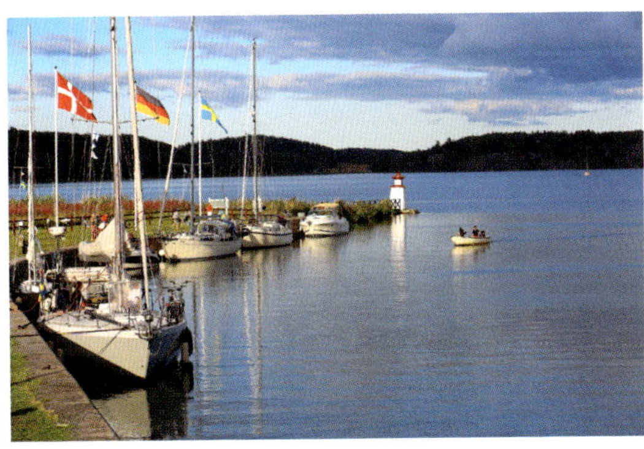

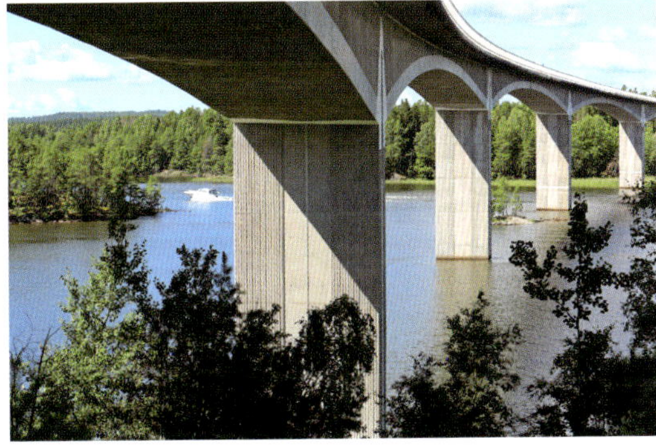

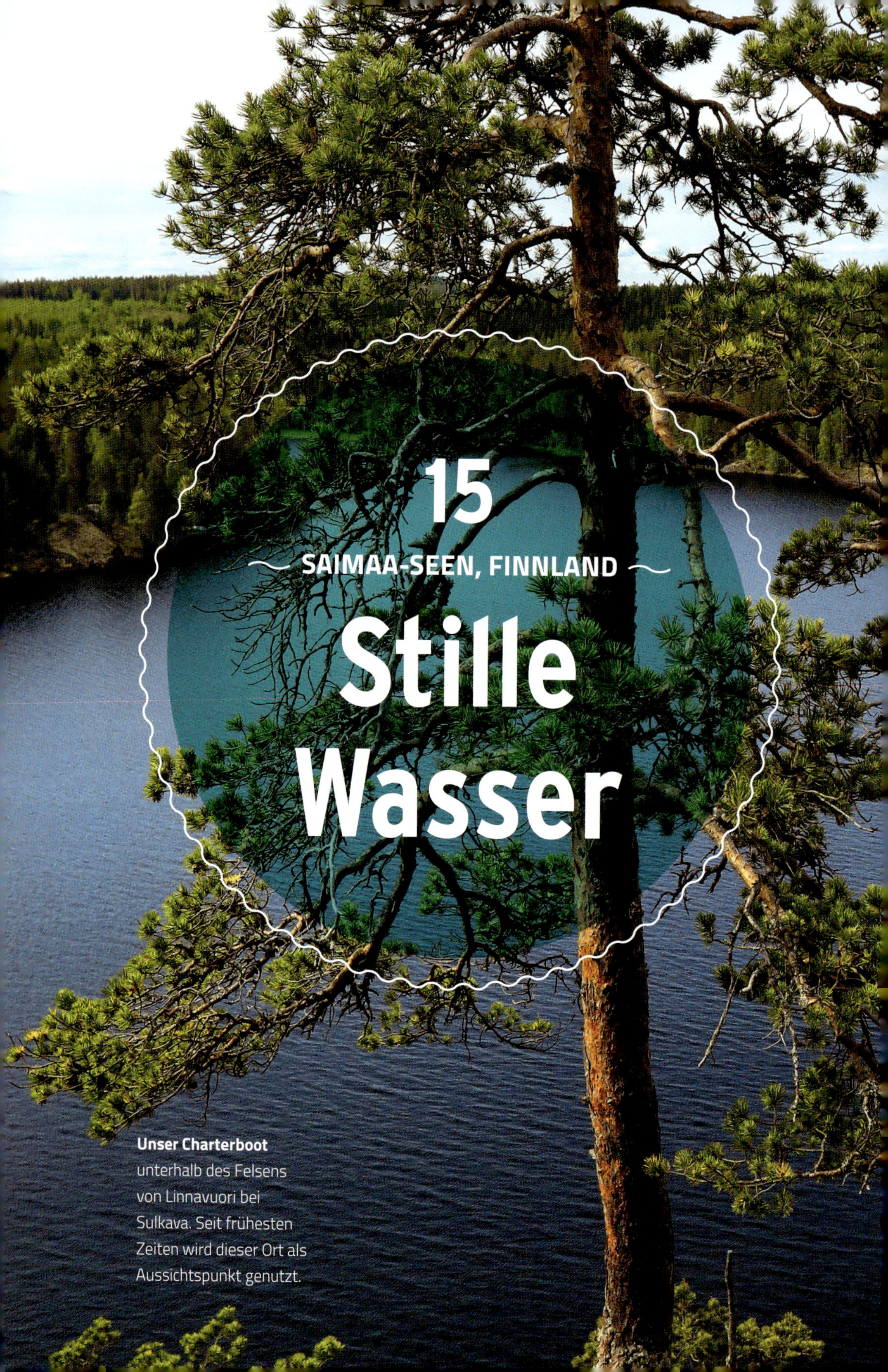

15

SAIMAA-SEEN, FINNLAND

Stille Wasser

Unser Charterboot unterhalb des Felsens von Linnavuori bei Sulkava. Seit frühesten Zeiten wird dieser Ort als Aussichtspunkt genutzt.

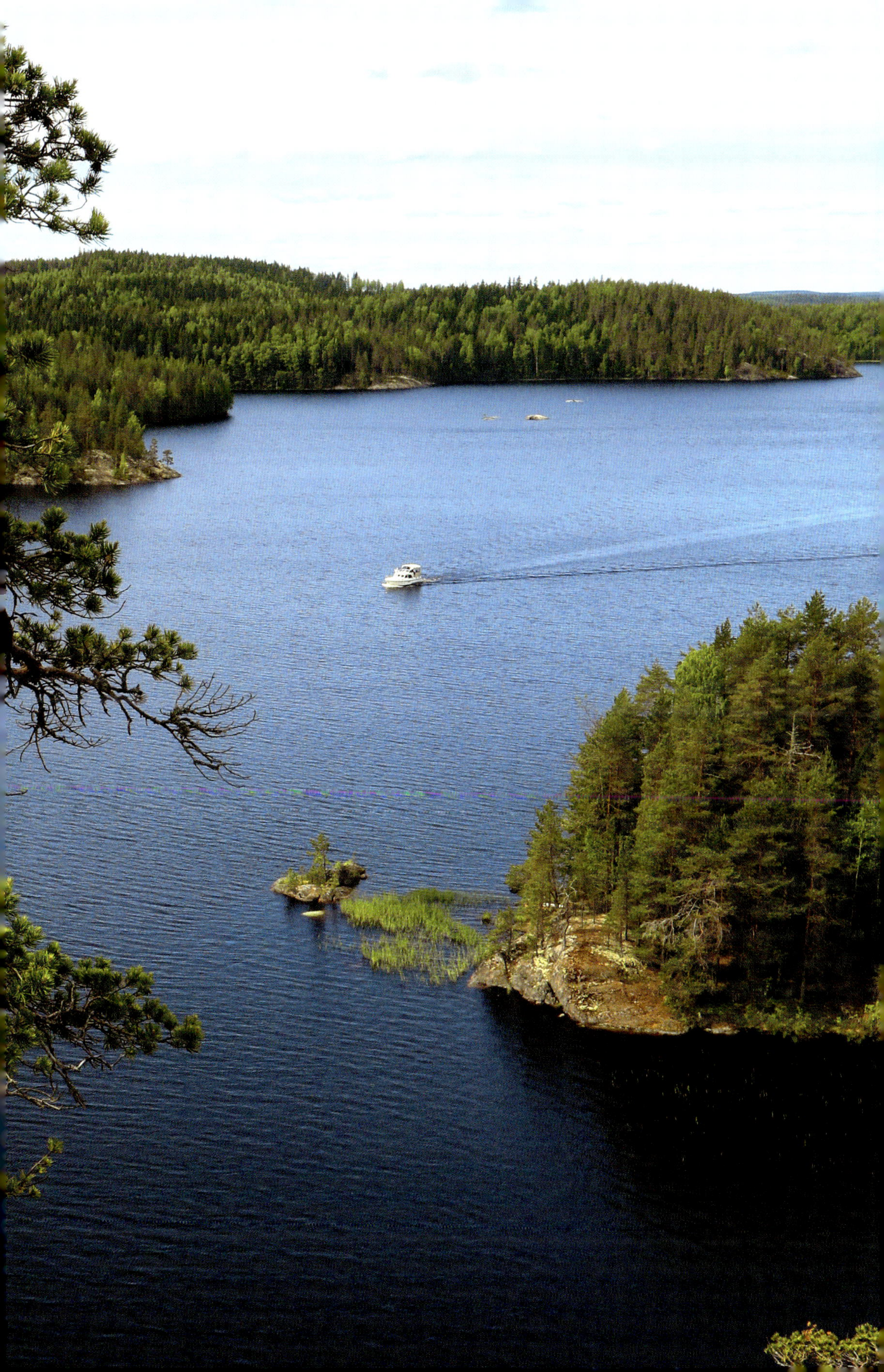

Die weitverzweigten Wasserflächen des Saimaa-Seengebiets im Süden Finnlands sind nahezu endlos. Viel Raum für Abenteuer!

Bei ihren skandinavischen Nachbarn genießen die Finnen nicht gerade den Ruf großer Redseligkeit. Ein Umstand, der allerdings sogar in Finnland selbst mit einer gehörigen Portion schlagfertiger Selbstironie bedacht wird. Gleichzeitig weiß man natürlich auch im übrigen Skandinavien, dass gerade stille Wasser tief sein können. Und das trifft auf das Volk im Norden Europas mindestens ebenso zu. Dort lautet die Zauberformel der Zufriedenheit: Gegensätze werden genossen, Extreme gefeiert. In anderen Worten: Wenn der Schwede aus der Sauna flieht, fängt der Finne gerade an zu schwitzen. Wir gönnen uns eine ordentliche Dosis dieses besonderen Lebenselexirs auf Ruuhonsaaret, einer der zahllosen Inseln in der endlosen Weite des Saimaa-Seengebietes im Süden Finnlands. Es ist unser dritter Abend unterwegs, Halbzeit auf unserem Chartertörn über das größte zusammenhängende Wassersportrevier unseres Kontinents. Eine außergewöhnliche Reise voller Kontraste, mit spannenden Erlebnissen und ausgelassen Momenten, in brennender Sonne und beißendem Wind.

IMPOSANTE BÜHNE

Den Tipp für den Naturhafen auf Ruhonsaaret bekommen wir bei der Einweisung von unserem Vercharterer Harri, dessen Basis in der Stadt Savonlinna auch Ausgangs- und Endpunkt unserer Woche hier sein wird. Die Verwaltungs- und Tourismusmetropole liegt im Herzen des Saimaa-Gebiets, eine seit jeher strategische Position, von der auch die grauen Mauern der Burg Olavinlinna zeugen. Heute bilden ihre Bastionen in jedem Jahr die imposante Bühne für internationale Opernfestspiele. Diesmal wird unter anderem Rossini zu Gast sein: Sevilla in Savonlinna. Wir werden uns die Stadt erst zum Abschluss unseres Törns genauer ansehen. Denn zunächst soll es für uns nach Süden gehen – und nachdem wir unsere Linssen Grand Sturdy 30.9 AC übernommen haben, steht unserem Start am nächsten Tag nichts mehr im Wege.

Weite Seen, Felsen, Flechten. Kiefern und Birken. Es ist kühl aber nahezu windstill, mit einem tiefen Himmel und Wasser wie Gusseisen. Bis zum Horizont prägen Wälder das Panorama der sanft gewellten Landschaft.

FÜSSE HOCH!

Hin und wieder sind Hütten hinter Bäumen zu erspähen, davor einsame Stege. Kleine weiße Leuchttürme, einheitlich und aus Stahl, werden zu vertrauten Landmarken. Ihre Namen bilden eine wundersame Litanei: Uuraanpää, Kommerniemi, Tuohiluoto, Oulunsaari, Osmonaskel. Nur hin und wieder pendeln gelbe Fähren zwischen den Ufern. Also heißt es entspannen und die Füße hochlegen! Begegnungen gibt es sonst kaum –

Der Blick durch die Bäume auf die Bucht mit dem Steg von Ruuhonsaaret, einem der beliebtesten Naturhäfen des Reviers.

Auf Südwestkurs geht es über den Lietvesi. Die Burg von Savonlinna beim Sandskulpturenfestival in Lappeenranta.

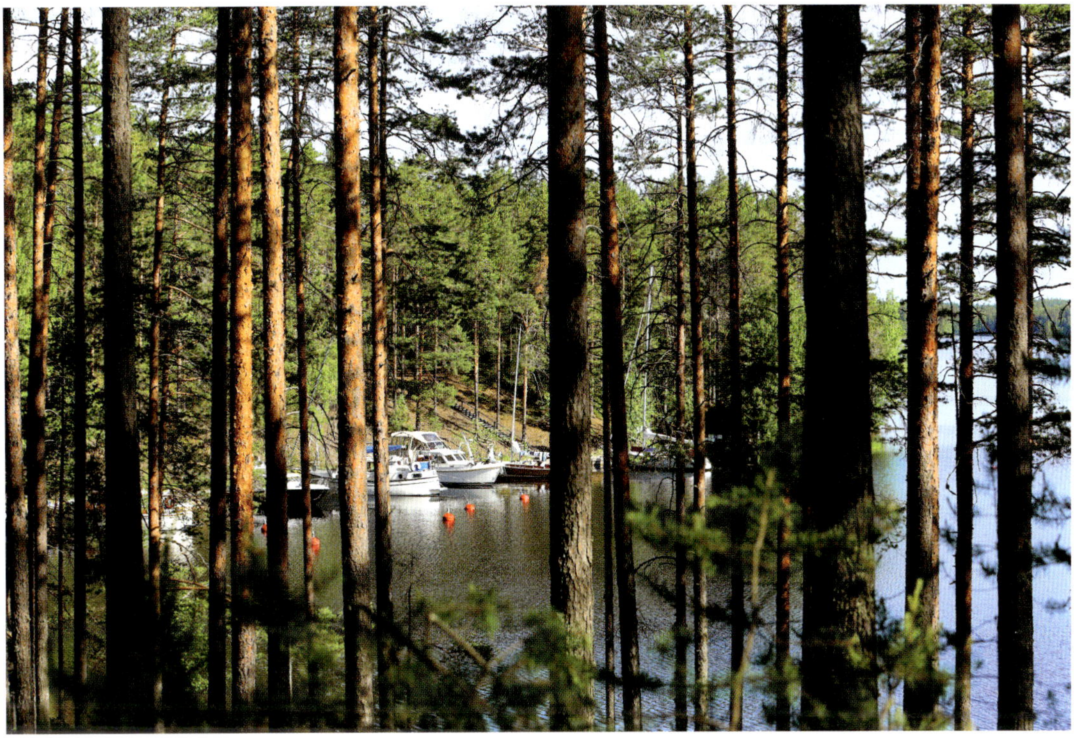

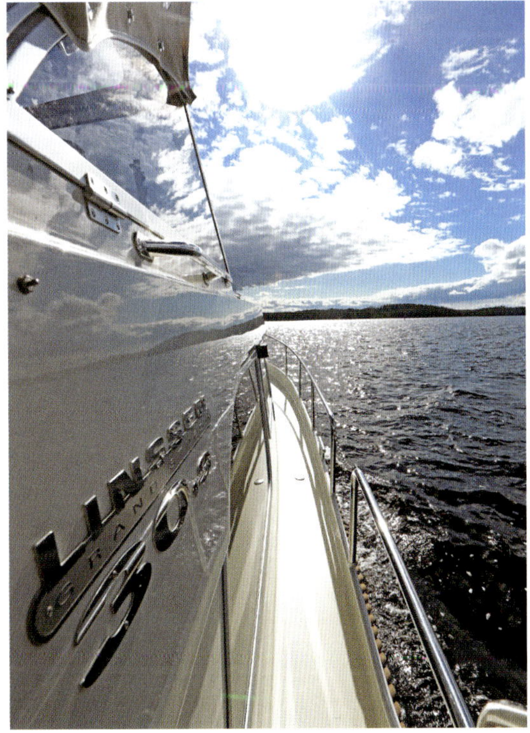

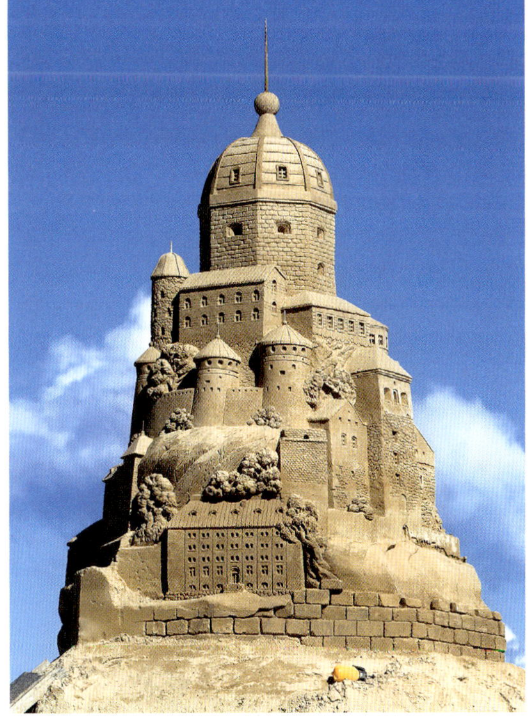

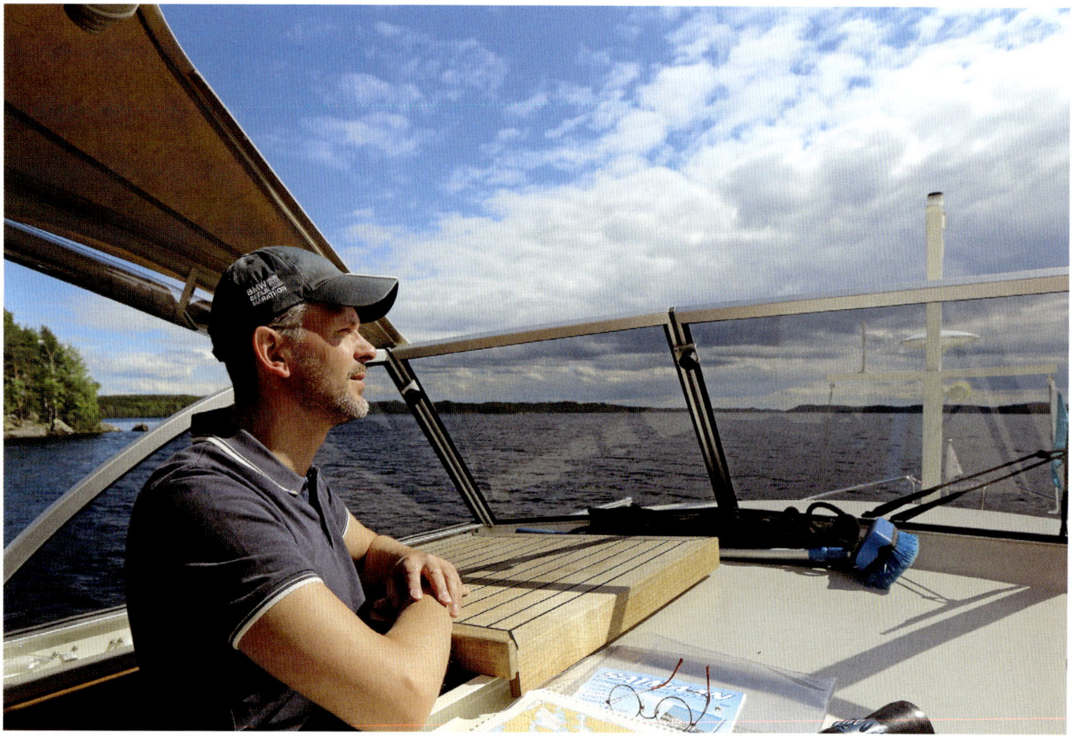

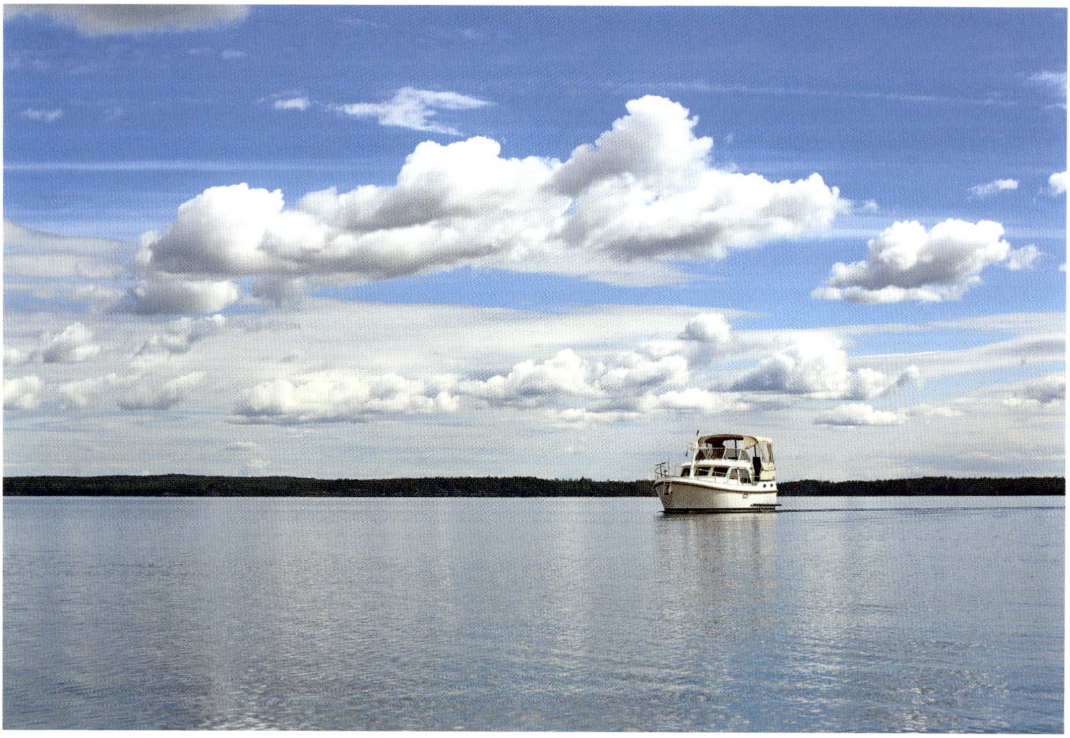

DIE ➔ TOP 3

★ **Punkaharju**

Die einmalige Natur der eiszeitlichen Landschaftsform und das Waldmuseum Lusto ergeben einen Mix, den man nicht verpassen sollte *(www.lusto.fi/de)*.

★ **Savonlinna**

ist das Herz der Region. Nicht nur wegen der Opernfestspiele, sondern wegen des touristischen Angebots allegemein *(www.savonlinna.fi/de)*.

★ **Kerimäki**

Die größte Holzkirche der Welt hat ihre eigene besondere Atmosphäre. Aus der Stille geht es dann auf die Sonnenterrasse des Restaurants Kaivopirtti nebenan.

Traumhafter Blick aus dem Cockpit in Haapaselkä.

Sommerhimmel über Petraselkä.

von einem kreuzenden Elch einmal abgesehen, der uns dann vom Ufer tropfnass beäugt.

Mehr als sieben Stunden sind wir so unterwegs, bis hinter einer allerletzten Biegung schließlich die Hochbrücke von Puumala in Sicht kommt, ein winziger Ort zwar, aber ein Nadelöhr und Verkehrsknotenpunkt für See- und Straßenverkehr gleichermaßen. Direkt am Hafen gibt es ein Ausflugslokal, einen Supermarkt und die Hütte der Touristeninformation, wo wir uns anmelden. Die Sauna wird leider gerade komplett umgebaut: außer Spänen nichts gewesen. Auch die Sky Bar ganz oben an der Spitze des Brückenpylons verpassen wir, da sie vor fünf Minuten – also pünktlich um 18 Uhr – geschlossen hat. Dabei erklärt das fröhliche Schild am Gästesteg mit dem Namen »Kippis« (Finnisch für »Prost«), dass Puumala das Gibraltar Finnlands ist. Und dass man deshalb hier besonders gerne trinkt. Oder prostet. Oder beides. Dafür sind die nagelneuen Superduschen schon in Betrieb – und so gut geheizt, dass wir die Sauna leicht entbehren können. Auch an schließend geht es »heiß« weiter: Denn halbwegs den Hügel hinauf wartet die Ravintola Hovi auf uns, ein Grillrestaurant mit grobgeschnitztem Ambiente, wo man karelisches Karjala zur Pizza trinkt und nicht mit Knoblauch-Tabasco spart. Dazu gibt es Karaoke, mal gelallt, mal geröhrt, immer am Anschlag. Finnland hat Talent! Und viele Evergreens, wie es scheint. An der anderen Wand läuft derweil eine einheimische Telenovela im TV, Highlife und Herzschmerz, inklusive one-nightstand auf einer einsamen Schäre. Jaja, stille Wasser …

WASSER, WALD UND FELS

Am nächsten Tag wird es ungemütlich, Wind und Regen sind angesagt, es bläst aus Südwest – genau die Richtung, in die wir müssen. Düster liegen die Seen da, die wir in fliegender Gischt durchpflügen. Ich hülle mich am Fahrstand

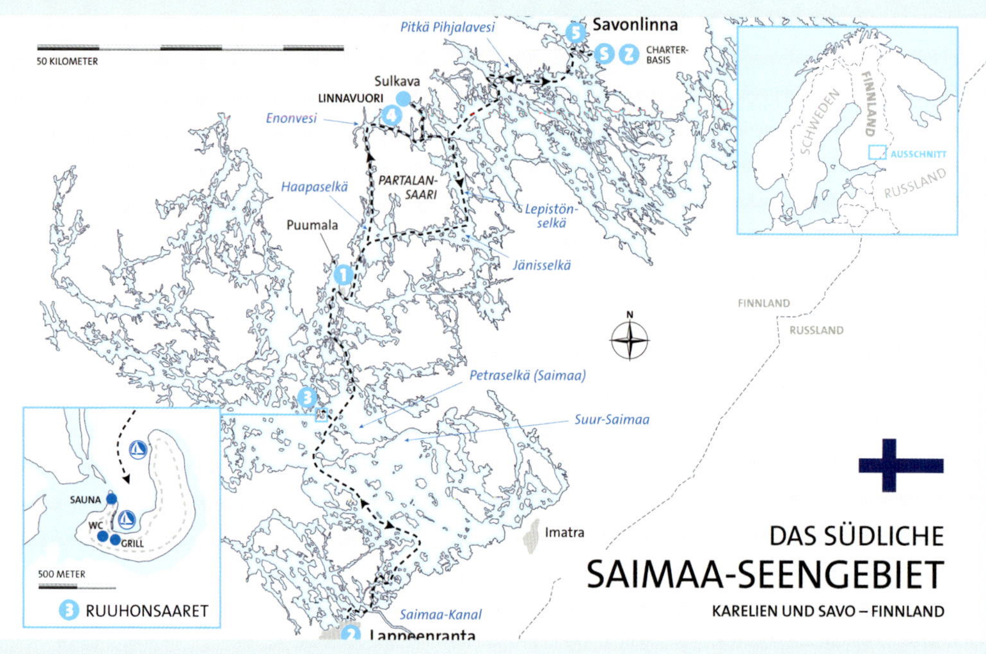

DAS SÜDLICHE SAIMAA-SEENGEBIET

KARELIEN UND SAVO – FINNLAND

DIE ➔ TÖRNETAPPEN

- S Savonlinna (Charterbasis)–Punkaharju ....74 km
- 1 Puumala–Lappeenranta .... 76 km
- 2 Lappeenranta–Ruhonsaaret .... 52 km
- 3 Ruhonsaaret–Sulkava–Linnavuori.. .... 85 km
- 4 Linnavuori–Puumala–Savonlinna (Stadt) .... 39 km
- 5 Savonlinna–Savonlinna (Charterbasis) ....4 km
- Z Gesamtstrecke .... 330 km

DAS ➔ KLIMA

Mai Juni Juli Aug. Sept. Okt.

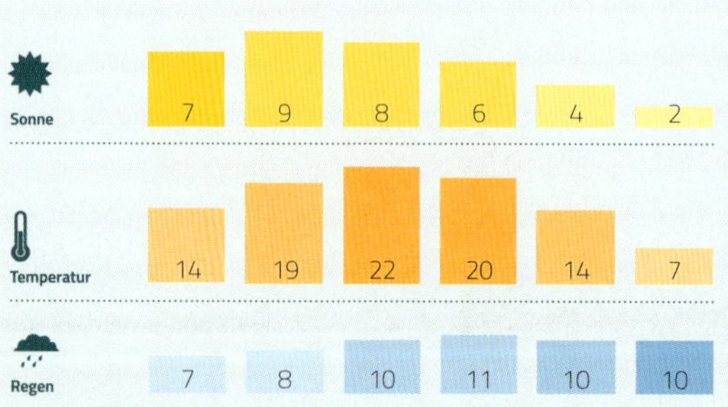

Werte: Sonnenstunden/Tag, Tagestemperaturen, Regentage

DAS ➔ REVIER

Das Saimaa-Gebiet wird oft auch als einzelner See bezeichnet. Von Nurmes im Norden erstreckt sich die Seenplatte über rund 350 km bis nach Lappeenranta im Süden. Mit neiner Fläche von 70.000 km² ist sie etwa doppelt so groß wie Nordrhein-Westfalen. Damit bildet der Saimaa zwar »nur« den viertgrößten See Europas, aufgrund der Küstenlänge der Seenplatte, der vielen großen Inseln und der zahlreichen Fahrwasser jedoch das am weitesten ausgedehnte Binnenrevier unseres Kontinents. Die Navigation erfordert daher große Gründlichkeit, besonders dann, wenn für die laufende Positionsbestimmung keine elektronischen Hilfsmittel zur Verfügung stehen. Landmarken und Orte sind selten, Küsten- und Gewässerbild durchgehend ähnlich. Die Ausstattung mit Seezeichen (Leit- und Richtfeuer, Richtbaken, Lateral- und Kardinalbetonnung durch Schwimmstangen) ist aber durchweg sehr gut und vollständig. Insgesamt sind betonnte Schifffahrtswege von 3.000 km Länge ausgewiesen. Anreise: Savonlinna ist von der Hauptstadt Helsinki aus per Inlandsflug, Bahnverbindung oder Mietwagen (rund 300 km) zu erreichen.

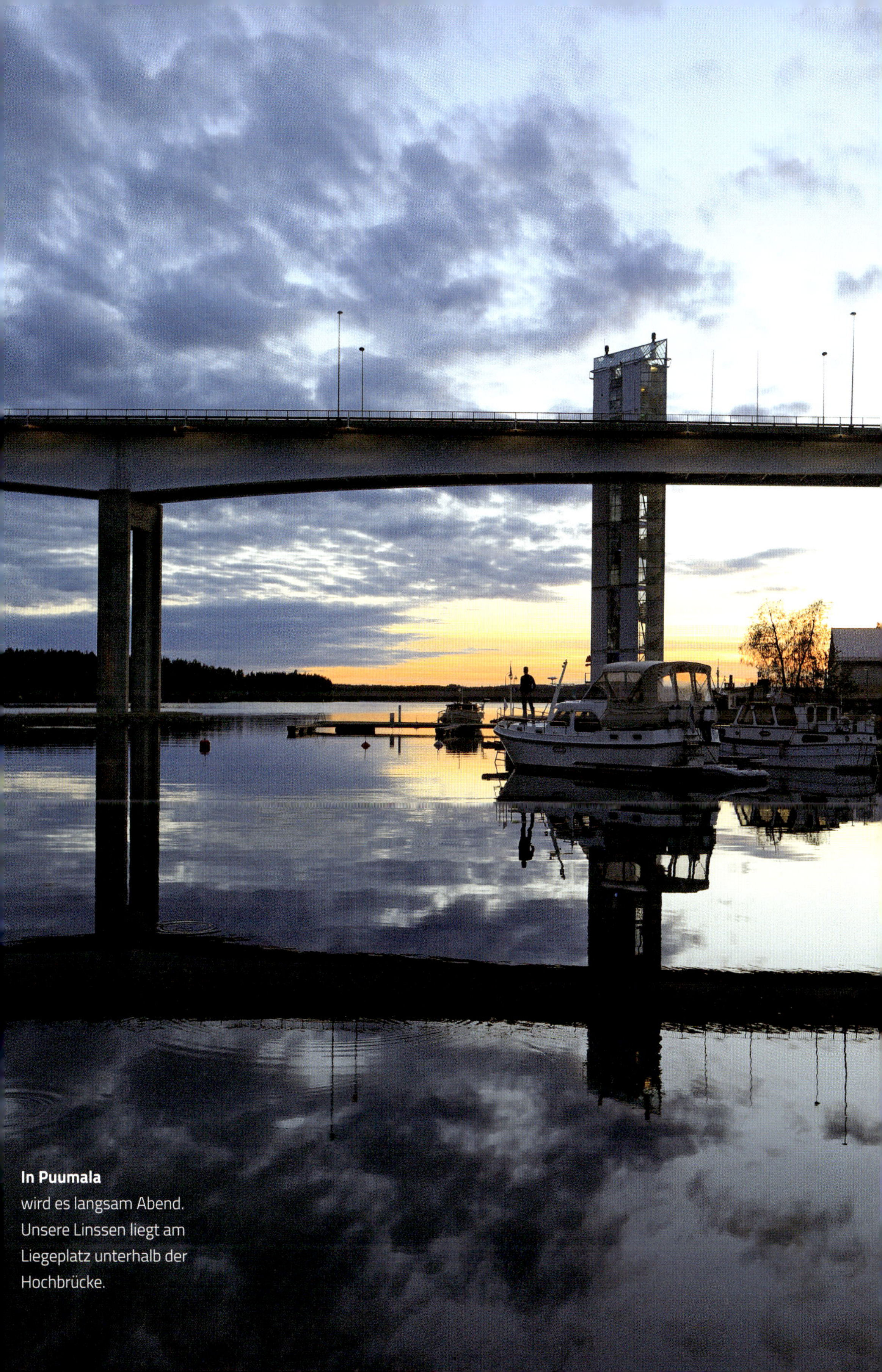

In Puumala wird es langsam Abend. Unsere Linssen liegt am Liegeplatz unterhalb der Hochbrücke.

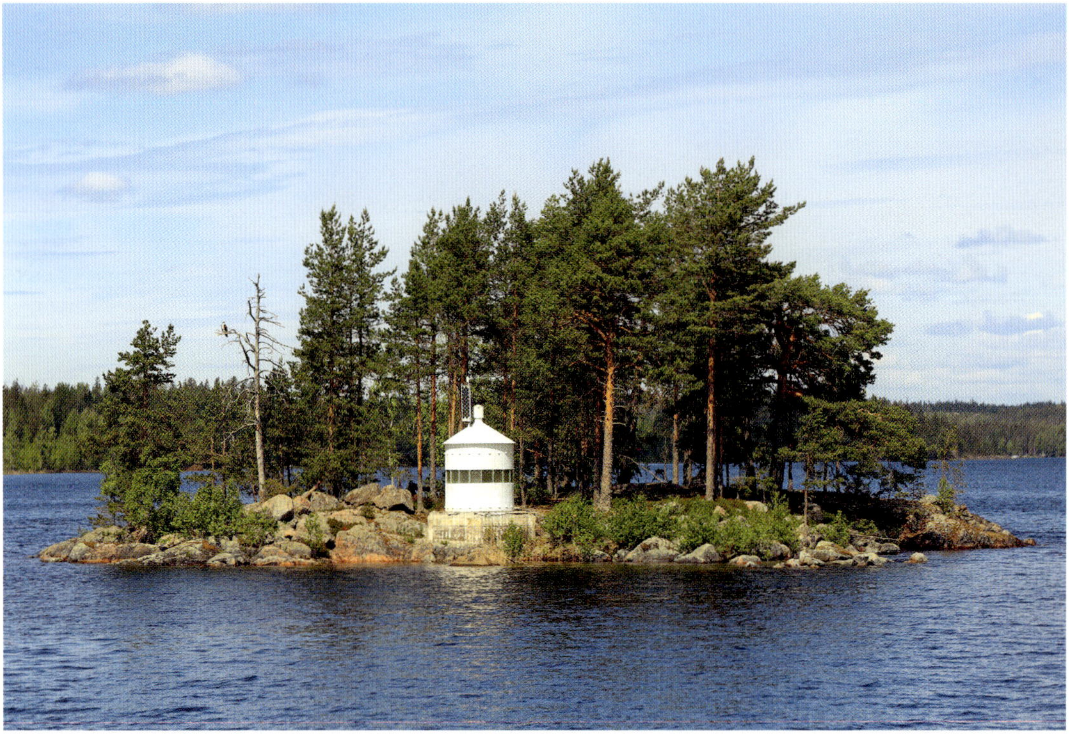

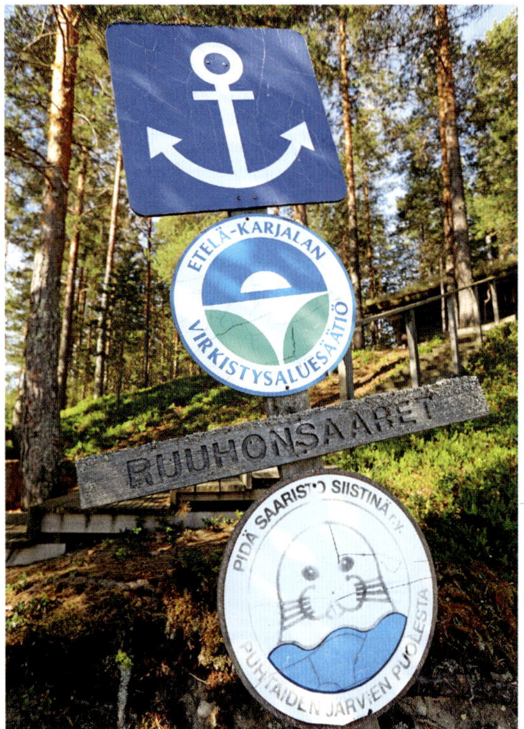
ETELÄ-KARJALAN
VIRKISTYSALUESÄÄTIÖ
RUUHONSAARET
PIDÄ SAARISTO SIISTINÄ ry.
PUHTAIDEN JÄRVIEN PUOLESTA

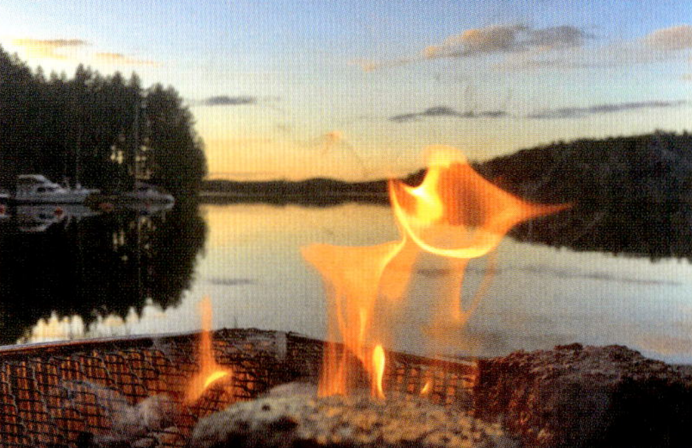

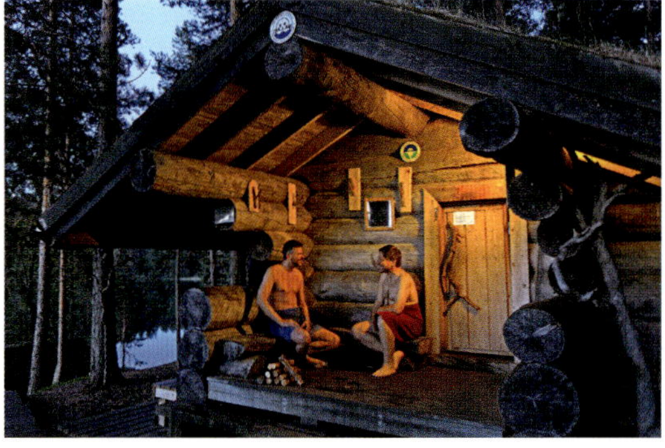

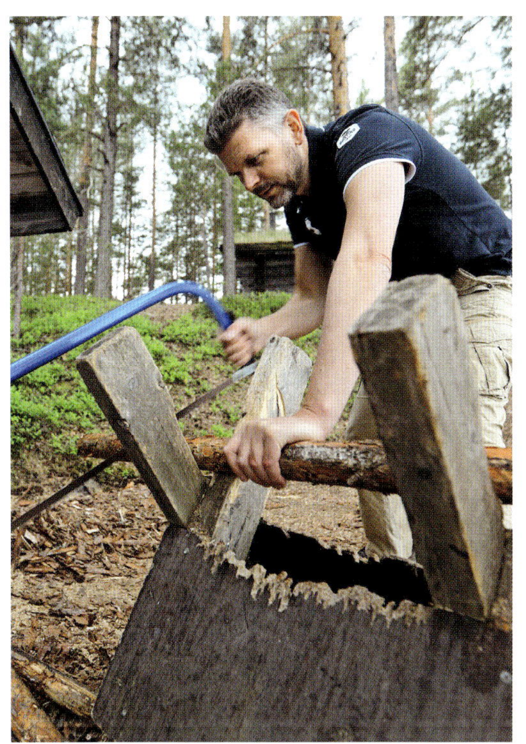

Leuchtfeuer auf der kleinen Schäre Tetriluoto im Tuohiselkä. Ruuhonsaaret gehört zu den offiziellen Naherholungsgebieten Südkareliens, wie dieses Schild bezeugt.

Ein Traum für jeden Grillmeister am Strand von Ruuhonsaaret. Schwitzen um schwitzen zu können: Zuerst wird Holz gesägt, dann wird die Sauna angeheizt.

in meine Fleecedecke wie ein Invalide im Senatorium, nur zwei Finger für den Drehknopf des Autopiloten ragen aus der Vermummung. So wird Insel um Insel passiert, See reiht sich an See. Eine Welt aus Wasser, Wald und Fels. Dann runden wir die Halbinsel Kyläniemi im Westen, die wie ein steinerner Riegel im großen Saimaa liegt. Ein paar Yachten können wir ausmachen. Besonders spannend wird es, als uns ein hochbeladener Holzfrachter im wirklich engen Fahrwasser in seinem Schwell tanzen lässt. Nach mehr als sieben Stunden und gut vierzig Seemeilen haben wir es geschafft: die Einmündung des Saimaa-Kanals, der von hier zur Ostsee führt, eine Hochbrücke und Berge von Baumstämmen, die in den Fabriken dahinter zu Papier und Pellets werden, kündigen unser Ziel an: die Stadt Lappeenranta, industrielles Zentrum der Region. Was für ein Kontrast. Der Wind nimmt noch einmal zu, aber als wir dann längsseits am gut ausgebauten Gästeanleger festmachen, ist alles auf einmal wieder ganz friedlich. Unser Landgang führt uns am Ufer entlang zum Strandbad, dann durch das Plattenbauviertel zurück ins Zentrum und weiter zur alten Festung oberhalb des Hafens. Buckliges Kopfsteinpflaster, alte Holzgebäude und die Kuppeln der ehemaligen Garnisonskirche zeugen davon, dass sich nicht nur Karelien, sondern ganz Finnland jahrhundertelang fremden Herren beugte, mal den Schweden, dann den Russen, bis man 1917 unabhängig wurde. Heute sind hier finnisches Fernsehen, Kulturmuseum und eine Dance Academy »stationiert«. Plötzlich flutet goldenes Abendlicht durch das Schachbrettmuster der Straßen. Wir lassen uns leiten und kommen so ins »Teerenpeli«, was wie »Liebelei« bedeutet. Liebe zum Bier, das man hier natürlich selbst braut. Dazu werden Sulamis serviert: pralle Sandwiches mit Rentier-Räucherschinken, sauren Gurken und Whisky-Senf. Da wird uns nicht nur warm ums Herz ...

Zeit, die Rückreise in Richtung Savonlinna zu planen: Die Karte, auf der Harri für uns mögliche

Ziele markiert hat, bietet dafür eine reizvolle Option: Ruuhonsaaret. Die Insel liegt fast genau auf unserem Weg – und sogar eine Sauna gibt es dort. Wir verlassen Lappeenranta auf gleichem Wege, wie wir gekommen sind. Doch der Himmel ist jetzt aufgelockert und der Wind hat seinen Biss verloren. Wir nutzen die milde Witterung für ein ausgiebiges »Frühstück« auf dem Achterdeck, während wir unsere Seemeilen abspulen. Nach rund fünf Stunden scheren wir schließlich nördlich der Insel Hietasaari nach Backbord aus dem Fahrwasser aus: Zu unserem Ziel führen keine Tonnen. Aber Seekarte und Plotter sagen, dass es überall tief ist. Die Insel Ruuhonsaaret hat die Form eines nach Norden offenen Hakens, der fast neue Holzsteg liegt tief im Inneren der Bucht, umgeben von schützenden Höhenzügen mit lichtem Kiefernwald. Mit dem Bug gehen wir an die Boje, mit dem Heck zum Steg, um leicht über die Badeplattform an Land zu kommen.

NORDISCHE NACHT

Dann machen wir uns zum Erkundungsgang auf: Die Sauna ist ein solides Blockhaus, alles ist vorhanden, sogar eine Säge, um die aufgeschichteten Äste für den Ofen auf Länge zu bringen. Auf einer Schiefertafel können Crews die Sauna stundenweise »reservieren«. Die Bezahlung von zehn Euro erfolgt dann nach dem Ehrlichkeitsprinzip in einer Box. In der Zwischenzeit kommen immer mehr Gäste, ein Jollenkreuzer, eine Targa, eine Buster, dann eine traditionelle Norrpa. Diese schlanken Spitzgatter sind nach der Saimaarobbe benannt – durchaus passend in Hinblick auf die Rumpfform. Wir wollen den anderen erst einmal den Vortritt in der Sauna lassen und nehmen stattdessen den Grillplatz in Beschlag, mit Blick auf die ganze Bucht. Während der Wind einschläft und der Himmel weiter aufklart, brutzelt René unsere Burger auf dem Einweggrill. Fantastisch! Als ein Stück Grillgut kurz vom Rost springt, wird es im See einfach

» Während der Wind einschläft und der Himmel weiter aufklart, brutzelt René unsere Burger auf dem Einweggrill. Fantastisch! «

Die echte Nacht währt so weit im Norden nur kurz: Für die spontane Fahrt von Sulkava nach Linnavuori eine Stunde vor Mitternacht schalten wir dennoch die Positionslichter an.

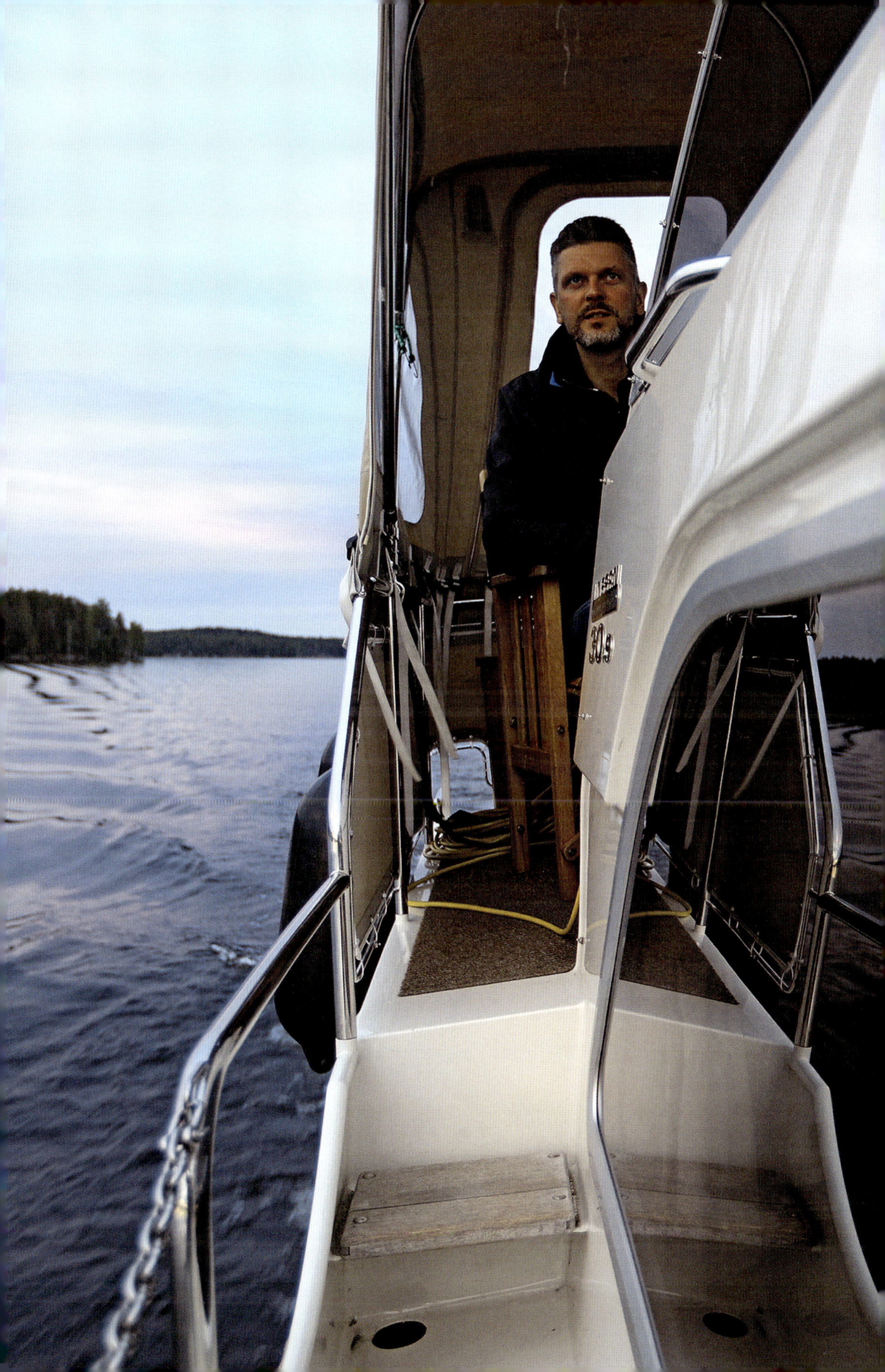

abgewaschen. Inzwischen ist weitgehend Ruhe eingekehrt, die weiße nordische Nacht hat begonnen. Also holen wir Handtücher, steigen zur Sauna hinauf, sammeln Holz zusammen und heizen ein. Helles Licht im Norden, der dunkle Wald um uns herum – eine magische Stimmung. Irgendwo auf dem Festland heult ein Wolf. Es dauert zwar einige Zeit, bis die Sauna wieder auf Touren kommt, aber nach einem ordentlichen Aufguss wird es dann noch richtig schweißtreibend. Was für ein Abend!

DER SONNE ENTGEGEN

Sonnenschein und spiegelglattes Wasser umgeben Ruuhonsaaret am Morgen danach. Das Licht spielt am Waldboden zwischen den Kiefern, als wir dieses traumhafte Fleckchen verlassen und in gemächlichem Bogen wieder ins Fahrwasser einscheren. Gut zwei Stunden später kommt die Brücke von Puumala erneut in Sicht; wir legen an der Tankstelle an und bunkern einhundert Liter. Jede Menge Boote sind jetzt unterwegs, vom Alugleiter bis zum umgebauten Schlepper. Kein Wunder, der Frühsommer scheint langsam auf Touren zu kommen, kein Vergleich mehr zu den vergangenen Tagen. Alle Gesichter zur Sonne!

Nach einer Eispause geht es weiter. Diesmal nehmen wir das Fahrwasser auf der Westseite der Insel Partalansaari, einen schnurgeraden Fjord, der uns stetig nach Norden leitet. Stunden geht das so; wer hier nicht zur Ruhe kommt, dem ist nicht zu helfen. Andererseits: Die Strecke ist auch Teil des »Sulkavan Suursoudut«, Finnlands größter Ruderregatta. Den Namen hat sie von dem Ort, der heute auch unser Ziel ist. Der Rekord für die sechzig Kilometer liegt unter vier Stunden. Vom See Enonvesi führt der Fjord nun nach Osten und passiert bald darauf einen spektakulären Felsen mit Wanderern darauf – Linnavuori, Standort einer Ringburg aus der Eisenzeit. Es gibt sogar einen Schwimmsteg. Vielleicht beim

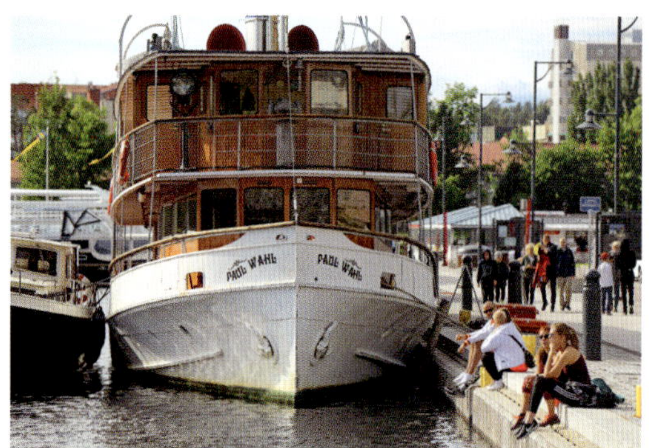

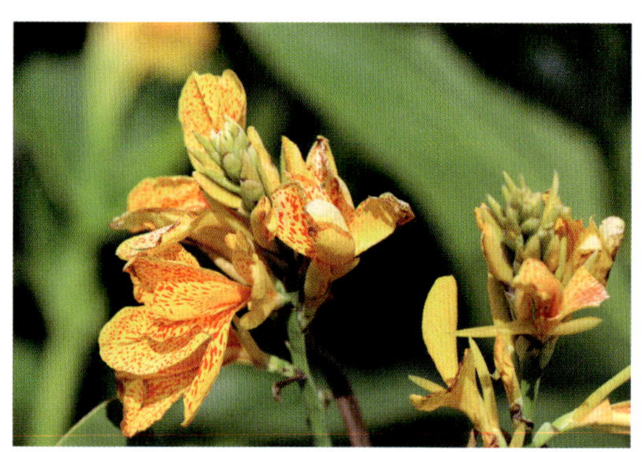

Savonlinna ist das touristische Zentrum der Region. Hier legen auch die Ausflugsdampfer für Tagestouren ab. Nicht nur Moltebeeren und Birkenblüten: Es geht auch exotischer in Finnland.

Weite Wege und viel Zeit zum Entspannen bieten sich auf dem Lepistönselkä. Frisch gezapftes Bier im Restaurant »Teerenpeli« in Lapeenranta sorgt für Erfrischung. Der historische Seenfrachter WENNO spielt mit dem Licht.

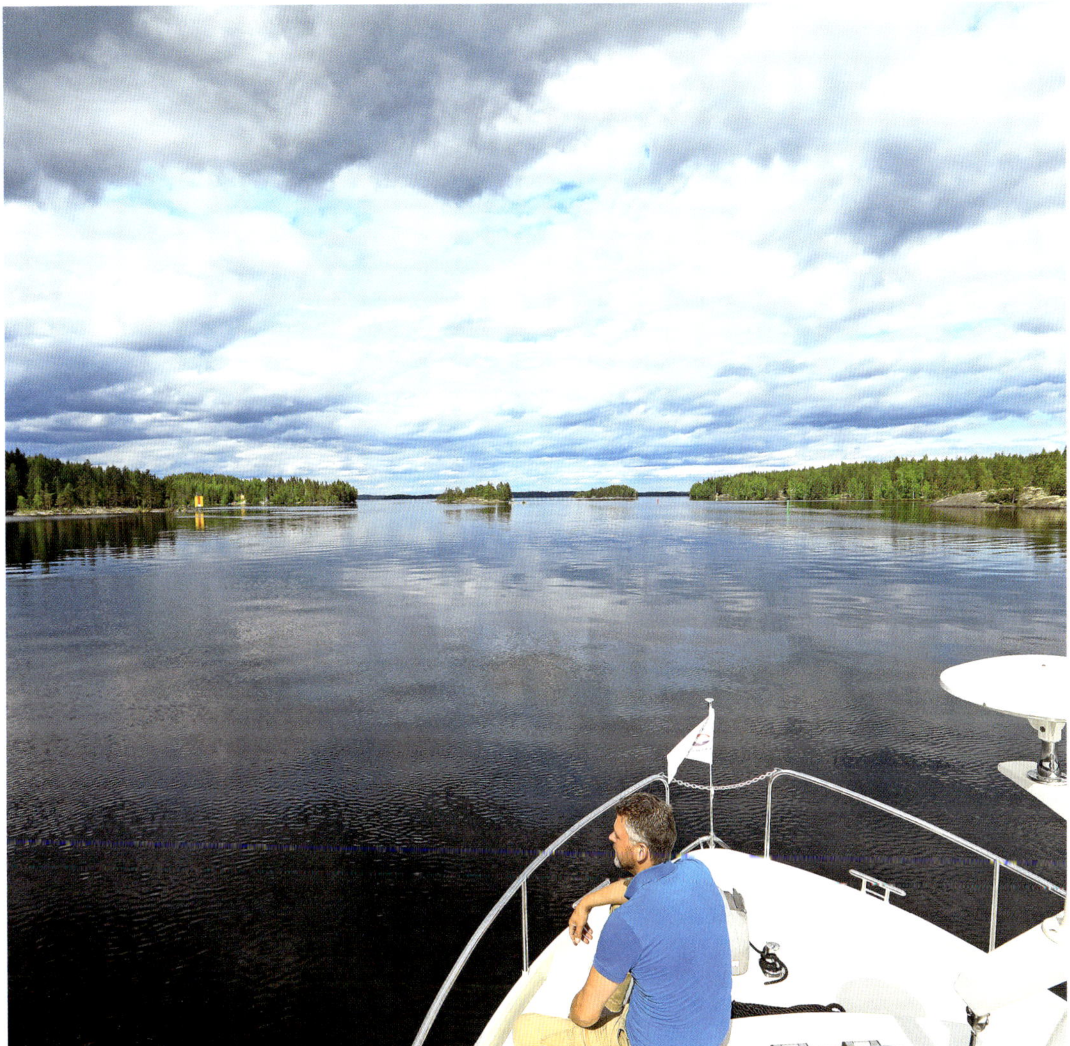

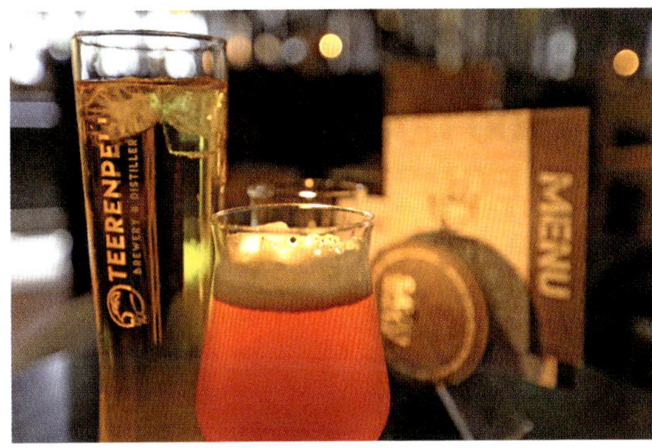
MENU

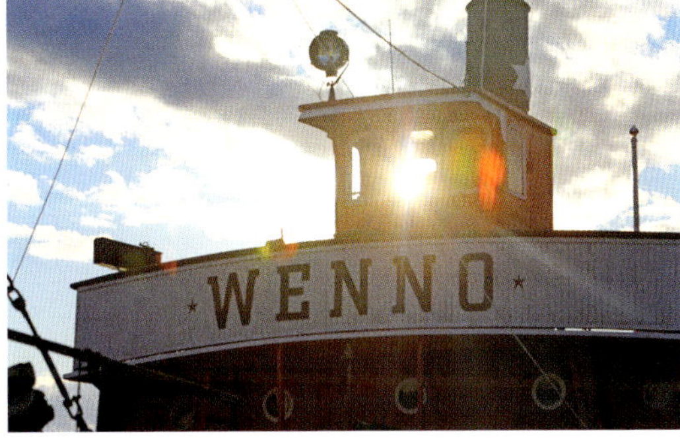
WENNO

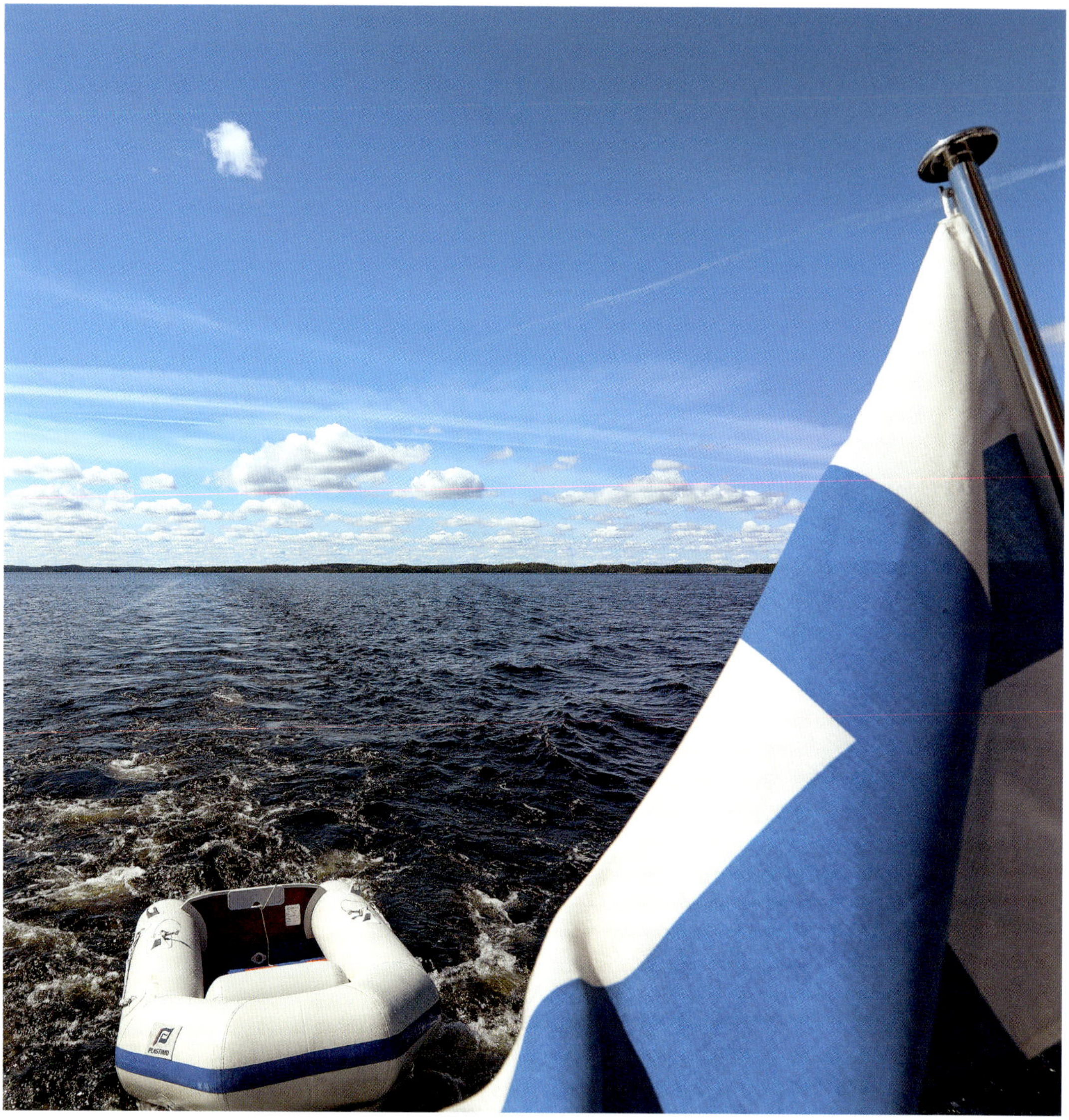

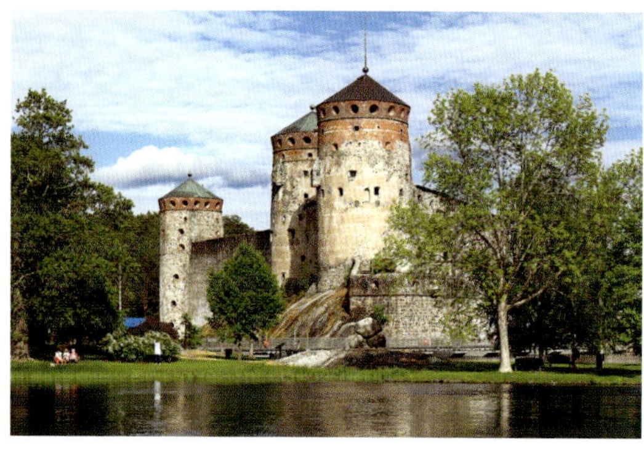

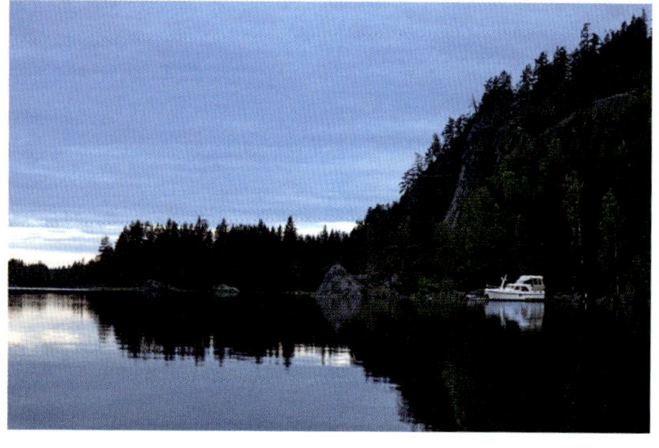

» Der Ausblick ist fantastisch: Die sich spiegelnden Felsen mit ihren einzelnen Kiefern erinnern an japanische Aquarellmalerei. «

nächsten Mal. Eine Stunde später machen wir in Sulkava fest. Erste Überraschung: kein Strom am Steg. Das Restaurant, wo wir uns anmelden sollten, hat auch schon geschlossen. Also ab ins Dorf: Zuerst schauen wir uns das »Ruderstadion« an, wo schon das nächste Rennen Anfang Juli plakatiert ist. Zwei der »Kirchenboote« liegen auf dem Strand, aus Sperrholz zwar, aber mit beweglichen Sitzen. Sportgeräte, keine Frage. Über eine Brücke kommen wir zur Kirche, wo die Poliisi kontrolliert: Ein altersschwacher Trecker mit fünf auffällig gut gelaunten Figuren darauf hat das deutliche Interesse der Ordnungsbeamten geweckt. Bei uns meldet sich der Hunger. Einzige Option zu dieser Stunde ist das Restaurant des Motels »Muikkukukko« beim Busbahnhof. Drinnen ein paar Billardtische, Gestalten beim halben Bier und die eindringliche Geruchskulisse der letzten drei Jahrzehnte. Wir sehen uns an. Diese »Zeitreise« sparen wir uns gerne. Da uns nun nichts mehr in Sulkava hält und es noch hell genug ist, legen wir kurzerhand wieder ab. Wir haben ja eine verlockende Alternative: Linnavuori. Kurz vor 23 Uhr sind wir erneut an dem Steg unterhalb des Felsens, liegen längsseits und kochen an Bord. Der Ausblick ist fantastisch: Die sich spiegelnden Felsen mit ihren einzelnen Kiefern erinnern an japanische Aquarellmalerei.

LOHNENDER AUFSTIEG

Am Morgen wagen wir den Aufstieg. Der führt dann am Grillplatz vorbei über eine steile Holztreppe nach oben durch den Wald. Von der Ringburg ist nicht viel mehr übrig als ein kniehohes Halbrund aus bemosten Steinen, aber der Ort ist einmalig. Wir treten ins Sonnenlicht auf den blanken Fels hinaus. Bienen und Schmetterlinge schwirren in der warmen Luft umher. Unser Blick streift in alle Himmelsrichtungen kilometerweit über diese finnische Landschaft aus Wäldern und Seen. Und wie still die Wasser des großen Saimaa von so hoch oben wirken …

Wo früher Kanonendonner erschallte, hallen heute Arien über das Wasser: Die Burg Savonlinna ist ein beeindruckendes Baudenkmal und das Wahrzeichen der Stadt. Ganz für uns allein: Der schöne Steg im Schutz des Felsens von Linnavuori. In diesem Revier gibt es Dutzende von Naturhäfen, die alle über eine gewisse Infrastruktur wie etwa Toiletten oder eine Feuerstelle verfügen.

Die Farben der finnischen Flagge finden sich überall in der Landschaft wieder. Finnland gilt als eine der seenreichsten Regionen der Welt.

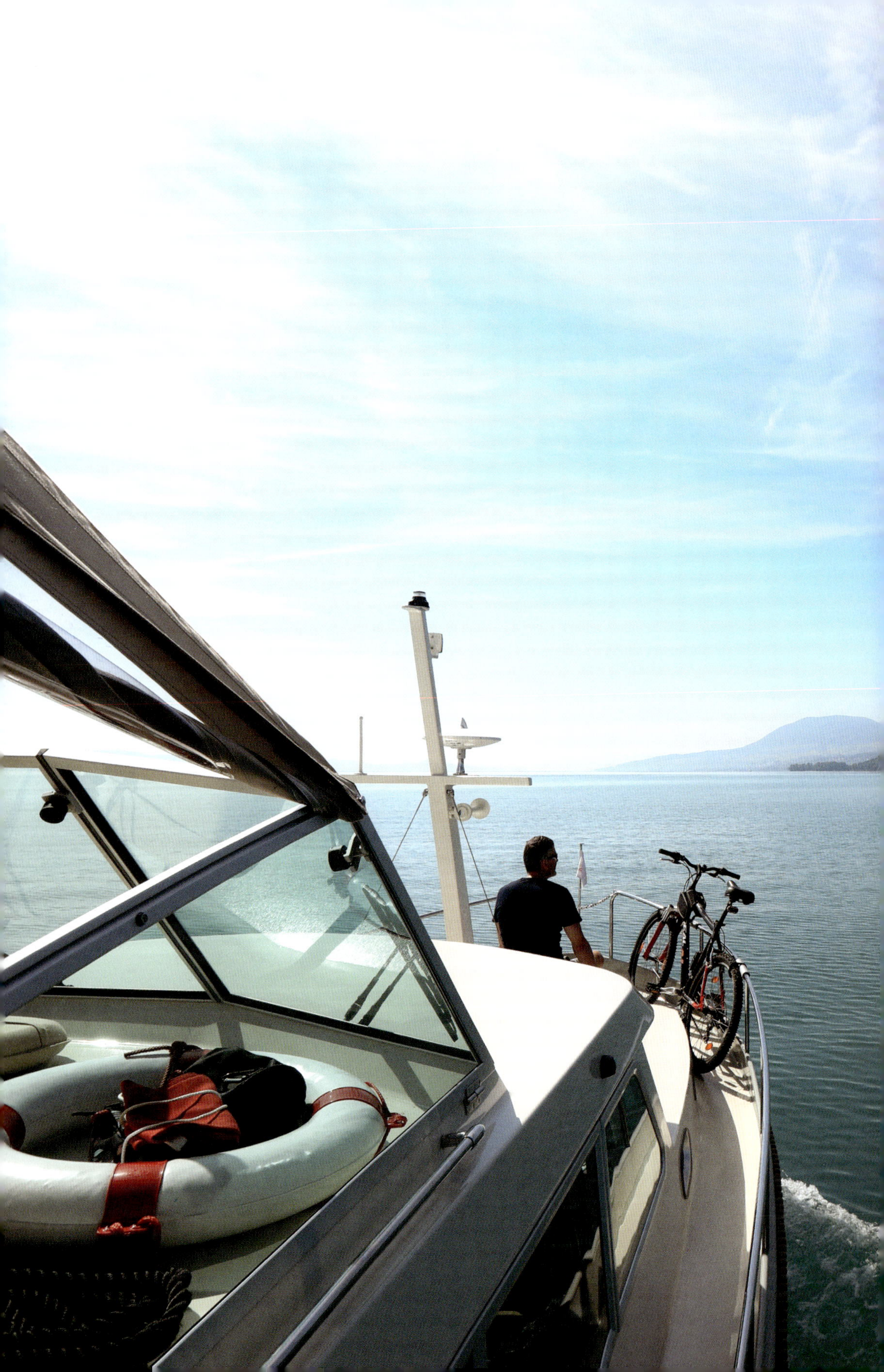

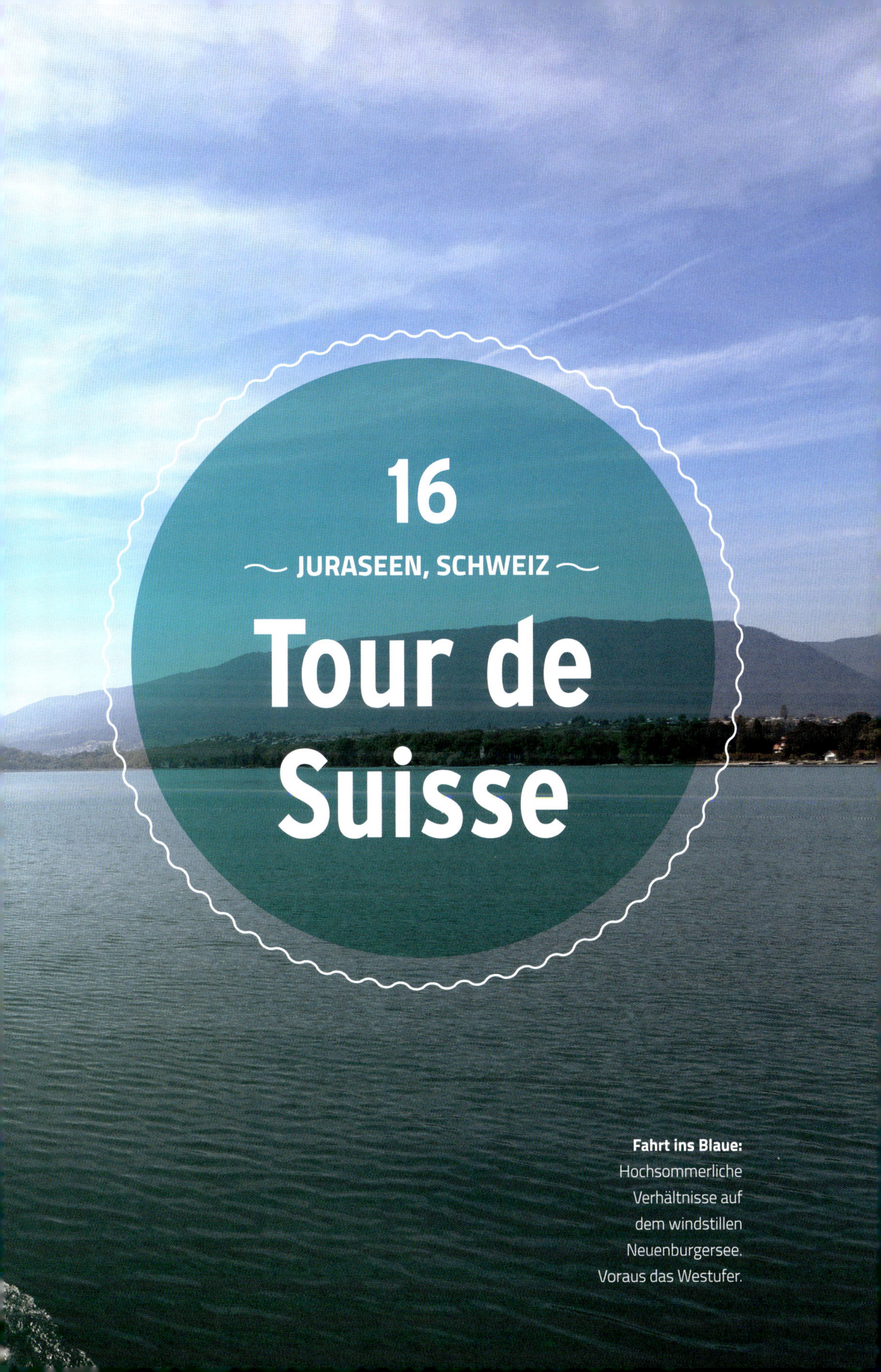

16

~ JURASEEN, SCHWEIZ ~

Tour de Suisse

Fahrt ins Blaue: Hochsommerliche Verhältnisse auf dem windstillen Neuenburgersee. Voraus das Westufer.

Vier Kantone, drei Seen, zwei Sprachen – und eine Woche unterwegs. Auf unserem Chartertörn über Bielersee, Neuenburgersee und Murtensee entdecken wir die Schweiz im Kleinen.

Selbst für einen strahlenden Spätsommertag ist es schon am Morgen ungewöhnlich heiß. Für den Nachmittag sind Gewitter angekündigt, die sich über den Höhenzügen des Jura bilden sollen, doch zu diesem Zeitpunkt wollen wir längst in Biel sein, unserem Tagesziel am nördlichen Ende des Bielersees. Während sich die ersten Urlauber vom Campingplatz gleich nebenan bereits in der Badebucht abkühlen, machen wir die Leinen unserer Linssen los und verlassen den Hafen von Le Landeron und steuern hinaus auf den ersten der drei Seen dieser Reise. Der Törnplan dieser Charterwoche gleicht einer »Tour de Suisse«, einer Rundtour durch unser Nachbarland, wenn auch in kleinerem Maßstab: Drei Seen, vier Kantone und nicht zuletzt zwei Sprachen werden für viel Abwechslung sorgen.

Den passenden Anfang hatte gestern Abend schon die Party vor dem Start gemacht. Nachdem uns Gabaël und Désirée von der Charterfirma in Empfang genommen hatten, L'AREUSE, eine nagelneue Grand Sturdy 35.0 AC, übernommen worden war, hatten wir von den beiden noch den Tipp für die jährliche fête du vin im nahen La Neuve-ville bekommen. Kurz entschlossen waren die ersten Törnkilometer also im Sattel zurückgelegt worden – auch wenn es nach dem Weinfest nicht ganz so schnell zurückgegangen war…

PROMINENTE GÄSTE

Kaum hörbar läuft der Diesel, stattdessen begleitet uns das Rauschen des Kielwassers auf unserem Weg. Allein sind wird nicht: Ein Daycruiser mit drei Anglern tanzt in unserer Welle, zwei Schwäne überholen uns mit lautem Flügelschlag und weit voraus, Richtung Biel, sind Segel auszumachen. Zurück bleiben Le Landeron und die Einfahrt zum Zihlkanal. Nachdem wir La Neuveville an Backbord passiert haben, das nach der gestrigen Fete noch zu schlummern scheint, wird das Ufer schnell steiler. Der Jurasüdfuß rückt hier bis an den See heran. So wird der Übergang vom Gebirge zum Schweizer Mittelland genannt, jenem schmalen und vergleichsweise ebenen Streifen zwischen Jura im Norden und Alpen im Süden. Natürlich wird in dieser Lage Wein angebaut. In ordentlichen Reihen ziehen sich die Rebstöcke

Historischer Badepavillon von Chez-le-Bart; das Wasser ist fast überall am Neuenburgersee so klar.

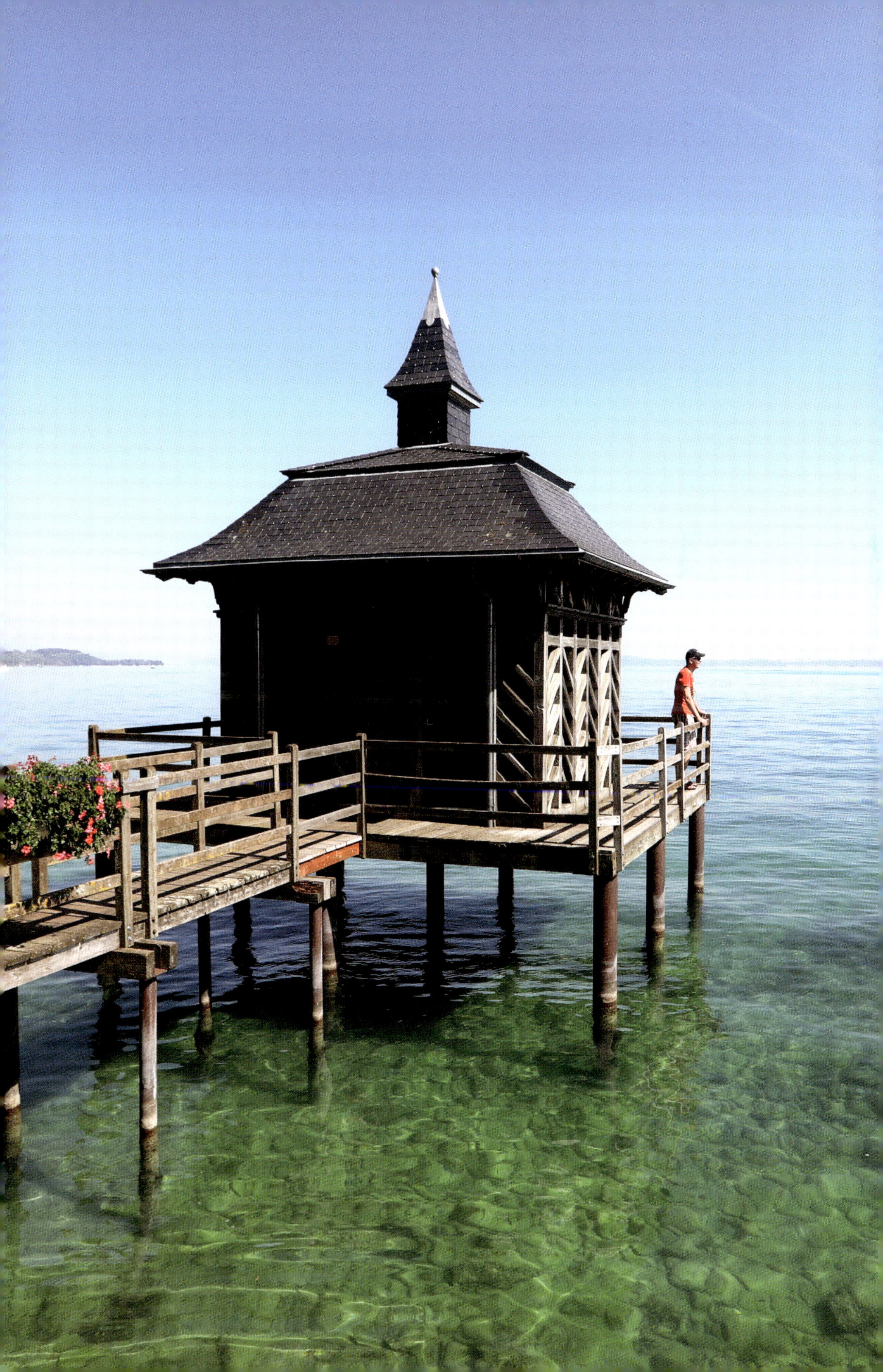

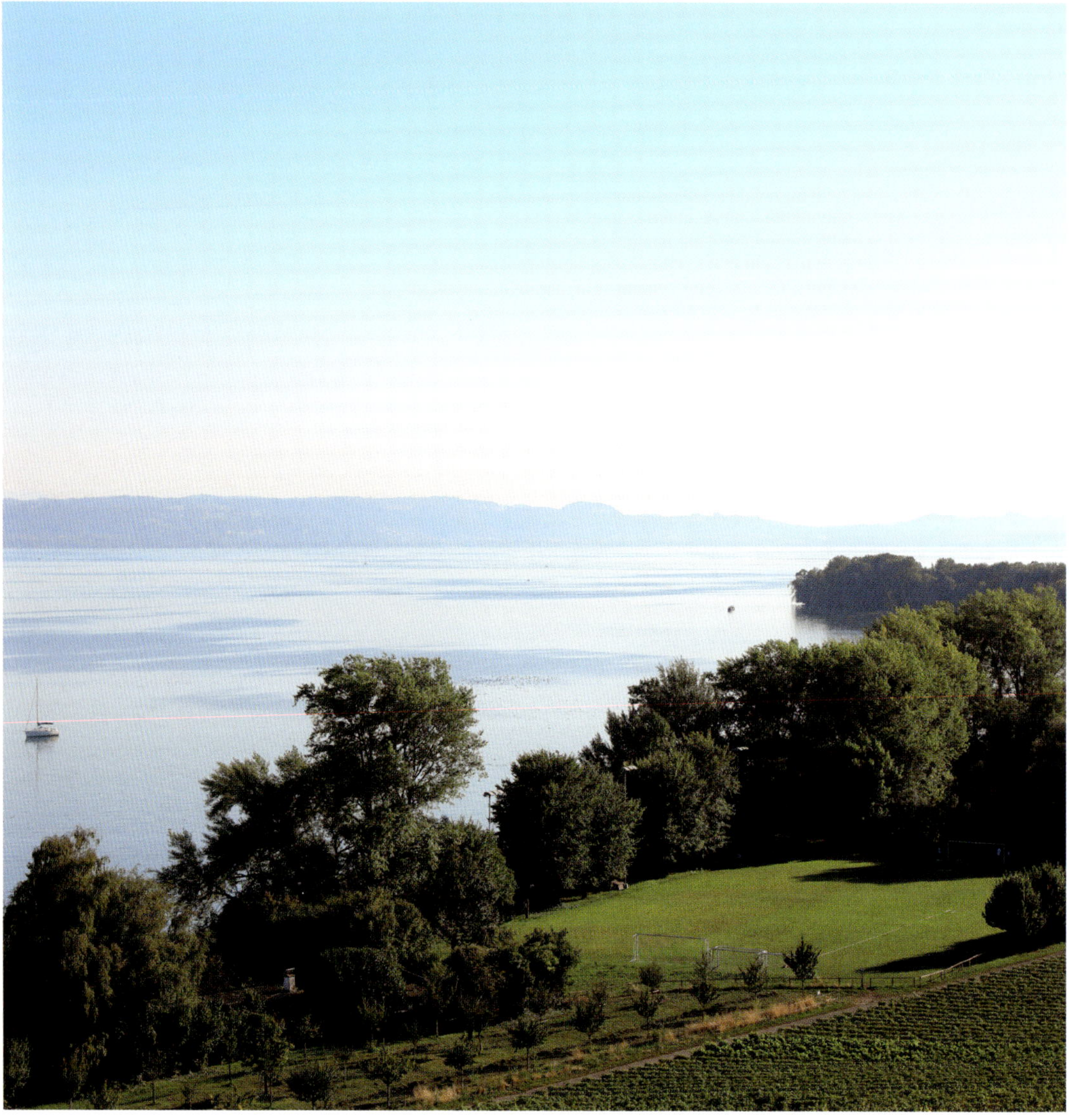

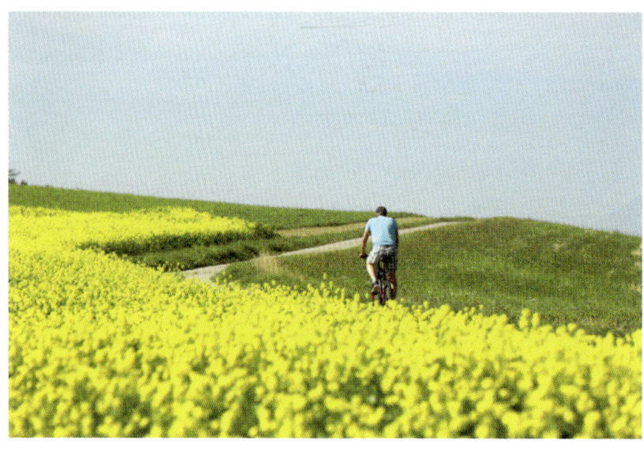

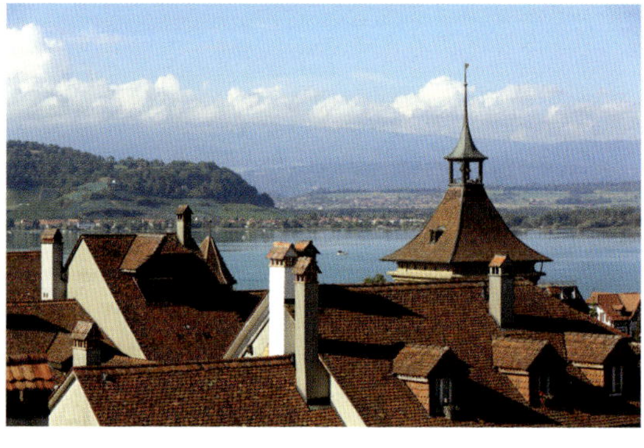

DIE ➔ TOP 3

★ **Biel/Bienne**
Ganz klar, die (mindestens) zweisprachige Metropole am Bieler See darf man nicht verpassen. Ein Stück sehr coole und bunte Schweiz.

★ **Baden**
Das klare Wasser der Seen sorgt an heißen Tagen für genau die richtige Abkühlung – egal ob vom Boot oder vom Strand aus.

★ **Bergtour**
Es muss nicht gleich der Jura sein; von der Spitze des Mont Vully hat man eine großartige Rundumsicht auf das Revier und die Region.

Die Juraseen sind nach dem Juragebirge benannt, das im Westen angrenzt.

Mit dem Fahrrad lässt sich jedes Revier doppelt erleben, wie hier auf dem Mont Vully am Murtensee. Blick von der Stadtmauer von Murten über die Dächer der Altstadt zum Murtensee.

hinauf. Weiter oben sind die Hänge dicht bewaldet, nur hin und wieder sieht man verkarstete Felsen hervorragen.

An Steuerbord zieht dagegen die so flache wie schmale St. Petersinsel vorbei. Eigentlich eine Landzunge, die nur durch einen Durchstich beim Hafen Erlach abgetrennt ist. Die Straßenbrücke dort ist aber für Boote unserer Größe zu niedrig. Die einzigen Gebäude gehören zu einem ehemaligen Kloster der Cluniazenser, das heute – wie vielerorts – ein Hotel mit historischem Ambiente beherbergt. Zu früheren Gästen der Insel gehörten unter anderem der große Aufklärer Jean-Jacques Rousseau (der 1712 in Genf geboren wurde und somit Schweizer war und nicht Franzose, wie oft behauptet) und ein weiteres unvermeidliches Universalgenie seiner Zeit: Johann Wolfgang von Goethe.

ENTSPANNTE SEEFAHRT

Wir haben die Segler erreicht. Oder besser gesagt sie uns: Es sind Rennjollen, ein Fireball, zwei 49er und eine Handvoll Kite-Foiler, die im warmen Wind zwischen dem Nordufer bei Ligerz und dem Ende der St. Petersinsel hin und her schießen. Wer den Bielersee so sieht, würde nicht annehmen, dass er Teil eines ausgeklügelten künstlichen Regulierungssystems ist: der Juragewässerkorrektion. Hinter dem Begriff verbirgt sich nicht weniger als die Veränderung des Laufs der Aare. Seit frühesten Zeiten hatte dieser Fluss, der nahe der italienischen Grenze im Berner Oberland entspringt und nach dreihundert Kilometern in den Hochrhein mündet, den flachen Landstrich östlich des Bielersees immer wieder überflutet und ein wachsendes Sumpfgebiet geschaffen: das »Grosse Moos«.

Doch urbarer Boden war kostbar im Mittelland und man beschloss schließlich, die Gegend ein für alle Mal trocken zu legen. Was aus moderner ökologischer Perspektive völlig undenkbar wäre, wurde ab 1868 beherzt angegangen. Der Fluss wurde mithilfe künstlicher Wasserläufe wie dem Hagneckkanal über den Bielersee umgeleitet. Gleichzeitig bezog man auch den Neuenburgersee und den Murtensee über zwei weitere Verbindungen, Zihlkanal und Broyekanal, in das System mit ein. So entstand nicht nur zusätzliche Nutzfläche für die eidgenössische Landwirtschaft, sondern zugleich das zusammenhängende schiffbare Revier, das wir in dieser Woche erkunden werden.

Nach rund anderthalb Stunden sehr entspannter »Seefahrt« haben wir Biel erreicht. Wir lassen einem eilig auslaufenden weißen Kursschiff mit dem Rumpf eines Schnellboots den Vortritt, steuern aus dem Hauptkanal des Hafens nach Backbord in den abgetrennten Sportbootbereich und gehen auf der Innenseite der Außenmole zwischen anderen Motoryachten längsseits. Als wir uns im Restaurant »Joran« gleich vorne am Hafen angemeldet und den Landstrom gelegt haben, ist die Mittagsstunde durch.

» Der Jurasüdfuß rückt bis an den See heran. So wird der Übergang vom Gebirge zum Schweizer Mittelland genannt, jenem schmalen und vergleichsweise ebenen Streifen. «

KULTUR-MIX

Biel – oder besser gesagt Biel/Bienne, wie es offiziell heißt – liegt zwar im überwiegend deutschsprachigen Kanton Bern, ist aber gleichzeitig die größte zweisprachige Stadt der Schweiz und außerdem die einzige, in der sowohl Deutsch (49 Prozent der 55.000 Einwohner) wie Französisch (rund 43 Prozent) Amtssprachen sind. Das führt nicht nur zu zweifachen Beschriftungen im Stadtbild, sondern auch zu einem entspannten kulturellen Mix, der schnell sichtbar und vor allem hörbar wird. Am Unteren Quai entlang (oder eben am Quai du Bas), der das kanalisierte Flüsschen Schüss flankiert, kommen wir schnell zur Nidaugasse, einer Einkaufsstraße, die uns geradewegs in die Altstadt führt. Rund um Untergässli und Obergässli reiht sich Restaurant an Restaurant, mit Cafés und Cocktailbars dazwischen. In der »Crêperie Chez Bach & Buck« gönnen wir uns ein kanadisches Acadienne (mit Ahornsirup) und ein Indiananas, bei dem sich die Inspiration vermuten lässt, bevor wir uns dem widmen, wofür Biel weltweit bekannt ist: Uhrenweltmetropole!

Das ist ebenso wenig übertrieben, wie Paris als Stadt der Liebe zu bezeichnen. Denn dieses Präzisionshandwerk hat Biel und Umgebung mehr geprägt als jeder andere Wirtschaftszweig. Selbst die sogenannte Quarzkrise der frühen Achtzigerjahre, während der die elektronische Uhr das Ende der mechanischen einläutete, überstand man

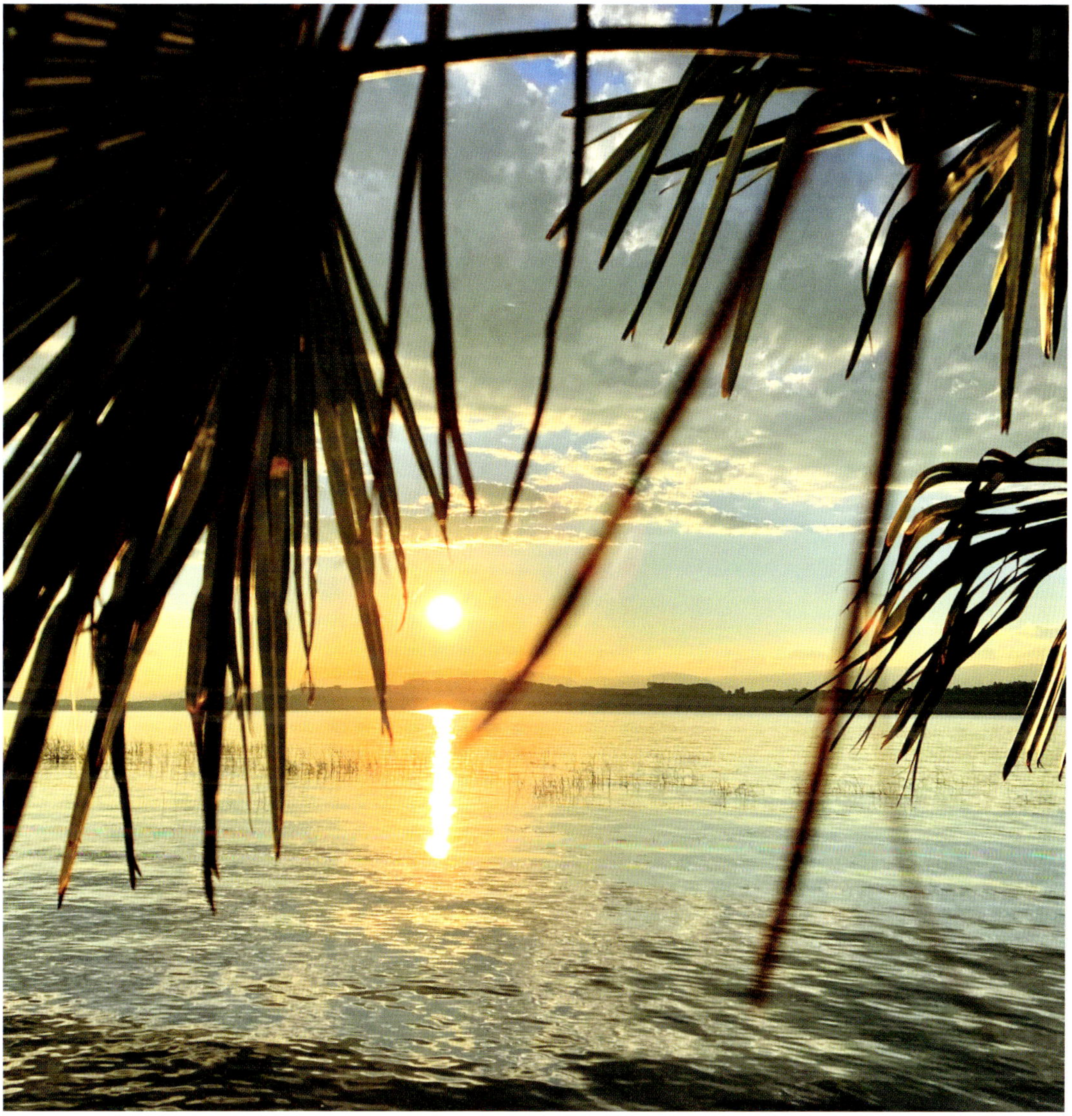

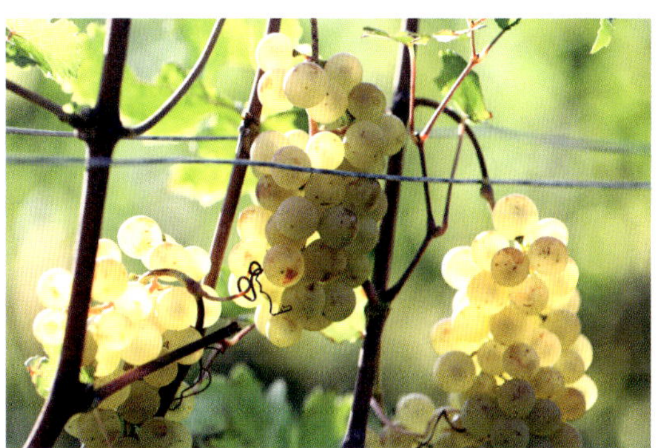

Tropisches Feeling kommt in diesem Revier im Sommer immer wieder mal auf. Die Weißweinrebe an den Hängen von Cortaillod am Westufer des Neuenburgersees leuchtet in der Sonne.

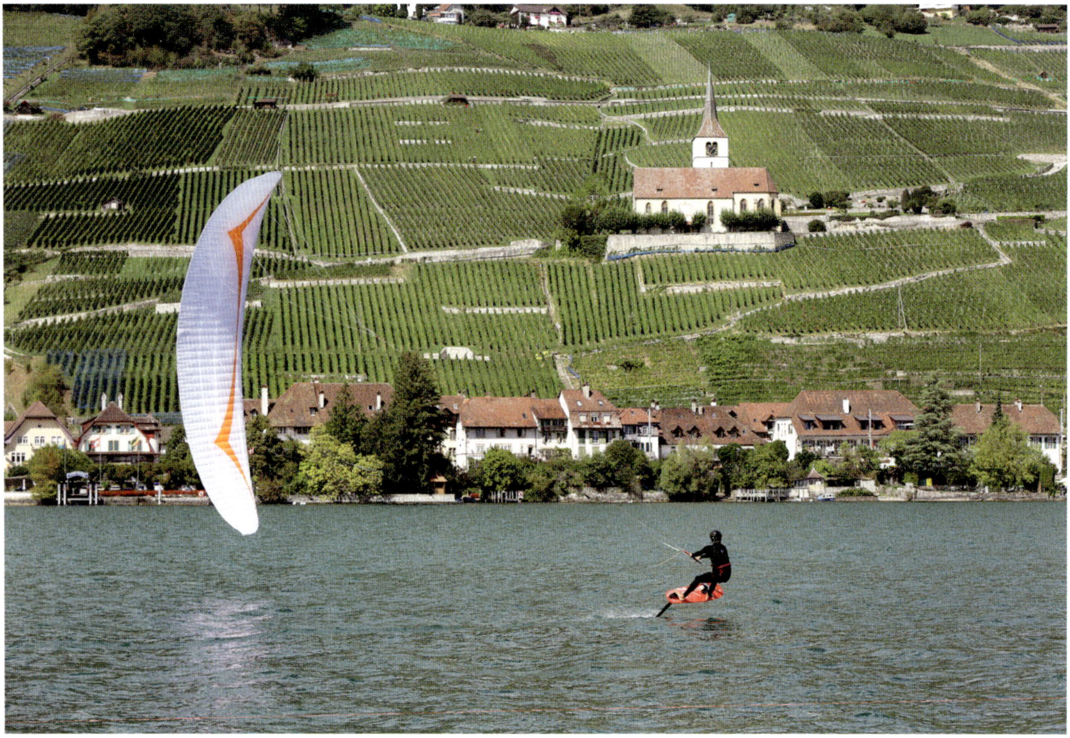

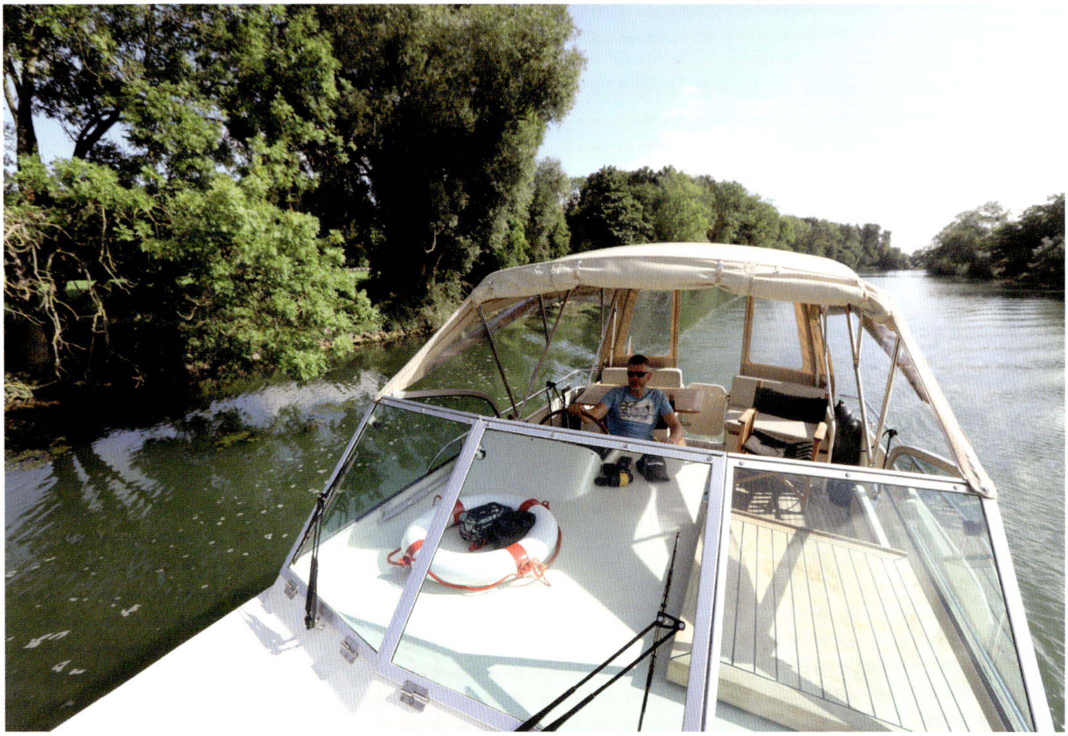

» Die beiden Sprachen führen in Biel nicht nur zu zweifachen Beschriftungen, sondern auch zu einem entspannten Kulturmix, der schnell sichtbar und auch hörbar wird. «

durch die Ansiedlung neuer Technologien. Gleichzeitig konsolidierte sich die alte Stammindustrie. Nicht nur Rolex produziert heute hier. Was die Stunde geschlagen hat, wird auch auf dem Swatch Omega Campus klar: Vor dem Verwaltungsgebäude steht der originalgetreue Nachbau der »Eagle«, der Mondlandefähre der Apollo-11-Mission. Auch beim »Wettlauf zum Mond« wurde die Zeit mit Feinmechanik aus Biel gestoppt.

In dem für sich schon architektonisch spannenden Flügelgebäude zur Linken des lunar module erzählt das Omega Museum aber nicht nur diesen Teil der Unternehmensgeschichte. Zwei weitere, völlig unterschiedliche Konstanten der Gegenwart, die mit der Marke fest verbunden sind, kommen ebenfalls zu ihrem Recht: die Olympischen Spiele – und natürlich die »007«, James Bond. Eine Etage höher gibt es das komplette Kontrastprogramm zu Hochleistungssport und Leinwandspionage: Die Ausstellung »Planet Swatch« nimmt den Besucher mit auf eine andere Reise in die Vergangenheit, in die Jugend der Generation Golf. Und die war bunt am Handgelenk. Ein Trend, der allerdings anhält – und ein Museum, das man nicht verpassen sollte. So viel Zeit muss sein, im wahrsten Sinne.

WINDSTILLE

Nach dem kräftigen Gewitter in der Nacht spiegelt sich am nächsten Morgen schon wieder der blaue Himmel in den Pfützen auf der Pier. Heute stört kein Hauch die perfekte Seeoberfläche. Keine Chance also für die Segler und Kiter vom Vortag. Zum Glück haben wir zumindest den Fahrtwind – und das zu den Seiten geöffnete Verdeck gegen die Sonne. Bald ist das Südende des Sees erreicht. Doch diesmal lassen wir Le Landeron an Steuerbord und fahren in den Zihlkanal ein. 1885 als Teil der bereits erwähnten Gewässerregulierung fertiggestellt, verbindet er den Bieler See mit dem weitaus größeren Neuenburgersee. Linker Hand liegt noch der Kanton

Kite-Foiler auf dem Bielersee mit der Kirche von Gléresse am Weinberg im Hintergrund .

Unsere Charteryacht auf dem Broyekanal zwischen Murten- und Neuenburgersee; Bäume säumen beide Ufer der Wasserstraße.

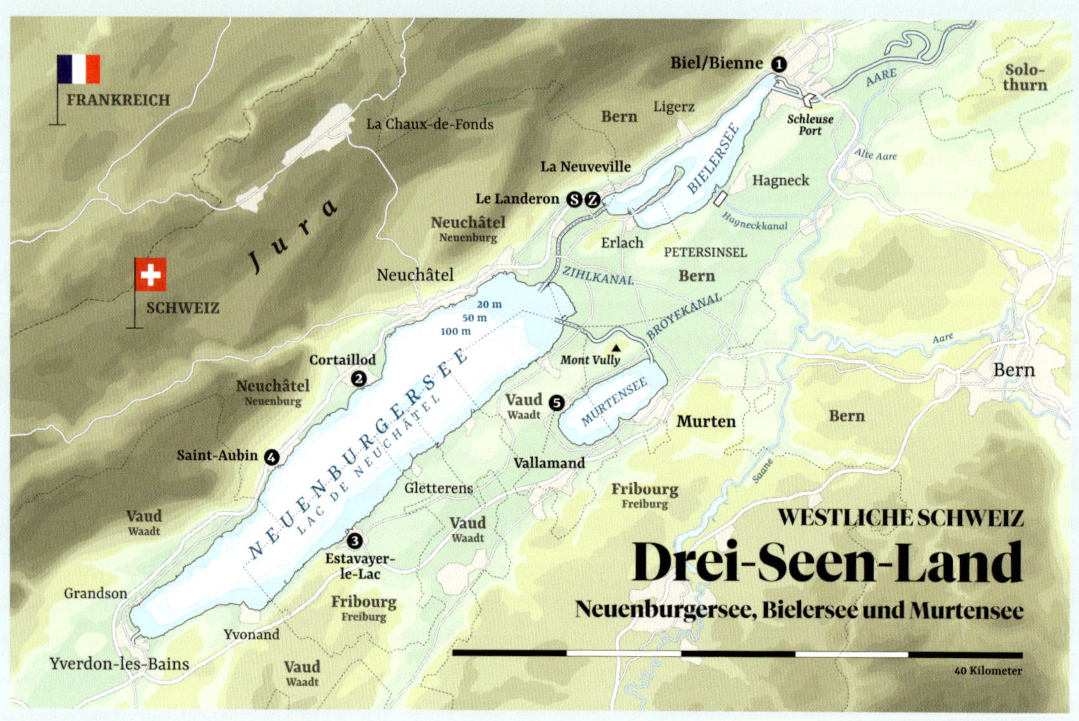

DIE → TÖRNETAPPEN

- S Le Landeron–Biel/Bienne .... 15 km
- 1 Biel/Bienne–Cortaillod .... 37 km
- 2 Cortaillod–Estavayer-le-Lac .... 10 km
- 3 Estavayer-le-Lac–Saint-Aubin .... 7 km
- 4 Saint-Aubin–Vallamand .... 39 km
- 5 Vallamand–Le Landeron .... 26 km
- Z Gesamtstrecke .... 134 km

DAS → KLIMA

	Mai	Juni	Juli	Aug.	Sept.	Okt.
Sonne	7	6	6	6	5	4
Temperatur	17	19	21	21	19	14
Regen	9	9	10	10	11	12

Werte: Sonnenstunden/Tag, Tagestemperaturen, Regentage

DAS → REVIER

Der Neuenburgersee ist der größte der drei schiffbaren Juraseen. Er erstreckt sich über eine Fläche von 217,9 Quadratkilometern und misst 38,3 Kilometer in der Länge sowie maximal 8,2 Kilometer in der Breite. Der durchschnittliche Wasserstand liegt bei rund 429 Meter über dem Meeresspiegel, nur 2 Zentimeter unter dem des Murtensees und 3 Zentimeter über dem des Bielersees. Vor der Regulierung des Jurasees lag der Wasserstand rund 2,5 Meter höher und die Fläche des Sees war um 23,7 Quadratkilometer größer. Die Stadt Neuchâtel (Neuenburg) befindet sich im nördlichen Bereich des Sees, Estavayer-le-Lac und das Naturschutzgebiet Grande Cariçaie im südlichen. Nördlich schließt sich der 15 Kilometer lange Bielersee mit der Stadt Biel/Bienne an, im Nordosten der Murtensee. Mit einer Länge von nur acht Kilometern ist er der kleinste der Seen im Dreiseen-Land.

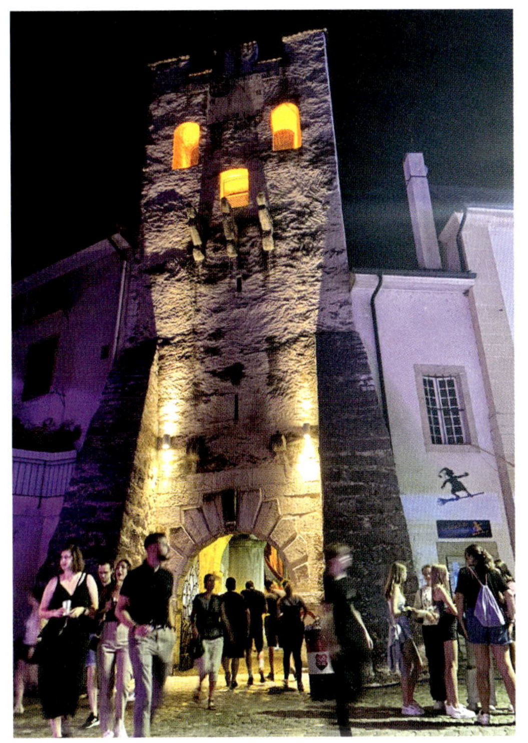

Die Porte de Rive als Tor zur Altstadt von La Neuveville während der fête du vin.

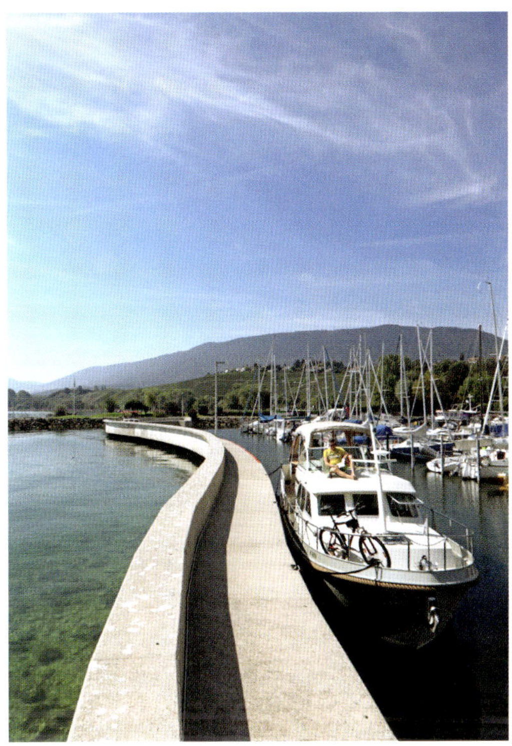

Gastliegeplätze an der geschwungenen Mole des Sportboothafens von Cortaillod am Neuenburgersee.

Bern, rechts nun Neuenburg – oder besser Neuchâtel.

NATUR STATT KULTUR

Für die Länge des Kanals von rund acht Kilometern folgen wir damit der Sprachgrenze. Die wird in der Deutschschweiz auch »Röstigraben« genannt. Zum Kanal passt das allemal. Früher ging diese Trennlinie auch mit ausgeprägten politischen und kulturellen Unterschieden einher. Inzwischen hat aber der auch hier immer stärker ausgeprägte Gegensatz zwischen Stadt und Land diese Rolle übernommen. So oder so, mit dem Ende der sehr grünen Wasserstraße (abgesehen vom staubigen Betonwerk in La Tène) endet die Zweisprachigkeit erst einmal wieder: Bis auf eine kleine Ecke wird an den Ufern des Neuenburger Sees wieder Französisch gesprochen.

Lange Molen geleiten uns nun auf den Lac de Neuchâtel hinaus (auch wenn wir in der Folge

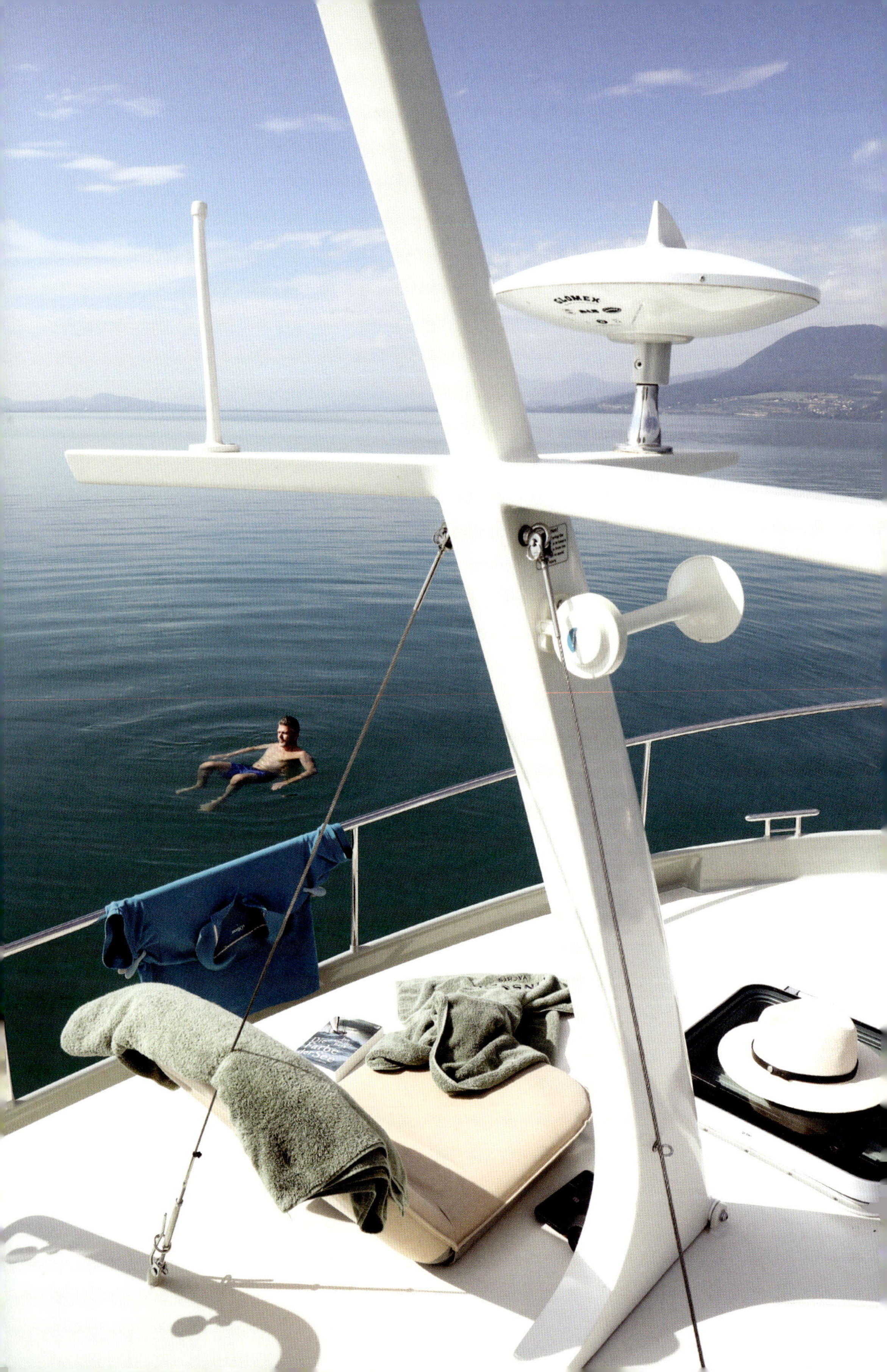
GLOMEX

» Es scheint, als hätten wir den spiegelglatten See für uns. Also lassen wir uns treiben, ganz wortwörtlich: aufstoppen, Badeleiter ausklappen und ab ins Wasser. «

der Einfachheit halber bei seinem schweizerdeutschen Namen bleiben). Vor unserem Bug ist das südliche Ende des Sees, immerhin knapp 37 Kilometer entfernt, im Dunst verborgen. Bis zu unserem Tagesziel, dem Weinort Cortaillod beträgt die Distanz allerdings weniger als die Hälfte. Dafür lassen wir die Kantonshauptstadt Neuchâtel selbst aus, die sich jetzt an Steuerbord am Ufer entlang und die Hänge hinaufzieht. Architektur hatten wir gestern in Biel, mittelalterliche und moderne, und heute steht dafür Natur auf dem Programm. Die wirkt schon jetzt: Es scheint, als hätten wir den spiegelglatten See für uns. Also machen wir das einzig Sinnvolle – und lassen uns treiben, ganz wortwörtlich: aufstoppen, Badeleiter ausklappen und ab ins Wasser!

FUNKELNDE TRAUBEN

Cortaillod hat einen hübschen Hafen mit wellenförmig geschwungener Außenmole, auf deren Innenseite Gäste längsseits festmachen können. Die capitainerie ist schon verwaist, es ist zwar erst Anfang September aber dem Kalender nach bereits Nachsaison. Das Liegegeld von 20 Franken (12 par bateau, 8 par électricité) deponieren wir wie gewünscht im Umschlag. Zu Petit Cortaillod, dem Ortsteil direkt am Wasser, gehört noch ein Campingplatz mit Sonnenwiese, Kiesstrand und – wie überall am See – Badebucht. Kunstgalerie und Weinhandel komplettieren das Ensemble. Auf der Terrasse des Restaurants »De Pilotis« werden wir uns am Abend wiederfinden.

Der eigentliche Ort liegt etwas oberhalb am Hang, und damit nicht nur an der ausgeschilderten Route du Vignoble, der »Weinstraße«, sondern auch umgeben von Anbaugebiet. Kein Wunder, dass auch Cortaillod seine eigene Herkunftsbezeichnung hat, eine Appellation d'Origine Contrôlée. Überall an den Rebstöcken funkeln die reifen Trauben in der Sonne. Chasselas heißt die wichtigste der weißen Sorten hier. Bei den roten ist es Pinot noir.

Willkommener Badestopp mitten auf dem Neuenburgersee.

Ein paar Stunden sind wir unterwegs, vom Lauf des Flusses Areuse (Namensgeberin unserer Charteryacht) bis mitten in die Weinberge hinein und immer höher hinauf. Ein Aussichtspunkt breitet sein Panorama für uns aus: die grünen Kämme des Jura in unserem Rücken, der See vor uns und jenseits davon, weit am Horizont in blassem Blau: die Alpen. Vom Eiger an einem Ende über die Weiße Frau und das Wildhorn bis hin zum Mont Blanc. Wer käme bei diesem Ausblick auf die Idee, dass ausgerechnet dieses Fleckchen Erde einmal preußisch war? Genau genommen waren es sogar 150 Jahre, von 1707 bis 1857, in denen die Hohenzollern (mit kurzem napoleonischen Intermezzo) in Personalunion über das Fürstentum Neuenburg herrschten – obwohl das Territorium zugleich bereits auch Teil der Eidgenossenschaft war. Der zumindest in jungen Jahren freidenkende und äußerst frankophile »Alte Fritz« dürfte dennoch angetan gewesen sein von der Existenz seiner französisch sprechenden Untertanen.

Doch von Dauer war die Verbindung nicht: Im Revolutionsjahr 1848 wurde auch in Neuchâtel die Republik ausgerufen. Der preußische Adler hielt dennoch an seinem Titel fest – und drohte schließlich sogar mit Krieg. Da dieser Plan bei den übrigen gekrönten Häuptern Europas aber auf wenig Gegenliebe stieß, ließ sich Friedrich Wilhelm IV. im Vertrag von Paris schließlich auf den sogenannten Neuenburgerhandel ein: Er verzichtete auf seinen Herrschaftsanspruch, behielt jedoch den Titel. Vive la République et Canton de Neuchâtel! Bis heute.

FREIE PLATZWAHL

Am nächsten Morgen ist noch Zeit für ein Bad am Strand von Cortaillod, denn weit haben wir es nicht an diesem Tag: Kaum zehn Kilometer müssen wir in südlicher Richtung über den See zurücklegen, bis unsere Stahlyacht die Hafeneinfahrt von Estavayer-le-Lac am östlichen Ufer erreicht hat. Der Himmel ist blau wie eh und je,

» Was für ein Panorama: die grünen Kämme des Jura in unserem Rücken, der See vor uns und jenseits davon, weit am Horizont in blassem Blau: die Alpen. «

Blick von der Altstadt von Estavayer-le-Lac auf die Türme von Schloss Chenaux.

Die Hauptgasse mit dem Berntor in der Altstadt von Murten, die Stadt ist deutschsprachig. Eine Schweizer Flagge flattert im Yachthafen von Estavayer-le-Lac.

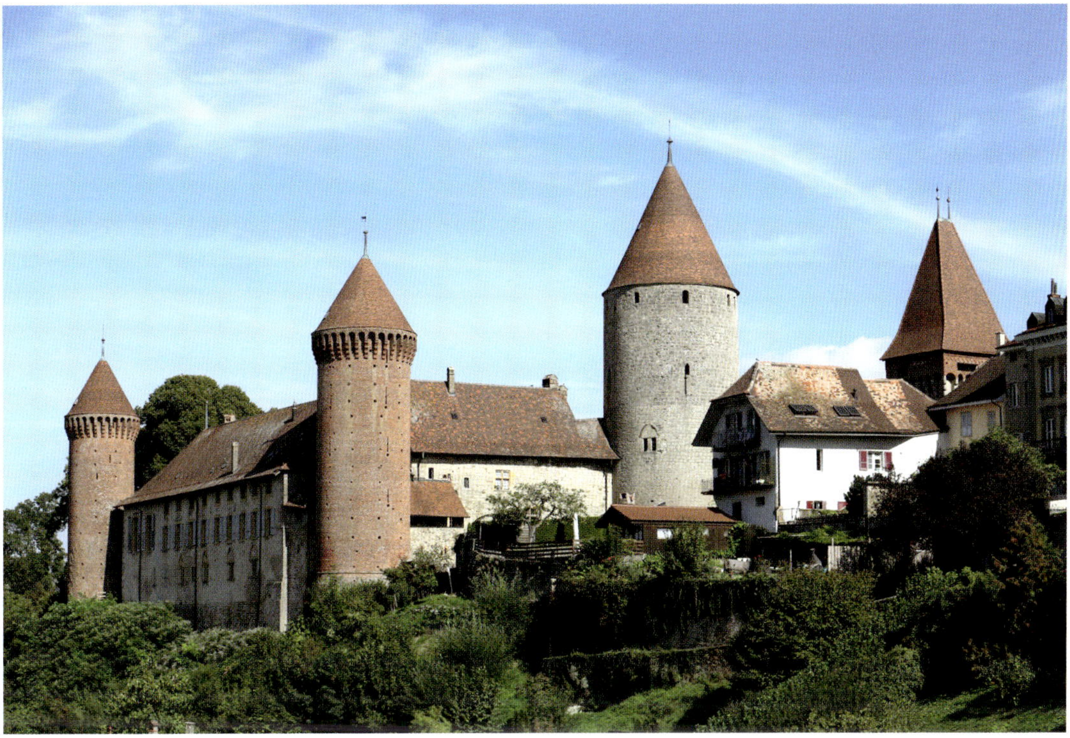

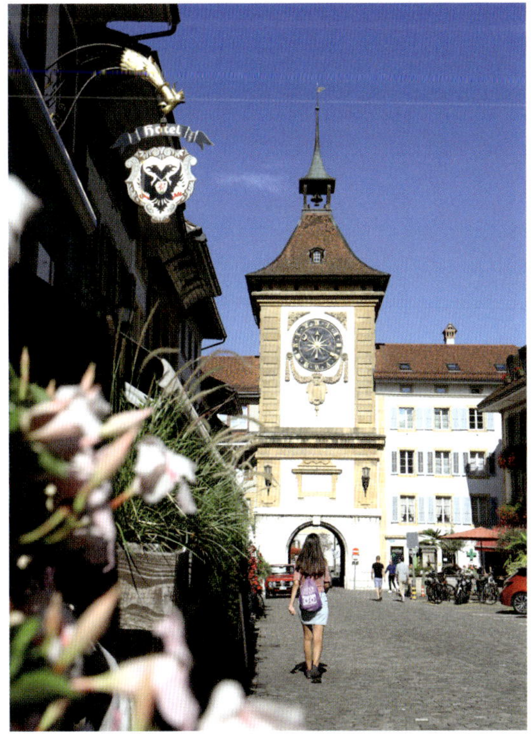
Hotel

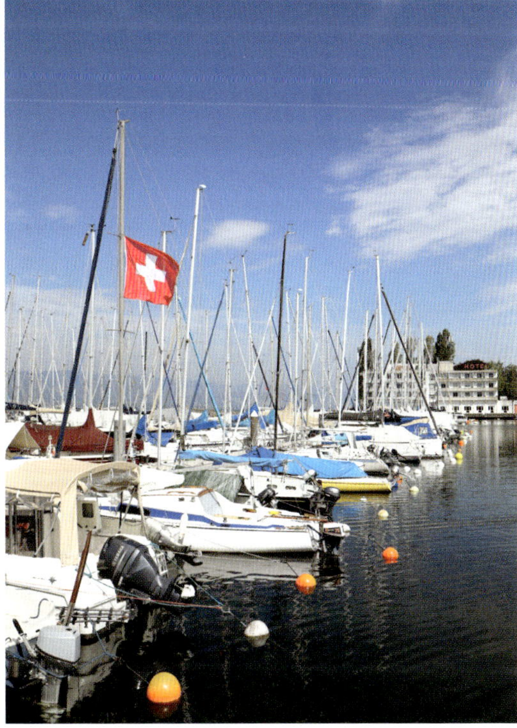

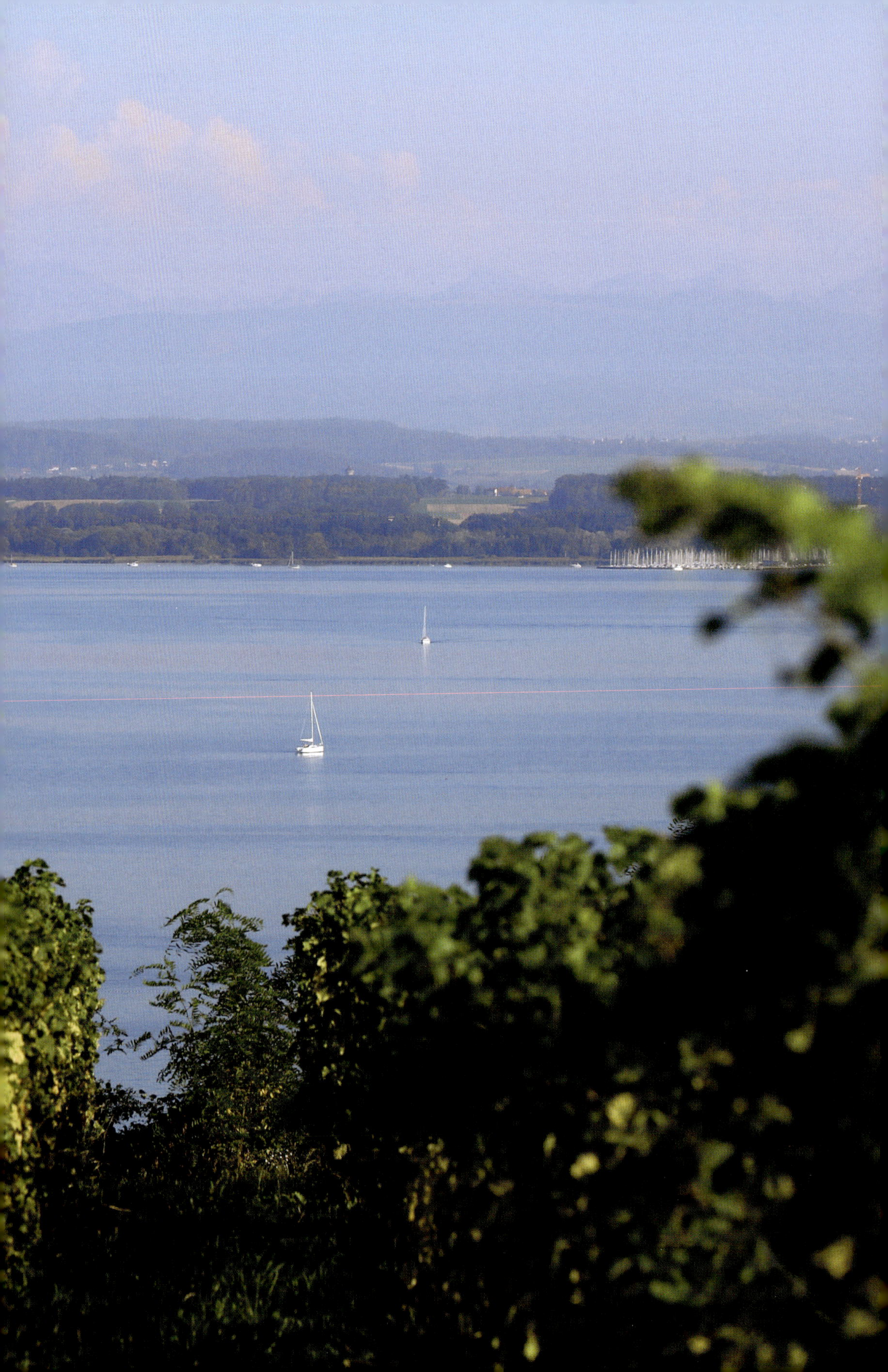

auch wenn inzwischen ein leichter Hauch von Westen weht. Schon von Weitem ist das Wahrzeichen der Kleinstadt zu erkennen: die imposante Silhouette von Schloss Chenaux. Wir laufen in den großen Sportboothafen mit seiner Allee aus langen Schwimmstegen ein. Für Gäste sind die Außenseiten ihrer Kopfstege reserviert. Wir haben fast freie Wahl, nur ein Platz ist bislang von einer Nimbus belegt. Den freundlichen Hafenmeister finden wir beim Turm der capitainerie, wo er beim Auswassern einiger Jetskis hilft. Keine Eile! Er will später mit seinem Boot bei uns am Steg vorbeischauen. Oder vielleicht morgen.

Das Städtchen, dessen Stadtkern als Kulisse für jeden mittelalterlichen Film dienen könnte, liegt zum Teil auf dem Uferstreifen, zum Teil am oberen Rand des anschließenden Plateaus. Statt Filmkomparsen in Waffenröcken bevölkern allerdings Touristen die Gassen um die Kollegiatskirche Saint-Laurent, und am Aussichtspunkt am Place de Moudon recken sie Selfiesticks statt Schwerter in den Himmel. Wie schon in Neuchâtel gegenüber war auch hier im Kanton Fribourg (oder Freiburg) die Geschichte nicht immer ganz unkompliziert. Ein prächtiges Beispiel ist dafür in mehrfacher Hinsicht Schloss Chenaux, eine bestens erhaltene Höhenburg, die gegen Ende des dreizehnten Jahrhunderts vom herrschenden Geschlecht der Estavayer errichtet wurde. In der folgenden Zeit wechselten ihre Herren immer wieder, Gebiete wurden vereint, geteilt, gekauft oder auch blutig erstritten. Um ausgerechnet die eigene Bevölkerung zu beeindrucken – oder einzuschüchtern – richtete Humbert von Savoyen den um 1435 begonnenen mächtigen Bergfried auf die Stadt selbst aus. In den Burgunderkriegen vierzig Jahre später wurde Estavayer schließlich von den Freiburger Eidgenossen erobert. Verwaltungssitz ist es bis heute, auch, weil es längst sehr viel ziviler zugeht als anno dazumal.

Nur eine halbe Stunde später ist all das schon wieder weit weg – gefühlt zumindest. Inzwischen sitzen wir nämlich in zwei Liegestühlen der FMR Lounge Bar (Motto: Les pieds dans l'eau – die Füße im Wasser), einmal mehr direkt am See. Die Burg noch im Blick, mussten wir uns die begehrten Plätze zum Glück nicht erkämpfen. Wir haben sie »geerbt«; von zwei Frauen, die auf SUP-Tour eine Pause eingelegt hatten, nun aber wieder auf dem Board stehen.

Blick von den Weinbergen
von Cortaillod nach Osten; am Horizont sind die Alpen erkennbar.

EIN HAUCH CÔTE D'AZUR

Für uns folgt noch ein weiterer Tag mit mehr als einem Hauch von Côte d'Azur, allerdings auf knapp zweihundert Metern über dem Meer zwischen Jura und Alpen. Da uns der Alltag aus der Heimat für ein paar Stunden einholt, können wir unseren Törn erst am späten Nachmittag fortsetzen. Statt den Ort Grandson ganz im Süden anzusteuern und das Naturreservat der Grande Cariçaie mit dem Rad zu erkunden, wählen wir den kurzen Weg zurück zum gegenüberliegenden Ufer und zum gerade einmal sechs Kilometer entfernten Hafen von Saint-Aubin. Verglichen mit unseren bisherigen Liegeplätzen ist es hier an der Kranpier zwar nicht ganz so schön, dafür sind es im Sattel entlang der Avenue de Neuchâtel gerade ein paar Minuten bis zur Badestelle von Chez-le-Bart, dessen historischer Pavillon zu den beliebtesten Insta-Spots am See gehört und dessen kristallklares Wasser keinen mediterranen Vergleich zu scheuen braucht – und obendrein nicht in den Augen brennt.

RÖSTI AUF FRANZÖSISCH

Am Morgen darauf starten wir früh, denn das letzte Etappenziel der Tour ist knapp vier Stunden entfernt: Murten am Murtensee, dritter des Trios im Revier. Schon um halb elf können wir den Neuenburger See hinter uns lassen, der rund acht Kilometer lange Broyekanal beginnt. Ebenfalls Teil der Juragewässerkorrektion, wirkt er dennoch natürlicher als der Zihlkanal. Als er schließlich in den Murtensee mündet, wird der Größenunterschied deutlich: Verglichen mit dem endlosen Blau des Neuenburgersee, hat man den mit Abstand kleinsten der drei Seen sofort komplett im Blick. Und so dauert es keine halbe Stunde, bis wir im ovalen Becken des Sportboothafens von Murten feststellen müssen, dass der eine für uns geeignete Gästeplatz bereits belegt ist.

In Vallamand gegenüber, auf dem Ufer, das zum Kanton Vaud gehört (auf Deutsch: Waadt), haben wir mehr Glück. Hier dürfen wir längsseits in der Hafeneinfahrt festmachen. Sofort laden wir die Räder aus – denn so schnell wird nicht aufgegeben: 25 Kilometer sind es um den See, das trauen wir uns zu, selbst wenn wir unterwegs den Anstieg zum Mont Vully für die schöne Aussicht mitnehmen. Gesagt, getan! Und so stehen wir schon zwei Stunden später am Eingang zur Altstadt von Murten vor dem Berntor in der Sonne. Diesmal ist es eine deutschsprachige Stadt in einem sonst französisch sprechenden Kanton – Fribourg. Könnte da etwas Passenderes zum Abschluss unserer großartigen »Tour de Suisse« auf den Teller kommen als Rösti? Denn die heißt selbst auf Französisch so: Rösti.

» Einmal rund um den See sind es 25 Kilometer. Das trauen wir uns zu, selbst wenn wir unterwegs den Anstieg zum Mont Vully mitnehmen. «

Motoryacht bei der Ausfahrt aus dem Hafen von Le Landeron auf den Bielersee.

Einer der vielen Badestrände im Revier, hier am Sportboothafen von Saint-Aubin.

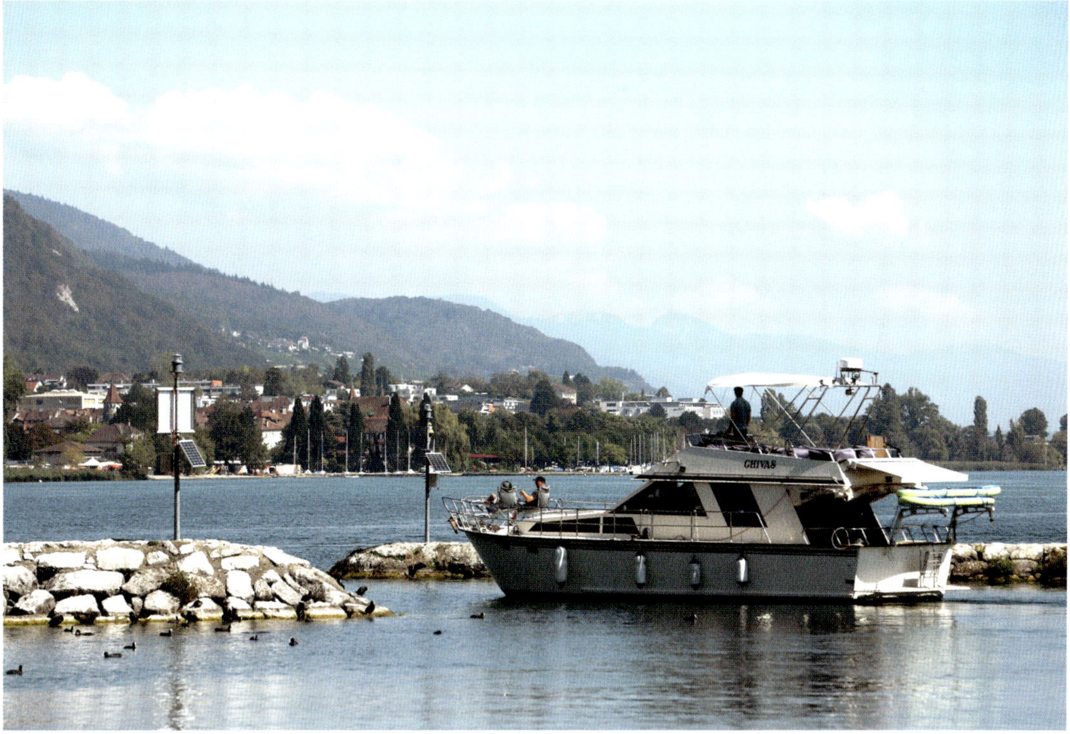

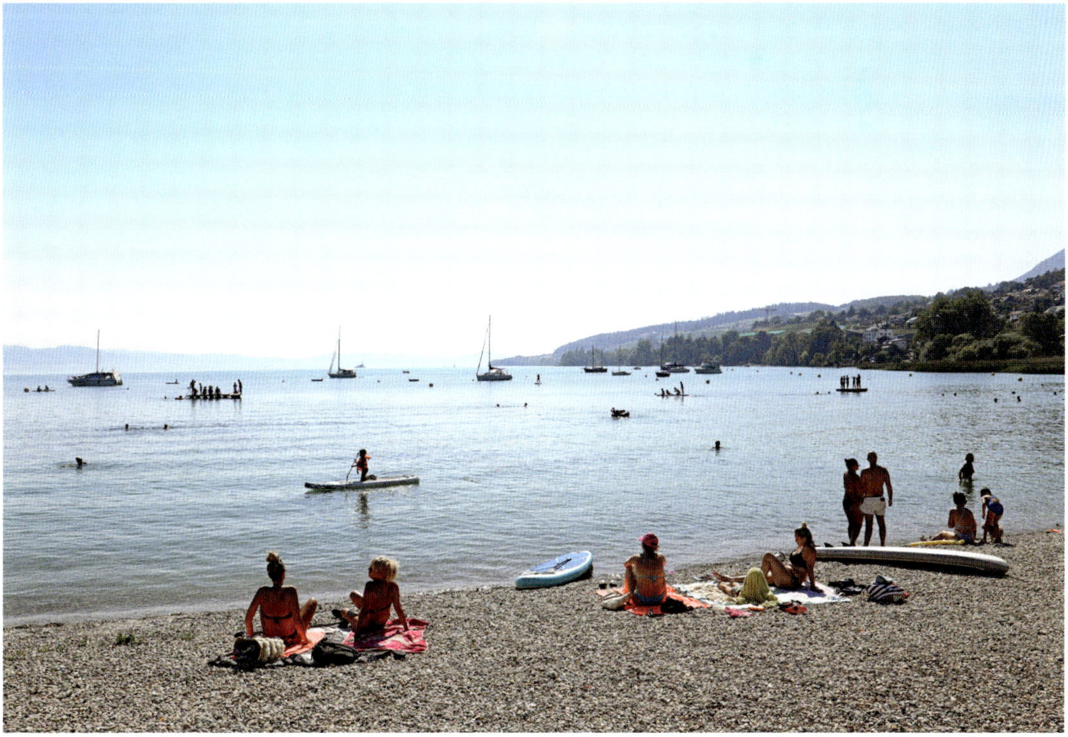

Bibliografische Information der Deutschen Nationalbibliothek
Die Deutsche Nationalbibliothek verzeichnet diese Publikation
in der Deutschen Nationalbibliografie; detaillierte bibliografische
Daten sind im Internet über http://dnb.dnb.de abrufbar.

1. Auflage
ISBN 978-3-667-12725-9

Text: Christian Tiedt, außer Norwegen Telemark-Kanal: Johannes Erdmann
Lektorat: Johanna Schwarz, Kirsten Ochs
Coverbild: Christian Tiedt
Bilder: Christian Tiedt, außer Schottland Caledonian Canal: Nils Günther
Karten: Christian Tiedt
Umschlaggestaltung und Layout: Felix Kempf, www.fx68.de
Druck: Print Best, Viljandi
Printed in Estonia 2024

Delius Klasing Verlag GmbH
Siekerwall 21
D - 33602 Bielefeld
Tel.: 0521/559-0
Fax: 0521/559-114
E-Mail: info@delius-klasing.de
www.delius-klasing.de